LAROUSSE
DE LA COCINA
MEXICANA

A mi Caballero, por su gran amor,
sabiduría y paciencia.

Alicia

LAROUSSE

DE LA COCINA
MEXICANA

Alicia Gironella De'Angeli · Giorgio De'Angeli

LAROUSSE

Director editorial
Tomás García Cerezo

Editora responsable
Verónica Rico Mar

Coordinador de contenidos
Gustavo Romero Ramírez

Asistencia editorial
**Montserrat Estremo Paredes, Irving Sánchez Ruiz
y Natalia de la Rosa Hilario**

Fotografía
Federico Gil

Estilismo
Oliver Lachevre y Leticia Alexander

Diseño y formación
Pedro Molinero / Quinta del Agua Ediciones, S.A. de C.V.

Corrección
Adolfo Tomás López Sánchez

Portada
Nice Montaño Kunze

Fotografía complementaria
**©2011 Thinkstock, todos los derechos reservados
Larousse, Francia**

Investigación complementaria
Cristina H. de Palacio

Láminas
**Semiramis López, Analuisa Béjar, Roberto Martínez /
Colofón, Diseño y Comunicación, S.C.**

Coordinación de edición técnica
Héctor Rafael Garduño Lamadrid

Coordinación de salida y preprensa
Jesús Salas Pérez

© 2006, ©2011, ©2014, ©2017, ©2020 Ediciones Larousse, S.A. de C.V.
Renacimiento 180, Colonia San Juan Tlihuaca, C.P. 02400
Azcapotzalco, Ciudad de México

ISBN: 978-607-21-2377-9

QUINTA EDICIÓN

www.larousse.com.mx

Una gran historia culinaria

La colaboración entre Larousse y la llamada *pareja gastronómica de México*, Alicia Gironella y Giorgio De'Angeli, data de 1987, año en que aparece el *Gran Libro de la Cocina Mexicana*. Este ejemplar daría origen después a otros tres libros: *Epazote y molcajete*, *Productos y técnicas de la cocina mexicana* y el *Gran Larousse de la Cocina Mexicana*. Varias reimpresiones se hicieron de aquellas ediciones, caracterizadas por tener un origen común y ser compendios o extractos del mismo, adaptadas a las necesidades de un público ávido por conocer las cocinas de México. Estos ejemplares se convirtieron en referencia para muchos aprendices y profesionales hambrientos por saber de las técnicas y preparaciones del país, en un periodo donde la *nouvelle cuisine* ocupaba aún mucho de la atención en los grandes restaurantes, pero se gestaba un deseo por revalorar la cultura culinaria nacional, con nuestros autores como un vivo símbolo de ello.

Es en 2006 cuando Larousse y los autores se plantean el ambicioso proyecto de crear una obra de referencia sobre la cocina mexicana, actualizada, y que abordara todos los aspectos del tema: ingredientes, preparaciones, técnicas y, por supuesto, recetas. Nace así el *Larousse de la cocina mexicana* que, desde su primera edición, se convirtió en la referencia obligada para cualquier interesado en las cocinas de México.

Tras catorce años desde su aparición en el mercado, hoy ofrecemos a nuestros lectores la quinta edición de esta gran obra, en la que presentamos cambios sustanciales. Uno de ellos es su estructura, que ahora organiza en tres apartados toda la información: en el primero, nuevos textos de expertos en diversas temáticas ofrecen algunos fundamentos de la cocina mexicana; el segundo presenta las recetas, la parte central de la obra, que fueron revisadas y corregidas, además de incluir recetas y fotografías nuevas; en el tercer apartado se ofrece toda la información referente a la práctica culinaria: utensilios, métodos y técnicas de cocción, así como tablas de equivalencias de medidas.

Otra modificación importante consistió en la distribución de las recetas, que ahora aparecen de acuerdo con los tiempos de servicio en la mesa: entradas, platos principales, postres, etc. Y, por su importancia, se agruparon en secciones especiales las salsas, los moles y los tamales, entre otras preparaciones.

Las bondades de esta obra son diversas: condensa lo principal de la cocina mexicana en su aspecto práctico; ofrece diversas perspectivas acerca de su actualidad y permanencia; muestra de un solo vistazo la riqueza del patrimonio culinario del país, y refrenda el compromiso de la casa Larousse y de sus autores por fomentar la difusión de una de las más importantes manifestaciones culturales de toda sociedad: la cocina.

LOS EDITORES

Agradecimientos

Mi mundo, mi espíritu y mi cuerpo se sostienen con el recuerdo de los que se fueron: mis padres, mi hijo Rafael y mis nietos Diego y Lorena, que ya están con Giorgio sentados en una gran mesa orientando mi vida. Sus espíritus están conmigo.

La vida sigue, y a mí me llena de regocijo disfrutarla con mis hijas: Adriana, Mónica y Alicia con su esposo Mauricio Guerra, así como con mi nuera Lourdes, la viuda de Rafael. Todas mis bellas y exitosas nietas ya tienen un grado universitario y trabajan en creativas labores: Fernanda, María, Renata, Constanza y Adriana; mi único nieto y el más joven del rebaño, Rafael, está por terminar carrera. A ellos principalmente dedico este libro, y desde luego a otra gran y querida familia, digamos gastronómica, que me ha ayudado a seguir mi destino. Son los amigos con quienes comparto cotidianamente conocimientos, anécdotas, viajes y momentos únicos alrededor de nuestra mesa de siempre, en el único arte necesario de la cocina, donde también se conjugan las otras bellas artes.

Mi vida tuvo un cambio radical a partir de la ausencia de Giorgio, así que decidí simplificarla al tomar la decisión de vivir de acuerdo con mi edad y actividades. Dejé mi hogar, donde fui tan feliz, y vine a vivir a una bella residencia, Cedros del Líbano, al sur de la Ciudad de México. La idea de este cambio surgió en una junta de trabajo en la organización de los festivales gastronómicos de Sanborns, hace ya más de cinco años, convocados desde entonces por Paulina Veitez. En aquel momento, cuando comencé a hablar de la residencia como opción para simplificar mi vida, Paulina generosamente se apresuró a transmitir mi deseo a su jefe y a nuestro gran patrocinador en los festivales, el Lic. Carlos Slim Jr. Entonces, las puertas de la residencia se me abrieron y aquí estoy, tranquila, querida y en estos momentos escribiendo estas palabras.

Muchas personas nos ayudaron a Giorgio y a mí en 2007 a dar a luz este libro. A siete años de distancia se vuelve necesario ampliar la lista de nombres, pues durante ese tiempo continuamos recibiendo apoyo incondicional de muchas de ellas, y otras más se unieron en este logro de difusión y defensa del patrimonio gastronómico del país, que da unidad y sentido a esta obra. Por tanto, aquí se muestra la conjunción de esfuerzos de esta reciente edición con los de la primera. De todas estas personas, de diferentes maneras, mucho aprendimos y muchos estímulos recibimos. A sus nombres deseamos añadir aquellos de algunas instituciones que directa o indirectamente nos apoyaron o inspiraron.

Organismos e instituciones

Residencia Cedros del Líbano; directora Lic. María Jaber Zaga, nuestra querida Marus; administradora, Sra. Teresita Kalis Letayf, y Lic. en psicología María Guadalupe Oñate R. Mi gratitud se extiende a todo el personal y residentes, mis compañeros. Un especial agradecimiento a María Luisa de Anda y Guillermo Delgado, con quienes comparto gustos afines, como el cine, la música y la comida, que han sabido ser, sobre todo, compañeros de conciertos y festines.

Agradecemos por su colaboración para obtener fondos para el Semillatón en la Sierra Tarahumara a Sanborns, Festivales Gourmet; al Lic. Carlos Slim Domit; Lic. José Manuel Campo; Lic. Maribel Pérez y Lic. Paulina Veitez.

El Premio "San Pascual Bailón" me fue entregado en 2009 en el Hotel Presidente Intercontinental, y en ese mismo año se colocó una placa con mi nombre en Puerto Vallarta. Mis agradecimientos para el Consejo, presidente Jean Berthelot, y al creador del premio, Ulrich Keller.

Al Conservatorio de la Cultura Gastronómica Mexicana, A.C., encabezado por Gloria López Morales, le debo el honor de haber viajado como jefa de Brigada a Nairobi, en noviembre de 2010, y estar presente el día en que nuestra cocina fue nombrada Patrimonio Inmaterial de la Humanidad por la UNESCO. No se puede dejar de agradecer la colaboración del Lic. Gabriel Padilla Maya, quien tuvo la visión y ayudó al Conservatorio por medio de SAGARPA a que estuviéramos presentes en tan importante evento. Toda la muestra gastronómica se basó en el *Larousse de la cocina mexicana*; los chefs Enrique Farjeat, Tonatiuh Gutiérrez, Elsa Kahlo, Margarita Carrillo y Gerardo Vázquez, con las cocineras tradicionales de Michoacán, Antonina González y Juana Bravo, formaron la brigada. Instituciones a las que le agradecemos su apoyo para realizar este evento: Secretaría de Relaciones Exteriores, PROMÉXICO, INAH, Conaculta y Gobierno del estado de Michoacán.

Agradezco la oportunidad de asistir al *Primer Encuentro de Cocineras Tradicionales de México, Guanajuato, Sí Sabe*, en 2013 al Secretario de Turismo, Lic. Fernando Olivera Rocha, al Lic. Guillermo García Solís y a los chefs Mónica Solís y Bricio Domínguez.

Una mención muy especial para la Hacienda Purísima de Jalpa, San Miguel Allende, así como para todos lo que la conforman el programa de Huertos Orgánicos, con la dirección de Janet Onnen y Suzan Zermeño. En su cocina me permitieron cocinar con sus productos.

Asimismo, mi sincero agradecimiento a Cultura Culinaria, A.C.; Slow Food International y Colectivo de Cocina Mexicana, A.C.

Estilismo y fotografías de las ediciones tercera a quinta

Por materializar de forma antojable las creaciones y adapta-ciones de muchas recetas de este libro: Leticia Alexander y Federico Gil.

Instituciones educativas

Por su valiosa colaboración, ya sea en voz propia de sus directoras de las áreas gastronómicas, o mediante el equipo administrativo, profesorado y alumnado:

- *Universidad del Claustro de Sor Juana*, México, D.F.; Carmen Beatriz López-Portillo Romano, Rectora; Marcela Ramírez Jordán, Vicerrectora Académica; Guillermina Torres, Directora del Colegio de Gastronomía.
- María Engracia Celis, Directora de la Academia de Gastronomía, *Universidad Panamericana*, México, D.F.

Proveedores de la primera edición

- Carnes mexicanas TIF: Samuel Silva Llamas (*Carnes La Laguna*, Iztapalapa, México, D.F.).
- Productos de Baja California: Pablo Ferrer (*Comercializadora El Sargazo*, Ensenada, B.C.).
- Productos orgánicos: Pablo Muñoz Ledo (*Aires del campo*, México, D.F.).
- Mariscos: Francisco Sánchez García (*El Mar Congelado*, México, D.F.).
- Xoconostles: Gabriel Cortés y Yunuen Carrillo (*Ex Hacienda del Marqués*, Santa María Amealco, Hidalgo).
- Carne de conejo: María Concepción Reséndiz (*Comunidad La Puerta de Tolimán*, Querétaro) y Elvira González (*Comunidad de Bomintzá*, Querétaro).
- Vegetales: Juan Carlos Ríos (*Disfruver*, México, D.F.).

Utilería para las fotografías de la primera edición

- Cerámicas: *Grupo Cantera, S.A. de C.V.*, México, D.F.
- Platos antiguos: Sol Rubín de la Borbolla, México, D.F.
- Productos y artesanías oaxaqueñas: Pilar Castillo, Jaime y Gustavo Muñoz.

Libros de cocina

Agradezco las facilidades otorgadas para la consulta de libros de cocina mexicana a María Luisa Obregón (El rincón de María Luisa, Tlalnepantla).

Técnicas de panes

Jorge Luis Álvarez Vega y Raúl Traslosheros.

Asistentes de investigación, producción, redacción, fotografía, estilismo y medios electrónicos de la primera edición

Gustavo Romero, Ariadna Pech, César Jiménez, Efraín Soto, Eduardo Acosta y Patricia Martínez.

Agradecimientos especiales

A todos los miembros de la familia gastronómica de quienes he recibido apoyo en reuniones, eventos, ferias de cocina tradicional, congresos y en múltiples encuentros gastronómicos: Ricardo Muñoz Zurita; Enrique Olvera; Gerardo Vázquez Lugo; Margarita Carrillo Arronte; Enrique Farjeat; Leticia Alexander; Elsa Kahlo; Juantxo Sánchez; Guadalupe García de León; Rubi Silva; María Elena Lugo; Arturo Camacho; Lucero Soto; Daniel Ovadía; Ana María González; Sergio Remolina; Federico López; José Ramón Castillo; Zahie Téllez; Mario Celis; Guy Santoro; Susana Palazuelos; José Burela; Eduardo Winschental; Rubén Amador; Juan Pablo Bernal; Miguel Jiménez; Olivier Lachevre; Víctor Nava, y al chef del restaurante Zéfiro en la Universidad del Claustro de Sor Juana, Juan Pablo Flores, quien coordinó las pruebas de 17 recetas de esta nueva edición, con ayuda de los alumnos de los últimos semestres de la licenciatura en gastronomía.

A todas aquellas personas que me han apoyado en mis andanzas gastronómicas: Carlo Petrini; Gabriel Padilla; Alejandro Borja; Fulvio Eccardi; Jorge Larson; Citlali Gómez; César Galván y Roberto González.

A Celia Marín por los artículos que recientemente ha escrito sobre Giorgio, así como a Bertha Herrera por sus fotografías.

Alicia Gironella De'Angeli
2017

Presentación

Este libro está dedicado a Giorgio De'Angeli, mi esposo, quien fue un apasionado de la gastronomía mexicana. Él y yo, desde los años 70, recorrimos todo el país, investigando los productos originarios y todo lo que se emplea en las cocinas regionales, tanto de cocineras tradicionales como de restaurantes, que en su conjunto integran lo que conocemos como gastronomía mexicana. Este apasionante recorrido, que nunca terminará, nos llevó a escribir los libros que han contribuido a difundir la riqueza de nuestra cocina durante ya varias décadas.

Por la claridad y vigencia del pensamiento de Giorgio respecto al tema, considero pertinente que permanezca lo que escribió desde la introducción en el primer *Gran Larousse de la Cocina Mexicana*:

Se necesita algo más que recetas para entender la cocina mexicana: hay que describir y definir sus técnicas, características e ingredientes exclusivos. Este libro, que se propone hacerlo, nos ha parecido tanto más oportuno cuanto es indiscutible que ha sonado la hora de la cocina mexicana: el aprecio y gusto por esta cocina se está extendiendo de manera impresionante de un país a otro. Aunque parezca paradójico, lo mismo está ocurriendo... ¡en México!

¿Qué tiene de tan particular esta cocina? No se trata únicamente de utilizar un ingrediente de origen autóctono y sabor exótico. Se trata de ideas culinarias originales que pueden parecer revolucionarias a quienes no sepan que así se cocina en México, desde hace tres, cinco o diez siglos. Se trata de equilibrios aromáticos sin similitud alguna con los propuestos por la escuela clásica europea. Se trata de adaptarse a la necesidad de aprovechar ciertos ingredientes en ausencia de otros. Se trata de técnicas que corresponden a la naturaleza de esta parte del mundo, a sus carencias y generosidades, su clima, su geografía, historia, religión y cultura.

Ninguna otra cocina tiene 'antojitos' parecidos a los mexicanos. Las salsas mexicanas se hacen con métodos que nada tienen en común con las normas de Carême o Escoffier. Los moles, en toda su gran variedad, son un renglón único del arte culinario. Las maneras de utilizar maíz, chiles y cactus son exclusivas de esta cocina, etcétera.

De esto deriva que para cocinar al estilo de México se necesita algo más que un recetario. Este libro pretende ser este "algo más" y, en nuestra opinión, completa y enriquece el panorama culinario descrito en los demás tomos de esta obra, que se basan en el *Gran Libro de la Cocina Mexicana* que se publicó en 1987 y del cual se hicieron varias ediciones en los años siguientes.

Giorgio murió, pero la obra que emprendimos juntos continúa. En estos años, he seguido investigando sobre nuestra cocina tradicional y sus productos, y promoviendo los valores de Slow Food, que Giorgio trajo a México. Asimismo, semana tras semana continúan apareciendo los artículos *La lupa de la gula* en *El Universal*. En ellos, procuro difundir los eventos valiosos que se llevan a cabo en cumplimiento de los compromisos adquiridos con UNESCO por México, al recibir la cocina tradicional mexicana el nombramiento de Patrimonio Cultural Inmaterial de la Humanidad. En ellos, también comento sobre la cocina y el servicio de algunos restaurantes.

Desde la perspectiva de los valores de Slow Food bueno, limpio y justo, he estado participando en el Semillatón por la Sierra Tarahumara, con el Instituto de Biología de la Universidad Nacional Autónoma de México (UNAM), a fin de incrementar y preservar semillas de maíz originario de la zona, que se encontraban en grave peligro de desaparecer en el año 2012. En apoyo al Semillatón se lograron en 2013 y continúan recibiendo en 2014, importantes donativos de instituciones, empresas y personas que llegan a muchos beneficiarios y controla la Fundación UNAM.

En otras actividades de Slow Food, he participado con la representación del Convivio Coyoacán, tanto a nivel internacional en Torino, Italia, como a nivel nacional en México. Entre los eventos que promueven tanto la gastronomía mexicana como los valores de Slow Food, destaca Exporestaurantes, que difunde buenas prácticas entre cocineros jóvenes.

La influencia de los resultados de nuestras investigaciones ha llegado hasta las tecnologías de punta, como es el caso de *México en tu mesa*, aplicación digital producida por el Colectivo Mexicano de Cocina con financiamiento de la SAGARPA, que se puede ver en tabletas y teléfonos celulares, destinada a los interesados en la cocina tradicional mexicana, sus productos y utensilios, así como en las fiestas en que se sirven los platillos más representativos de las diferentes regiones de nuestro país.

En fin, no voy a hacer un recuento de todo aquello en lo que ha influido el pensamiento de Giorgio, porque sería larguísimo. Sea, pues esta publicación un homenaje a su obra.

¡Que este libro les sea de utilidad y disfrute!

ALICIA GIRONELLA DE'ANGELI
2017

Introducción a la primera edición
El respeto por el
agua y la tierra

Los antiguos pobladores del planeta adoraban a los dioses del Agua y de la Tierra, porque de ellos dependía su vida. Hoy esta dependencia subsiste, pero el hombre la ha olvidado y explota sacrílega e irracionalmente las aguas y las tierras. Nuestro alimento debe reflejar respeto a los dones esenciales de la naturaleza y a la dignidad de quienes los trabajan.

En esta obra tratamos la cocina mexicana como algo que va más allá de las recetas. La consideramos un fenómeno en evolución que implica cambios materiales, sociales y mentales no solamente en México, sino en el mundo entero.

Nos hemos esforzado por coordinar y sistematizar algunos aspectos de nuestro enorme patrimonio culinario acumulado a lo largo de muchos siglos y fruto de las más variadas circunstancias naturales y humanas, cuyo interés y encanto residen justamente en la variedad de expresiones, en la genialidad de las interpretaciones y en la diversidad de los productos naturales que utiliza.

La extraordinaria biodiversidad vegetal y animal de México ha sido ampliamente comentada, pero no estudiada y defendida como merece. En las formas de alimentarse de sus habitantes, este patrimonio se revela como inimitable y grandioso y, por otro lado, frágil, desatendido y amenazado.

En estas páginas se le da espacio a algunos productos casi desconocidos fuera de los lugares de producción, como ejemplo de ingredientes cuya amplia difusión enriquecería el panorama gastronómico de México y daría dignidad y mejor vida a sus productores. El futuro de la comida mexicana no está en la imitación de tendencias como las llamadas "fusiones" internacionales (que pueden ser experimentos divertidos, pero intrascendentes), sino en el estudio de sus antiguos productos, recetas y métodos culinarios, fuentes generosas de ideas de sabores y texturas. Y, naturalmente, en encontrar la forma de ponerlos al alcance de todos.

Está en curso una verdadera revolución en el aprecio de la cocina mexicana. En el extranjero, de curiosidad para biólogos, antropólogos y turistas, se ha transformado en destinos de recorridos gastroenológicos, en tema de serio estudio de ecologistas y defensores de la biodiversidad, en campo de acción más que experimental de una institución como *Slow Food,* la asociación internacional que, presente en 130 países, defiende la ecogastronomía como método para crear una nueva agricultura y ha fundado en Italia una Universidad de Ciencias Gastronómicas para consolidar sus bases científicas, éticas y económicas.

En México la cultura gastronómica está en fase expansiva. Cuanto más se sabe del tema, más se cotizan los valores de la cocina tradicional. Este libro pretende apresurar ese proceso. Invitamos a cocineros profesionales, estudiantes y aficionados a integrar y promover una corriente de pensamiento y acción que respete nuestra Agua y nuestra Tierra y enaltezca los productos de la naturaleza mexicana, el trabajo de los campesinos y los artesanos, las formas de vivir y alimentarse que están amenazadas por el descuido, la ignorancia y el vendaval de muchos ilusorios progresos científicos y tecnológicos.

Con comprensión y generosidad poco comunes, los editores nos han apoyado en nuestro trabajo que en sus procesos de producción presentó insólitos problemas gráficos, de redacción y de tiempos, resueltos todos con buena voluntad y total armonía. El proceso editorial de este libro se convirtió en una aventura llena de sorpresas, que compartimos con nuestros colaboradores. Algunos de ellos son personas de gran experiencia y conocimientos, y sus consejos e ideas se convirtieron en aportaciones invaluables. Otros, jóvenes voluntarios de la biodiversidad, idealistas del buen gusto, exploradores desinteresados, nos han acompañado en la búsqueda, la experimentación, el rescate, la degustación, la crítica y la investigación, con un entusiasmo espontáneo y generoso —y facilitaron nuestra tarea mediante el uso experto de los medios electrónicos que solamente los veinteañeros dominan—.

ALICIA GIRONELLA DE'ANGELI Y GIORGIO DE'ANGELI

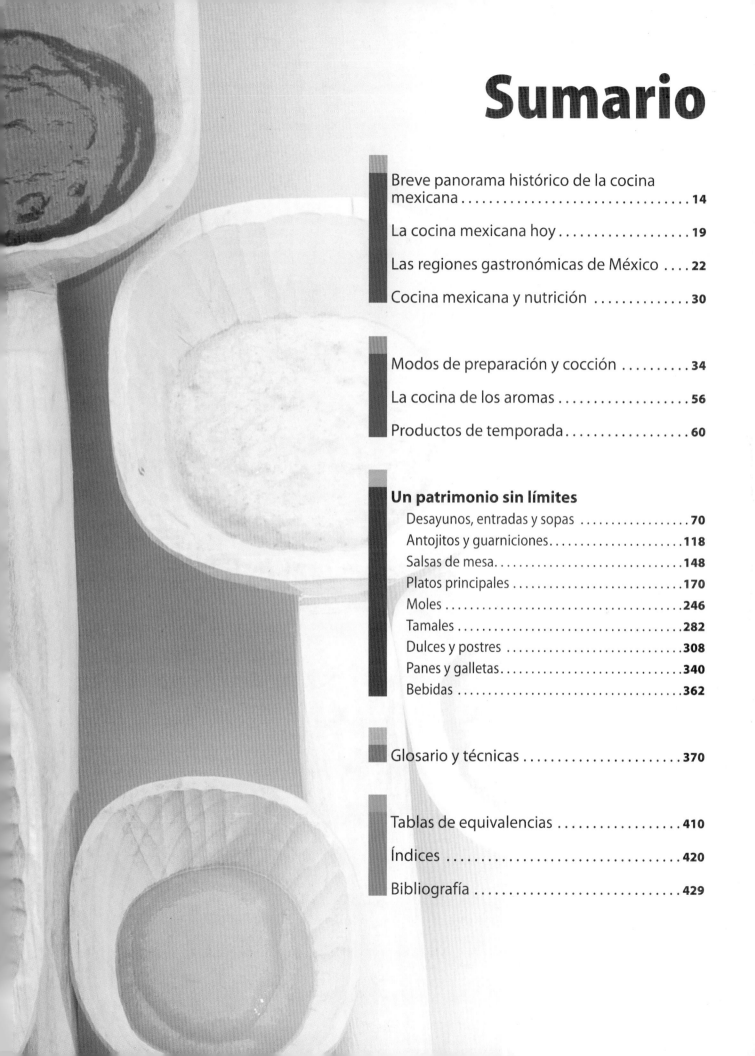

Sumario

Origen: zona del país de la cual es originaria la receta. Cuando contiene la palabra creación o adaptación, dos opciones son posibles: si no contiene el nombre de alguna persona, significa que pertenece a la autora; de lo contrario, se indica el nombre del chef a quien pertenece.

Rendimiento: para cuántas porciones o personas rinde la receta. En ocasiones se expresa en piezas, gramos, mililitros o tazas.

Preparación: tiempo aproximado que se invierte en elaborar la receta, sin incluir los procesos que incluyen el uso de calor (cocción).

Cocción: tiempo aproximado que se invierte en elaborar la receta empleando el calor.

Reposo, refrigeración, congelación: tiempos aproximados del proceso que se indica en cada caso.

Dificultad: indicada con barras, establece el parámetro de conocimiento técnico para elaborar la receta. Una barra significa de sencilla elaboración, y tres barras, complicada.

Costo: indicada con barras, establece el parámetro de costo de la materia prima. Una barra significa económico, y tres barras, costoso.

Referencia de sección

Nombre de la receta

Información adicional

Consigna variantes del platillo, consejos, anécdotas, entre otros.

DESAYUNOS, ENTRADAS Y SOPAS

Creación inspirada en Jalisco
Rendimiento: 8 personas
Preparación: 15 min
Cocción: 10-15 min
Reposo: 5 min
Dificultad:
Costo:

Medallones
de callo de hacha en caldillo

Ingredientes
* 8 cucharaditas de jugo de limón
* ⅓ de taza de aceite de oliva
* 1 kg de callos de hacha cortados en rebanadas de 2 cm
* 8 vainas de guajes o de chícharos tiernos
* 8 tazas de caldo corto (ver pág. 394)
* 8 nopales cambray cocidos
* 24 flores de maguey (gualumbos) tiernas o de calabaza
* 4 xoconostles asados, pelados, sin semillas y cortados por la mitad
* 2 chiles coras en 1 cucharada de aceite con sal
* sal y pimienta, al gusto

Procedimiento
1. Mezcle el jugo de limón con el aceite de oliva y sal y pimienta al gusto. Marine en esta mezcla las rebanadas de callos de hacha durante 5 minutos.
2. Extraiga los guajes o los chícharos de sus vainas. Caliente el caldo corto y añádale los nopales cambray, los guajes o chícharos, las flores de maguey o de calabaza, los xoconostles y sal y pimienta al gusto. Deje que el caldillo se cocine durante 5 minutos y retírelo del fuego.
3. Ase en un sartén de fondo grueso las rebanadas de callos de hacha durante 1 minuto de cada lado.
4. Sirva las rebanadas de callos con el caldillo y sus guarniciones en platos hondos. Acompañe con los chiles coras.

A este marisco se le llama callo de hacha porque su concha tiene la forma de un hacha sin el mango.

Los gualumbos o flores de maguey deben consumirse tiernos, ya que maduros tienen un sabor amargo.

Costas de México
Rendimiento: 6 personas
Preparación: 20 min
Cocción: no requiere
Dificultad:
Costo:

Vuelve a la vida

Ingredientes
* 12 ostiones con su jugo
* 6 o 12 almejas (según tamaño) de Zihuatanejo, picadas
* 250 g de camarones, pelados, sin cabeza y sin intestinos, cocidos
* 5 cucharadas de pulpa de jaiba cocida
* 250 g de jitomate picado o 5 cucharadas de salsa de tomate
* 2 cucharadas de perejil picado finamente
* 2 cucharadas de cebolla picada finamente
* el jugo de 4 limones
* 1 cucharada de orégano seco, triturado
* 3 cucharadas de aceite de oliva
* 6 patas de cangrejo moro, enteras, limpias y cocidas
* 1 aguacate mediano, rebanado
* sal al gusto

Procedimiento
1. Mezcle todos los ingredientes en un recipiente hondo, excepto las patas de cangrejo moro y el aguacate.
2. Sirva el vuelve a la vida frío en recipientes de vidrio de boca ancha con una pata de cangrejo por copa y las rebanadas de aguacate.

Estructura básica
de las recetas

Adaptación de Rubí Silva inspirada en Cuitzeo, Michoacán

Rendimiento: 30 torreznos
Preparación: 15 min
Cocción: 25 min
Dificultad:
Costo:

Torreznos de
charales de Cuitzeo

Ingredientes

- 600 g de tomates verdes
- 4 chiles serranos
- 1 diente de ajo grande
- 6 ramas de cilantro
- 4 huevos
- 500 g de charales frescos, lavados y escurridos
- 1½ tazas de aceite
- sal al gusto
- tortillas de maíz, al gusto

Procedimiento

1. Hierva en suficiente agua los tomates y los chiles. Cuando estén cocidos, escúrralos y muélalos con el ajo, el cilantro y sal al gusto. Vierta la salsa en una cacerola, caliéntela a fuego medio y deje que hierva durante 10 minutos. Resérvela caliente.
2. Bata los huevos en un recipiente y mézclalos con los charales y sal al gusto. Caliente el aceite en un sartén. Tome una porción de la mezcla de charales con una cuchara sopera y viértala sobre el aceite; conforme se vaya dorando cada porción, tendrá que darles vuelta. Retire los torreznos del aceite cuando tengan forma de tortitas compactas. Déjelos sobre papel absorbente para retirarles el exceso de grasa.
3. Repita el procedimiento hasta terminar con la mezcla de charales con huevo.
4. Sirva los torreznos con la salsa caliente y acompañe con tortillas.

Ingredientes

Listados conforme se utilizan en el procedimiento, se muestran las cantidades en la medida más accesible al lector. Éstas pueden aparecer en piezas, mililitros, gramos, cucharadas, ramas, cucharaditas, cantidad al gusto o cantidad suficiente. Cuando existen varias preparaciones en una misma receta, se indican con subtítulos.

Una tabla de equivalencias de medidas al final del libro le ayudará a encontrar otras formas de medir los ingredientes, así como a reducir o aumentar el rendimiento de las recetas de acuerdo con sus necesidades.

Procedimiento

Los pasos en orden cronológico se numeran y describen detalladamente. Cuando existen varias preparaciones en una misma receta, se indican con subtítulos.

Fotografía del platillo

Breve panorama histórico de la
cocina mexicana
Janet Long Towell

La dieta básica mexicana, compuesta por el maíz, el frijol, la calabaza y el chile tiene más de 5 000 años de uso en México. A través de la historia, la combinación de estos productos ha proporcionado a los mexicanos una dieta nutritiva y suficiente que les permite conservar la salud y energía para llevar a cabo su vida cotidiana.

La comida tenía gran importancia en el México prehispánico, no sólo como una fuente de energía y una manera de aplacar el hambre, sino que también era utilizada en prácticas religiosas, simbólicas y medicinales.

La dieta mesoamericana básica tenía un sustrato común en todo el país, aunque variaba debido a los recursos regionales, el clima y las diferentes etnias de la zona. El maíz, el frijol y la calabaza forman lo que a veces llaman la tríada de la agricultura nativa en México. Estos tres cultivos constituyeron la dieta básica antigua y, junto con el chile, son los ingredientes más importantes en la dieta actual.

Los indígenas prehispánicos comían los alimentos en poca cantidad y creían que comer poco y trabajar mucho era la clave para lograr vivir una larga vida. Comían dos o tres veces al día, según la disponibilidad de los alimentos. En la mañana, solían tomar sólo una taza de atole caliente, antes de iniciar su día de trabajo. La comida más importante se hacía a mediodía con tortillas, tamales, salsa, chiles y frijoles. Si había comida suficiente, comían de nuevo antes de irse a dormir.

La comida y la bebida eran elementos importantes en las festividades del México prehispánico y solían acompañar la gran mayoría de las ceremonias, los convites y los ritos. Los alimentos servidos en las fiestas dependían del tipo de evento, la importancia de la fiesta y los recursos de los anfitriones. La comida preferida para ofrecer una ofrenda en una fiesta era el maíz, preparado en forma de tamal.

Cada mes tenía su dios especial, y en las fiestas que celebraban en su honor, servían sus comidas preferidas como ofrenda durante todo el mes. Por ejemplo, el segundo mes estaba dedicado a Xipe Totec, el dios de la renovación vegetal, y preparaban en su honor unas tortillas llamadas *cocolli,* así como empanadas de maíz sin cocer, llamadas *uilocpalli.*

Durante el sexto mes del calendario, *Etzalcualiztli,* festejaban a los dioses de la lluvia y el platillo era *etzalli,* que consistía en un bollo o tamal de maíz cocido con frijoles, acompañado por trozos de carne de guajolote, como ofrenda.

Hubo varios dioses asociados con los alimentos. Chicomecoatl era la diosa de los mantenimientos, de lo que se come y de lo que se bebe. En la fiesta del ascenso de un nuevo *tlatoani,* los invitados comían gran diversidad de comidas, como tortillas, guisados, hongos del monte y bebidas de cacao. Para celebrar la llegada de un recién nacido, las mujeres cocinaban tamales rellenos con frijoles y carne, molían cacao y lo mezclaban con maíz y preparaban todo lo necesario para la fiesta. En las fiestas para adultos, las mujeres trabajaban varios días antes, preparando guisados de carne y pescado, diferentes moles servidos con frijoles, maíz tostado y tortillas de varios tamaños y grosores. Había tortillas tan delgadas y transparentes que se podía ver a través de ellas. Eran las tortillas preferidas por el *tlatoani* y su consumo estaba restringido a los señores principales. Las tortillas de masa, mezcladas con yerbas, chiles piquines, epazote, quelites y amaranto, eran muy solicitadas. Los tamales especiales se clasificaban de acuerdo con su contenido. Había de diversos tamaños, formas, colores y rellenos. No faltaban los grandes tamales, llamados *totolnacquimilli.* Eran como empanadas que se cocían con una gallina entera, untada con chile amarillo, como el actual tamal *zacahuil* de la zona de la Huasteca. Había chocolate para los señores, pulque para los ancianos y hongos alucinógenos para los invitados. El servicio del chocolate marcaba el final del banquete, cuando era servido a cada invitado masculino en una jícara, junto con un palillo para menearlo. A las mujeres no se les ofrecía chocolate, sino atole de maíz o de semillas de chía. Además, organizaban pequeñas fiestas preparatorias a las fiestas grandes, y los ritos se prolongaban por semanas.

La comida prehispánica era muy variada. Podemos describir la riqueza culinaria prehispánica con la gran variedad de *mollis,* palabra en náhuatl que significa "salsa", en venta como comida preparada en el mercado de Tlatelolco. También había pipianes elaborados con pepita de calabaza, salsas picantes de chile y tomate verde, así como una gran cantidad de tamales de diversos rellenos, grosores y sabores. Aprovechaban muy bien los recursos a su alcance en cuanto a la cacería, las zonas lacustres, las técnicas de riego y de cultivo avanzados, además de la recolección de una gran variedad de productos del campo.

La comida mexicana, como la conocemos y disfrutamos hoy en día, tuvo su origen en el siglo XVI. Plantas y alimentos europeos introducidos por los conquistadores cuando llegaron al país en 1519, que fueron combinados con los productos locales a través de los años, cambiaron para siempre la dieta mexicana. Este intercambio culinario entre España y Mesoamérica no fue sólo un encuentro e intercambio de productos alimenticios, también involucró la introducción de nuevos utensilios culinarios de metal, y nuevas técnicas de preparar los alimentos, como la de utilizar el horno y la grasa para freír. También requirió la adopción de tecnología agrícola europea y el uso de pesas y medidas europeas para comprar en el mercado. La combinación de productos de los dos mundos produjo una dieta más abundante, más nutritiva y más variada que la dieta prehispánica. Pero lo más importante fue la nueva forma de percibir la comida y su función en la sociedad. Esta novedosa dieta les sirvió a los novohispanos durante tres siglos, ya que fue un régimen bastante estable.

Las novedades culinarias sólo pudieron llegar a Nueva España a través de los españoles, ya que ellos eran celosos de sus tierras recién adquiridas, y trataron de que la entrada al nuevo continente se limitara a súbditos de la Corona española, con el pretexto que las culturas americanas podían contaminarse al contacto con influencias de otras partes.

Durante los primeros años los españoles tuvieron que ajustar sus paladares a la comida local, tal vez no por gusto, sino por necesidad. Resultaba muy costoso traer alimentos desde España; además, los viajes marítimos eran lentos e inseguros. La única solución fue traer plantas y animales de Europa y cultivarlos en el Nuevo Mundo.

En una de sus cartas, Hernán Cortés pidió a la Corona española "no permitir que ningún barco saliera de España, que no cargara esquejes, plantas o semillas de plantas europeas". No fue fácil cultivarlas en el Nuevo Mundo, debido a las diferencias en latitudes y climas. De hecho, algunas plantas europeas nunca se aclimataron al ambiente americano.

El trigo, por ejemplo, que era una necesidad cultural del español para la elaboración del pan, nunca pudo adaptarse al suelo y al clima del Caribe. Pero sí se adaptó bien al Altiplano mexicano y fue así como Nueva España abasteció al Caribe de trigo durante todos los años de la Colonia.

¿Cuáles de los múltiples productos introducidos tuvieron más impacto sobre la dieta en Nueva España? Podemos reducir el número a seis grupos: el trigo, la carne y sus derivados, como la leche, los huevos y el queso; el azúcar, los cítricos, ciertas hortalizas, como la cebolla y el ajo, y algunos condimentos, como el perejil, el cilantro, el orégano y el clavo de olor. En el camino inverso podemos mencionar al maíz, la papa, el chile, el jitomate, la calabaza, el frijol y el chocolate.

Fue en los mercados donde se podían ver los productos españoles combinados con alimentos locales. Las verduras del Mediterráneo, como la lechuga, la coliflor y los chícharos, compartían el espacio en los puestos con las verdolagas, el aguacate y los chiles. Durante los primeros años los nuevos productos cotizaban en precio alto en el mercado, pero para fines de la década de 1520, los precios de la carne, el pan y las nuevas

frutas y verduras empezaron a desplomarse, poniéndose al alcance de los indígenas urbanos. Sin embargo, ellos nunca abandonaron su propia dieta básica de maíz, frijol, calabaza y chile.

Fueron los mestizos, acostumbrados desde niños a los sabores de los dos mundos, quienes promovieron un nuevo estilo para comer. Posiblemente fueron las cocineras de los tianguis populares las que empezaron a vender comida que combinaba los productos. Las tradicionales chalupas prehispánicas que ahora llevaban carne de cerdo, rellenaban los tacos de pollo de Castilla y hacían quesadillas de queso de origen español, aderezados con salsas de chile. Las cocineras en las grandes casas y haciendas y en los conventos que solían ser indígenas, mestizas o mulatas, agregaban maíz y frijol a los estofados, cocidos y guisados españoles.

Uno de los caminos abiertos para introducir nuevas costumbres de la mesa fue a través de los conventos y monasterios, que se expandieron rápidamente en la segunda mitad del siglo XVI. Los conventos de monjas eran importantes fuentes para distribuir las nuevas recetas novohispanas. En los refectorios de estas comunidades, la vida estaba estrictamente reglamentada, puesto que la comida y el compartir los alimentos se consideraban una forma de expresar la unión comunitaria. El hecho de vivir en comunidad, tener que alimentar a un gran número de personas todos los días, disponer de cocinas grandes y bien equipadas y contar con los recursos para elaborar recetas nuevas, permitió a las monjas desarrollar especialidades que hicieron famosos a sus conventos, como fue el mole poblano del Convento de Santa Rosa en Puebla, así como el rompope y los dulces poblanos del Convento de Santa Clara.

La comida cotidiana variaba según el convento; en ninguno se podría considerar como demasiado abundante o elaborada. En los conventos de religiosas criollas, como el convento de Santa Brígida, cada monja recibía todos los días una escudilla de caldo y una libra de carnero repartida entre la comida y la cena, además de postre y fruta. Durante los días de abstinencia, la carne cedía su lugar al pescado. En los días de ayuno, que eran los días de las grandes solemnidades, las monjas tomaban tres huevos, caldo y postre. En los conventos dedicados a las religiosas indígenas, como el convento de Corpus Christi o el de Nuestra Señora de Guadalupe, los alimentos consistían en productos elaborados con maíz y leguminosas, como el haba y el frijol, para conformarse con la dieta indígena. Había otros conventos, como el de San Felipe de Jesús, en donde las reclusas ayunaban toda la vida, y sólo comían una dieta normal los domingos y el día de Navidad. La comida era pobre; no ingerían lácteos durante el adviento y la cuaresma, ni en las vigilias tempranas o los viernes del año.

La comida de fiesta en los conventos era más elaborada. Para celebrar nuevas fundaciones, organizaban celebraciones que duraban tres o cuatro días, en las que ofrecían misas y ceremonias especiales, y se organizaban procesiones en las calles.

La entrada de alguna novicia a la vida religiosa o la conmemoración del santo de la patrona del convento era otro de los motivos de celebración. En la época navideña, además de festejar las posadas con música, entremeses y coloquios, se comían dulces, repostería y golosinas que se fabricaban en el mismo convento.

Los conventos eran los productores de dulces más importantes en Nueva España. Una vía muy eficaz para la difusión de las recetas conventuales fueron las niñas de familias criollas y mestizas, educadas en los conventos. Muchos de los conventos de monjas se dedicaban a la enseñanza y, además de impartir clases sobre la doctrina religiosa, lectura, escritura y aritmética, enseñaban también los llamados "oficios mujeriles", como la costura, el bordado y la cocina. Las recetas conventuales y las tradiciones culinarias deben haber sido difundidas por estas futuras amas de casa novohispanas. De las cocinas de los conventos de monjas salieron las mejores recetas de la Colonia.

La costumbre de comer un tentempié antes de las comidas data por lo menos del siglo XVII. El fraile irlandés Tomás Gage registró este hábito a principios del siglo y lo atribuyó a que las comidas locales no eran tan nutritivas como las europeas. Dos o tres horas después de tomar una comida sustanciosa que comprendía tres o cuatro platos de carnero, vaca, ternera, cabrito, pavos y otras aves, decía "no podíamos estar de debilidad de estómago y casi nos caíamos de desmayo". El único remedio posible fue reponerse con una jícara de chocolate y unos bizcochos con un poco de conserva.

Los puestos de antojitos que se encuentran en las calles y en los mercados del México actual no son consecuencia de las presiones de la vida moderna, ni de la falta de tiempo para comer sentado en la mesa de un restaurante. El fraile Bernardino de Sahagún describe las calles y los mercados del siglo XVI, en donde las vendedoras ofrecían toda clase de antojitos y platillos sazonados con chile y tomate. En 1777, Juan de Viera describe una calle entera de cocineras establecidas en el mercado de la Plaza Mayor, quienes preparaban comida para las multitudes que llegaban a comprar y vender en la plaza. Los puestos de fritangas o "jacalones de comideras" abundaron en la plaza mayor hasta fines del siglo XVIII.

El hábito de comer y beber a todas horas del día se volvió una costumbre general entre la población en el siglo XVIII. Un viajero español, Pedro de Estala, notó que "las mujeres casi todo el día están comiendo. Toman chocolate por la mañana, almuerzan a las nueve, hacen las once, que es tomar otro desayuno, y después comen, poco después de mediodía. Al levantarse de dormir la siesta, vuelven a tomar chocolate y después cenan".

Un menú típico de mediados del siglo XVIII se iniciaba con un caldo de pollo, seguía un guisado de carne, papas cocidas o fritas en manteca, un asado de cerdo y un plato de frijoles al final. Toda comida acababa con una gran selección de dulces, hechos con frutas y raíces del país. Sólo bebían agua al final de la comida, después del dulce; si un comensal pedía agua antes, le retiraban el plato, pensando que había terminado. A las tres de la tarde, la familia se juntaba de nuevo para beber chocolate.

Esta era la dieta de la clase media, no así la del criollo novohispano y del virrey. Afirma Fernando Benítez que la vida del criollo novohispano era una fiesta interminable. Pasaba los días organizando diversiones, como juegos de cañas, mascaradas, saraos, corridas de toros, bailes y comedias. Todo se llevaba a cabo en un ambiente de lujo en donde la etiqueta, las formas y los modales llegaron a ser muy importantes. La comida y la bebida jugaban un papel importante en las fiestas y ceremonias como parte de la ostentación. Todos trataban de imitar al virrey, quien llevaba una vida de lujo y elegancia. El palacio virreinal sirvió como punto de contacto entre la cultura europea y la mexicana y muchas de las ideas sobre la moda culinaria llegaban a través de los virreyes. El palacio virreinal fue uno de los caminos para la introducción de nuevas modas gastronómicas.

La comida de influencia francesa que llegó a Nueva España a mediados del siglo XVIII fue traída por el virrey marqués de Croix. El virrey, nacido en Flandes, era un hombre refinado y conocedor de la buena mesa y de la comida francesa en particular. Lo acompañaba un equipo de cocineros y ayudantes entrenados en el nuevo estilo de cocinar, aderezar los platos y servir la mesa a la francesa. Presentaba una mesa muy elegante, bajo el más estricto protocolo. Durante esa época, los hábitos de la aristocracia novohispana se afrancesaron en su afán de imitar el estilo de vida del virrey, quien ponía la moda en cuanto a los alimentos.

Podemos suponer que los virreyes comían más a la española que a la mexicana. Tenemos el registro de los productos traídos a Nueva España desde Sevilla, en donde cargaban gallinas, terneras, carneros, barriles de frutas en conserva, dulces, bizcochos, jamones, arroz, lentejas, castañas, garbanzos, fideos, pasas y mucho vino.

El pueblo agasajaba mucho a los virreyes cuando llegaban al país. Los festejos empezaban desde su llegada a Veracruz y continuaban en cada sitio donde se paraban en el camino hasta llegar a la Ciudad de México. Las entradas de los virreyes a la ciudad eran motivo para organizar muchas festividades, como bailes, comidas, cenas y corridas de toros, que duraban más de un mes. Las recepciones de los virreyes llegaron a tal grado de derroche y lujo, que el rey de España tuvo que dictar una disposición a principios del siglo XVII en que ordenaba que se evitaran tantos gastos superfluos en las fiestas para recibir a los virreyes. No era fácil, ni siquiera para el rey, controlar el afán del criollo por las fiestas.

De cualquier manera, las recepciones suntuosas ofrecidas a los virreyes a su llegada al país contrastaban con las desairadas despedidas que les hacían. En 1620 el rey de España tuvo que mandar una orden real pidiendo que el camino de salida hacia Veracruz no se les alojara en malos mesones, ni se les cobrara demasiado por sus alimentos. A uno de los virreyes le extrañó el trato opuesto que recibía y preguntó a un indio "que por qué no se le asistía con el mismo agasajo que cuando entró a mandar", a lo que el indio respondió: "no es lo mismo virrey que te vienes, que virrey que te vas".

Cuando México logró romper con la dominación española a principios del siglo XIX, hubo un ambiente de caos en el nuevo país, dejando lugar a muchos cambios sociales. Después de 300 años de dominación y aislamiento, las fronteras mexicanas fueron abiertas a recibir nuevas influencias y contactos directos con otros países europeos y tradiciones culinarias.

Los comerciantes del viejo continente llegaron enseguida para explorar las perspectivas económicas de la nueva nación. Se ha dicho que el siglo XIX representa el segundo descubrimiento de México, esta vez no por conquistadores y frailes, sino por empresarios, aventureros y diplomáticos.

Luis González describe a México en los primeros años después de la Guerra de Independencia como un río revuelto al cual vinieron a pescar sastres, mercaderes, zapateros y boticarios franceses, comerciantes alemanes y hombres de negocio ingleses. Todos dejaron su huella en la historia de la comida mexicana cuando inundaron el mercado con productos alimenticios europeos. Alemania envió ginebra, arroz, bacalao, cerveza, galletas y verduras enlatadas. Francia contribuyó con aceite, vinagre, aceitunas, vinos, quesos, uvas, ron y licores, mientras que Inglaterra mandó whisky, arroz, canela, cerveza, mantequilla, galletas, pimienta negra y té, entre muchos otros productos.

Durante este periodo, se hizo un esfuerzo consciente por parte de los intelectuales liberales y miembros del gobierno para promover una nueva identidad nacional y redescubrir el valor de las culturas prehispánicas, en vez de rechazar el pasado. La literatura costumbrista nació con escritores como Manuel Payno, quien incluía las costumbres y la comida de los pobres en sus novelas, a la vez enfatizaba su mexicanidad.

Una minirrevolución culinaria nació durante esta época con un espíritu de nacionalismo y orgullo que prevaleció en la preparación y consumo de comida típica mexicana y que formó parte de este afán para promover una nueva identidad nacional. Sin embargo, a pesar de los esfuerzos realizados para promover los platillos locales, los recetarios publicados en el siglo XIX contienen más recetas españolas y francesas que mexicanas, lo cual hace dudar de su éxito en fomentar el consumo de platillos populares. Existían también recetarios privados que incluían varias sopas de tortilla, asados, huevos en muchas presentaciones, salsas y mayonesas, así como enchiladas, tamales, guisados de pollo, carne y vísceras, moles y chiles rellenos, arroces y muchísimos postres.

Una de las características más notables de la comida en una casa de clase alta mexicana del siglo XIX era su abundancia. Un visitante de otro país anotó que "a las ocho de la mañana toman una tacita de chocolate con un pan dulce. A las diez se tiene un desayuno caliente con carne asada o estofada, huevos y el plato de frijoles, que nunca faltan. A las tres de la tarde se sirve la comida que siempre consta de los mismos platillos: primero una taza de caldo delgado, luego sopa de arroz o pasta o un budín cocido en caldo y sazonado con tomates.

"La olla es el tercer plato y se sirve en todas las mesas; se prepara con carne de res, carnero, un poco de puerco, jamón, gallina o pollo, pequeños chorizos, col, ejotes, nabos, peras, plátanos, cebollas, apio, un poco de cilantro y perejil, todo cocido al mismo tiempo. Después de la olla, se sirve un postre y finalmente dulces cubiertos. Generalmente toman una siesta después de la comida y al despertar, a las seis de la tarde, disfrutan una taza de chocolate. La cena es a las diez de la noche y consistía en carne asada, ensalada, frijoles y un postre. Inmediatamente después de la cena, la familia se va a la cama".

El platillo más destacado del siglo era la famosa olla podrida, también llamado cocido o puchero, que se servía en todas las comidas de las clases medias y altas. Las carnes ocupadas eran de carnero, ternera, liebre, pollo, espaldilla, lengua, jamón, mollejas y patas. A esta mezcla de carnes agregaban coles, nabos, garbanzos, zanahorias, chayotes, peras, plátanos y manzanas. Se servía en dos grandes platones, uno para las carnes y el otro para las verduras, y colocaban salseras de jitomates con tornachiles, cebollas y aguacates entre los platones para acompañar el guisado.

También era de llamar la atención el gusto de las clases medias y altas por los postres. Formaban parte de los almuerzos, las comidas, las meriendas y las cenas y para recibir visitas en las tardes. Guillermo Prieto describía "los encoletados voluptuosos, la cocada avasalladora, los huevos reales, y los xoconostles rellenos de coco como el éxtasis y la felicidad suprema".

La popularidad del chocolate seguía vigente a través de todo el siglo. Lo tomaban al despertar en las mañanas para reanimar el cuerpo al inicio de la jornada, durante el almuerzo tomaban hasta dos tazas, otra después de la siesta, una más durante la merienda y la última del día antes de acostarse.

La creciente clase media del siglo XIX, formada por burócratas, empleados y artesanos, trató de imitar las costumbres en la mesa de las clases altas. Ellos sólo realizaban tres o cuatro comidas al día: el desayuno, la comida, la cena y a veces la merienda. Aunque sus dietas eran similares a la dieta de las familias más ricas, los guisados eran de preparación más sencilla.

En los dos casos, las amas de casa pasaban muchas horas del día dentro de la cocina, dirigiendo o preparando los platillos para la familia. Durante la década de 1860 se patentaron en México los primeros modelos de molinos de maíz y tortilladoras mecánicas, para aligerar el trabajo de la cocina; sin embargo, el público tardó muchas décadas en aceptarlos.

El siglo XX fue testigo de muchos cambios en la cocina mexicana. Mejorías en los medios de comunicación permitieron una mayor integración entre el campo y las ciudades, promoviendo un mercado nacional y la aparición de empresarios pequeños y medianos para procesar los productos agrícolas y establecer industrias de alimentos y bebidas nuevas en el país.

En la década de 1930 empezaron a llegar empresas extranjeras al país. Una de las primeras fue la Compañía Nestlé, suiza de origen, que comenzó a elaborar harina lacteada, leche condensada, evaporada y en polvo. En los años cuarenta sacaron al mercado el extracto de café en polvo soluble, llamado Nescafé, que se hizo muy popular y probablemente afectó el consumo tradicional del chocolate, como bebida preferida. Al mismo tiempo hubo empresas comerciales como La Compañía Comercial Herdez, establecida como compañía de fabricación alimenticia totalmente mexicana en 1914, que se asoció con compañías extranjeras, como McCormick de México, facilitando la expansión y el tránsito de los productos fabricados. Otras compañías nacionales siguieron este ejemplo para embotellar en fábricas locales y desde 1928 el conocido Coca-Cola y el inconfundible Orange Crush. Las chocolateras, las heladerías y las fábricas de gaseosas, como las de Tehuacán, siguieron con participación exclusivamente mexicana.

Para el año 1940, el crecimiento demográfico que experimentó el país se reflejó en el crecimiento de la industria alimenticia. Fue una época marcada por la rápida aplicación industrial y del avance científico y tecnológico, mejorando la calidad y la presentación de algunos productos. El pan Bimbo, que ya se vendía en el mercado, o en la creación de productos nuevos para satisfacer los gustos y exigencias de la nueva sociedad.

La apertura comercial y el Tratado de Libre Comercio de América del Norte (TLCAN), firmado en 1994, abrió las fronteras y mercados mexicanos, semicerrados desde la época de la Colonia, a la libre importación de productos extranjeros, principalmente de Estados Unidos y Canadá.

Esta apertura comercial sin duda afectó la industria alimenticia local, causando la quiebra de muchas de ellas. Por otro lado, facilitó la llegada de compañías internacionales que establecieron plantas propias y han sido importantes introductores de nuevos alimentos y productos. Desafortunadamente muchos de los nuevos productos son altos en grasas y azúcares, razón por la cual han afectado la salud del mexicano, causando obesidad y enfermedades como la diabetes, que se presenta debido a una dieta inadecuada y la falta de ejercicio. Esto también ha dado lugar a la nueva moda de buscar productos bajos en calorías, como la nueva moda de los productos "light".

Asimismo, la moda de lo esbelto y lo saludable ha afectado, por una parte, el consumo del pan, considerado como un producto engordador y, por otra, la preferencia por el pan bajo en grasas y ricos en fibra, hecho con harina integral. Los productos orgánicos se han puesto de moda; sin embargo, son más costosos que los de producción tradicional, aunque no han afectado mucho los mercados.

La nueva dieta mexicana ha causado polémica entre los gastrónomos y nutriólogos, quienes temen que los nuevos productos en el mercado harán la dieta tradicional menos atractiva para los mexicanos. Esto no ha sido el caso, toda vez que la comida mexicana ha celebrado un resurgimiento y prestigio tanto nacional como internacional en los últimos años y las diversas influencias y modas culinarias del exterior han afectado poco en la comida básica del país que aún hoy en día sigue siendo a base de maíz, frijol, calabaza y chile.

La cocina
mexicana hoy
Cristina H. de Palacio

Es difícil hablar de la *cocina mexicana hoy*, debido a que el temporalizar un acto es relativo y más si hablamos de nuestra cocina. *Hoy* es la segunda década del siglo XXI, donde los cambios en todos los ámbitos suceden a un ritmo acelerado y las prácticas culinarias no quedan exentas a ellos.

Por lo tanto, preferimos referirnos a la cocina mexicana *viva* sin ubicarla en un periodo preciso, dado que ella ha dado muestras de una *vitalidad* a lo largo de su trayectoria. Explicar la fortaleza que la ha llevado a tal longevidad, resulta fácil y difícil a la vez.

La cocina mexicana *vive* porque al paso del tiempo ha sido fiel a los productos que le dieron vida: el maíz, el frijol, la calabaza y el chile principalmente. Ingredientes inmersos en la milpa que aunados a los quelites, los hongos y las flores comestibles, el amaranto y la chía, entre otros muchos. Cada grupo con sus distintas variedades destinadas a un uso y un consumo, marcados por la cultura de cada comunidad que los prepara y los consigna a un fin determinado, han logrado su pervivencia en el gusto de propios y extraños.

Lo mismo podemos decir de la fauna comestible que nuestros antepasados aprovecharon a través de la recolección (insectos adultos, gusanos y pupas), la caza (venado, jabalí o tuzas), la pesca (ranas, ajolotes, pescado blanco o acociles) y la domesticación de algunas especies (guajolote y conejo), todos ellos a manera de ejemplos. *Vive* al observar que varias de estas especies siguen siendo parte de la dieta de las poblaciones asentadas en zonas rurales que no han dejado de consumirlas. *Vive* cuando vemos que el consumo de muchas de estas especies en las sociedades urbanas han logrado traspasar lo cotidiano para convertirse en un alimento de exquisitez.

En la actualidad, estos productos de origen vegetal y animal han cobrado un importante papel en las prácticas culinarias de los cocineros profesionales, viejos y jóvenes, al utilizar y ofrecer en mayor proporción los productos locales a sus comensales. Significativo es mencionar que esta actividad practicada de siempre, ha dado el sello de originalidad que caracteriza a las cocinas regionales de México.

Vive al ser consciente de la temporalidad de los productos que serán consumidos, porque ella valora este periodo para obtener de ellos la mejor calidad a un costo menor; es previsora y echa mano de ellos, conservando una parte para cuando escaseen. Esta última labor ha tenido actualmente un importante auge en la producción de productos artesanales, la cual ha favorecido el comercio y el consumo de productos que son ajenos a las zonas donde no son conocidos e incluso desaprovechados.

La cocina mexicana *vive* porque ha sido y sigue siendo curiosa y cálida al adoptar y al adaptar los productos introducidos de otras latitudes que han llegado a sus fogones, lo cual le ha permitido enriquecerse y continuar vigente. Ella aprendió y continúa aprendiendo las maneras para producir y recurrir a estos invitados, los cuales le han permitido renacer y florecer al correr de los años. Además fue y es dadivosa al compartir con otras cocinas, varios de los productos endémicos y domesticados en estas tierras.

La cocina mexicana *vive* apegada a las técnicas de preparación y conservación que en un principio le sirvieron en la elaboración de alimentos y bebidas, mismas que siguen practicándose de acuerdo con la cultura de cada lugar que define los modos de preparación y conservación de las cocinas locales de nuestro país.

El arribo de nuevas técnicas le permitió y le permite ser inquieta y osada al poner en práctica un gran número de ellas. *Vive* porque convierte en propias varias de estas maneras de preparar y conservar, logrando a través de ellas un amplio abanico de alimentos y bebidas que a la fecha la distinguen. Ejemplos sobran, como son la panadería, la dulcería, la producción de embutidos y los destilados, por mencionar algunos.

Durante el siglo pasado y el actual esta inquietud y osadía la han llevado a transitar por las corrientes de la *nouvelle cuisine*, la *cocina fusión*, la *cocina molecular*, la *cocina de autor*, etcétera. Sin embargo, ella ha sido persistente y celosa de sus raíces para dar paso a la tendencia actual de una cocina de tradición renovada, donde la creatividad y la pluralidad de técnicas unidas a la variedad de productos, dan como resultado una nueva manera de preparar y ofrecer los alimentos y bebidas.

La cocina mexicana *vive* mediante el uso de utensilios ancestrales, que en un momento de la historia le sirvieron para confeccionar tanto alimentos como bebidas. Muchos de éstos, como el molinillo para el chocolate, presentes en las cocinas modernas, incluso han abandonado el espacio culinario para hacer acto de presencia en las mesas, como es el caso del molcajete.

Al contacto con los materiales y utensilios procedentes de otras cocinas, la cocina mexicana es traviesa e incursiona en su uso para modificar o cambiar el dónde serán preparados los alimentos y bebidas, sin dejar de lado muchos que le han sido útiles. *Vive* porque esta curiosidad la traslada a manejar los aparatos electrodomésticos que le permiten aligerar varias de las maneras de preparación y conservación que ha venido practicando, así como a aumentar el volumen de comida que será elaborada y ofrecida. Así conviven sin problema los metates y molcajetes con las licuadoras y los procesadores eléctricos.

Pero al mismo tiempo continúa obstinada en el uso de algunos de los utensilios ancestrales que dan a la comida, sabor, textura y consistencia que ningún aparato moderno logra. Una muestra de esto es el chocolate de metate, las salsas molcajeteadas o el agua reservada en un cántaro de barro, entre muchos otros. En este apartado surge de igual manera la cultura, que influye en el manejo de ciertos utensilios para la elaboración de alimentos y bebidas representativos de cada región del territorio nacional.

Con la llegada de nuevos materiales, tanto los recipientes donde son servidos los alimentos y las bebidas, como los utensilios que facilitan el consumo de éstos, son transformados o sustituidos por las nuevas adquisiciones. Pese a ello *vive* aferrada al uso de recipientes de barro y utensilios de madera, los cuales hoy en las mesas actuales han retomado un sitio privilegiado.

La cocina mexicana *vive* en las celebraciones, fiestas y ritos donde podemos observar la diversidad cultural que tiene nuestro país. Estos sucesos están presentes a lo largo del calendario cívico, familiar y religioso, donde *vive* como elemento esencial de ellos.

Desde tiempo atrás cada localidad del país cuenta con sus propias costumbres para llevarlas a cabo, diferenciando para cada ocasión el tipo de alimentos y bebidas que las acompañarán. *Vive* en los acontecimientos que perviven ligados al antiguo calendario ritual agrícola, donde la comida y bebida son elaboradas a base de maíz, principalmente.

Vive en los festejos familiares relacionados con el ciclo de vida. Desde el tiempo de gestación hasta la defunción son motivo de la preparación especial de alimentos y bebidas, incluso para aquellos que retornan cada año de la otra vida, les espera una comilitona especial colocada en la ofrenda.

Al llegar la religión católica, las fiestas patronales abocadas a un santo o virgen proliferan, mismas que sirven de inspiración para mantenerla *viva*. Las mayordomías o grupos encargados de prepararla no escatiman recursos culinarios y económicos para perpetuarlas. La comida debe ser abundante para alimentar tanto a la gente que viene en las procesiones, como para los devotos del lugar, amigos, familiares y hasta los turistas curiosos.

Vive en cada una de las celebraciones cívicas, donde los puestos de comida muestran la culinaria que distingue a la región u ofrecen un mosaico de preparaciones reflejo de la gran variedad de nuestra gastronomía.

Pero a la vez es cautelosa y mira con recelo otras maneras de celebrar, introducidas recientemente, las cuales no han logrado opacar las costumbres arraigadas que la mantienen *viva*. Basta con ver que nadie vestido de Frankenstein o Drácula puede resistir la tentación de comer un pan de muerto sopeado en un espumoso chocolate, o recibir los regalos que deposita Santa Claus, sin antes no haber gozado de un caliente y aromático ponche navideño acompañado de unos crujientes buñuelos bañados con jarabe de piloncillo.

La cocina mexicana *vive* no sólo en la memoria y el corazón de los mexicanos, que sin importar el motivo por el cual están lejos del terruño, añoran y preparan como les es posible la comida de sus lugares de origen. Los que regresan definitiva o temporalmente son recibidos y agasajados con ella.

Vive porque muchos de ellos han decidido radicar fuera y muestran nuestra cocina a la población que los acoge. *Vive* en las cartas de restaurantes fuera del país que son manejados por extranjeros enamorados de ella, reconociendo su gran valía.

La cocina mexicana *vive* porque los mercados establecidos y tianguis proveen de los insumos necesarios para prepararla. *Vive* en las fondas ubicadas en el interior de los primeros y en los puestos callejeros, donde todo tipo de preparaciones que aluden a la gran variedad que la distingue son ofertadas. Esta-

remos en desacuerdo con las medidas insuficientes de higiene, el exceso de grasa, etcétera, de muchos de ellos, pero no podemos negar que la mantienen *viva*.

Incluso las tiendas de autoservicio han acrecentado la oferta tanto de productos perecederos como de alimentos industrializados necesarios para su elaboración o consumo directo.

La cocina mexicana *vive* en cada uno de los hogares mexicanos donde la preservación y la difusión de conocimientos como parte del patrimonio familiar, en forma oral o escrita, heredarán las siguientes generaciones. Ha permitido su permanencia en el gusto y la memoria de cada uno de los miembros de la familia, tarea que desempeñan principalmente las mujeres, sean las abuelas, las madres o las tías. Costumbre que a pesar de los embates del tiempo ha prevalecido.

La cocina mexicana *vive* y late en los medios de comunicación, donde con sólo asomarnos a los puestos de periódicos, las revistas de cocina abundan, y principalmente las referentes a la cocina mexicana o las que incluyen en su contenido un porcentaje importante de artículos al respecto. Asimismo, varios rotativos han dedicado una sección semanal especializada donde la culinaria mexicana está presente.

Lo mismo sucede en los anaqueles de las librerías. La sección de gastronomía ofrece un número considerable de publicaciones dedicadas a la gastronomía de nuestro país. Si nos asomamos a la programación de la radio y la televisión, cada día proliferan más las transmisiones que hablan y muestran nuestra cocina. Qué decir de Internet y las redes sociales; los temas de gastronomía mexicana son el pan nuestro de cada día. Todos contribuyen a mantenerla *viva*.

La cocina mexicana *vive* tanto en la conciencia de los mexicanos que desde siempre la han hecho propia y signo de identidad, como en la curiosidad de aquellos que al ser reconocida como *Patrimonio Cultural Inmaterial de la Humanidad* le han puesto atención.

La cocina mexicana seguirá *viva* mientras nos ocupemos día a día en responder activamente los siguientes cuestionamientos:

¿Qué?

Conocer los recursos alimenticios propios de la zona donde vivimos. Este conocimiento nos llevará a valorar y disponer de un variadísimo repertorio de alimentos y bebidas.

¿Para qué?

Para mejorar los hábitos alimentarios e impulsar un consumo saludable, responsable y sostenible. Para fomentar el consumo de productos de temporada. Para innovar en cocina, mejorar el alimento y la aceptación del mismo. Para sustituir ingredientes y/o adaptar recetas que puedan

consumir personas con intolerancias alimentarias o padecimientos en la salud.

¿Quién?

Reconocer dentro y fuera del núcleo familiar a la persona o las personas portadoras de los saberes y sabores de la cocina familiar o local, para valorar y obtener de ellas ese conocimiento y continuar la transmisión del mismo a futuras generaciones.

¿Para quién?

Poseedores de ese cocimiento, poder satisfacer las necesidades y gustos de nuestros familiares, amigos o comensales, al mismo tiempo que reorientar los hábitos alimentarios para que coman mejor y tengan una mejor calidad de vida.

¿Cómo?

Desarrollando las maneras propias de cocinar de cada familia y a la vez crear otras que compensen las necesidades y gustos de nuestros familiares, amigos o comensales. Aplicando buenas prácticas de higiene y conservación en los alimentos que vamos a ofrecer. Elaborando recetarios escritos, tanto de las preparaciones familiares como locales.

¿Dónde?

Continuar el uso de utensilios para preparar o consumir alimentos y bebidas que han prevalecido en la familia. Implementar utensilios a base de nuevos materiales con mayor durabilidad que no dañen la salud y a la vez faciliten, o agilicen, las labores en cocina. Desarrollar en la medida de lo posible, espacios con mejor ventilación, que permitan el orden y correcto almacenamiento de los alimentos, etcétera.

¿Cuándo?

Siempre que sea necesario conocer y continuar la costumbre de consumir los alimentos y las bebidas destinados para cada momento del día, para cada tipo de fiesta o celebración y para cada ocasión especial. Conocer y fomentar el orden establecido para cada uno de los alimentos y bebidas, acorde a horarios, costumbres y etiqueta. Conocer, rescatar, promocionar y difundir nuestra cultura festiva familiar y local. Evaluar los servicios de alimentación a los que acudimos y valorar su calidad nutricional y culinaria.

Cumpliendo con estos cuantos preceptos, la cocina mexicana continuará *viva* para beneplácito de propios y extraños. Y seguirá teniendo un lugar preponderante dentro de la cultura como parte del patrimonio y rasgo identitario de los mexicanos.

Las regiones
gastronómicas
de México

Sol Rubín de la Borbolla

Introducción

Por la gran diversidad natural y cultural que existe en el país, construir una regionalización de algún aspecto relevante de las manifestaciones culturales como la gastronomía, es un reto.

Esta nación es pluriétnica y multicultural debido a una larga historia de asentamientos humanos a lo largo del tiempo. Los primeros pobladores fueron conformando una zona conocida por los arqueólogos como Mesoamérica. Más tarde, se sumaron los españoles a partir del siglo XVI, y los migrantes a partir del siglo XIX que llegaron por razones económicas, políticas y religiosas.

De ahí que son tan variadas las diferentes propuestas de regionalización que se han hecho en los últimos años: historiadores, antropólogos, estudiosos de las cocinas tradicionales, cocineros y chefs han escrito desde sus propias perspectivas, todos aportando información que enriquecen el panorama. Por eso no debemos pensar en que existe una sola manera de construir las regiones gastronómicas, sino más bien considerar que tan variadas perspectivas han permitido descubrir aspectos útiles para entender cómo las cocinas de México llegaron a ser lo que son hoy en día.

Se entiende por región...

Una construcción social que identifica un espacio geográfico determinado por el tiempo (García Martínez, 2008), donde se encuentran suelos, climas, costas, planicies, desiertos, selvas y bosques tropicales, productores de una rica variedad de flora y fauna con la que los pueblos han satisfecho sus necesidades materiales y espirituales, entre ellas el vestido, la casa y la alimentación.

Al país lo atraviesan dos largas cadenas montañosas de norte a sur: la Sierra Madre Occidental y la Sierra Madre Oriental. Entre ambas, una planicie central que corre de norte a sur. Además existen otras cadenas montañosas, como la Sierra del Sur y grandes extensiones de litoral tanto en el Golfo de México como en el Océano Pacífico, que influyeron decisivamente en los lugares donde se dieron los primeros asentamientos humanos y posteriormente donde se construyeron las principales ciudades de Nueva España.

Regiones gastronómicas, según Giorgio De'Angeli y Alicia Gironella

Giorgio De 'Angeli y Alicia Gironella, con muchos años en su haber como promotores de las cocinas de México, propusieron una división en cinco regiones inspirada en sabores, aromas e ingredientes que evolucionaron con los sucesos históricos de Conquista, comercio y las aportaciones de otras culturas por sucesivas migraciones.

- *La cocina de la sencillez,* conformada por los estados de Baja California, Baja California Sur, Sonora, Chihuahua, Sinaloa, Durango, Coahuila, Nuevo León y Tamaulipas, esto es, toda la zona norte de costa a costa. Haciendo referencia al texto de estos autores, en esta región los españoles encontraron grupos indígenas con un desarrollo sociocultural menor al de los pueblos del centro del país; en lo que es hoy Tamaulipas se enfrentaron a grupos de indios hasta exterminarlos o esclavizarlos, en varios casos a esos grupos les pusieron sobrenombres relacionados con sus hábitos alimenticios, como comecrudos, comecamotes o comeperros. En el otro extremo de la región, del lado del Mar de Cortés, el misionero jesuita Ignacio Pfefferkorn, en su descripción de la provincia de Sonora, se sorprendía de los productos que los indios comían: ratas asadas o carnes secas. Según fue avanzando la colonización en los territorios del norte, las costumbres se fueron enriqueciendo con las aportaciones de los españoles sefaradíes, mormones, menonitas, árabes y chinos. Al jesuita Eusebio Kino y al franciscano Junípero Serra se debe el inicio de la vitivinicultura en Baja California, que hoy en día es de alta calidad. En esta región se producen carnes, lácteos y sus derivados, frutas y verduras —muchas de exportación—, y también se empacan mariscos y pescados. En la dieta, la tortilla de harina de trigo ocupa un lugar principal. A lo largo del tiempo se ha desarrollado una nueva cocina, la Tex-Mex, como resultado de los intercambios en ambos lados de la frontera.
- *La cocina de las sorpresas,* conformada por los estados de Nayarit, Zacatecas, San Luis Potosí, Jalisco, Aguascalientes, Guanajuato, Querétaro, Colima y Michoacán. Espacio geográfico de gran relevancia para la historia del país, en él se desarrollaron sucesos trascendentales, como el inicio de la Gue-

Regiones gastronómicas
Alicia Gironella y Giorgio De'Angeli

Cocina de las sorpresas
Cocina de la sencillez
Cocina de especias y aromas
Cocina de la imaginación
Cocina barroca

0   400   800
kilómetros

Mapa realizado por el Centro Daniel Rubín de la Borbolla basado en Gironella De'Angeli, Alicia y Jorge De'Angeli (1990a), *El gran libro de la cocina mexicana*, México, Ediciones Larousse.

rra de Independencia, y se fundaron ciudades importantes. Como nos dicen los autores en sus propias palabras, "desde los cocoteros de la costa colimense a los nopales del desierto de San Luis Potosí, desde los langostinos de Cuyutlán al pescado del lago de Pátzcuaro, desde los vinos de Querétaro hasta el tequila de Tequila, desde los pollos de Morelia hasta los chorizos de Jerez en Zacatecas, la variedad de materias primas disponibles es casi ilimitada" (Gironella y De'Angeli: 1990e).

● *La cocina de la imaginación*, conformada por el Estado de México, Morelos y la Ciudad de México. Comentan nuestros autores, Gironella y De'Angeli, cómo quedaron asombrados Hernán Cortés y su grupo de capitanes por el tamaño y la variedad de lo que se ofrecía en el mercado de Tlatelolco, y cómo, a tres siglos de la conquista, en el siglo XVIII, el mercado de la Plaza Mayor de México seguía siendo un "teatro de las maravillas", definido así por el jesuita Juan de Viera, cronista de la Ciudad de México; así como hoy en día, en esta región, se sigue la tradición de los mercados como el de la ciudad de Toluca o el de San Juan en la Ciudad de México, en los cuales además de "las maravillosas suculencias" de productos, se pueden comer antojitos de gran calidad. "La gran cocina empieza en los mercados: cada visita a un mercado, para quienes como nosotros, encontramos en ellos fuente de inspiración y motivo de entusiasmo, es una aventura y un reto. Del mismo modo que a la mesa del

emperador azteca llegaban los pescados del Golfo de México, las carnes tlaxcaltecas, los faisanes yucatecos y las frutas oaxaqueñas, en nuestros días en México se puede comer al estilo francés, español, chino, húngaro o italiano. Aquí hay de todo..." (Gironella De 'Angeli, 1990b).

● *La cocina barroca*, conformada por los estados de Hidalgo, Veracruz, Tlaxcala, Puebla, Guerrero y Oaxaca. Es una región con grandes recursos y servicios turísticos modernos en donde se encuentra la mayor concentración de iglesias barrocas y conventos coloniales, así como las "tribus indígenas más renuentes a incorporarse a la organización social contemporánea... esta desconcertante complejidad encuentra una de sus explicaciones en la existencia de Veracruz y Acapulco." (Gironella De'Angeli, 1990c), puertos desde los cuales Nueva España se relacionaba con el mundo a través de las rutas comerciales que esparcían productos, ideas y costumbres. En esta región se enfrentaron dos pueblos: los que afirmaban que Cristo era el "pan de la vida" y los que se decían "hombres de maíz"; ahí mismo nació la cocina mexicana "mestiza por sus orígenes, barroca por la época en que se formó y por la compleja elegancia de sus sabores" (Gironella De'Angeli, 1990c).

● *La cocina de las especias y los aromas,* conformada por los estados de Tabasco, Chiapas, Campeche, Yucatán y Quintana Roo. Nos dicen los autores respecto a esta región:

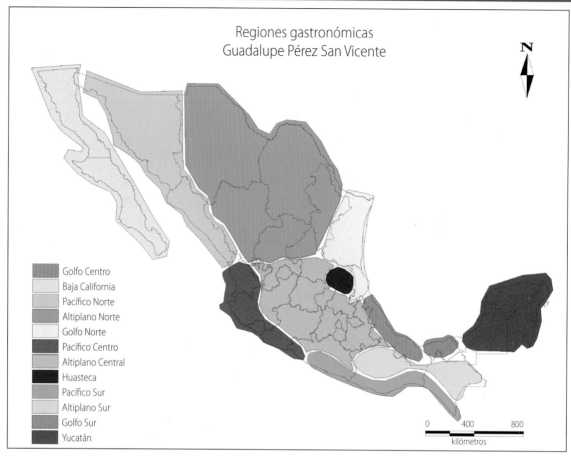

Regiones gastronómicas
Guadalupe Pérez San Vicente

- Golfo Centro
- Baja California
- Pacífico Norte
- Altiplano Norte
- Golfo Norte
- Pacífico Centro
- Altiplano Central
- Huasteca
- Pacífico Sur
- Altiplano Sur
- Golfo Sur
- Yucatán

Mapa realizado por el Centro Daniel Rubín de la Borbolla basado en Pérez San Vicente, Guadalupe (s/f), *Regiones gastronómicas de México*, México, archivo personal de Guadalupe Pérez San Vicente en el Centro Daniel Rubín de la Borbolla, A.C.

"La gastronomía refinada de las familias pudientes de la época colonial se ha conservado intacta a lo largo de los siglos. A la delicada culinaria maya (cuyas salsas sin grasas ni harina preludian evidentemente la "nouvelle cuisine") se fueron sumando las suculencias europeas hasta crear una nueva dimensión gastronómica. Hoy la cocina del sureste —de manera especial, la cocina yucateca— se distingue por su originalidad y sabiduría" (Gironella De 'Angeli, 1990a).

Regiones gastronómicas, según Guadalupe Pérez San Vicente

Guadalupe Pérez San Vicente, historiadora y una de las primeras impulsoras de la cocina mexicana como manifestación cultural, hizo una propuesta de doce regiones gastronómicas para México basada en la relación entre los recursos naturales, la historia y la cultura. Por ejemplo, ayuda a entender el desarrollo de ciertas técnicas de conservación —los deshidratados en la región norte del país—; costumbres y tradiciones —la celebración del Día de Muertos en todo el Altiplano como un sincretismo entre la celebración de Los Fieles Difuntos de la religión católica y el agradecimiento a una buena cosecha como práctica de origen prehispánico—; la preferencia en el uso de ciertos productos y especias —como en los *recaudos* usados en la cocina de Yucatán derivados del comercio con Europa

que se desarrolló sobre todo en el siglo XIX y por la migración de franceses, libaneses y otros pueblos—. Esas regiones son:

- *Región de Baja California*, conformada por los estados de Baja California y Baja California Sur. Es una de las zonas más áridas de México, pero está rodeada de litorales que poseen una gran diversidad natural y por humedales que le dan vida a muchos de los poblados de la península. La primera expedición de conquista a esta región se dio en el siglo XVI; sin embargo, fue hasta la llegada de los misioneros jesuitas primero y franciscanos después que se dio una integración limitada a Nueva España debido a la lejanía y a la falta de caminos. La evangelización fue determinante en el desarrollo histórico y cultural de esta región; los jesuitas y los franciscanos llegaron no sólo con la religión y la devoción a nuevos santos patronos; sino con cultivos como el trigo, el olivo, los dátiles y la vid, la cría del ganado vacuno, caballar, lanar y aves de corral; llevaron utensilios y herramientas que facilitaron la vida de los pobladores al suministrarles instrumentos de hierro para la labranza, los quehaceres hogareños y las explotaciones mineras; la utilización de la rueda (con la enorme importancia que esto implica), y con monturas que ofrecieron nuevas maneras de transportarse. Con todo ello generaron nuevas formas de vida en una población indígena poco numerosa que, a la llegada de los españoles en el siglo XVI, no tenían el desarrollo político, social, tecnológico y militar de los *mexicas* habitantes del centro del país, pero que conocían su medio y los productos comestibles que obtenían de él. En las misiones también se enseñó a cultivar y a preservar los alimentos con lo que se generó una larga tradición en la preparación de conservas de carne, frutas, legumbres y vegetales.

- *Región Pacífico Norte*, conformada por los estados de: Sonora, Sinaloa y el norte de Nayarit. Esta zona pertenece al territorio que los arqueólogos han llamado Aridoamérica. A lo largo de estos estados corre la Sierra Madre Occidental que los separa del Altiplano Norte; posee grandes extensiones de bosques de pinos y encinos; un litoral rico en especies marinas comestibles; zonas desérticas y numerosos ríos con planicies aluviales en las cuales se han construido presas que abastecen los grandes plantíos de cereales y hortalizas. En el siglo XVI llegaron los primeros colonizadores españoles buscando minerales de plata y oro, pero fueron los evangelizadores jesuitas y posteriormente franciscanos quienes llevaron nuevos productos, técnicas, herramientas y costumbres que modificaron las formas de vida y la cultura de esta región. Con la construcción del tren del Pacífico, en el siglo XIX, se tuvo una mayor comunicación con el resto del país; numerosos trabajadores extranjeros que ayudaron a construir esta vía y empleados de las compañías mineras que se quedaron a vivir en esta región, dio como resultado un mestizaje diferente al resto del país. A esto se sumó en el siglo XX la llegada de griegos, que venían al campo atraídos por un suelo rico y con abundante agua, quienes dieron un fuerte impulso a la agricultura.

- *Región del Altiplano Norte*, conformada por los estados de Chihuahua, Coahuila, Nuevo León, Durango, el norte de Zacatecas y el norte de San Luis Potosí, a grandes rasgos delimitada de este a oeste por las sierras Madre Oriental y Madre Occidental. Esta zona tiene reservas de bosques, de desierto y de áreas con una gran diversidad natural como El Bolsón de Mapimí dentro de la Comarca Lagunera. Tiene una larga e interesante historia relacionada con su diversidad natural, su poblamiento y su producción agrícola. En general, en toda esta región las grandes extensiones territoriales, los pastizales y el manejo del agua dieron como resultado un importante desarrollo agropecuario. Fueron numerosas las expediciones para la conquista del norte del país a partir del siglo XVI; con ellas viajaron misioneros, franciscanos en los primeros años y jesuitas después, estableciendo numerosas misiones desde donde impusieron la religión, enseñaron el uso de nuevas materias primas y llevaron utensilios y herramientas para la elaboración de objetos de la vida diaria a los grupos indígenas que en ella habitaban. Debido a las grandes extensiones territoriales y a la escasa población originaria, se practicó una política de poblamiento llevando grupos humanos de otros lugares de Nueva España, como tlaxcaltecas, nahuas y purépechas,

para que trabajaran en la explotación minera, el comercio y la ganadería. A lo largo de prácticamente toda esta región se estableció el Camino Real de Tierra Adentro, vía de comunicación fundamental para la evangelización y el desarrollo durante el periodo virreinal.

- *Región Golfo Norte*, conformada por los estados de Tamaulipas y el noreste de Veracruz. Este territorio comparte un largo litoral que enriquece su dieta con productos provenientes del Golfo de México; es una zona que se entrevera con la Región Huasteca a través de la Sierra Madre Oriental y otras áreas de desierto y de riego que le dan la vocación ganadera y agrícola que tiene. Desde el siglo XVI se formaron grandes haciendas de explotación agropecuaria, que junto con la variedad de productos del mar de esta región, originaron una dieta alimenticia rica y variada. Como en otros lugares del país, en el siglo XVI llegaron conquistadores y misioneros realizando cambios profundos en la vida y la cultura alimentaria de los pueblos ya asentados en el lugar. Existen evidencias arqueológicas que aseguran la presencia del hombre en esta zona hace aproximadamente doce mil años e indicios de que en esta región se domesticó el maíz. Por el comercio de ultramar y el tendido de las vías ferroviarias, durante el porfiriato la influencia francesa dejó su huella en muchos de los órdenes de la vida del estado, incluyendo la comida, así como la influencia estadounidense se manifestó gracias a las estrechas relaciones comerciales y culturales que se fortalecieron con esta nueva vía de comunicación.

- *Región Pacífico Centro*, conformada por el centro y sur de Nayarit, el sur de Jalisco, Colima, sur de Michoacán y norte de Guerrero. Existe en esta zona un largo litoral que provee a sus habitantes de un gran número de especies de flora y fauna. En Nayarit, en 1530, Nuño Beltrán de Guzmán fundó Santiago de Compostela, primera capital de lo que después sería Nueva Galicia, aunque en 1560, la capital cambiaría su sede a Guadalajara. La evangelización del territorio estuvo a cargo de los franciscanos, quienes construyeron el templo de la ciudad de Tepic y varias casas que en su tiempo sirvieron de escuelas, albergues, dispensarios y bodegas. La región nayarita se convirtió, por su posición geográfica, en paso obligado para el comercio. En lo que hoy es el estado de Guerrero, Hernán Cortés emprendió la exploración de la zona para la extracción de minerales y la apertura de rutas de comercio. Es así como Taxco y Zumpango se convirtieron en grandes lugares de explotación minera; durante el periodo virreinal, Acapulco se convirtió en el principal puerto de entrada de los productos de Asia traídos por el Galeón de Manila, el que, en su torna vuelta llevaba plata, tintes naturales y otros productos americanos. Comerciantes de la Ciudad de México acudían a su llegada para adquirir especias, como la canela, el azafrán, el cardamomo y la mostaza, así como vajillas de la Compañía de Indias y otros productos para el menaje familiar. En el siglo XVIII, el fomento del cultivo de la palma de coco se debió a Miguel Hidalgo y Costilla que llegó a Colima en 1792.

- **Región del Altiplano Central** está conformada por el norte y centro de Jalisco, sur de Zacatecas, centro de San Luis Potosí, Aguascalientes, Guanajuato, centro y sur de Querétaro, centro y sur de Hidalgo, norte y centro de Michoacán, Estado de México, Tlaxcala, Puebla, Morelos, centro de Guerrero y la Ciudad de México. En términos generales, a la región la delimitan al este la Sierra Madre Oriental que la separa de la llanura costera del golfo, al oeste la Sierra Madre Occidental que la separa de la llanura costera del Pacífico y al sur la depresión del Balsas. La presencia de altas montañas en el oriente y el poniente de la meseta son un factor determinante para el clima. En el norte es más extremo, mientras que en la zona meridional más benigno. En esta región nacen numerosos ríos, algunos de los cuales forman importantes cuencas hidrológicas que desaguan en el Golfo de México o en el Océano Pacífico; también se encuentran numerosas lagunas y lagos como los de Chapala, Pátzcuaro y Cuitzeo, así como de muchas otras ya desaparecidas, como el sistema de lagos de la Cuenca de México conformado por los lagos de Xochimilco, Chalco, Texcoco y México, que proveyeron durante cientos de años de alimento a los pobladores de sus riberas. La mayor parte de este territorio está dentro de los límites de lo que los arqueólogos llaman Mesoamérica, lo que quiere decir que desde la Antigüedad los pueblos asentados en esta región compartieron una serie de manifestaciones culturales, simbólicas y materiales. Dentro de éstas, la alimentación tuvo un papel prominente y estuvo marcada por el consumo del maíz, la calabaza, el chile y el frijol basado en un conocimiento profundo del medio ambiente que les permitió variar la dieta alimenticia con la flora y la fauna locales y las relaciones de comercio con otros lugares. A partir del siglo XVI los españoles asentaron las principales ciudades virreinales en este territorio; en él se dieron también las mayores explotaciones mineras, se formaron las grandes haciendas agrícolas y ganaderas y se construyeron los principales caminos. Las cocinas de esta región muestran la riqueza de la diversidad natural y cultural, desde la época prehispánica hasta nuestros días, que se fue enriqueciendo con las aportaciones de pobladores de otras regiones.

- **Región Huasteca**, conformada por el sur de Tamaulipas, el sureste de San Luis Potosí, el noreste de Hidalgo, el norte de Veracruz y el noreste de Querétaro. Esta zona integra un ecosistema definido en el cual se encuentran dos nichos ecológicos: la zona serrana y las planicies. Su flora y fauna son resultado de un largo proceso de evolución histórica que determinaron una de las mayores biodiversidades del país. En la agricultura son dos los sistemas más comunes de producción: el de la roza, tumba y quema propia de los pueblos indígenas principalmente para el autoconsumo en pequeñas huertas y milpas, y el de las grandes extensiones de sembradíos de cítricos, como naranja, toronja y manda-

rina, caña de azúcar y pastizales para la cría del ganado que se comercializa fuera de esta región. A estas actividades se suman la explotación minera y la de los yacimientos petroleros. Esta región forma parte de lo que los arqueólogos llaman Mesoamérica. Desde la época prehispánica la han habitado varios grupos originarios, a los que se sumaron los esclavos negros que los españoles trajeron para trabajar en los campos de azúcar, en la minería y en otras actividades económicas.

- **Región Golfo Centro**, conformada por el territorio que corresponden al centro y sur del estado de Veracruz. La región está delimitada por un extenso litoral de llanuras costeras perteneciente al Golfo de México por el este y la Sierra Madre Oriental, la Sierra Madre del Sur, el Eje Neovolcánico, la Sierra de Chiapas y Guatemala y la Cordillera Centroamericana, por el oeste, generando un clima variado que va desde el tropical hasta el frío de las montañas, dando lugar a una gran diversidad natural que se ve reflejada en la cultura y la dieta alimenticia. Al territorio lo atraviesan ríos a lo largo de los cuales se han desarrollado asentamientos humanos desde la época prehispánica con un grado de desarrollo político, económico y social importantes. Cuenta también con lagunas, como la de Tamiahua en el norte y la de Catemaco en el sur, así como la región de los Tuxtlas donde existe una de las mayores reservas naturales del país. La conquista española penetró en México por el estado de Veracruz en el siglo XVI. A pesar de que se crearon asentamientos en esta zona, los conquistadores prefirieron establecer el gobierno de Nueva España en la región del Altiplano Central por las condiciones más benignas de clima y un mejor sitio estratégico para el control del territorio. Con el encuentro de las dos culturas, la mayor parte de los indígenas originarios murieron debido a las enfermedades, como la viruela, la peste y el sarampión, que trajeron los españoles, lo que provocó la necesidad de traer de fuera mano de obra, como esclavos que venían de África y el Caribe; aún así el puerto de Veracruz se convirtió en la gran puerta de entrada de migrantes y para el comercio con España. En la tradición culinaria de toda la región se observan las raíces de los pueblos originarios y las aportaciones que los migrantes han hecho.

- **Región Pacífico Sur**, conformada por la zona sur de los estados de Guerrero, Oaxaca y Chiapas. En Guerrero y Oaxaca habitaron desde antes de la llegada de los españoles en el siglo XVI diversos grupos indígenas con un desarrollo cultural notorio; sin embargo, los conquistadores produjeron un cambio en la estructura social y de producción: la tierra se dividió, se repartió en encomiendas y se dedicaron tierras para el cultivo de algodón, maíz y chile, y ganadería, para lo cual trajeron esclavos negros. En esta región durante la época prehispánica se creó una compleja red de canales en los esteros de la zona, que los antiguos utilizaban para transportarse a largas distancias, incluso hasta Centroamérica, generando relaciones que no se han perdido con el tiempo. La zona del Soconusco es una importante productora de cacao, semilla muy apreciada en toda Mesoamérica; de ahí que la costa de Chiapas fuera un corredor comercial y el mejor camino entre el norte de Mesoamérica y los territorios centroamericanos. La construcción del ferrocarril en esta región también modificó la vida de sus habitantes y la manera de comercializar sus productos. También en Chiapas habitan desde antes de la llegada de los españoles diversos grupos originarios; el mundo ceremonial de los pueblos indígenas son un factor de cohesión social donde se unen el territorio, los antepasados, los fenómenos naturales y el santo patrono titular —de origen católico—, de la comunidad; este sincretismo que aparece con la llegada de los españoles en el siglo XVI sigue vigente en nuestros días dándole un carácter especial a la sociedad chiapaneca indígena y mestiza, aun cuando desde mediados del siglo XX con la llegada de otras religiones —especialmente protestantes—, hay grupos humanos que se han desprendido de sus costumbres y tradiciones, creando un clima difícil de convivencia y de migraciones internas.

- *Región del Altiplano Sur*, conformada por el norte y centro de Oaxaca y el centro de Chiapas. Entre 1522 y 1523 los españoles iniciaron la conquista del norte de Chiapas. Fray Bartolomé de las Casas fue el primer obispo que se destacó por la protección a los pueblos indígenas originarios, a quienes buscó congregar en pueblos como Tecpatán o Chamula; en la zona selvática los españoles intentaron infructuosamente evangelizar y colonizar el territorio. Por su lejanía geográfica del centro del país, las guerras de Independencia, Reforma y Revolución quedaron lejos de la entidad; en cambio, hubo intentos separatistas sobre todo de la región del Soconusco, pero en 1824 el estado quedó definitivamente incorporado a la República Mexicana. En 1527 llegaron los primeros frailes dominicos que llevaron el trigo y otros cereales que se sumaron al consumo del maíz. Las cocinas de estos dos estados son de las más ricas del país; su diversidad está estrechamente ligada a los pueblos originarios aquí asentados, la historia, las migraciones y los recursos naturales.

- *Región Golfo Sur*, conformada por el estado de Tabasco y el norte del estado de Chiapas. La superficie del territorio está formada por llanuras costeras que se inundan cada año, zonas pantanosas y cuerpos de agua, así como por las sierras de Chiapas y Guatemala. Se trata de un territorio singular por las altas temperaturas, las lluvias torrenciales y el gran número de cuerpos de agua que tiene: ríos, lagunas y pantanos únicos en todo el país por su diversidad natural, además de extensas reservas petroleras que se vienen explotando en los últimos años. Al momento de la conquista, la zona estaba habitada por pueblos originarios; en ella se fundó Santa María de la Victoria, primera población en territorio continental que tuvo que ser evacuada por los constantes ataques de piratas ingleses y holandeses. Du-

rante el porfiriato se construyeron vías de comunicación que permitieron sacar del aislamiento a esta región con relación al resto del país. Las cocinas tradicionales de esta región se distinguen por el uso de productos locales, muchos de ellos de origen prehispánico, que le dan un sabor y un aroma especial que las distingue de otros lugares de México. Como parte de Mesoamérica, el maíz, el frijol, el chile y la calabaza son emblemáticos de esta región, pero las formas de prepararlos y servirlos los comparte más con algunos países de Centroamérica y algunas localidades del norte del estado de Chiapas.

- *Región Yucatán*, conformada por los estados de Campeche, Quintana Roo y Yucatán. En general, la vegetación del estado de Campeche corresponde a comunidades tropicales y la selva cubre más del 80% del estado. En Yucatán la mayor parte del territorio lo conforma la llanura que se formó como producto de la aparición de una plataforma marina compuesta por roca calcárea donde se han formado cenotes de agua dulce. En la zona costera hay playas y cuerpos de agua, como el estero de Celestún, donde se encuentra una reserva natural importante y de donde se saca también sal para consumo humano. En Quintana Roo el 99% de la superficie del estado presenta un clima cálido subhúmedo. La península estuvo habitada desde miles de años antes de la llegada de los españoles por pueblos que tuvieron un gran desarrollo político, económico y social. En el siglo XVI los misioneros, como en el resto del país, trajeron consigo materias primas, cultivos, herramientas, técnicas y costumbres que impusieron a los habitantes originarios. Sin embargo, en esta región tuvieron que conceder y aceptar prácticas y tradiciones que dieron lugar a un sincretismo que todavía persiste en la vida diaria, festiva y ritual. Durante el virreinato esta zona estuvo asediada por piratas, sobre todo en el área de Campeche, pues de ahí salían para España importantes cargamentos de tinte, maderas preciosas y sal; a partir del siglo XIX otros productos también fueron importantes para la zona, como el henequén y la resina del chicozapote que daba origen al chicle o látex. Aun cuando formó parte de Nueva España, las comunicaciones en esta región no fueron desarrolladas de la misma manera que en el resto del país. Todavía en el siglo XIX lo más frecuente era la transportación marítima de cabotaje que unía los puertos de este territorio con los de Veracruz; esto explica en gran medida el desarrollo singular que esta región tuvo al comparársele con la del resto de México. Además, sus estrechas relaciones con Cuba y Europa le imprimieron otras características que hoy en día perviven. Desde finales del siglo XIX, con la construcción del ferrocarril del sureste, los proyectos de colonización emprendidos durante el porfiriato y la carretera interior que unió a Villahermosa y Tabasco con Campeche, se inició la integración con el resto del país. A lo largo de casi todo el siglo XIX en Yucatán, la Guerra de Castas —lucha de los pueblos originarios por independizarse y recuperar sus

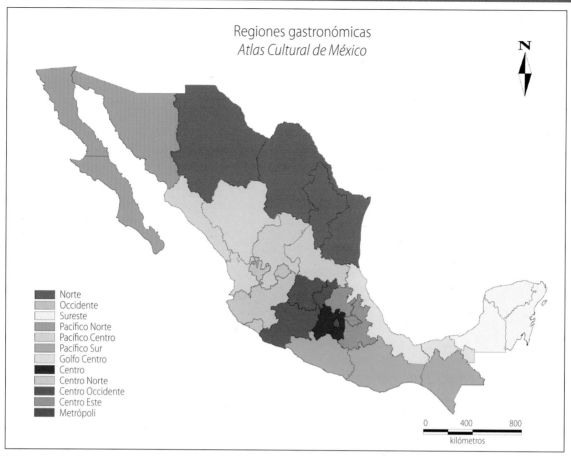

Regiones gastronómicas
Atlas Cultural de México

N

- Norte
- Occidente
- Sureste
- Pacífico Norte
- Pacífico Centro
- Pacífico Sur
- Golfo Centro
- Centro
- Centro Norte
- Centro Occidente
- Centro Este
- Metrópoli

0   400   800
kilómetros

Mapa realizado por el Centro Daniel Rubín de la Borbolla basado en Florescano, Enrique (coord.) (1988), *Atlas Cultural de México. Gastronomía*, México, Secretaría de Educación Pública/Planeta.

tierras—, corrió al paralelo de la gran bonanza económica que produjo la producción y exportación de henequén, que terminó al llegar el siglo XX con la aparición de las fibras sintéticas. El estado de Campeche como entidad federativa se creó en 1862, y desde entonces buscó el poblamiento de sus tierras con migrantes provenientes de otros estados de la República, como indios yaquis y huastecos, o con extranjeros, como japoneses y menonitas. Para mantener un control político y económico de la frontera, durante el porfiriato se creó el territorio de Quintana Roo al cual se le dio la categoría de entidad federativa en el siglo XX. La cocina de esta región es mestiza, producto de la mezcla de la cocina maya prehispánica, las aportaciones que trajeron los españoles —especialmente de las regiones andaluza y vasca—, la de la población negra —que llegó como esclavos y servidumbre— y la de las últimas migraciones, como la árabe. La diversidad natural proveniente de la tierra y el mar aunada a las aportaciones culturales, han generado una de las cocinas más variadas, ricas y sofisticadas del país. Sin embargo, la caza, la pesca, el maíz, la calabaza y las leguminosas siguen siendo la base de la alimentación de toda esta zona aderezada con especias y aromas llegados de otras zonas como la vainilla del Totonacapan; el clavo, el comino, la pimienta y el ajo del Oriente, y el achiote de sudamérica; con todos ellos y algu-

nas especias más se elaboran los "recados" —combinación de especias— para preparar diversos platillos (Rubín de la Borbolla, 2013).

Regiones gastronómicas, según el *Atlas Cultural de México*

Otra propuesta de regionalización gastronómica es la que en el año de 1988, el Instituto Nacional de Antropología e Historia publicó en una magna obra en diez tomos llamada *Atlas Cultural de México*, coordinada por Enrique Florescano. Uno de esos tomos estuvo dedicado a la gastronomía, en el cual escribieron antropólogos, etnólogos e historiadores principalmente dando una

visión panorámica de la cocina étnica de México con sus diversas variedades regionales. En la primera parte se exponen los antecedentes prehispánicos referentes a productos, técnicas culinarias, creencias y problemas de nutrición, así como el mestizaje culinario básico con el español, que se inició en el siglo XVI. Para la organización de los materiales que integran la segunda parte hubo la necesidad de acudir a las áreas de carácter socioeconómico y geoeconómico, aunque, como es sabido, no hay consenso respecto a la validez de todas ellas; por lo tanto se decidió recurrir a la división empleada por COPLAMAR que, si bien no es totalmente satisfactoria, fue desarrollada para aplicarse a problemas de marginación; se prefirió porque toma en cuenta indicadores no sólo económicos sino socioculturales, entre ellos la alimentación y la presencia de grupos étnicos... (Florescano,1988).

La división que se maneja en esta obra está compuesta también por 12 regiones, pero que difiere en la que hizo Guadalupe Pérez San Vicente. Mientras la del Atlas tomó prestada una regionalización hecha para otros fines, la propuesta de Pérez San Vicente responde a fines gastronómicos, al tomar en cuenta —como ya dijimos— aspectos geográficos, de recursos naturales, históricos, de costumbres y tradiciones que tienen impacto en el desarrollo culinario.

Otra propuesta fue la realizada en el año 2002, en la revista *Arqueología Mexicana,* dentro del número especial dedicado a la Cocina prehispánica escrito por Cristina Barros y Marco Buenrostro. Esta regionalización gastronómica la repiten después en uno de los textos del libro *Pueblo de Maíz, la cocina ancestral de México, ritos, ceremonias y prácticas culturales de la cocina de los mexicanos*, publicado en el año de 2004 con motivo de la candidatura que México presentó por primera vez ante la UNESCO. En esta propuesta los autores definen ocho regiones en la que "cada una de ellas aporta plantas cultivadas, plantas de recolección y fauna de agua y tierra, que enriquecen la cocina mexicana" (*Pueblo de Maíz,* 2004).

Palabras finales

Como se vio en las diferentes propuestas de regionalización aquí reseñadas, todas mencionan que la cocina mexicana está conformada por un conjunto de cocinas regionales que se desarrollan en un marco de relaciones e intercambios donde intervienen la gran riqueza de la diversidad natural del país, la

historia y la cultura, que le imprimen características propias a cada región, distinguiendo unas de otras de acuerdo con las diferentes perspectivas e indicadores usados por los autores; en todas estas propuestas se encuentran datos e información que abona al conocimiento de las Cocinas de México.

Bibliografía

Barros, Cristina y Marco Buenrostro (2002), "Cocina prehispánica recetario". Revista *Arqueología Mexicana,* núm. especial 12.

Florescano, Enrique (coord.) (1988), *Atlas cultural de México. Gastronomía*, México, Secretaría de Educación Pública/Instituto Nacional de Antropología e Historia/Grupo Editorial Planeta.

García Martínez, Bernardo (2008), *Las regiones de México, breviario geográfico e histórico*, México, El Colegio de México.

Gironella De'Angeli Alicia y Jorge De'Angeli (1990a), *El gran libro de la cocina mexicana. La cocina de las especias y los aromas*, México, Ediciones Larousse.

_____, (1990b), *El gran libro de la cocina mexicana. La cocina de la imaginación*, México, Ediciones Larousse.

_____, (1990c), *El gran libro de la cocina mexicana. Cocina barroca*, México, Ediciones Larousse.

_____, (1990d), *El gran libro de la cocina mexicana. Cocina de la sencillez*, México, Ediciones Larousse.

_____, (1990e), *El gran libro de la cocina mexicana. La cocina de las sorpresas*, México, Ediciones Larousse.

Pérez San Vicente, Guadalupe (s/f), *Regiones gastronómicas de México*, México, archivo personal de Guadalupe Pérez San Vicente en el Centro Daniel Rubín de la Borbolla, A.C.

Pueblo de maíz, la cocina ancestral de México, ritos, ceremonias y prácticas culturales de la cocina de los mexicanos (2004), México, Consejo Nacional para la Cultura y las Artes.

Rubín de la Borbolla, Sol (2013), *México en tu mesa*, México, Colectivo Mexicano de Cocineros/SAGARPA. Libro digital.

Cocina mexicana
y nutrición

Héctor Bourges Rodríguez

ocina se entiende aquí como la forma que tiene cada cultura —y a veces cada localidad— de combinar los alimentos y de preparar con ellos platillos y bebidas. A su vez, nutrición se entiende como el conjunto de procesos mediante los cuales el organismo obtiene las sustancias necesarias para la vida (nutrimentos), pero también una serie de satisfacciones psicológicas, sensoriales, emocionales y socioculturales no menos importantes. Así, además de alimentar, toda cocina debería ser capaz de proveer las satisfacciones mencionadas, así como cubrir necesidades rituales, de arraigo y del sentido de identidad.

Las distintas cocinas que existen en el mundo se han generado al paso del tiempo de acuerdo con la historia social, con las tradiciones y con los recursos naturales disponibles de cada lugar y se inscriben en un sistema ideológico dinámico conocido como "cultura alimentaria", concepto más amplio que el de cocina, ya que además de lo relativo a guisar abarca la alimentación en general, la forma de comer acostumbrada por el grupo y los atributos rituales, simbólicos, sensoriales y sociales que ese grupo ha asignado a los alimentos y preparaciones. Esto resulta en una determinada forma de comer preferida en la que se recoge la visión que se tiene del mundo, los valores y la historia del grupo; además, señala la idealización que tiene dicho grupo sobre qué alimentos consumir, en qué cantidades, en qué horarios, en qué secuencia, en qué lugar, con qué atributos sensoriales y otras circunstancias del consumo.

La conducta alimentaria depende de muchos factores. Debe recordarse que está influida por el hambre y la saciedad, además de por el apetito o antojo, gustos y preferencias; recuerdos, estados de ánimo, valores, actitudes, temores, creencias y tradiciones; conocimiento, prejuicios, mitos, modas, caprichos y, por supuesto, por los hábitos, costumbres, disponibilidad de alimentos y el acceso real a ellos.

En el pasado las cocinas se analizaban por sus cualidades sensoriales y artísticas, por su diversidad, por sus riquezas histórica y cultural, así como por sus valores rituales y de identidad. Pero desde hace algunas décadas se les analiza también desde el ángulo de la nutrición y la salud. Ambas están íntimamente relacionadas entre sí y son el resultado de numerosos factores genéticos y ambientales, entre los cuales, la alimentación tiene sin duda particular influencia. De hecho, en las principales enfermedades que hoy afectan a la humanidad hay un importante componente de mala alimentación que, por lo menos en principio, es susceptible de mejorarse. Por ello surge una pregunta implícita en el título de este texto ¿Qué tan apropiada es la cocina mexicana para la nutrición y la salud?

Por cocina mexicana me refiero a la cultura alimentaria tradicional mexicana y su cocina, con sus numerosas variantes regionales que, con tino y profusión, muestra esta nueva edición del *Larousse de la cocina mexicana,* y que fue admitida en 2010 por la UNESCO como Patrimonio Cultural Inmaterial de la Humanidad al considerarla una de las culturas culinarias con mayor riqueza y personalidad en el mundo actual.

Aunque la cocina tradicional mexicana —mediante el comercio y diversas migraciones— ha recibido influencias menores y más recientes, podemos decir que es el resultado de la feliz combinación de dos grandes tradiciones culinarias igualmente sabias, ricas, saludables y refinadas: la mesoamericana y la de estirpe mediterránea y árabe traída por los conquistadores españoles, combinación que comenzó a tomar forma aquel 12 de octubre de 1492 con el encuentro de dos mundos. De este pacífico y fructífero mestizaje de estilos culinarios, de técnicas y de alimentos, surgió gradualmente la vigorosa cocina virreinal —en forma notable en el ámbito de los conventos— y una manera nueva, altamente barroca, de entender el comer.

La dieta mesoamericana se basaba en los ricos recursos que ofrecía el territorio y en una agricultura muy avanzada y, a su vez, se servía de técnicas culinarias tan peculiares, como la nixtamalización con el uso de la cal, y tan complejas, como las diversas fermentaciones, entre muchas otras. Esta dieta hizo posibles culturas tan grandes como la maya o la teotihuacana, se distinguía por su diversidad —mayor que la actual—, por su muy definida riqueza ritual y simbólica, por su respeto al ambiente y por su congruencia con la salud. La cocina mesoamericana era variada, original y normalmente saludable, con una notable intuición de lo que hoy son principios nutriológicos fundamentales, incluido un sentido refinado del comer como satisfactor sensorial y de acto social. En las preparaciones mesoamericanas había un universo de sabores y aromas, un gusto delicado, una sensibilidad estética excepcional y un notable equilibrio nutricional, además por cierto de un sentido magistral de eficiencia en el uso de los recursos y de respeto y protección al medio.

En esta dieta figuraban varios cientos de alimentos, unos provenientes del intercambio comercial y otros originarios de la región, entre ellos, los que más adelante el país obsequiaría al mundo: maíz, frijol, amaranto, ayocote, chía, calabaza, jitomate, aguacate, girasol, muchas variedades de chile, cacao, vainilla y guajolote, pero también muchas otras verduras, frutas, flores y hongos comestibles, algas, carnes de mamíferos, aves, reptiles, batracios, crustáceos y peces de agua dulce y marina. En comparación con la dieta actual, sólo faltaban los lácteos, pero se incluían decenas de diferentes insectos comestibles cuyo consumo alcanzó notable refinamiento.

A partir de un "arsenal" alimentario tan amplio, se puede integrar sobradamente una excelente dieta y se pueden preparar miles de platillos distintos. Como botón de muestra del refinamiento y riqueza de la cultura alimentaria mesoamericana y de su capacidad para ofrecer una asombrosa variedad alimentaria, cabe recordar el célebre testimonio de Bernal Díaz del Castillo quien refiere asombrado cómo al *Huey Tlatoani*, Moctezuma II, se le ofrecían diariamente unas 300 preparaciones diferentes para que de ellas escogiera su comida.

Con los conquistadores llegaron y se incorporaron nuevos sistemas económicos, nuevas técnicas e instrumentos agrícolas y culinarios y nuevos alimentos, entre ellos el trigo, el arroz, la vid, el olivo, la caña de azúcar, la lechuga, el garbanzo, la lenteja, el chícharo, los cítricos, el ganado, las aves de corral, la cebolla, el perejil, el cilantro y otros más. A este mestizaje se agregaron, aunque en menor grado, alimentos africanos y alimentos asiáticos, como el mango, el tamarindo y la canela.

Así, la dieta novohispana, que se puede considerar ya como el inicio de la dieta mexicana tradicional, surge de un mestizaje complejo y se desarrolla durante los siguientes siglos diversificándose cada vez más. Seguía siendo una dieta saludable, completa, equilibrada y variada, con la composición nutrimental recomendable, basada en alimentos de los tres grandes grupos, abundante en verduras y frutas, con una proporción prudente de alimentos de origen animal, rica en fibras alimentarias, en almidones resistentes, en calcio y en vitaminas, así como en diversas sustancias bioactivas, baja en colesterol y sodio y con densidad energética y carga glucémica bajas, por lo que no se favorecía los excesos. En la dieta novohispana ya figuraban preparaciones fritas y se tenía acceso fácil y barato al azúcar, lo que contrasta con la dieta mesoamericana que carecía de hidratos de carbono refinados y en la que no se usaban grasas y aceites "separados" (los alimentos no se freían). Estos cambios, que uno tendería a relacionar con la obesidad y otras enfermedades metabólicas por exceso, no se acompañaron claramente de dichas enfermedades, ya que la forma de comer seguía siendo saludable.

Lamentablemente hay en nuestro país conceptos muy arraigados, tan populares como erróneos —producto de la falta de información, de extraños complejos, de la deformación de la realidad y del juicio superficial— que demeritan a nuestra cocina, Patrimonio Cultural Inmaterial de la Humanidad, calificándola como "muy alta en grasa", "poco higiénica" o "comida para pobres", reduciéndola a las fritangas callejeras y hasta atribuyéndole la epidemia de obesidad. Por una parte, la cocina tradicional mexicana, que es muchísimo más que las fritangas mencionadas, no es particularmente alta en grasa y su densidad energética es mediana. Ser o no higiénica no es una propiedad intrínseca de una cocina determinada, sino una conducta de quienes cocinan. Por supuesto, nuestra cocina nada tiene que ver con la obesidad que es un padecimiento muy complejo y resultante de numerosos factores. Por último, calificarla como "comida para pobres" es un burdo desacierto; la comida no influye en nada en la riqueza o pobreza económica y este tipo de creencias sólo lleva a perder herencias muy valiosas. En todo caso es más apropiado afirmar que la comida mexicana es comida de personas informadas y con buen gusto.

De la cocina mexicana tradicional cabe destacar su antigüedad y continuidad histórica, la originalidad de sus productos, técnicas y procedimientos, su carácter comunitario y su papel determinante en el desarrollo de nuestra identidad. Además de saludable, es modelo de buen gusto, de sustentabilidad, de equilibrio y de sabiduría milenaria; se come con satisfacción, con respeto y casi con devoción, y considera necesario, casi una obligación, comer sabroso, en calma y en grata compañía. La cocina mexicana parecería sacada de los preceptos de un tratado de nutriología; combina alimentos y los varía como es deseable y se apega a las especificaciones para una dieta saludable. Su consumo se asocia con ciertas actitudes y valores, con la convicción de que la preparación y consumo de la comida merece interés, imaginación y dedicación y que hay que dar el tiempo necesario a las comidas sin mezclarlas con otras actividades.

Sazón chilena

Las tradiciones de la mesa en manos

Las mujeres desde tiempos prehispánicos han sido las portadoras de las tradiciones y sabores de las cocinas de México. Son también ellas quienes organizan su vida en torno al maíz y preparan cada día, haciendo gala de ritmo y destreza manual, las tortillas para la familia. Nada como el juego de texturas que ofrece una tortilla recién salida del comal que momentos antes, estuvo inflada.

de las mujeres

En algunas regiones todavía se cocina con los métodos y utensilios tradicionales, como el metate, o el comal de barro curado con hierba de lengua de vaca y cal, pero sin duda, utensilios como las licuadoras los han desplazado hacia una función ornamental.

Modos de preparación y cocción
Aves

La carne de ave de mayor consumo en México es, sin duda, la de pollo. Casi siempre se compran pollos desplumados y libres de vísceras, enteros o troceados. En los supermercados se encuentran con clara indicación de su peso y fecha de empaque. En el caso de las pollerías que se encuentran en los mercados, el ave se prepara o se trocea en el momento de la compra según se necesite: entero con o sin patas, sin cabeza y menudencias; también se puede adquirir en piezas con o sin hueso.

Otras aves de carne blanca, como gallinas y pollitos de leche son menos populares, salvo el pavo (o guajolote), que termina en las ollas de los mejores moles y es el insustituible protagonista de las mesas navideñas. Las aves (teóricamente de caza, pero casi exclusivamente de criaderos) como codornices, faisanes, patos, pichones y perdices se consideran platos de gourmet. En todas las preparaciones de aves el sabor de la salsa tiene extraordinaria importancia.

Aves congeladas

Para descongelar un ave, envuélvala herméticamente en una bolsa de plástico sin las menudencias (a veces se encuentran en su interior) y colóquela en la parte menos fría del refrigerador para que se descongele lentamente. Calcule dos horas por cada medio kilo. No es recomendable dejarla en agua o fuera del refrigerador a temperatura ambiente, ya que estos métodos propician el desarrollo de bacterias. Antes de cocinarlas, las aves deben estar completamente descongeladas.

La mayoría de los pavos se venden congelados. Para descongelar, manténgalo en su envoltura original, colóquelo en una charola honda y refrigere dos o tres días. Después de haberlo descongelado por completo, retire las menudencias que casi siempre están en una bolsa de plástico en su interior. Enjuague y seque por dentro y por fuera y cocínelo de inmediato. Si elige no rellenarlo, frote generosamente la cavidad con sal y pimienta y agregue trozos de apio, zanahoria, cebolla y perejil. Con el cuello y las menudencias, además de hierbas aromáticas, apio, cebolla, ajo y sal, podrá preparar un magnífico caldo.

Alimento	Cocción	Tiempo	Consejos
Codorniz entera	asada al horno o al espetón	Según tamaño: 500 g – de 30 minutos a 3 horas	Ase en brochetas o a la parrilla por los dos lados después de haberlas abierto y aplanado.
Faisán entero	asado al horno estofado en cazuela braseado en cazuela o al horno	Según tamaño: 500 g – de 30 minutos a 3 horas 500 g – de 15 a 45 minutos 500 g – de 30 minutos a 2 horas	Elija la técnica de asado para un ejemplar joven y la técnica de braseado para uno no tan joven.
Gallina entera Troceada	hervida a partir de agua caliente estofada o braseada en cazuela	1 kg – de 30 a 60 minutos	Ideal para obtener caldos sustanciosos en sabor. Si la gallina es joven utilice la técnica de estofado y braceado en cazuela.
Guajolote entero troceado	hervido a partir de agua caliente estofado o braseado en cazuela	1 kg – de 30 a 60 minutos	Elija cualquiera de estas técnicas. Prefiera los animales jóvenes.
Pato entero muslos *magret*	asado al horno o al espetón estofado en cazuela estofado en cazuela frito en sartén asado al horno, a la parrilla, a la plancha	1 kg – de 40 a 50 minutos 1 kg – de 45 a 60 minutos de 1 a 1½ horas de 5 a 8 minutos de 9 a 12 minutos	La técnica de asado al espetón resulta muy indicada porque evita que la grasa que se deposita en la bandeja se acumule. El *magret* es una pechuga entera de pato. Cueza con o sin piel y sirva de preferencia rosado, es decir, sin cocinar por completo.
Pavo en redondo entero troceado escalopa o filete	asado al horno estofado en cazuela asado al horno braseado en cazuela al espetón asado al horno estofado en cazuela braseado en cazuela frito en sartén	1 a 2 kg – 1½ horas de 3 a 4 kg – de 3 a 3½ horas de 4 a 6 kg – de 3½ a 4½ horas de 6 a 8 kg – de 4½ a 5½ horas de 8 a 10 kg – de 5½ a 6½ horas Si está relleno, añada ½ hora al tiempo total de cocción. 1 kg – de 30 a 45 minutos de 5 a 8 minutos	El redondo de pavo es un trozo de carne de pavo, enrollada y atada, que suele sacarse de la pechuga o del muslo. Para asar debe colocarse primero sobre un costado, después sobre el otro, y por último boca abajo sobre el pecho. Se debe rociar a menudo con su propio jugo durante la cocción. La técnica de asado al espetón permite cocer y dorar de manera uniforme. La escalopa o filete se obtiene de la pechuga y debe cocinarse a fuego lento para que quede esponjoso.
Perdiz entera	asada al horno estofada en cazuela	Según tamaño y edad: de 30 minutos a 3 horas de 30 minutos a 2 horas	
Pichón entero	asado al horno estofado en cazuela	Según tamaño y edad: de 30 minutos a 3 horas de 30 minutos a 2 horas	Debe calcular 1 pichón (entre 300 y 500 g) por persona y sólo ½ si pesa más de 500 g.
Pollito de leche entero	asado al horno o al espetón	1 kg – de 20 a 30 minutos	Ase en brochetas o a la parrilla por los dos lados después de haberlos abierto y aplanado.
Pollo entero troceado pechuga	asado al horno o al espetón hervido a partir de agua caliente braseado en cazuela o al horno asado al horno, a la parrilla, a la plancha hervido a partir de agua caliente frita en sartén fritura profunda (frita) asada al horno, a la parrilla, a la plancha hervida a partir de agua caliente	1 kg – de 30 a 40 minutos 1 kg – de 25 a 40 minutos de 30 minutos a 1½ horas de 25 a 35 minutos de 20 a 25 minutos de 5 a 7 minutos de 5 a 8 minutos de 12 a 15 minutos de 5 a 10 minutos	Para asar debe colocarse primero sobre un costado, después sobre el otro, y por último boca abajo sobre el pecho; se debe procurar rociarlo a menudo con su propio jugo durante la cocción. La técnica de asado al espetón permite cocer y dorar de manera uniforme.

Modos de preparación y cocción
Cerdo

La mayor parte de la carne de cerdo que se destina al consumo o se emplea en la elaboración de distintas clases de embutidos procede de la cría de engorde. Una carne rosada, de grasa firme y blanca es garantía de calidad, por la misma razón evite la carne húmeda y blanda, pues al cocinarse suelta agua y llega a encogerse.

La carne de cerdo es tierna, no debe cocinarse nunca a fuego excesivamente alto y siempre debe servirse bien cocida. Por lo tanto, no hay necesidad de clasificarla con detalle, como sucede con la carne de res. Prácticamente todos los cortes del cerdo son comestibles y algunos están entre los más exquisitos manjares conocidos. En la cocina mexicana, el cerdo y sus derivados ocupan un lugar importante y característico. De origen europeo, el cerdo no existía en América antes de la conquista española, pero hoy forma parte de infinidad de platillos tradicionales de la cocina mexicana. Los cortes principales y algunos de sus usos son:

- *Lomo:* Entero en asados, rebanado en forma de chuletas y escalopas.

- *Paletilla o espaldilla:* (Pierna delantera) en asados, jamones de segunda, la parte del codillo en guisos.
- *Pierna:* (Parte posterior) para hornear y salar (jamón de primera).
- *Falda:* En guisos, moles, estofados. El tocino se elabora principalmente de esta parte.
- *Cabeza:* En pozoles, carnitas, rellenos de tacos, escabeches; elaboración de embutidos.
- *Manitas:* En escabeches, cocinadas o asadas.
- *Espinazo:* En guisos.
- *Piel:* Chicharrón y cueritos en vinagre.
- *Grasa:* Lardo (grasa sin procesar del cerdo), manteca.
- *Vísceras:* En variedad de guisos.
- *Sangre:* Moronga.

De los cortes menores y retazos de carne se elabora gran cantidad de embutidos, como chorizos, salchichas y longanizas, entre otros.

Embutidos de cerdo

Embutidos

Algunos embutidos populares:

- *Longaniza:* Versión popular de los chorizos. Este chorizo sin amarrar es de amplio consumo. Se sirve frita o asada en comal.
- *Moronga:* Semejante a la morcilla ibérica, la moronga mexicana es la tripa gorda del cerdo rellena con sangre, lardo, cebolla, cilantro, sal y, en ciertas versiones, chile verde; se amarra y se hierve. No requiere cocimiento posterior, pero en muchos casos se fríe.
- *Queso de puerco:* El auténtico se prepara exclusivamente con la cabeza del cerdo deshuesada. Las partes son cortadas en tiras, aderezadas con ajo, orégano, hierbas aromáticas y sal, y prensadas suavemente para eliminar líquido. Rebanada, es la base de tortas y tacos.
- *Obispo:* Especialidad rústica y sabrosa del centro del país: se rellena el estómago del cerdo con las vísceras toscamente molidas, sazonadas con chiles secos y especias. Se cocina durante largo tiempo y se sirve en tacos con una salsa más o menos picante.

Pieza	Cocción	Tiempo	Consejos
Cabeza de lomo paleta	asada al horno braseada en cazuela	1 kg – 60 minutos de 2 a 2½ horas	Para pozoles y tacos, para embutidos (queso de puerco) y escabeches.
Chamorro	braseado en cazuela braseado en horno pochado hervido a partir de agua caliente		
Chuleta con hueso o sin hueso	asada a la parrilla, a la plancha frita en sartén braseada en cazuela	grosor de 2 cm – de 8 a 10 minutos grosor de 2 cm – de 3 a 4 minutos grosor de 2 cm – de 8 a 15 minutos	
Codillo brochetas	asado al horno (grill) asado a la parrilla, a la plancha asado a las brasas asada a la parrilla, al horno, a las brasas		
Costillar entero	asado al horno (grill) asado a la parrilla, a la plancha asado a la brasa braseado en cazuela estofado	de 1½ a 2 horas	Las costillas suelen asarse en tiras y se recomienda dejarlas macerar en algún tipo de adobo antes de cocinarlas. Si el costillar está entero, pida en la carnicería que le rompan un poco la base para que le sea más fácil cortarlo.
Espinazo	hervido a partir de agua caliente		
Falda	hervida a partir de agua caliente		
Filete	asado al horno asado a la parrilla	de 20 a 30 minutos de 15 a 25 minutos	
Lomo de cerdo	asado al horno escalfado en cazuela asado a la parrilla, al horno, a las brasas frito en sartén braseado en cazuela	1 kg – 40 minutos	Entero sirve para asados, rebanado forma chuletas y escalopas. El solomillo es una carne muy tierna que puede freírse en trozos o brasear entera.
Manitas	hervidas a partir de agua caliente		Para manitas en escabeche, chamorros cocidos o asados.
Papada	al horno frita en sartén		La carne picada sirve para elaborar rellenos y terrinas (budines salados) y la papada picada sirve para preparar salchichas.
Piel			Para chicharrones, cueritos en vinagre y carnitas.
Pierna entera troceada jamón	asada al horno braseada en cazuela asado al horno	1 kg – 40 minutos grosor de 2 cm – de 8 a 10 minutos	
Sangre			Para preparar morongas y morcillas.
Vísceras lengua, sesos, hígado, riñones, criadillas			Para una variedad de guisos, patés y carnitas.

Modos de preparación y cocción
Res

Carne de res: los cortes y cómo se cocinan

La cantidad de carne vacuna que se consume en México es de aproximadamente 2 500 000 toneladas por año, de las cuales 300 000 son importadas. La ganadería es una actividad muy difundida, pero la mayor producción se realiza en el norte del país, en Jalisco, Michoacán, Veracruz y otros estados. Una gran cantidad del producto es sujeta a estrictos controles que aseguran su calidad.

La clasificación y valoración de las carnes de las reses depende de muchos elementos pero, en términos generales, si es de buena calidad presenta una coloración entre rojo claro y rojo vivo, que se oscurece según la edad del animal; la consistencia debe ser firme y elástica.

Todas las carnes tienen un gran valor nutritivo y los diferentes cortes varían notablemente en precio y en la manera de cocinarlos. Los cortes más tiernos proceden de la parte trasera y dorsal del animal y suelen prepararse a la parrilla, asados o fritos (cocción rápida). Los cortes de segunda y tercera categoría, más económicos, se preparan braseados o estofados (cocción lenta). La carne picada debe consumirse en un plazo máximo de 12 horas después de su compra.

Cuando compre un corte fino, observe que la grasa contenida esté distribuida en la carne uniformemente (marmoleado). El color de la carne debe ser rojo (entre claro y brillante) y constante. Los cortes de calidad intermedia presentan marmoleado menos notable y color opaco. En cortes de calidad popular la grasa no está distribuida uniformemente, la textura es menos tersa, el aspecto puede ser acuoso y el color alcanzar el rojo oscuro. En todos los casos, olor desagradable y color verdoso indican mal estado.

No todos los carniceros cortan la carne de la misma manera. Difieren las técnicas, los cortes varían según la experiencia y habilidad del carnicero, las exigencias de sus clientes, la calidad, tamaño y edad de la res.

Después de que la res ha sido sacrificada, su carne debe reposar antes de consumirse, en caso contrario, la carne es dura, no desarrolla su aroma y no sabe bien. Piezas que se van a cocer deben reposar de tres a cinco días, carne que se estofará de seis a ocho días y carne para asados hasta 14 días.

Los nombres de los cortes varían según el lugar y los más comunes en México son:

- *Cortes finos:* Entrecote, T-bone, lomo o filete, roast beef, New York, sirloin, aguayón, bola, copete, empuje, cuete, arrachera.
- *Cortes intermedios:* Brazuelo, paleta, diezmillo, pecho, falda.
- *Cortes populares:* Chambarete, agujas, barriga, pescuezo.

Técnicas de cocción para cada corte

- *Asado en horno:* Roast beef, filete, entrecote, sirloin, T-bone, empuje, cuete, aguayón.
- *Asado a la parrilla, a la plancha:* Aguayón, filete, entrecote, diezmillo, falda, agujas, pecho, arrachera, chuletón.
- *Caldos:* Chambarete, pescuezo, cola, barriga.
- *Cocidos o pucheros:* Chambarete, agujas, diezmillo, espaldilla.
- *Frito en sartén:* Bisteces y escalopas de bola, espaldilla, falda, aguayón, tapa de bola.
- *Estofados:* Cuete, bola, empuje, aguayón.
- *Para deshebrar:* Falda, tapa de pecho.
- *Para moler:* Brazuelo, pecho y otros cortes que contengan poca grasa.
- *Cecina, tasajo y carne seca:* El modo de conservar carnes salándolas y secándolas al aire es muy antiguo y da lugar a platillos exquisitos. Se aplica a la carne de res y de cerdo.

Los términos de la carne

- *Medio rojo:* Temperatura interna de 60 °C, el centro es rojo y la carne casi cruda, con un color café claro en la orilla.
- *Medio:* Temperatura interna de 63 °C, con el centro rojo, pero menor tamaño que la carne anterior. Es el término ideal para que el corte no pierda jugosidad y suavidad.
- *Tres cuartos:* A temperatura interna de 71 °C, la carne comienza a perder jugosidad, las orillas están perfectamente cocidas y sus jugos se tornan más claros.

Pieza	Cocción	Tiempo	Consejos
Aguayón	frito en sartén asado a la parrilla, a la plancha	de 3 a 6 minutos por cada lado de 3 a 6 minutos por cada lado	En ambos casos añada sal al final.
Arrachera	asada a la parrilla, a la plancha frita en sartén	de 3 a 6 minutos por cada lado de 3 a 6 minutos por cada lado	
Cabeza de filete o caña de filete	asada al horno	*rojo:* 1 kg – 15 minutos más 15 minutos *medio:* 1 kg – 5 minutos más 25 minutos *bien cocida:* 1 kg – 20 minutos más 25 minutos	*Rojo:* hornee 15 minutos a 180 °C; rocíe a menudo con su jugo. Hornee 15 minutos más a 120 °C. Añada sal al final. Apague y deje descansar 5 minutos. *Medio:* ver tiempos en la columna izquierda. *Bien cocido:* ver tiempos en la columna izquierda.
Chambarete	hervido a partir de agua caliente braseado en cazuela	1 kg – de 1 a 1½ horas 1 kg de carne con hueso – 2½ horas	Reduzca tiempo utilizando olla exprés. Reduzca tiempo utilizando olla exprés.
Chuletón (prime rib)	asado a la parrilla, a la plancha		
Costilla	frita en sartén	de 3 a 6 minutos por cada lado	
Costilla aguja	hervida a partir de agua caliente asada a la parrilla, a la plancha	1 kg – de 1 a 1½ horas de 3 a 6 minutos por cada lado	Reduzca tiempo utilizando olla exprés.
Costilla corta	hervida a partir de agua caliente asada a la parrilla, a la plancha	1 kg – de 1 a 1½ horas de 3 a 6 minutos por cada lado	Reduzca tiempo utilizando olla exprés.
Diezmillo	frito en sartén	de 3 a 6 minutos por cada lado	
Espaldilla	braseada en cazuela frita en sartén	1 kg de carne con hueso – 2½ horas de 3 a 6 minutos por cada lado	Reduzca tiempo utilizando olla exprés.
Falda troceada	hervida a partir de agua caliente	1 kg – de 1 a 1½ horas	Reduzca tiempo utilizando olla exprés.
Filete	asado a la parrilla, a la plancha frito en sartén	*rojo:* 2 minutos por cada 2.5 cm de espesor *medio:* 3 a 4 minutos por cada 2.5 cm de espesor	En ambos casos añada sal al final.

Pieza	Cocción	Tiempo	Consejos
Hígado	frito en sartén asado a la plancha	3 minutos en rebanada delgada	
Lengua	hervida a partir de agua caliente	1 kg de lengua cruda 2 horas aproximadamente	
Medallones de filete	asado a la parrilla, a la plancha	de 3 a 6 minutos por cada lado	
Médula	hervida a partir de agua caliente	10 minutos aproximadamente	
New York	asado a la parrilla, a la plancha	de 3 a 6 minutos por cada lado	Reduzca tiempo utilizando olla exprés.
Paleta	frita en sartén	de 3 a 6 minutos por cada lado	
Pecho	asado al horno braseado en cazuela	2 horas aproximadamente a 180 ºC. 1 kg de carne con hueso − 2½ horas	Durante la cocción, rocíe con su propio jugo y añada sal hasta el final.
Pulpa bola	frita en sartén	de 3 a 6 minutos por cada lado	
Pulpa larga	frita en sartén	de 3 a 6 minutos por cada lado	
Pulpa negra	frita en sartén	de 3 a 6 minutos por cada lado	
Punta de lomo	asado a la parrilla, a la plancha	de 3 a 6 minutos por cada lado	
Rib-eye	asado a la parrilla, a la plancha	de 3 a 6 minutos por cada lado	
Roast beef	asado al horno, pieza sin hueso asado al horno, pieza con hueso	véase: cabeza de filete añada 10 minutos a la cabeza de filete	
Sirloin	asado a la parrilla, a la plancha	*rojo:* de 6 a 7 minutos *medio:* de 9 a 12 minutos *bien cocido:* de 14 a 18 minutos	
Suadero	frito en sartén	de 3 a 6 minutos por cada lado	
T-bone	asado a la parrilla, a la plancha	*rojo:* de 6 a 7 minutos *medio:* de 9 a 12 minutos *bien cocido:* de 14 a 18 minutos	
Pancita o menudo	hervido a partir de agua caliente	1 kg de pancita cruda 2 horas aproximadamente 1 kg de pancita cocida 40 minutos aproximadamente	Observar que esté bien lavada y fresca.
Pata	hervida a partir de agua caliente	1 kg de pata cruda 2 horas o 30 minutos en olla exprés 1 kg de pata cocida 40 minutos aproximadamente	
Sesos	hervidos a partir de agua caliente fritos en sartén	5 minutos aproximadamente	Retirar las partes con nervios y oscuras.
Tuétano	frito en sartén asado a la parrilla, a la plancha	10 minutos aproximadamente	Comprar huesos largos de res.

Pulpa bola

Modos de preparación y cocción
Otros tipos de carne

Conejo

El conejo de cría está listo para el consumo a los doce meses de vida y suele pesar entre 1.2 a 1.4 kg. En el mercado se consigue entero o troceado en 6 u 8 piezas. El conejo de granja es más sabroso que el de engorde, y el auténtico conejo de monte es un animal de caza cuya carne tiene sabor más fuerte que el del conejo de cría.

La carne debe ser de color rosa fuerte (es prueba de que se ha desangrado correctamente) y estar recubierto con una capa blanquecina y transparente. Los ojos deben estar brillantes, el hígado muy rojo, los riñones envueltos en una capa de grasa blanca y las patas flexibles, señal de que es joven y fresco.

La carne de conejo a veces resulta menos blanda, e incluso insípida. Por lo tanto, no dude en sazonar en abundancia el adobo, el relleno o el guiso. El tipo de cocción elegida para el conejo debe evitar que la carne se reseque. En México el conejo fue uno de los primeros animales que se domesticaron.

Se consumen principalmente las ancas. Éstas a menudo se venden congeladas y es preciso descongelarlas en leche. Tienen un sabor algo insípido que precisa realzarse. En la cocina mexicana se utilizan especialmente en guisos, sopas y rellenos.

Venado

Los animales jóvenes son los mejores: la carne es muy tierna y de color rojo oscuro. La del venado joven no se adoba. Prepárela en cuanto la compre, si no va a hacerlo en dos o tres días, recúbrala con una capa de aceite y consérvela tapada en el refrigerador. Las costillas y las chuletas sin hueso se asan a la parrilla con fuego fuerte; sírvalas término medio o tres cuartos. Ase en el horno el pernil y la falda. La paletilla suele ser mejor que el pernil cuando el animal es joven, pero es más difícil de trinchar.

Rana

Alimento	Cocción	Tiempo	Consejos
Conejo entero/troceado	braseado en cazuela asado al horno estofado en cazuela	de 1 a 1½ horas 1½ horas de 1 a 1½ horas	Tiempos calculados para 1½ a 2 kilos de conejo.
Rana entera ancas	frita en sartén hervida a partir de agua caliente al horno	de 2 a 3 minutos de 2 a 3 minutos de 5 a 8 minutos	La parte que más se aprovecha son las patas traseras conocidas como ancas. Sin embargo, en México se consume entera, asada y envuelta en hoja de maíz.
Venado costillas pierna paletilla	fritas en sartén asada al horno braseada en cazuela	de 6 a 8 minutos 1 kg – 40 minutos de 1½ a 3 horas	Calcule dos costillas por persona. Corte en trozos grandes.

Modos de preparación y cocción
Mariscos y pescados

Los pescados y mariscos son productos que se pueden adquirir en el mercado durante todo el año, su precio varía principalmente en función de las capturas realizadas y de la temporada, por lo que se recomienda elegir, en la medida de lo posible, productos de temporada.

En general, el pescado es un alimento muy saludable debido a su bajo contenido de materias grasas y a la delicadeza de su carne. Puede prepararse de múltiples formas: como entrada (ceviches o escabeches), caldos o sopas, relleno de empanadas y plato completo, entre muchas otras; además de que combinan con una gran variedad de verduras y salsas.

Se recomienda pedir en la pescadería que limpien y corten el pescado de su elección, según piense cocinarlo y de acuerdo con sus características (consistencia de la carne, cantidad de espinas, etcétera). En cuanto a los mariscos, la limpieza se reduce a eliminar sus partes no comestibles.

Pescados y mariscos deben conservarse en la parte más fría del refrigerador y consumirse en un plazo no mayor a 24 horas después de su compra. Si adquiere pescados o mariscos congelados debe guardarlos en el congelador, para consumirlos dentro de los 60 días posteriores a su compra.

Conservación de mariscos y pescados

Evite dejarlos fuera del refrigerador o en el automóvil, expuestos al Sol. Para transportarlos utilice una hielera portátil o pida en la pescadería que añadan hielo a la bolsa que contenga los paquetes de la compra. Manipúlelos con cuidado: si tienen magulladuras y contusiones durarán menos tiempo. Guárdelos cuanto antes a una temperatura lo más cercana a los 0 °C. A partir de 3 °C duran sólo la mitad que a los 0 °C.

Ostiones, almejas y mejillones vivos se conservan en el refrigerador a 1 °C o 2 °C. Se mueren sobre hielo, en agua o en envases herméticos.

Ostiones, almejas y mejillones recién liberados de sus conchas se deben guardar a 0 °C y si es posible, rodeados con hielo.

Para descongelar pescados o mariscos, colóquelos en el refrigerador sin sacarlos de su envoltura, por un tiempo variable según su tamaño. También puede dejarlos 1 o 2 horas dentro de su envoltura, sumergidos en agua fría. Con este método ganará tiempo, pero el producto perderá calidad. También, puede no descongelarlos: simplemente cuézalos el doble del tiempo necesario.

Características de pescados

- *Pescados de agua dulce:* Anguila, carpa, esturión, lucio, salmón y trucha son ricos en potasio, magnesio y fósforo. Todos son fusiformes.
- *Pescados de agua salada:* Abadejo, arenque, atún, boquerón, huachinango, lenguado, merluza, mero, robalo y sardina, son ricos en yodo y cloro. Los hay romboides y fusiformes.
- *Pescados blancos:* Lenguado, robalo, huachinango y trucha, contienen poca grasa, son de fácil digestión y delicado sabor.
- *Pescados azules:* Sardina, boquerones y arenque tienen más grasa, son de difícil digestión, de carne no muy blanca y sabor fuerte.

Preparación de pescados

- *Entero:* Se cocina tal y como se pescó, debe limpiarse de un extremo a otro y eliminar escamas y vísceras antes de cocinarse.
- *Rayado:* Cuando el pescado entero va a ser cocinado en el horno, se le hacen dos o tres cortes en el lomo con el fin de que penetren más los sabores de los elementos que lo acompañan. No lo raye si va ser frito o asado.
- *Deshuesado:* Se abre el vientre a lo largo y se retira la espina dorsal. Es una preparación ideal para rellenar un pescado grande o para capear o asar abierto un pescado chico.
- *Filetes:* Son los costados que se cortan del espinazo del pescado y que no tienen espinas.
- *Rebanadas:* También llamadas lonjas, tajadas, ruedas o postas, son cortes transversales del lomo del pescado con o sin hueso.
- *Retazo:* Nombre que se da a las partes que resultan después de limpiar y filetear un pescado: cabeza, espinazo, etcétera.

Crustáceos			
Alimento	**Cocción**	**Tiempo**	**Consejos**
Acamaya	hervida a partir de agua caliente	de 3 a 5 minutos	Según tamaño.
Camarón	frito en sartén hervido a partir de agua caliente o al vapor asado a la plancha ceviche	de 5 a 7 minutos de 3 a 5 minutos de 3 a 5 minutos marinado mínimo 12 horas	Según tamaño. Según tamaño. Según tamaño.
Jaiba	hervida a partir de agua caliente asado a la parrilla	10 minutos	Con caparazón.
Langosta	hervida a partir de agua caliente	1 kg – de 10 a 12 minutos	Cocine en un cazo tapado con agua salada, siempre ate bien las patas y las pinzas.
Langostino	hervido a partir de agua caliente frito en sartén asado a la plancha	de 5 a 15 minutos de 5 a 8 minutos	Según tamaño.

Moluscos con dos conchas (bivalvos)			
Alimento	**Cocción**	**Tiempo**	**Consejos**
Almeja	hervida a partir de agua caliente frita en sartén al vapor	de 6 a 10 minutos de 4 a 6 minutos	Calcule de 4 a 6 almejas por persona. Sirva en su media concha si son al natural.
Callo de almeja	no requiere cocción		
Callo de hacha	hervido a partir de agua caliente asado a la parrilla, a la plancha	3 minutos máximo	Un cocimiento prolongado endurece su carne.
Mejillón	hervido a partir de agua caliente frito en sartén al horno al vapor	de 2 a 3 minutos de 3 a 5 minutos de 5 a 7 minutos	Calcule de 6 a 8 mejillones por persona.
Ostión	hervido a partir de agua caliente no requiere cocción	3 minutos máximo	Calcule de 5 a 6 ostiones por persona. Sirva en su media concha si son al natural.

Moluscos con una sola concha (univalvos)			
Alimento	**Cocción**	**Tiempo**	**Consejos**
Abulón	hervido a partir de agua caliente	no más de 5 minutos	Ya cocido, rebane transversalmente en sentido contrario a las fibras de la carne.
Caracol	ceviche hervido a partir de agua	marinado mínimo 12 horas de 2 a 4 minutos	De carne poco dura.

Ostión

MODOS DE PREPARACIÓN Y COCCIÓN

Moluscos sin concha			
Alimento	Cocción	Tiempo	Consejos
Calamar	braseado en cazuela asado a la parrilla frito en sartén	25 minutos 5 minutos 5 minutos	Elija consumirlos enteros, cortados en rodajas o en aros.
Pulpo	hervido a partir de agua caliente frito en sartén	15 minutos en olla exprés	A fuego bajo de 1 a 2 horas, dependiendo del tamaño.

Pescados			
Alimento	Cocción	Tiempo	Consejos

Atún
  tronco
 	
  filetes
	braseado en cazuela
	
	frito en sartén
	asado a la parrilla
		de 6 a 12 minutos por cada 2.5 cm de espesor
		de 6 a 12 minutos por cada 2.5 cm de espesor
			El tiempo está calculado para las distintas técnicas de cocción. El atún braseado debe cocerse a fuego lento.
			El atún fresco se suele cortar en filetes más o menos gruesos.

Charal fresco	frito en sartén asado envuelto en hoja de maíz fritura	de 6 a 12 minutos por cada 2.5 cm de espesor	El tiempo está calculado para las distintas técnicas de cocción. Técnica indicada para los charales secos.

Huachinango
  entero
  filetes
 	
  rodajas
	asado al horno, a la parrilla, a la plancha
	fritos en sartén
	asados a la plancha
	braseadas en cazuela o al horno
	fritas en sartén
	asada al horno, a la parrilla, a la plancha
		de 6 a 12 minutos por cada 2.5 cm de espesor	El tiempo está calculado para las distintas técnicas de cocción.

Robalo
  entero
 	
  filetes
 	
  rodajas
	asado al horno, a la parrilla, a la plancha
	frito en sartén
	fritos en sartén
	asados a la plancha
	braseadas en cazuela o al horno
	fritas en sartén
	asadas al horno, a la parrilla, a la plancha
		de 6 a 12 minutos por cada 2.5 cm de espesor	El tiempo está calculado para las distintas técnicas de cocción.

Sardina entera	frita en sartén asada a la parrilla o a la plancha, escabeche	de 6 a 12 minutos por cada 2.5 cm de espesor	El tiempo está calculado para las distintas técnicas de cocción. Antes de asarlas debe engrasarlas por ambos lados. El escabeche es un adobo frío que permite conservar las sardinas una vez cocidas.

Robalo

44

Modos de preparación y cocción
Cocción de pescados

En México existen gran variedad de pescados, entre ellos encontramos: barracuda, barrilete, besugo, bonito, cabrilla, carpa, cazón, chucumite, corvina, esmedregal, gurrubata, jurel, lebrancha, lenguado, lisa, lubina, mero, mojarra, pámpano, pargo, pescadilla, peto, rubia, sargo, sierra, tiburón, tilapia, trucha arcoíris, trucha de mar.

Indicaciones generales para cocinar pescados enteros en rebanadas o filetes:

- Procure no cocinarlos demasiado, porque se cocinan rápidamente cualquiera que sea el método utilizado. La única excepción es la técnica de ceviche, en la cual no se requiere calor y el pescado debe marinarse por varias horas, cambiando así su apariencia y textura. El pescado está perfectamente cocinado cuando la carne no es traslúcida y se ha vuelto opaca; debe quedar firme y jugosa, sin romperse en láminas, lo que indica que se ha vuelvo seco y duro.
- El pescado congelado puede cocinarse sin descongelar previamente, sólo se debe duplicar el tiempo de cocción.

Cocción	Tiempo	Consejos
en jugo de limón	marinado mínimo 12 horas	Este método no requiere calor y se conoce como ceviche.
al horno	de 6 a 12 minutos por cada 2.5 cm de espesor	Cuando el pescado es entero, limpie, enjuague en agua fría, seque por fuera y por dentro. En el caso de rebanadas o filetes, enjuague y seque. Si lo envuelve o recubre con salsa, aumente el tiempo de cocción a 5 minutos. Los pescados de carne azul son especialmente apropiados para el horno, dado que necesitan poca grasa porque en el calor derrite la suya. Los pescados de carne blanca requieren de grasa adicional y deben rociarse constantemente mientras se hornean.
asado a la plancha	de 6 a 12 minutos por cada 2.5 cm de espesor	Déle vuelta una sola vez a media cocción; los filetes no se voltean. Si usa productos congelados no es necesario descongelar, sólo duplique el tiempo de cocción.
frito al sartén	de 6 a 12 minutos por cada 2.5 cm de espesor	Técnica ideal para filetes, rebanadas, pescados enteros medianos y mariscos. Antes de freírlos páselos por harina sazonada con sal y pimienta.
fritura	de 6 a 12 minutos por cada 2.5 cm de espesor	Cuando es entero el pescado limpie, enjuague en agua fría, seque por fuera y por dentro. En el caso de rebanadas o filetes, enjuague y seque. Recubra las piezas de pescado con capeado o primero harina, luego huevo y por último pan rallado. Escurra el exceso de grasa sobre papel absorbente. Use esta técnica en pescados pequeños, medianos o cortados en filetes.
hervido a partir de agua caliente	de 6 a 12 minutos por cada 2.5 cm de espesor	Si se trata de un pescado entero, lave y envuelva en un lienzo lo bastante grande para poder anudarlo en sus extremos. Los filetes o rebanadas no se envuelven. El líquido en que se hierve el pescado puede ser agua con un poco de jugo de limón, caldo de pescado o de vegetales, vino blanco seco y hierbas de olor (opcional). Cuando el líquido comience a hervir, introduzca el pescado y hierva a fuego bajo de 6 a 12 minutos por cada 2.5 cm de espesor del pescado, medido en su parte más gruesa. El pescado hervido se pela fácilmente. En muchos casos, el líquido de cocción resulta un excelente caldo.
al vapor	de 6 a 12 minutos por cada 2.5 cm de espesor	Método ideal para quienes desean reducir su consumo de grasa. Llene la parte inferior de una vaporera con líquido, ya sea agua, agua con limón, agua aromatizada con hierbas y especias o caldo de pescado. El líquido debe hervir lentamente. Limpie y enjuague el pescado antes de colocarlo sobre la parrilla de la vaporera.
envuelto al horno	de 12 a 15 minutos	Emplee el horno a temperatura media y envuelva el pescado con papel aluminio. Con esta técnica se cocina lentamente sin perder líquidos y absorbe los aromas de la sazón con que se prepara (hierbas de olor, especias, salsas). Es ideal para pescados medios, uno por persona.

Modos de preparación y cocción
Frutas

Las frutas poseen alto valor alimenticio y proporcionan vitaminas indispensables como la A y los complejos B y C, y minerales como calcio, hierro y fósforo. En México hay gran variedad de frutas. A las originarias de esta tierra se sumaron las traídas del resto del mundo que se aclimataron perfectamente. En los "tianguis" (mercados) prehispánicos se vendía aguacate, guayaba, nanche, cacao, jícama, papaya, zapote amarillo, zapote blanco, chicozapote, zapote prieto, tejocote, tuna, capulín, ciruela amarilla, chirimoya, guanábana, mamey y piña. Los antiguos pobladores las consumían frescas y en ocasiones endulzadas con miel de hormiga, de avispa, de maíz o de maguey o incluso fermentadas en bebidas. Algunas tenían usos medicinales.

De las Antillas llegaron piña, guayaba y pitahaya; del Oriente los cítricos (naranja, toronja, limón y cidra), tamarindo, melón, sandía, plátano, coco, mango, dátil y granada; del Mediterráneo manzana, pera, durazno, uvas, ciruelas, fresas, aceitunas, etcétera. Del Viejo Mundo llegó la caña de azúcar, base de la gran industria dulcera mexicana que, desde las cocinas conventuales hasta los talleres porfirianos, maridó frutas y dulces en deliciosas combinaciones de conservas, ates, frutas cristalizadas, jaleas, mermeladas y postres.

Se popularizó la costumbre de beber "aguas frescas" hechas de agua endulzada y pulpa de fruta. Las frutas se integraron también con el maíz y el agua para crear una gran variedad de atoles, rellenos de tamales y una notable producción de nieves y helados.

Diversas bebidas fermentadas y destiladas se originan de frutas: los "curados" de pulque, el "tepache" donde a la mezcla prehispánica se añade piloncillo y clavo de olor y los licores típicos regionales a base de ellas. Además, las frutas se incorporaron a salsas y rellenos de platillos como los célebres chiles en nogada.

En el México independiente llegaron nuevas influencias culinarias. En los restaurantes de la segunda mitad del siglo XIX se servían alimentos que incluían frutas, ya sea en las suntuosas "ollas podridas" o en el "manchamanteles". Al momento de los postres se ofrecían frutas de la estación, o como relleno de pasteles o bajo la forma de helados y nieves.

Durante el Porfiriato, el afrancesamiento en la cocina otorga a las frutas un privilegiado lugar, acompañando quesos y platos dulces y salados, bases de salsas, indispensables en la nueva repostería. La Revolución ocasionó el abandono del campo y de los huertos frutales, pero después de la guerra civil las frutas reaparecen con todo su colorido y frescura.

Manzana y plátano macho

Para satisfacer su gran consumo, actualmente las encontramos en mercados grandes y chicos, en alguna vieja "frutería" y en los populares expendios de jugos naturales, aguas frescas y combinaciones de frutas con limón y chile piquín.

Las frutan tienen otras funciones tradicionales, como en las ofrendas de los altares de muertos o dentro de las piñatas decembrinas.

Modos de preparar y cocinar las frutas

- *Compota:* Use frutas maduras pero firmes. Pele y retire el corazón o las semillas, según sea el caso. Hierva en un jarabe de azúcar ligero aromatizado con vino, jugo de limón o especias hasta conseguir una textura suave, pero sin llegar a deshacerse. Debe consumirse en un periodo corto. Para preservar fruta por mucho tiempo prefiera mermeladas o conservas.
- *Salsas:* Elimine cáscaras, huesos y semillas si fuera el caso. Licue la pulpa. En general es preferible pasar la salsa por un tamiz.
- *Purés:* Importantes bases para la elaboración de nieves. Añada un poco de crema batida al puré preferido y obtendrá un sabroso postre. También se usan como guarnición o relleno.
- *Mermeladas:* Son una forma de extender la temporada de ciertos frutos. Cada fruta tiene que ser tratada de manera diferente. En general la proporción es 1 kg de fruta por 1 kg de azúcar, o menos si la fruta es muy dulce. A las mermeladas de frutas claras añada un bonito color dorado mezclando al azúcar una cuarta parte de piloncillo rallado.

  Evite usar fruta demasiado madura. Lave la fruta, retire cáscara, corazón y semillas según sea el caso. Deje enteras las frutas pequeñas y corte o rebane las frutas de mayor tamaño. Para almacenarlas, elija frascos herméticos. Esterilice frascos y tapas hirviéndolos en suficiente agua 20 minutos y manteniéndolos calientes.

  En una cacerola, de preferencia de cobre, cocine la fruta con el azúcar a fuego medio, moviendo constantemente, a fuego bajo, hasta que la mermelada tenga la consistencia deseada. Vierta en frascos calientes, elimine la espuma de la superficie y llénelos casi al tope, con un trapo limpie el borde y coloque la tapa apretando lo más que pueda. Sobre una tabla de madera coloque los frascos llenos invertidos y deje enfriar.

- *Conservas:* Las frutas frescas y sanas se conservan bien en jarabe. Necesita entre 1 y 1½ tazas de jarabe por cada kg de fruta. Prepare el jarabe hirviendo a fuego bajo 3 tazas (750 ml) de azúcar con 1 taza (250 ml) de agua, hasta lograr el punto deseado. Para un jarabe más espeso, use 4 tazas de azúcar y 2 para un jarabe ligero. Elija frutas maduras (no demasiado), sanas y sin defectos. Lave y seque con cuidado. Retire las cáscaras si son duras y las semillas, si las hay. Prepare enteras las frutas pequeñas y rebane o corte en 2 o 4 las grandes. En el interior de una olla grande ponga en el fondo una rejilla y cubra con agua caliente sin llegar a hervir. Esterilice los frascos igual que para las mermeladas. Llénelos con la fruta y complete con el jarabe caliente. Con una espátula de madera apriete y acomode la fruta logrando que salgan las burbujas de aire; limpie los bordes con un trapo limpio y coloque las tapas bien apretadas. A medida que vaya cerrando los frascos, métalos en la olla sobre la rejilla y agregue agua caliente hasta cubrir más arriba de las tapas de los frascos. Aumente el fuego, al hervor disminuya el calor y deje hervir a fuego medio de 25 a 30 minutos. Retire entonces los frascos de la olla, colóquelos sobre una tabla de madera en forma invertida y deje enfriar.

- *Ates:* Se llaman membrillate, guayabate, etcétera, según la fruta con que se hacen. Cocine brevemente en agua la fruta elegida, escúrrala y pase por un chino o una coladera fina para eliminar semillas, corazones y cáscaras. Mezcle partes más o menos iguales de fruta y azúcar. Cocine a fuego medio, moviendo constantemente con una cuchara de madera, hasta ver el fondo del cazo. Retire y deje secar dentro de un recipiente.

Alimento	Cocción	Uso	Consejos
Aguacate Hass	no requiere cocción	guarnición	Córtelo hasta el momento en que lo use para evitar que se oxide.
Caña de azúcar	no requiere cocción		Puede comerla sola o en jugo.
Capulín	no requiere cocción	mermelada relleno de tamales salsas	
Chabacano	no requiere cocción	mermelada conserva guarnición	
Chicozapote	no requiere cocción	ate agua fresca/nieve	Para saber si está listo para ser consumido, la fruta debe estar blanda pero firme al tacto.
Chirimoya	no requiere cocción	agua fresca/nieve ate	
Ciruela	no requiere cocción escalfado	mermelada	Existen las amarillas, rojas, moradas, entre otras. Todas son aptas para los mismos métodos de cocción.

Alimento	Cocción	Uso	Consejos
Ciruela huesuda	no requiere cocción hervido a partir de agua caliente	salsas	
Coco	no requiere cocción	nieve cocadas	Puede obtener leche de coco moliendo la pulpa con su propio líquido.
Durazno amarillo	no requiere cocción escalfado	mermelada conserva	
Durazno melocotón	no requiere cocción escalfado	mermelada	
Frambuesa	no requiere cocción	mermelada nieve salsas guarnición	
Fresa	no requiere cocción	mermelada nieve cristalizada salsas guarnición	Existen las fresas grandes que son cultivadas especialmente o las silvestres, que se caracterizan por ser un poco más ácidas.
Granada china	no requiere cocción		
Granada roja	no requiere cocción	ponche guarnición	Esta fruta es un ingrediente indispensable de los chiles en nogada.
Guanábana	no requiere cocción	agua fresca/nieve gelatinas/espumas	
Guayaba	no requiere cocción escalfado	mermelada conserva ate agua fresca/nieve salsas	
Higo	no requiere cocción	cristalizada conserva nieve	Se puede usar tanto en preparaciones dulces como en algunas saladas.
Jícama	no requiere cocción	ensaladas pico de gallo	
Kiwi	no requiere cocción	guarnición mermelada	Como salsa, es un elemento visual atractivo en la presentación de postres.
Lima	no requiere cocción	jugo guarnición	
Limón con semilla	no requiere cocción	jugo mermelada cristalizado agua fresca/nieve	Escoja los limones con piel lisa, brillante y sin magulladuras.
Limón real	no requiere cocción	jugo guarnición	
Limón sin semilla	no requiere cocción	jugo mermelada cristalizado agua fresca/nieve	
Mamey	no requiere cocción	ate	
Mandarina	no requiere cocción	jugo	En gajos sirve como guarnición en algunos platillos o ensaladas.
Mandarina reina	no requiere cocción	jugo	
Mandarina tangerina	no requiere cocción	jugo	
Mango ataúlfo	no requiere cocción	ate salsas	Fresco o deshidratado, se consume como botana con chile y limón.
Mango manila	no requiere cocción	ate salsas	

Alimento	Cocción	Uso	Consejos
Manzana golden	no requiere cocción escalfado	conserva deshidratada guarnición	Para evitar que se oxiden, frote la pulpa con gotas de limón o naranja.
Manzana panochera	no requiere cocción escalfado	conserva rellenos	
Manzana roja	no requiere cocción escalfado	conserva	
Melón chino	no requiere cocción salsas	agua fresca/nieve	
Membrillo	no requiere cocción	ate	
Naranja	no requiere cocción	jugo mermelada agua fresca/nieve	Prefiera las de tamaño mediano y con un peso mayor al que aparentan, eso indica que contienen bastante jugo.
Nuez de Castilla	no requiere cocción	salsas	
Papaya amarilla	no requiere cocción		
Papaya maradol	no requiere cocción		
Pera de agua	no requiere cocción escalfado	conserva	Para evitar que se oxiden, frote la pulpa con gotas de limón o naranja.
Pera mantequilla	no requiere cocción escalfado	conserva	Ideal para preparar compotas, tartas y conservas.
Pera parda	no requiere cocción escalfado	conserva	
Perón	no requiere cocción		
Piña	fritura hervida a partir de agua caliente	puré conserva cristalizada ate agua fresca/nieve	Fruta apta para combinarse con preparaciones dulces o saladas.
Pitahaya	no requiere cocción		Puede usar la pulpa para hacer gelatinas.
Plátano dominico	no requiere cocción		
Plátano macho	frito en sartén	fritura	Por lo general se utiliza frito.
Plátano manzano	no requiere cocción		
Plátano Tabasco	no requiere cocción		
Sandía	no requiere cocción	agua fresca/nieve	
Tamarindo	hervido a partir de agua caliente	agua fresca salsas	Para preparar botanas o salsas.
Tejocote	no requiere cocción	conserva cristalizado	Ingrediente esencial en los ponches navideños.
Toronja	no requiere cocción	jugo conserva	Puede ser utilizada en gajos como guarnición.
Tuna	no requiere cocción	ate agua fresca/nieve	Existen muchas variedades, entre las que se encuentran la verde, blanca, roja, entre otras.
Uva globo	no requiere cocción	jugo	
Uva verde sin semilla	no requiere cocción	guarnición	
Zapote negro	no requiere cocción	salsas	Escoja los zapotes que aún tengan la piel íntegra, pero que sean bastante blandos.
Zarzamora	no requiere cocción	salsas mermelada	

Modos de preparación y cocción
Verduras

En la actualidad podemos disponer de una gran variedad de productos durante todo el año gracias a las nuevas tecnologías de cultivo y de transporte. En los mercados se encuentran varios de ellos que aún mantienen el ritmo natural de las estaciones, de tal forma que podemos disfrutar al mismo tiempo productos nacionales de temporada y productos importados.

El término vegetales se refiere a todas las plantas o partes de ellas que se pueden comer crudos, cocinados o en conserva. Su consumo es importante por su gran valor nutrimental, por su aportación de minerales, vitaminas, aceites y fibras, además de que tienen un alto contenido de vitamina A y C; su papel es importante en cualquier dieta de bajas calorías y para bajar de peso.

Para mantener la mayor cantidad de estos nutrientes, se debe tener cuidado al aplicar la técnica de cocción y el tiempo requeridos. Al agua de la cocción pasan siempre algunos minerales y vitaminas; aproveche ese valor nutritivo y utilice el agua para un caldo o sopa.

Los vegetales deben ser uniformes en su tamaño, crujientes, sin defectos o alteración que no sea natural, de apariencia fresca y color brillante. Las técnicas de preparación son versátiles y variadas: pueden hervirse, cocerse al vapor, saltear, freír, gratinar, asar en la parrilla y brasear, lo cual nos permite agregar variedad, sabor, textura y color a nuestros menús. Sin embargo, se deterioran con facilidad. Para conservar su calidad se deben guardar en el refrigerador, separados en bolsas de plástico, sin lavarlos. Algunos, como las papas, las cebollas y los nabos, no deben almacenarse a temperaturas frías, se mantienen por más tiempo en la despensa, fuera de la luz. Conviene recordar

que las cebollas aceleran el deterioro de las papas, por lo que deben acomodarse por separado.

Los vegetales son perecederos que se descomponen fácilmente, por ello requieren de un manejo cuidadoso; la mayoría necesita temperaturas bajas para almacenarlos y alta humedad, pero existen excepciones. Muchos de ellos se pueden encontrar todo el año, aunque los que consumimos fuera de temporada no tienen la misma calidad de los que están en plena temporada y por supuesto los precios son más altos.

Para limpiarlos, lave cuidadosamente; antes de cocinarlos elimine toda huella de tierra, hojas amarillentas y marchitas. Frote las raíces y los tubérculos con un cepillo; si son tiernos no es necesario pelarlos, es suficiente con quitar las manchas o los ojos. Sumerja los vegetales que se consumen crudos durante un tiempo en agua con una solución desinfectante.

Al comprar vegetales congelados no dude, debido a que normalmente son productos de buena calidad que han sido congelados de inmediato después de su recolección y conservados debidamente.

En casa los vegetales y ciertas hortalizas no pueden congelarse crudos, sino hasta después de haberlos blanqueado unos minutos. Para ello sumerja los alimentos brevemente en agua hirviendo, retire, y sumerja en agua fría parando la cocción, escurra y coloque en bolsas de plástico con cierre hermético. Las verduras congeladas así se conservan aproximadamente tres meses. No congele los vegetales que consuma frescos. Para descongelarlos, sólo ponga los vegetales en agua hirviendo el tiempo necesario, dependiendo del tipo de vegetal; una vez descongelados no deben congelarse de nuevo.

Calabacita redonda

Ajo y berenjena

Alimento	Cocción	Tiempo	Consejos
Acelga	sudado salteada en sartén al vapor	de 2 a 3 minutos de 3 a 5 minutos de 3 a 5 minutos	Una forma de conservar sus nutrientes es a través del sudado, donde son cocidas sin agua, únicamente con la humedad que contienen en un recipiente bien tapado.
Ajo	asado al horno, a la parrilla, a la plancha salteado en sartén frito en sartén		
Alcachofa	escalfada braseada en cazuela	de 25 a 45 minutos	Para preparar unas buenas alcachofas puede utilizar únicamente los fondos y servirlos fríos o calientes con vinagreta. Al preparar retire las hojas exteriores y corte las puntas duras de las hojas siguientes, al hervir añada al agua algunas gotas de limón.
Apio	escalfado estofado en sartén no requiere cocción		Aromático esencial en la elaboración de caldos.
Berenjena	asada al horno, a la parrilla, a la plancha braseada en horno rellenas al horno fritas en sartén	de 3 a 5 minutos 1 kg – de 10 a 25 minutos de 15 a 35 minutos de 4 a 6 minutos	Para evitar su sabor amargo corte o rebane y coloque sobre papel absorbente. Espolvoree encima sal; deje una hora, enjuague y seque.
Berro	no requiere cocción		Crudo para ensaladas y deben cocinarse para sopas o guarnición.
Betabel	escalfado o al vapor fritura	de 30 a 90 minutos	Hervir entero sin pelar y dejar un poco de tallo para evitar que se decolore.
Brócoli	escalfado al vapor frito en sartén horno	de 7 a 10 minutos de 15 a 20 minutos de 4 a 5 minutos de 30 a 35 minutos	Puede hervirlo entero o en ramilletes, es preferible hervirlo en agua con sal y al terminar la cocción enfriar en agua con hielo para conservar mejor su color.
Calabacita larga	escalfada o al vapor salteada en sartén frita en sartén al horno	de 10 a 15 minutos	Cuando se usan como ingrediente de caldos deben incorporarse poco antes de que concluya la cocción de las carnes y los otros vegetales.
Calabacita redonda	escalfada o al vapor		Éstas son de consistencia más dura y requieren un mayor tiempo de cocción; se utilizan con más frecuencia en pucheros, caldos de olla o se ahuecan para rellenar.
Calabaza de Castilla	al vapor al horno (trozos)	de 10 minutos de 30 a 45 minutos	Debe cortar en trozos y cocinar a fuego bajo. La pulpa se emplea en sopas, rellenos de tamales, atoles y en dulce.
Camote amarillo y blanco	escalfado o al vapor frito en sartén al horno	de 20 a 40 minutos 3 minutos de 45 a 60 minutos	Deben mantener la piel en cualquier tipo de cocción que se emplee.
Cebolla	salteada en sartén (rebanada) fritura al horno (entera)	de 3 a 5 minutos de 2 a 3 minutos de 20 a 30 minutos	Por lo general no se lavan y solamente se retira la primera capa.
Cebollita cambray	salteada en sartén (enteras) fritura al horno no requiere cocción	de 3 a 5 minutos de 2 a 3 minutos de 8 a 12 minutos	
Champiñón	salteado en sartén asado al horno, a la parrilla, a la plancha fritura no requiere cocción	de 3 a 5 minutos de 8 a 12 minutos de 2 a 3 minutos	Cuando son frescos y compactos se pueden consumir crudos cortados en finas rebanadas. Puede prepararlos en pocos minutos, durante la cocción mantenga destapado hasta que hayan soltado todo el líquido, terminada la cocción tape para conservar su sabor.
Chayote	escalfado o al vapor		Los de piel lisa deben pelarse antes de su cocción.
Chayote erizo	escalfado o al vapor		Pueden cocerse con o sin piel y pelarse ya cocidos.
Chícharo	escalfado o al vapor salteado en sartén	de 2 a 3 minutos de 5 a 10 minutos	Si son frescos se debe retirar la vaina antes de su cocción. Cuando se empleen chícharos secos deben estar previamente remojados durante 12 horas antes de la cocción.
Chilacayote	escalfado o al vapor salteado en sartén		Si son tiernos se preparan igual que las calabacitas. Si son más duros se utiliza la pulpa en dulce.
Col	escalfada o al vapor estofado en cazuela	de 12 a 20 minutos de 25 a 45 minutos	

Alimento	Cocción	Tiempo	Consejos
Coliflor	escalfada al vapor frita en sartén al horno no requiere cocción	de 7 a 10 minutos de 15 a 20 minutos de 4 a 5 minutos de 30 a 35 minutos	Puede hervirla entera o en ramilletes, es preferible hervirla en agua con sal.
Cuitlacoche (huitlacoche)	salteado en sartén		Al adquirirlo en mazorca desgrane, no es necesario lavarlo antes de preparar y ya preparado puede conservarse hasta tres meses en congelación.
Ejote	escalfado o al vapor salteado en sartén	de 2 a 3 minutos de 3 a 6 minutos	Debe retirar las puntas y las hebras antes de preparar. Hierva en agua con abundante sal en un recipiente tapado, al terminar la cocción refresque en agua fría para conservar su color.
Elote	escalfado (entero) escalfado (granos) asado a la parrilla (entero) al vapor (entero) al vapor (granos) frito en sartén (granos)	de 6 a 10 minutos de 8 a 15 minutos de 20 a 30 minutos de 8 a 12 minutos de 12 a 20 minutos de 3 a 5 minutos	Hierva en agua con abundante sal, tanto la mazorca entera como los granos. Si se asan deben ser enteros y deben mantener las hojas para proteger los granos.
Espárrago	escalfado al horno estofado en cazuela salteado en sartén	de 2 a 3 minutos de 20 a 30 minutos de 8 a 10 minutos de 3 a 4 minutos	Debe cortarles la base e igualarlos en tamaño, pele completamente (excepto los espárragos trigueros) para quitar las fibras y para su cocción átelos formando manojos.
Espinaca	sudado salteada en sartén al vapor no requiere cocción	de 2 a 3 minutos de 3 a 5 minutos de 3 a 5 minutos	Una forma de conservar sus nutrientes es a través del sudado, donde son cocidas sin agua, y únicamente con la humedad que contienen en un recipiente bien tapado.
Hongo silvestre	salteados en sartén asados al horno, a la parrilla, a la plancha fritura no requiere cocción	de 3 a 5 minutos de 8 a 12 minutos de 2 a 3 minutos	Puede prepararlos en pocos minutos, durante la cocción manténgalos destapados hasta que hayan soltado todo el líquido. Al finalizar la cocción tape para conservar su sabor.
Jitomate	no requiere cocción escalfado asado		Para pelar se introducen en agua caliente, se refrescan y se desprende la piel; o se asan hasta que la piel se abra. Ya pelados se retira el ombligo y se ahuecan para quitar las semillas.
Lechuga	no requiere cocción		En la cocina tradicional mexicana se utilizan más como adorno o guarnición de antojitos y platillos que como ingrediente principal de ensaladas.
Nabo	escalfado o al vapor frito en sartén	30 minutos	Puede cocerse con o sin piel y pelarse ya cocidos.
Nopal	no requiere cocción salteado en sartén asado al horno, a la parrilla, a la plancha hervido en su propia baba	de 6 a 8 minutos de 5 a 10 minutos	

Flores de frijolón

Alimento	Cocción	Tiempo	Consejos
Papa	escalfada o al vapor (entera) frita en sartén (rebanadas) asada al horno, a la parrilla (entera) fritura (rebanadas, tiras)	de 20 a 40 minutos 3 minutos de 45 a 60 minutos de 5 a 10 minutos	Envuelva en papel aluminio. Para unificar el tiempo de cocción es conveniente elegir papas del mismo tamaño.
Papaloquelite	no requiere cocción		Acompaña perfectamente la barbacoa y las carnitas.
Pepino	no requiere cocción		
Poro	estofado en sartén al vapor frito en sartén		La parte blanca del poro es la más tierna.
Quelite Cenizo	sudado salteado en sartén al vapor	de 2 a 3 minutos de 3 a 5 minutos de 3 a 5 minutos	Una forma de conservar sus nutrientes es a través del sudado, donde son cocidas sin agua, únicamente con la humedad que contienen en un recipiente bien tapado. También se consumen como guiso o guarnición.
Quelite Silvestre	sudado salteado en sartén al vapor	de 2 a 3 minutos de 3 a 5 minutos de 3 a 5 minutos	Una forma de conservar sus nutrientes es a través del sudado, donde son cocidas sin agua, únicamente con la humedad que contienen en un recipiente bien tapado. También se consumen como guiso o guarnición.
Quintonil	sudado salteado en sartén al vapor	de 2 a 3 minutos de 3 a 5 minutos de 3 a 5 minutos	Una forma de conservar sus nutrientes es a través del sudado, donde son cocidas sin agua, únicamente con la humedad que contienen en un recipiente bien tapado. También se consumen como guiso o guarnición.
Rábano	no requieren cocción		Coloque en agua helada para mejorar su consistencia.
Romerito	sudado salteado en sartén al vapor	de 2 a 3 minutos de 3 a 5 minutos de 3 a 5 minutos	Una forma de conservar sus nutrientes es a través del sudado, donde son cocidas sin agua, únicamente con la humedad que contienen en un recipiente bien tapado. También se consumen en ensalada o como guarnición.
Seta	salteadas al sartén asadas al horno, a la parrilla, a la plancha fritura	de 3 a 5 minutos de 8 a 12 minutos de 2 a 3 minutos	Puede prepararlas en pocos minutos, durante la cocción mantenga destapado hasta que hayan soltado todo el líquido, terminada la cocción tape para conservar su sabor.
Tomate	no requiere cocción (salsas crudas) escalfado asado		En todos los casos deben retirarse las cáscaras.
Verdolaga	sudado salteada en sartén al vapor	de 2 a 3 minutos de 3 a 5 minutos de 3 a 5 minutos	Una forma de conservar sus nutrientes es a través del sudado, donde son cocidas sin agua, únicamente con la humedad que contienen en un recipiente bien tapado. También se consumen en ensalada o como guarnición.
Zanahoria	salteada en sartén (rebanadas, tiras) escalfada (entera) escalfada (rebanadas) al horno al vapor (rebanada) no requiere cocción	de 2 a 3 minutos de 8 a 10 minutos de 5 a 10 minutos 45 minutos 10 minutos	

Gualumbo o flor de maguey

Quelites

chilesdeméxico

Chiles **secos**

Chile **habanero**

Chile **de onza**

Chile **serrano verde**

Chile **costeño rojo**

Chile **costeño amarillo**

Chile **puya oaxaqueño**

Chile **cuaresmeño**

Chile **meco**

Chile **güero**

Chile **puya**

Chile **guajillo**

Chile **manzano**

Chilaca

Chile **chilcostle rojo**

Chile **piquín silvestre**

Chile **mirasol**

Chile **ancho**

Chile **chipotle**

Chile **pasado**

Chile **comapeño**

Chile **morita oaxaqueño**

Chile **tuxta**

Chile **de agua**

Chile **cascabel**

Chile **chiltepe**

Chile **negro de tierra**

hile **chilhuacle negro**

Chile **chilhuacle amarillo**

Chiles **serranos rojo y verde**

Chile **pasilla**

La cocina de los
aromas

Las hierbas de olor

En los mercados de México los montones de hierbas casi ocultan a las "yerberas" que las venden. Las fragantes hierbas, semillas, flores y especias originarias de México y del resto del mundo son elementos indispensables de la sabrosa cocina mexicana. Y las mismas yerberas saben cuáles recomendar para usos medicinales y hasta mágicos.

Para no perder los aromas de las hierbas

- Para **juzgar la frescura** de las hierbas, observe si su fragancia es fuerte, si los tallos no están amarillentos o marchitos; las hojas no deben caerse al agitarlas, especialmente las de tallo leñoso, como el tomillo y el romero.
- Para **guardar** las hierbas de tallos cortos, envuélvalas en una toalla de papel dentro de una bolsa de plástico sin cerrar, y refrigérelas. Las de tallos largos se deben tratar como flores, colocándolas en un recipiente pequeño con agua, a temperatura ambiente, o refrigerarlas en una bolsa sin cerrar. Las que cuentan con raíces intactas (que son las mejores) se refrigeran con sus raíces en una bolsa, dejando las hojas libres.
- Cuando las hojas se **cortan** con los dedos, pican o muelen, afectamos su sabor. Pero si se cortan con cuidado y sin darles "hachazos" con el cuchillo, los aceites volátiles permanecerán. Picar las hojas afecta a las frágiles, oxidándolas. Sin embargo, moliéndolas en molcajete o en el procesador su sabor se refuerza. Expuestas al calor por mucho tiempo, ciertas hierbas pierden su efecto.
- El **secado** es el más antiguo y mejor método para preservarlas. Otro es en vinagre: el aroma impregnará el líquido.

Hierbas de origen mexicano

Anís del campo o flor de pericón (*Tagetes florida*). Flor pequeña de temporada que en infusión resulta una bebida fresca que aromatiza la cocción de los elotes tiernos.

Chepil (*Crotalaria longirostrata*). Arbusto cuyas hojas tiernas y flores son consumidas en el sureste de México como quelite para aromatizar el arroz blanco, los frijoles durante su cocción, la masa de los tamales o caldos y sopas.

Epazote (*Teloxys ambrosioides*). De gran consumo, cultivado o silvestre, aromático, es medicamento y veneno cuando se come en grandes cantidades. Las hojas comestibles son de color verde o morado, pequeñas y olorosas. Indispensable en la cocción de frijoles, perfuma rellenos de antojitos, salsas, caldos, sopas y guisos.

Hierba de conejo (*Tridax coronoplifolio*). De amplio consumo en la zona oaxaqueña, aromática de temporada (agosto a octubre), se usa en la cocción del arroz, frijoles y guisos locales.

Hoja de aguacate (*Persea americana* y *Persea drymifolia*). Las hojas de estos árboles se usan frescas o secas, proporcionan aroma anisado a los guisos de ave o pescado, se mezclan en masa para tamales y sirven de envoltura de mixiotes, barbacoas de aves o conejo, y otros.

Hoja santa o **hierba santa** (*Piper sanctus*). Arbusto de hojas grandes aterciopeladas, con inconfundible aroma y sabor anisado, recibe distintos nombres locales (tlanepa, momo, acuyo o acoyo). Se usa como envoltura de tamales con o sin masa, de aves y pescados; perfuma salsas, moles y guisos casi siempre caldosos.

Papaloquelite (*Porophyllum ruderale*). Quelite aromático de hojas en forma de mariposa, originalmente silvestre y hoy cultivado, es ideal para tacos de barbacoa y otros antojitos. Se consume crudo; también se mezcla en salsas crudas o se hierve en sopas y caldos.

Papaloquelite

Pitiona

Cilantro. Se asemeja al perejil. Sus hojas frescas intervienen en salsas, caldos, sopas y guisos. Aun cuando es originaria del Oriente, se ha convertido en un aromático nacional. Su semilla se usa como especia en encurtidos y ciertos escabeches.

Hierbabuena. De hojas redondeadas, en ocasiones se confunde con la menta. Se emplea en salsas, caldos, decoración de postres, guisos salados e infusiones digestivas.

Laurel (*Litsea glaucescens*). Laurel mexicano de hojas delgadas y lanceoladas en tono verde plateado de sabor más suave y delicado que las de laurel mediterráneo (*Laurus nobilis*). Excelente repelente de plagas en el almacenamiento de chiles secos, frutos oleaginosos o semillas.

Pipicha (*Porophyllum tagetoides*). Semejante al pasto común, de fuerte sabor a cilantro, se consume crudo acompañando antojitos; aromatiza guisos, salsas, sopas y el clásico mole de chivo oaxaqueño.

Pitiona (*Limpia sp.*). Hoja semejante a la mejorana, de suave sabor a hierbabuena, perfuma infusiones en el sureste mexicano.

Té limón (*Cymbopogon citratos*). Especie de pasto con penetrante olor y sabor a limón. Utilizado en infusiones como bebida o aromatizante de escabeches, encurtidos, salsas hervidas o marinadas para ave o pescado.

Manojo de hierbas de olor. En México se compone de *laurel, mejorana* y *tomillo,* trío que perfuma escabeches, encurtidos, estofados, embutidos y carnes en cocciones prolongadas.

Mejorana. De hojas abundantes en sus ramas de color verde pálido. Sola da sabor a salsas, huevos, caldos y carnes.

Menta. Aromático utilizado en verduras, salsas, infusiones, licores, sopas y gelatinas, etc. Básico en la confección de ciertas mermeladas y de gran uso en repostería.

Hierbas de origen extranjero

Albahaca. Hierba de origen mediterráneo cuyas variedades se distinguen por el tamaño de las hojas y el sabor que va de menta a limón. Combinan con toda clase de ensaladas, vinagretas y preparaciones a base de jitomate.

Orégano (*Origanum vulgaris*). Proveniente de Europa y Asia central, de tallos erguidos vellosos y hojas pequeñas. En México hay algunas variedades locales: la yucateca de hoja grande y color oscuro; la de la Huasteca de hoja pequeña y color verde claro, y el oreganón (*Lippia graveolens*), cuya hoja de textura aterciopelada en forma de corazón y fuerte aroma da a la

Tomillo, perejil y romero

cocina del sureste mexicano un sabor peculiar. Básico en la preparación de vinagretas, salsas con jitomate y adobos de chiles secos, guarnición de pozoles, menudos y caldos de olla.

Perejil (*Petroselinum crispum*). Originario del sureste europeo, hierba muy común que da aroma y color a toda clase de alimentos.

Perejil de rancho (*Eryngium foetidum*). Sumamente oloroso, de hojas de gran tamaño y color verde oscuro, se usa en Tabasco y Chiapas.

Romero (*Rosmarinus officinalis*). Planta de tallos ramosos, hojas verdes por un lado y blanquecinas por el otro; muy aromático, utilizado en la elaboración de salsas, platillos a base de carnero, conejo y mariscos. Ideal para aromatizar aceite o vinagre.

Salvia. La planta tiene tallos duros vellosos verdes blanquecinos, fuerte olor y sabor algo amargo. Poco utilizada en México, acompaña embutidos, chícharos, rellenos de ave y marinadas.

Tomillo. Planta de olor penetrante y hojas pequeñas. Aromatiza adobos y guisos de carne.

Especias y semillas

Los conquistadores españoles quedaron asombrados al apreciar la variedad de alimentos que encontraron en América, aunque no hallaron las especias de Oriente. La decepción disminuyó cuando probaron los chiles, sabrosos y picantes. Los chiles son aún ingrediente principal de los sabores de México, pero la incorporación de las especias los ha enriquecido enormemente.

Canasta de vainilla

Nuevas dimensiones de sabor

En contraste con las hierbas, la mayoría de las especias pueden transportarse sin problemas. Éstas son muy valoradas porque resaltan y mantienen las cualidades y el sabor de los alimentos. Muchas se usan para dar color; algunas para preservar alimentos, pero sobre todo las distingue su sabor. Aprenda a usarlas con moderación, porque el exceso puede ser contraproducente.

- Es preferible **comprarlas enteras** y molerlas de acuerdo con los requerimientos de cada preparación. Cómprelas en pequeñas cantidades, ya que con el tiempo su color y aroma se deterioran. El aroma es el mejor indicador de calidad; por ello evite los paquetes que contengan tallos, hojas, piedritas o polvo.

- Muchas especias se añaden **al inicio de la cocción**, para que su sabor se desarrolle. Antes de rostizar o asar las carnes, pueden frotarse (o adobarse) con especias molidas. Enteras, se usan para conservas, escabeches o encurtidos, o en platillos que requieren hervir mucho tiempo. Algunas especias adquieren más sabor si **se queman, tuestan** o **frien** antes de cocinarlas. El tostado o el freído debe realizarse sobre fuego bajo, para evitar que se chamusquen y amarguen. Cuando se añaden molidas a ingredientes secos, se deben mezclar muy bien para asegurar una correcta distribución.

Achiote (*Bixa orellana*). Esta especia da color y sabor a infinidad de guisos, tamales y bebidas de Yucatán, donde su uso es básico. Es la capa roja exterior de la semilla dura de un árbol tropical americano (en inglés *annatto tree*). Las semillas molidas con otras especias dan origen al recado o recaudo rojo.

Ajonjolí (*Sesamum indicum*). Introducido en México a partir del siglo XVI, hoy es cultivado y usado ampliamente. Es una semilla que al ser pelada tiene un suave color paja, y se usa entera o molida como espesante de moles, pipianes y pascales, o espolvoreada en ensaladas o guisos, o decorando panes dulces y salados. Antes de ser utilizado debe tostarse.

Anís (*Pimpinella anisum*). Se utiliza principalmente en almíbares y jarabes dulces, bases para cocinar frutas, en la masa de algunos tamales y panes dulces y en algunos moles. Varias plantas de sabor y usos semejantes se llaman anisillo (*Tagetes lucida, T. filifolia, T. micrantha*).

Azafrán (*Crocus sativus*). Pistilos florales de una variedad de la planta iridácea que se venden en pequeñas hebras. Dan sabor y color a guisos de origen español, como la paella, pero en México se incorpora al arroz que contiene pescado o mariscos, y a algunas salsas y marinadas. En los mercados se vende un producto de menor calidad y precio, el azafrancillo (*Ditaxis heterantha*), pequeño tubérculo o camotillo que únicamente cumple la función de dar color.

Pepitas de chilacayote

Canela (*Cinnamomum zeylanicum*). Originaria de Ceylán (hoy Sri Lanka), de color rojizo y suave aroma y característico sabor dulce agradable. Se obtiene de la corteza seca y molida de diferentes especies vegetales, en especial del canelo. Es importante en repostería y pastelería e interviene en infusiones, atoles, ponches calientes, café de olla, salsas especiales y moles.

Chía (*Salvia hispánica*). Semilla pequeña de color grisáceo. Originaria de México, se consume desde la época prehispánica. Entera se usa para aguas frescas; molida, en atoles y tamales.

Clavo de olor (*Syzygium aromaticum*). Capullo seco de la flor del clavero, árbol originario de las Islas Molucas, sumamente aromático. Los capullos de las flores, una vez secas, toman un color pardo oscuro. Se emplean enteros o molidos en escabeches, encurtidos, como condimento de carnes y repostería.

Comino. Planta originaria del Mediterráneo, sus semillas deben ser usadas con sabiduría, de lo contrario su sabor puede ser desagradable. La cocina del norte se distingue por su presencia en muchos platillos, salsas y embutidos.

Nuez moscada. Fruto del árbol muscata, de uso limitado en la cocina tradicional de México. Se utiliza molida o rallada en dosis pequeñas.

Pepitas de calabaza (*Cucurbita moschata*). Se tuestan ligeramente para secarlas. Son ingrediente primordial de pipianes, moles y salsas. Deben cocinarse a fuego muy bajo y nunca deben hervir. Amasadas con azúcar, con ellas se elaboran dulces multiformes y multicolores. Enteras o picadas adornan postres y dulces populares.

Pimienta (*Piper nigrum*). Fruto del pimentero, planta originaria de la costa de Malabar, en la India. Pequeñas bayas redondas de sabor ardiente y picante, se usa entera o molida. Se vende en tres presentaciones: la pimienta verde que se colecta en tal estado, la blanca que es la pimienta madura remojada y pelada, y la negra, que se prepara dejando secar los granos maduros al sol. Su uso es muy extenso.

Pimienta gorda (*Pimenta dioica*). Especia mexicana conocida como pimienta de la tierra o de Tabasco, denominada en otras cocinas pimienta de Jamaica, malagueta u all spice. Estas semillas esféricas, de color oscuro y tamaño superior a la pimienta negra, aromatizan salsas, guisos, escabeches, encurtidos y ciertos moles. De uso básico en las cocinas del sureste mexicano.

Nueces y similares

Almendras (*Prunnus amygdalus, P. dulcis*). Después de escalfadas y peladas, enteras, fileteadas o picadas participan en rellenos a base de carnes, picadillos y salsas de sabor delicado. Tostadas, fritas y molidas, combinadas con chiles secos son base de almendrados y moles. Presentes en pastelería y repostería en formas variadas, ya sea tostadas, enteras o molidas, así como en los tamales.

Cacahuates (*Arachis hypogaea*). Tostados o hervidos con sus vainas, son una botana clásica. Sin cáscara, tostados y molidos con chiles secos y otros ingredientes forman los distintos encacahuatados, salsas y moles. Se emplea para dulces, tamales y atoles.

Nuez de Castilla (*Juglans regia*). Los nogales llegaron a México con la conquista española. Este tipo de nuez, cuando es fresca y tierna (agosto a octubre), es el ingrediente básico de la salsa de los chiles en nogada.

Nuez encarcelada o **nuez cáscara de papel** (*Carya illinoinensis, C. koch*). Su principal uso es en repostería, panadería y pastelería, así como atoles, tamales, salsas de sabor delicado y moles.

Piñón blanco (*Pinus pinea*). En México se produce además un piñón rosa de mejor sabor y mayor precio. Ambos se usan en rellenos a base de carnes, salsas de sabor suave y ciertos moles. Son ingrediente frecuente de dulces y postres.

Nuez cáscara de papel y cacahuate

Productos de
temporada

En los siguientes cuadros se puede observar que la mayoría de los ingredientes se encuentran, prácticamente, durante todo el año. Esto se debe a las actuales tecnologías de producción, conservación y transporte, y a la variada geografía de México con ambientes muy diversos.

Estas favorables condiciones se notan claramente en los supermercados que nos proveen de productos y alimentos indispensables que se encuentran empacados, enlatados, envasados, refrigerados, congelados, importados, etiquetados, medidos y siempre disponibles. En ellos el cambio de temporada se refleja en la calidad (por ejemplo, naranjas y toronjas son más jugosas en invierno) y en los precios (por ejemplo, de los pescados y los jitomates). Por otra parte, en los mercados tradicionales (los tianguis) se nota más la abundancia y la escasez que trae la estación, la llegada de primicias y de frutas, verduras y hierbas cosechadas en pequeña escala por campesinos que ofrecen variedades comunes y ocasionales. En los tianguis está el alma de la comida mexicana.

En los cuadros siguientes se presentan los productos disponibles durante los meses del año y se acompañan de consejos para elegirlos de manera adecuada. Se identifican con los colores siguientes:

▥ Producto disponible

▢ Producto abundante de mejor calidad

▧ Plena temporada

Jitomate de riñón

Aves	E	F	M	A	M	J	J	A	S	O	N	D	Consejos
Codorniz	■	■	■	■	■	■	■	■	■	■	■	■	
Faisán	■	■									■	■	Prefiera las hembras por ser su carne más tierna.
Gallina	■	■	■	■	■	■	■	■	■	■	■	■	La más indicada para consumo es la gallina ponedora de entre 18 meses y 2 años, su carne suele ser algo dura y correosa. Ideales para la elaboración de caldos.
Guajolote	■	■	■	■	■	■	■	■	■	■	■	■	Debe ser joven, graso y de cuello corto.
Pato	■	■	■	■	■	■	■	■	■	■	■	■	Debe ser ligeramente graso, de piel fina, sin manchas y pechuga carnosa.
Pavo de doble pechuga	■	■			■	■			■	■	■	■	No debe rebasar el año y medio de edad, dado que durante este periodo su carne es tierna y de fácil digestión.
Perdiz									■	■	■	■	Perdiz se llama al ave adulta y perdigón al ave joven.
Pichón	■	■	■	■	■	■	■	■	■	■	■	■	Prefiera los jóvenes.
Pollito de leche	■	■	■	■	■	■	■	■	■	■	■	■	
Pollo	■	■	■	■	■	■	■	■	■	■	■	■	Debe ser de piel elástica, lisa, blanca o amarillenta.

En general la calidad y la edad de un ave radica en el hueso del pecho; si la punta se dobla fácilmente, se trata de un ave joven y tierna. Si está dura, el animal es viejo. La piel debe ser húmeda y entera. Si se trata de aves completas no deben presentar manchas rojizas; las patas deben ser tiernas; los ojos brillantes y las alas deben regresar inmediatamente a su lugar si son levantadas.

Pescados	E	F	M	A	M	J	J	A	S	O	N	D	Consejos
Atún	■	■	■	■	■	■	■	■	■	■	■	■	**Para reconocer la calidad del pescado fresco:**
Bagre	■	■	■	■	■	■	■	■	■	■	■	■	1. Observe que los ojos ocupen toda la cavidad, de color brillante y transparente. Si está opaco y hundido significa que el pescado no es fresco.
Barracuda	■	■	■	■	■	■	■	■	■	■	■	■	
Barrilete	■	■	■	■	■	■	■	■	■	■	■	■	2. La carne debe ser firme y elástica a la presión del dedo, de color blanco o rosado según la especie de que se trate.
Besugo	■	■	■	■	■	■	■	■	■	■	■	■	
Bonito	■	■	■	■	■	■	■	■	■	■	■	■	3. Ligero olor a mar para las especies de agua salada y olor a hierba acuática o alga en el caso de especies de agua dulce.
Cabrilla	■	■	■						■	■	■	■	
Carpa	■	■	■	■	■	■	■	■	■	■	■	■	4. Las escamas deben ser brillantes y pegadas a la piel.
Cazón	■	■	■	■	■	■	■	■	■	■	■	■	5. El interior de las agallas debe ser de color rojizo y la sangre rojo intenso. Si la sangre es de color pardo o achocolatado el pescado no es fresco.
Charal fresco		■											
Chucumite								■	■	■			
Corvina	■	■	■	■			■	■	■	■	■	■	**Para reconocer la calidad del pescado congelado:**
Esmedregal		■									■	■	1. Los pescados enteros no deben tener cristales de hielo.
Gurrubata	■	■	■	■	■						■	■	2. No acepte pescados congelados descoloridos.
Huachinango	■	■	■	■	■	■	■	■	■	■	■	■	3. No debe haber evidencia de que el pescado se ha secado: manchas blancas u oscuras, decoloración de las partes rojas o rosadas de la carne.
Jurel				■	■	■	■	■	■	■	■	■	
Lebrancha	■	■	■	■	■	■	■	■	■	■	■	■	4. No debe haber cristales de hielo o escarcha en el interior del paquete: su presencia indica que el pescado ha sido descongelado y vuelto a congelar.
Lenguado	■	■	■	■	■	■	■	■	■	■	■	■	
Lisa	■	■	■	■	■	■	■	■	■	■	■	■	5. Asegúrese de que la envoltura esté intacta.
Lubina							■						
Mero				■	■	■	■	■	■	■	■		
Mojarra	■	■									■	■	
Pámpano				■				■	■	■			
Pargo	■	■	■	■							■	■	
Pescadilla	■	■	■	■	■	■	■	■	■	■	■	■	

Pescados

	E	F	M	A	M	J	J	A	S	O	N	D	Consejos
Peto			■	■	■	■	■	■					
Robalo	■	■	■							■		■	
Rubia	■	■	■	■	■	■	■	■	■	■	■	■	
Sardina	■	■	■	■	■	■	■	■	■	■	■	■	
Sargo	■	■	■	■	■	■			■	■	■		
Sierra			■	■	■				■	■		■	
Tiburón				■			■						
Tilapia	■	■	■	■	■	■	■	■	■	■	■	■	
Trucha arcoíris							■	■	■				
Trucha de mar			■	■									

Crustáceos

	E	F	M	A	M	J	J	A	S	O	N	D	Consejos
Acamaya	■	■	■	■	■	■	■	■	■	■	■	■	Elija las de cabeza fuertemente pegada al cuerpo, de color gris-azul y sin manchas amarillentas u oscuras.
Camarón	■	■	■	■	■	■	■	■	■	■	■	■	Si son frescos, elija los de cáscara fuertemente pegada al cuerpo, la carne debe ser elástica y compacta sin manchas oscuras. Si son cocidos, verifique la firmeza de la carne.
Jaiba	■	■	■									■	Observe que las patas se mantengan rígidas junto al cuerpo, que su color sea blanco azuloso y brillante. Si sus patas cuelgan flácidas, está en mal estado.
Langosta	■	■	■	■	■		■	■				■	Prefiera ejemplares vivos y tome en cuenta que el peso sea igualmente proporcional al tamaño.
Langostino	■	■			■	■	■		■		■	■	Elija los de aspecto brillante. Evite los de color amarillento y opaco.

Moluscos con dos conchas (bivalvos)

	E	F	M	A	M	J	J	A	S	O	N	D	Consejos
Almeja	■	■	■	■	■	■	■	■	■	■	■	■	Las conchas deben estar cerradas y desprender un agradable olor a mar. Cualquier molusco bivalvo que no cierra al tacto sus membranas, debe ser descartado a menos que haya sido congelado. Evite las conchas llenas de tierra o que huelen mal. Los callos pueden sobrevivir algunos días aún abiertos.
Callo de almeja	■	■	■	■	■	■	■	■	■	■	■	■	
Callo de hacha	■	■	■	■	■	■	■	■	■	■	■	■	
Mejillón	■	■	■	■	■	■						■	
Ostión	■	■	■	■	■	■						■	

Langostino

Jaiba

Moluscos con una sola concha (univalvos)

	E	F	M	A	M	J	J	A	S	O	N	D	Consejos
Abulón	■	■	■	■	■	■						■	Cuando están vivos el cuerpo asoma de la concha y reaccionan al tacto. Evite mantenerlos en contacto directo con el hielo o sumergidos en agua.
Caracol	■	■	■	■	■	■						■	

Moluscos sin concha

	E	F	M	A	M	J	J	A	S	O	N	D	Consejos
Calamar	■	■	■	■	■	■	■	■	■	■	■	■	Su frescura se comprueba por la firmeza y elasticidad de su carne, si están viscosos no son frescos.
Pulpo	■	■	■	■	■	■	■	■	■	■	■	■	

Otros tipos de carne

	E	F	M	A	M	J	J	A	S	O	N	D	Consejos
Conejo	■	■	■	■	■	■	■	■	■	■	■	■	Debe tener la carne de color rosa fuerte y estar recubierto de una capa blanquecina y transparente.
Rana	■	■	■	■	■	■	■	■	■	■	■	■	La carne debe ser brillante e inodora.
Venado	■								■	■	■	■	Prefiera la carne de animales jóvenes por ser tierna y de color rojo oscuro.

Frutas

	E	F	M	A	M	J	J	A	S	O	N	D	Consejos
Aguacate Hass	■	■	■	■	■	■	■	■	■	■	■	■	El color más oscuro de la cáscara indica un mayor grado de madurez. Su textura debe ceder al tacto. No lo adquiera si es demasiado blando o si suena el hueso, señal de que el aguacate es viejo.
Caña de azúcar	■										■	■	Elija las de tallo grueso, de color verde claro a amarillo pálido. No las adquiera si sus tallos se ven secos o manchados.
Capulín						■	■						Debe tener la cáscara tersa y brillante de color casi negro y consistencia firme.
Chabacano					■	■	■						Mientras más intenso es su color, mayor es el grado de madurez, de cáscara aterciopelada y consistencia firme, pero no dura. Debe comprarse maduro.
Chicozapote	■		■						■	■	■		Su cáscara no debe presentar grietas. Elija los de color café sin machas verdosas. Maduros deben ceder ligeramente al tacto.
Chirimoya	■	■									■	■	Cáscara verde, limpia y sin magulladuras. Maduras deben ceder ligeramente al tacto, sin que se sientan muy blandas.
Ciruela / Ciruela huesuda					■	■	■	■	■				Color uniforme intenso. Cáscara lisa, limpia y brillante. Intenso olor aromático.
Coco			■	■	■	■	■	■	■	■	■	■	Al sacudir un coco fresco se debe oír el agua que contiene en su interior.
Durazno amarillo / Durazno melocotón					■	■	■	■	■				Debe comprarse maduro, de piel aterciopelada, ligeramente suave y de aroma intenso.
Frambuesa						■	■	■	■	■			No deben presentar rasgos de humedad o moho.

Frutas

	E	F	M	A	M	J	J	A	S	O	N	D	Consejos
Fresa	■	■	■	■	■			■	■	■		■	Debe tener apariencia fresca, de color rojo intenso y consistencia firme. Su tallo y hojitas deben verse verdes de color intenso y no marchitas. No deben presentar rasgos de humedad o moho. Compre pequeñas cantidades. No adquiera las que tengan zonas verdosas, blancas o estén magulladas.
Granada china	■	■								■	■		Prefiera las de color uniforme, evite las que tengan manchas, la cáscara abollada o presenten grietas.
Granada roja						■	■	■	■	■			
Guanábana		■	■	■									Cáscara verde, limpia y sin magulladuras. Maduras deben ceder ligeramente al tacto, sin que se sientan muy blandas.
Guayaba	■	■						■	■	■			Deben presentar aspecto brillante, cáscara limpia y suave, aroma intenso, deben sentirse firmes al tacto, pero no duras. Evite las que tengan zonas reblandecidas.
Higo						■	■	■					Elija los de color más oscuro, de cáscara aterciopelada y sin golpes ni picaduras; la firmeza del rabito es indicativo de frescura. Son frutos que maduros no se conservan más de 24 horas.
Jícama	■							■	■	■		■	Elíjalas sin tierra y observe que la cáscara no se vea seca o con grietas.
Kiwi				■	■	■							Para consumo inmediato debe ser blando al tacto. Si se desea almacenar por uno o dos días debe madurar a temperatura ambiente.
Lima	■									■	■	■	Elija las de tamaño pequeño por ser más jugosas, deben ser firmes al tacto y presentar cáscara muy lisa y delgada.
Limón con semilla	■	■	■	■	■	■	■	■	■	■	■	■	Elija los de cáscara gruesa por ser más jugosos, de piel verde a amarillenta, lisa y brillante.
Limón real									■	■	■		
Limón sin semilla	■	■	■	■	■	■	■	■	■	■	■		
Mamey				■	■		■	■	■				Su color externo debe ser parejo y de tono café-rojizo, a pesar de ser dura, su cáscara debe ceder un poco al tacto.
Mandarina	■	■							■	■	■		Prefiera las de tamaño uniforme, cáscara de color naranja intenso brillante y consistencia compacta. No las adquiera si se sienten blandas o presentan escurrimientos.
Mandarina reina	■	■	■							■	■		
Mandarina tangerina	■									■	■		
Mango ataúlfo			■	■	■	■		■					Su cáscara debe verse limpia y de color amarillo intenso, consistencia firme. Evítelos si presentan manchas oscuras o magulladuras.
Mango manila			■	■	■	■		■					
Manzana golden	■	■	■	■	■						■	■	Su cáscara debe verse brillosa y su color corresponder a su variedad. Las manzanas frescas y jugosas son las de textura más dura y fuerte olor aromático. Si ceden a la presión de los dedos, es muy probable que su pulpa sea seca, blanda o harinosa.
Manzana panochera							■	■	■	■	■		
Manzana roja	■	■	■	■	■				■	■			
Melón chino	■	■	■	■	■	■	■	■	■	■	■	■	Elija los de consistencia firme, pero no dura; si al apretar el lado contrario a la zona del tallo se hunde ligeramente, está listo para su consumo.
Membrillo							■	■	■	■			Su cáscara debe ser verde-amarillenta y su consistencia siempre dura.
Naranja	■	■	■	■	■	■	■	■	■	■			Prefiera las de tamaño y color uniforme, de cáscara lustrosa y apariencia fresca. Evite las de cáscara gruesa o dura, magulladas o con olor a fermentado.
Nuez de Castilla							■	■	■				
Papaya amarilla									■				Elija las de color amarillo dorado uniforme, textura homogénea que cede poco al tacto. Evite las que tienen zonas blandas, magulladuras o partes duras.
Papaya maradol	■	■	■	■	■	■	■	■	■	■			

Frutas

	E	F	M	A	M	J	J	A	S	O	N	D	Consejos
Pera de agua							■	■	■				Su color debe tender a una apariencia amarillenta, su textura debe ser compacta, pero no dura.
Pera mantequilla	□	■	□	□	□	□				□	□	□	
Pera parda							■	■	■	■			Cáscara lisa brillante, color de verde a amarillo y textura compacta.
Perón									■				
Piña	□	□	□	□	□	□	□	■	■	■	□		Sus hojas (corona) deben ser verdes y arrancarse con facilidad. Su cáscara debe ser amarilla o con tonos rojizos o cafés y ceder al tacto. Evite las de cáscara manchada o con sensación a humedad.
Pitahaya				■	■	■							Su color debe ser uniforme, sin manchas cafés.
Plátano dominico	■	■	■	■	■	■	■	■	■	■	■	■	Cáscara de color homogéneo, textura firme y bien sujeto a la penca. Evite los que presenten zonas blandas o manchas oscuras.
Plátano macho	■	■	■	■	■	■	■	■	■	■	■	■	
Plátano manzano	■	■	■	■	■	■	■	■	■	■	■	■	
Plátano tabasco	■	■	■	■	■	■	■	■	■	■	■	■	
Sandía	■	■	■	■	■	■	■	■					El color corresponde a la variedad que se adquiera. Si al golpearla se escucha hueca, su pulpa será menos jugosa que cuando el sonido es sordo.
Tamarindo	■	■	■	■									Elija los de cáscara entera y dura. Evite los que presenten la pulpa seca.
Tejocote	■									■	■	■	Elija los de color amarillo intenso, cáscara brillante y textura compacta. Evite los de tono verdoso, con manchas oscuras, reblandecimientos o que presenten arrugas.
Toronja	□	□			■	■	■	■	□		□		El color de la cáscara indica el de su pulpa, desde amarillo pálido hasta rojo intenso. Elija las de cáscara lisa, brillante y consistencia firme al tacto, su peso está relacionado con la cantidad de jugo.
Tuna							■	■	■				Su color debe ser uniforme, con tendencia al verde amarillento, sin manchas cafés.
Uva globo						■	■	■					Debe verse carnosa y limpia. Evite comprar las que se vean arrugadas, húmedas o magulladas.
Uva verde sin semilla	■	□	□	□	□	□	□	□	□	□	■		
Zapote negro	■									■	□		Elija los de color verde oscuro sin manchas cafés, su cáscara no debe presentar grietas y deben ceder ligeramente al tacto.
Zarzamora		■	■	■	■	■	■	■	■	■	■		No deben presentar rasgos de humedad o moho.

Verduras

	E	F	M	A	M	J	J	A	S	O	N	D	Consejos
Acelga	□	□	□	□	□	■	■	■	■	□	□		Suelen venderse en manojos, deben tener las hojas frescas, grandes y color verde oscuro, libres de picaduras de insectos. Los tallos deben ser blancos, gruesos y crujientes.
Ajo	■	■	■	■	■	■	■	■	■	■	■	■	Las cabezas y los dientes deben estar bien secos y no presentar rasgos de humedad o moho.
Alcachofa							■	□	□	■			Seleccione las más pesadas en proporción a su tamaño, de hojas gruesas, compactas y escamas de apariencia fresca. El tamaño no afecta la calidad.
Apio	□	□	□	□	□	□	■			■	■	■	Elija los de tallos de color verde pálido de apariencia jugosa y crujientes al partirse, de hojas frescas y color vivo. Evite comprarlos si el tallo se ve agrietado, tiene manchas o sus hojas están marchitas.
Berenjena	□	□							□	□	□		Elija las de piel lisa y brillante. No las adquiera si tienen manchas verdosas o piel arrugada; evite las de tamaño muy grande por ser de consistencia arenosa y sabor amargo.

Verduras

	E	F	M	A	M	J	J	A	S	O	N	D	Consejos
Berro	■	■			■	■		■			■	■	Suelen venderse en manojos, deben tener las hojas verdes y frescas; sus tallos deben ser crujientes. No adquiera los de hojas amarillas o marchitas.
Betabel	■	■	■		■	■		■	■	■	■	■	Elija los de forma redonda, limpios, consistencia dura y carnosa, color rojo oscuro uniforme y superficie suave. Evite los que se encuentren cubiertos de tierra o con la cáscara muy rugosa, descolorida o manchada.
Brócoli	■	■	■	■	■	■	■	■	■	■	■	■	Debe ser firme de flores pequeñas y compactas. Evite los de flores abiertas o color amarillento. El tallo no deberá ser demasiado grueso o muy duro.
Calabacita	■	■	■	■	■	■	■	■	■	■		■	Las de tamaño mediano y color verde claro son las tiernas y de sabor delicado; su piel debe ser tersa, brillante y firme. No adquiera las que tengan una apariencia arrugada, estén blandas o manchadas.
Calabaza de Castilla						■	■			■		■	Elija las más pesadas en proporción a su tamaño, ya que son las más carnosas, de corteza dura y gruesa. Evite comprarlas si tienen cicatrices o grietas.
Camote amarillo	■	■	■	■	■	■	■	■	■	■	■	■	Debe ser denso y pesado, sin manchas oscuras.
Camote blanco	■	■	■	■	■	■	■	■	■	■	■	■	
Cebolla	■	■	■	■	■	■	■	■	■	■	■	■	Las mejores son las más blancas, pesadas, de textura dura y con cáscara superficial de apariencia seca. No las adquiera si se sienten húmedas o tienen reblandecida la parte del tallo.
Cebollita cambray	■	■	■	■	■	■	■	■	■	■	■	■	
Champiñón	■	■	■	■	■	■	■	■	■	■	■	■	Debe ser de carne lisa, sin manchas.
Chayote	■	■	■	■	■	■	■	■	■	■	■	■	Debe ser firme al tacto y de color verde claro uniforme y cáscara lustrosa, con apariencia más lisa y menos hendiduras.
Chayote erizo	■	■	■			■	■						El chayote con espinas es de color verde más intenso. No los adquiera si tienen manchas cafés.
Chícharo	■	■	■	■	■	■	■	■	■	■	■	■	Las vainas deben tener color verde brillante, que se noten esponjadas y estén cerradas. Evite adquirirlos si las vainas están abiertas, manchadas o han tomado la forma de los chícharos, pues es señal de que están viejos. Si prefiere adquirirlos sin cáscara observe que tengan tamaño uniforme, de color verde brillante. No los adquiera si se ven arrugados o manchados.
Chilacayote					■	■	■	■					Debe ser firme al tacto.
Col	■	■	■	■	■	■	■	■	■	■	■	■	Su color debe ser uniforme y brillante, debe tener una apariencia fresca, sentirse compacta y ser pesada. Tome en cuenta que su peso debe ser superior en proporción a su tamaño; al presionar las hojas deben crujir. No la adquiera si está floja, abierta o sus hojas exteriores se notan marchitas.
Coliflor	■	■	■	■	■	■	■	■	■	■	■	■	Elíjalas de tamaño mediano o chico, pues son más tiernas y de sabor delicado. Su color debe ser muy blanco, sin manchas, con los brotes firmes y apretados en tallos cortos.
Cuitlacoche (huitlacoche)					■	■	■	■	■				De olor agradable y sabor dulce.
Ejote		■	■	■	■	■	■	■	■	■	■	■	Elija los de tamaño regular, color verde uniforme y bien extendidos; deben ser crujientes al doblarse. No los adquiera si las vainas están torcidas, manchadas, están muy grandes o se marca la forma de los frijoles.
Elote	■	■	■	■	■	■	■	■	■	■	■	■	Elija las mazorcas con dientes gruesos, pero no muy maduras, con hojas frescas y de color verde. Retire una parte de éstas para observar sus granos; al picarlos deben sentirse medianamente suaves y soltar un líquido lechoso. No los adquiera si los granos están duros, ya que han perdido su frescura.
Espárrago		■	■	■		■	■	■	■				Elija los de color verde brillante, con puntas cerradas y compactas, tallo tierno y redondo.

Verduras	E	F	M	A	M	J	J	A	S	O	N	D	Consejos
Espinaca	■	■	■	■	■	■	■	■	■	■	■	■	Suelen venderse en manojos, deben tener las hojas muy frescas y de color verde intenso a oscuro. No las adquiera si tienen tonos amarillentos, si sus hojas se ven marchitas o presentan picaduras de insectos.
Hongo silvestre						■	■	■	■				De olor agradable y sabor dulce. Evite los que presenten apariencia esponjosa.
Jitomate	■	■	■	■	■	■	■	■	■	■	■	■	Existen distintas variedades, deben tener la piel brillante y tersa, color rojo intenso con textura firme al tacto. No los adquiera si se sienten blandos, están magullados, tienen manchas negras o están reventados.
Lechuga	■	■	■	■	■	■	■	■	■	■	■	■	Las hojas deben ser tiernas y firmes con aspecto fresco, de color verde claro, acomodadas de manera compacta y consistencia crujiente. Otros tipos de lechuga tendrán unas hojas más blandas, pero nunca estar marchitas. No las adquiera si están amarillentas, con picaduras de insectos o flojas.
Nabo	■	■	■	■	■	■	■	■	■	■	■	■	Debe ser denso y pesado, sin manchas oscuras. Existen distintas variedades. Elija los de color verde intenso, firmes, sin presentar manchas cafés o amarillentas, de aspecto fresco, de tamaño mediano que no sean demasiado gruesos. No los adquiera cuando el corte de las espinas esté cicatrizando y se vea con manchas cafés.
Nopal	■	■	■	■	■	■	■	■	■	■	■	■	
Papa	■	■	■	■	■	■	■	■	■	■	■	■	Existen distintas variedades. Deben ser firmes, sin manchas, sin brotes y sin rayas verdes.
Papaloquelite	■	■	■	■	■	■	■	■	■			■	Suelen venderse en manojos, deben tener las hojas verdes y brillantes.
Pepino	■	■	■	■	■	■	■	■	■	■	■	■	Debe ser firme al tacto y de color verde oscuro, cáscara tersa, brillante y consistencia dura. Evite los que estén reblandecidos o se vean arrugados en los extremos.
Poro	■	■	■	■	■	■	■	■	■	■	■	■	Debe ser liso, con las hojas tiesas, crujiente al tacto, con el tronco firme y las raíces unidas.
Quelite cenizo	■	■	■	■							■	■	Suele venderse en manojos, deben tener las hojas verdes y brillantes.
Quelite silvestre					■	■	■	■	■	■			
Quintonil	■	■	■	■	■	■	■	■	■	■	■	■	Suele venderse en manojos, deben tener las hojas verdes y brillantes.
Rábano	■					■	■	■	■	■	■	■	Existen distintas variedades. Los de tamaño chico o mediano tienen un sabor más jugoso y menos picante que los grandes. Elija los manojos cuyas hojas y tallos se vean frescos y los rabanitos erguidos, de consistencia dura y buen color, sin manchas oscuras. Evite los que estén descoloridos, de hojas marchitas, apariencia caída o consistencia esponjosa.
Romeritos	■	■	■	■	■	■	■	■	■	■	■	■	Procure seleccionar los que tengan las hojas verdes y brillantes.
Seta	■	■	■	■	■	■	■	■	■	■	■	■	Deben ser de carne lisa, sin manchas, firmes y sin rastros de humedad acumulada.
Tomate	■	■	■	■	■	■	■	■	■	■	■	■	Existen distintas variedades, deben tener la cáscara de apariencia seca y suelta, la piel brillante y lisa, firmes al tacto. No los adquiera si se sienten suaves, húmedos o con la cáscara pegada a la piel.
Verdolaga	■	■	■	■	■						■	■	Suele venderse en manojos. Debe tener las hojas verdes, brillantes y frescas. Su tallo debe ser carnoso, grueso, jugoso y crujiente. No las adquiera si sus hojas se ven marchitas, amarillentas o tienen picaduras de insectos.
Zanahoria	■	■	■	■	■								Elija preferiblemente las de tamaño mediano, piel brillante y lisa de color naranja fuerte y consistencia dura; deben ser densas y pesadas, sin manchas oscuras. Evite las que tengan una apariencia reseca, estén agrietadas, tengan manchas verdes en el extremo superior o se sientan blandas.

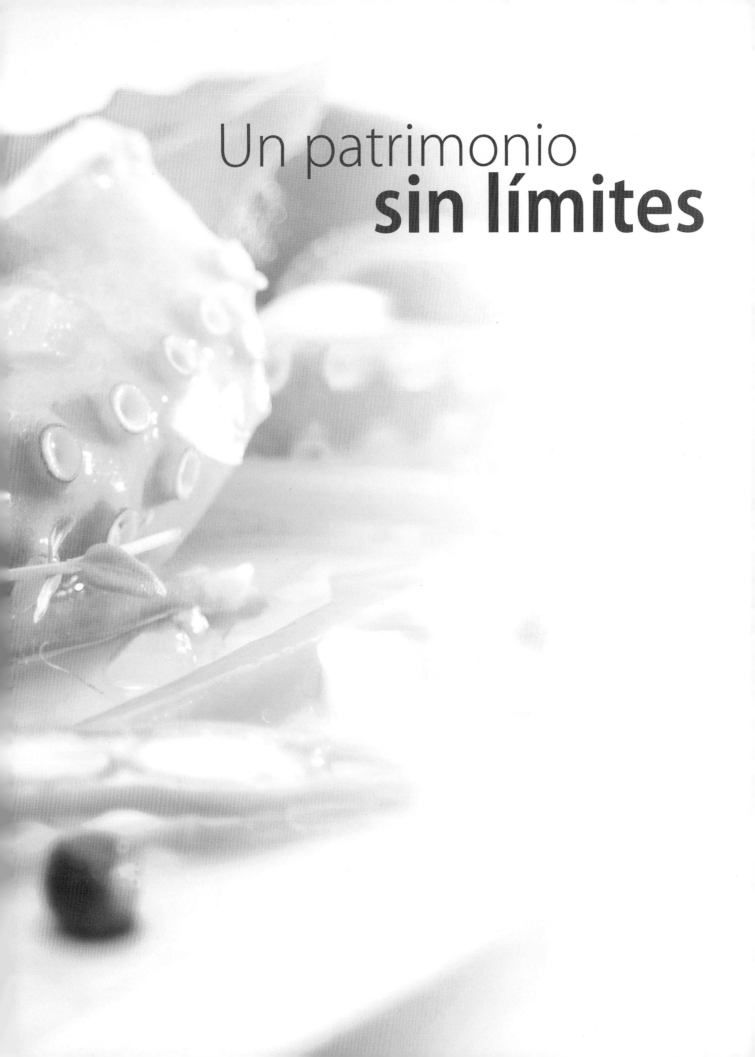

Un patrimonio
sin límites

Corona de
chilaquiles

Creación inspirada en el centro de México

Rendimiento: 6 personas
Preparación: 15 min
Cocción: 25 min
Dificultad: ▮
Costo: ▮▮

Ingredientes

- 250 g de chorizo desmenuzado
- 500 g de carne de cerdo cocida, cortada en trozos chicos
- 20 tortillas de maíz cortadas en tiras gruesas
- 2 tazas de clemole castellano (ver pág. 260)
- 2 cucharadas de manteca de cerdo, caliente
- ½ taza de crema ácida

Procedimiento

1. Precaliente el horno a 190 °C.
2. Ponga el chorizo en un sartén a fuego medio; cuando suelte su grasa, añada la carne, mezcle bien y cocine de 3 a 5 minutos.
3. Acomode la carne con chorizo en un platón dándole forma de corona, es decir, con un hueco en el centro. Distribuya encima una capa de tiras de tortillas y vierta sobre toda la superficie un poco de clemole. Forme otra capa de tiras de tortillas, vierta un poco más de clemole, y repita este paso hasta terminar con todas las tiras de tortillas y el clemole.
4. Distribuya la manteca sobre la superficie de la corona y hornéela durante 10 minutos. Retire la corona del horno, cúbrala con la crema ácida y sírvala caliente.

Machaca
con huevo

Nuevo León

Rendimiento: 6 personas
Preparación: 10 min
Cocción: 15 min
Dificultad: ▮
Costo: ▮▮

Ingredientes

- ½ taza de aceite
- ½ cebolla picada
- 4 dientes de ajo picados
- 4 chiles verdes serranos o piquín, machacados
- 4 jitomates picados
- 125 g de machaca deshebrada finamente
- 12 huevos
- 4 cucharadas de agua
- 1 pizca de comino
- sal al gusto
- frijoles refritos, al gusto (ver pág. 147)
- tortillas de harina, al gusto

Procedimiento

1. Caliente la mitad del aceite en un sartén grueso y añada la cebolla y el ajo; saltéelos hasta que comiencen a dorarse. Agregue el chile, el jitomate y la machaca. Mezcle bien y cocine a fuego bajo hasta que la carne se suavice. Agregue el aceite restante y mantenga en el fuego.
2. Bata los huevos con el agua e incorpórelos a la machaca, revolviendo con cuidado; añada el comino y sal en caso de ser necesario. Deje sobre el fuego hasta que los huevos se cuajen.
3. Sirva la machaca con huevo acompañada con frijoles refritos y tortillas de harina.

Molletes

Ciudad de México

Rendimiento: 4 personas
Preparación: 10 min
Cocción: 10 min
Dificultad: ▮
Costo: ▮

Ingredientes

- 250 g de chorizo desmenuzado
- 4 bolillos partidos por la mitad
- 500 g de frijoles negros refritos (ver pág. 147)
- 2½ tazas de queso tipo manchego, rallado
- 1 taza de pico de gallo clásico (ver pág. 158)

Procedimiento

1. Precaliente el horno a 160 °C.
2. Fría el chorizo con su propia grasa en un sartén y resérvelo.
3. Retire el migajón a las mitades de bolillo y úntelas con frijoles refritos. Distribuya encima el queso y el chorizo, coloque los molletes sobre una charola y hornéelos hasta que el pan se dore ligeramente y el queso se funda.
4. Sirva los molletes acompañados con el pico de gallo.

Creación inspirada en Veracruz

Rendimiento: 1 persona
Preparación: 5 min
Cocción: 7 min
Dificultad:
Costo:

Huevos al
acuyo

Ingredientes

* 3 hojas de acuyo u hoja santa
* 3 cucharadas de aceite
* 2 huevos
* sal y pimienta, al gusto
* ¼ de taza de frijoles refritos (ver pág. 147)
* ¼ de cebolla fileteada, salteada
* 2 chiles de árbol fritos

Procedimiento

1. Retire el tallo y la nervadura central de las hojas de acuyo.
2. Barnice con aceite 2 hojas de acuyo y póngalas encima de un comal; éstas serán la base donde se cocinarán los huevos.
3. Caliente el comal, barnice nuevamente las hojas y rompa los huevos encima. Doble las orillas de las hojas, evitando que la clara se salga de los bordes. Cuando la clara se vea blanca, retire el comal del fuego y salpimiente los huevos.
4. Ponga otra hoja barnizada de aceite sobre el comal, junto a los huevos, y coloque encima los frijoles refritos, la cebolla salteada y los chiles fritos. Sirva directamente en el comal.

Puede también realizar esta preparación en una cazuela pequeña o en un sartén individual. De la misma forma que con el comal, sirva los huevos directamente en el recipiente donde los cocinó, o en un plato.

Creación inspirada en Líbano

Rendimiento: 1 persona
Preparación: 5 min
Cocción: 5 min
Dificultad:
Costo:

Huevos en
cazuela

Ingredientes

* 2 chiles chipotles de lata
* 2 cucharadas de aceite de oliva
* 1 diente de ajo picado
* 1 cebolla cambray picada
* 2 huevos
* 1 rabo de cebolla cambray picado
* 2 cucharadas de yogur natural, sin azúcar
* sal al gusto

Procedimiento

1. Licue los chiles con 2 cucharadas de agua y un poco de sal. Reserve.
2. Caliente el aceite en una cazuela pequeña; cuando esté caliente, agregue el ajo y la cebolla. Deje que se acitrone durante un par de minutos.
3. Rompa los huevos dentro de la cazuela y distribuya encima el rabo de cebolla picado. Deje los huevos sobre el fuego hasta que la clara esté cocida y la yema tierna.
4. Cubra los huevos con el yogur y con 1 cucharada del chile chipotle molido y sirva.

Ciudad de México

Rendimiento: 1 persona
Preparación: 5 min
Cocción: 10 min
Dificultad:
Costo:

Huevos
divorciados

Ingredientes

* 2 cucharadas de aceite
* 2 huevos
* salsa de jitomate frita, al gusto (ver pág. 157)
* salsa de tomate frita, al gusto (ver pág. 157)
* frijoles refritos, al gusto (ver pág. 147)

Procedimiento

1. Caliente en un sartén pequeño 1 cucharada de aceite y añada 1 huevo. Espolvoréele un poco de sal y deje que se cocine hasta obtener un huevo estrellado. Retírelo del sartén y haga lo mismo con el otro huevo.
2. Cerciórese que las salsas estén calientes. Acomode los huevos sobre un plato, bañe cada uno con una salsa diferente y sírvalos acompañados con frijoles refritos.

Guerrero

Rendimiento: 4 personas
Preparación: 10 min
Cocción: 15 min
Dificultad:
Costo:

Huevos con
ciruelas

Ingredientes

- 100 g de chiles guajillo sin semillas ni venas
- 3 dientes de ajo
- 2 jitomates escalfados, sin piel
- ½ taza de agua
- 2 cucharadas de aceite o de manteca de cerdo
- 18 ciruelas amarillas (jobos)
- 1 rama de epazote
- 8 huevos
- sal al gusto

Procedimiento

1. Tueste en un comal los chiles guajillo. Muélalos en un molcajete con los dientes de ajo y los jitomates, o realice lo mismo en una licuadora.
2. Caliente una cazuela amplia y vierta el molido de chile; incorpore el agua, el aceite o la manteca, las ciruelas, la rama de epazote y sal al gusto. Mezcle y deje sobre fuego bajo entre 8 y 10 minutos.
3. Añada los huevos enteros a la salsa y deje que se cuezan hasta el término deseado. Sírvalos calientes.

La ciruela utilizada en esta receta es la ciruela originaria de México. Se le conoce con muchos nombres, entre los más comunes, jobo, ciruela huesuda y ciruela criolla. Su temporada de crecimiento va desde el mes de mayo hasta septiembre aproximadamente.

Ciudad de México

Rendimiento: 6 personas
Preparación: 10 min
Cocción: 15 min
Dificultad:
Costo:

Huevos en
salsa

Ingredientes

- 4 jitomates asados, sin piel ni semillas
- 1 chile verde serrano asado
- ¼ de taza de agua
- 12 huevos
- 3 cucharadas de aceite
- 4 hojas de epazote
- sal y pimienta, al gusto

Procedimiento

1. Licue los jitomates y el chile con el agua y un poco de sal. Vierta esta salsa en una cazuela y déjela cocer sobre fuego medio.
2. Bata los huevos en un recipiente y añádales sal y pimienta al gusto. Caliente el aceite en un sartén y cocine los huevos hasta el punto deseado, de forma que obtenga huevos revueltos.
3. Cuando la salsa esté hirviendo, agréguele los huevos revueltos y las hojas de epazote. Verifique la cantidad de sal y deje hervir por 5 minutos. Retire los huevos del fuego y sirva.

Ciudad de México
Rendimiento: 1 persona
Preparación: 10 min
Cocción: 10 min
Dificultad:
Costo:

Omelette de
flor de calabaza

Ingredientes

- 2 huevos
- 2 cucharaditas de mantequilla + 1 cucharadita para servir
- 1 cucharada de aceite
- 100 g de flor de calabaza guisada + 2 cucharadas
- sal y pimienta, al gusto

Procedimiento

1. Haga un omelette rellenándolo con los 100 gramos de flor de calabaza guisada.
2. Sirva el omelette de inmediato, colocando encima 1 cucharadita de mantequilla y la flor de calabaza guisada restante.

Creación inspirada en Valle de Bravo, Estado de México

Rendimiento: 6 personas
Preparación: 20 min
Cocción: 30 min
Dificultad: ▮▮
Costo: ▮

Ensalada
tibia del rancho

Ingredientes

Ensalada

- 500 g de habas tiernas sin vainas
- 36 zanahorias cambray
- 36 cebollas cambray
- 1⅔ tazas de aceite
- 6 hígados de pollo o de conejo, sin hiel ni membranas
- 2 dientes de ajo asados
- 1 cucharadita de tomillo fresco o mejorana
- 1 cucharadita de semillas de anís trituradas
- sal y pimienta, al gusto

Presentación

- ½ taza de vinagre de vino blanco
- 6 hojas grandes de col blanca o col china, blanqueadas

Procedimiento

Ensalada

1. Hierva las habas en suficiente agua con 1 cucharadita de sal durante 8 minutos o hasta que estén tiernas, pero que no se desbaraten. Retírelas del fuego, escúrralas y sumérjalas en un tazón con agua y hielos. Reserve.
2. Cueza las zanahorias cambray por 4 minutos en la misma agua de cocción de las habas. Escúrralas e introdúzcalas en el tazón con agua y hielos. Resérvelas.
3. Hierva las cebollas cambray por 2 minutos en la misma agua de cocción de las verduras anteriores y escúrralas al final. Retire las habas y las zanahorias del agua con hielos y mézclelas con las cebollas cambray.
4. Caliente un poco de aceite en un sartén y fría los hígados por 4 minutos; salpiméntelos, voltéelos y deje que se frían por el otro lado; deben quedar dorados uniformemente. Retírelos del sartén, rebánelos y resérvelos.
5. Añada al sartén los ajos, el tomillo, las semillas de anís, el resto del aceite y sal y pimienta al gusto. Deje que hierva por 2 minutos, retire la mezcla del fuego y cuele.

Presentación

1. Caliente en un sartén las rebanadas de hígado con un poco del aceite aromatizado. Retírelas del sartén y resérvelas calientes.
2. Añada al mismo sartén el vinagre de vino y el resto del aceite aromatizado. Ponga esta mezcla sobre el fuego y, cuando hierva, retírela del fuego y resérvela caliente.
3. Distribuya sobre un platón las hojas de col, coloque encima las verduras en pequeños grupos y encima las rebanadas de hígado. Bañe todo con la vinagreta muy caliente y sirva de inmediato.

Esta ensalada puede complementar a un plato con truchas, ya sea frescas o ahumadas, de la región de Valle de Bravo.

Semillas de anís

Creación inspirada en
Avándaro, Estado de México
Rendimiento: 6 personas
Preparación: 10 min
Cocción: 15 min
Dificultad:
Costo:

Ensalada de
Avándaro

Ingredientes

Vinagreta
- ⅓ de taza de vinagre de fruta
- 2 dientes de ajo triturados
- 1 cucharadita de hinojo fresco picado
  o ¼ de cucharadita de semillas de anís
- 1 cucharadita de miel de abeja
- ½ cucharadita de pimientas negras enteras
- ¾ de taza de aceite de oliva
- sal al gusto

Ensalada
- 12 hojas de lechuga orejona
- 12 hojas de lechuga francesa
- 12 hojas de lechuga sangría
- 24 flores de calabaza limpias
- 18 huevos de codorniz o 6 huevos de gallina, cocidos
- 1 taza de amaranto tostado

Procedimiento

Vinagreta
1. Caliente el vinagre con ½ cucharadita de sal, los ajos triturados y el hinojo fresco o las semillas de anís. Cuando comience a hervir, agregue la miel y las pimientas. Mezcle bien, retire del fuego, cuele y deje enfriar.
2. Bata la preparación anterior, mientras agrega poco a poco el aceite de oliva. Reserve.

Ensalada
1. Mezcle en un tazón las hojas de las tres lechugas. Distribuya encima las flores de calabaza crudas, los huevos y el amaranto.
2. Añada la vinagreta a la ensalada, mezcle y sirva.

Milpa Alta, Ciudad de México

Rendimiento: 6 personas
Preparación: 15 min
Cocción: 20 min
Reposo: 15 min
Dificultad:
Costo:

Ensalada de
nopales

Ingredientes

- 6 nopales tiernos cortados en tiras largas
- 6 cáscaras de tomate
- 1 cucharadita de azúcar
- ½ cucharada de orégano seco
- 4 cucharadas de vinagre de manzana o de piña

- ½ taza de aceite de oliva
- 1 cebolla mediana rebanada finamente
- 8 rabanitos rebanados
- 2 chiles jalapeños desvenados y blanqueados

- 3 jitomates guaje sin semillas y cortados en cubos o en gajos
- las hojas de 10 ramas pequeñas de cilantro
- sal al gusto

Procedimiento

1. Hierva en 1 litro de agua los nopales con las cáscaras de tomate y 1 cucharadita de sal por 20 minutos aproximadamente. Retírelos del fuego, cuélelos en un escurridor, enjuáguelos repetidas veces y refrigérelos durante 15 minutos o hasta que estén fríos.

2. Mezcle en un tazón 1 cucharadita de sal con el azúcar, el orégano y el vinagre hasta que todo se integre. Vierta el aceite de oliva, mientras bate enérgicamente. Reserve la vinagreta.

3. Ponga en una ensaladera los nopales, la cebolla, los rabanitos y los chiles; agregue la vinagreta y revuelva bien.

4. Decore la ensalada con el jitomate y el cilantro, y sirva.

Sirva esta ensalada de nopales con las flautas de pollo y salsa de xoconostle (ver pág. 151)

Creación inspirada en Valle de Bravo, Estado de México
Rendimiento: 8 personas
Preparación: 15 min
Cocción: 25 min
Dificultad: ▌▌▌
Costo: ▌▌

Alcachofas
gratinadas al chipotle

Ingredientes

- 8 corazones o fondos de alcachofas grandes
- 6 cucharadas de mantequilla sin sal
- 1 cucharada de jugo de limón
- 1 cucharada de aceite
- 1 cucharada de cebolla picada finamente

- 200 g de ostiones o callos de almeja
- ½ taza de crema espesa
- 3 cucharadas de jugo de chile chipotle adobado, colado
- 100 g de queso *gruyère* rallado

- 4 rebanadas de queso *gruyère*
- sal al gusto
- 1 cucharada de cebollín picado (opcional)

Procedimiento

1. Precaliente el horno a 240 °C.
2. Vierta en una olla 2 litros de agua con ½ cucharadita de sal. Cuando hierva, introduzca los corazones o fondos de alcachofa por 1 minuto. Sáquelos del agua y úntelos con 2 cucharadas de mantequilla mezcladas con ½ cucharadita de jugo de limón y ½ cucharadita de sal. Reserve los fondos de alcachofa.
3. Caliente un sartén con 2 cucharadas de mantequilla y la cucharada de aceite; sofría la cebolla por un par de minutos. Añada los ostiones o callos de almeja, 6 cucharadas de crema espesa, 1 cucharada de jugo de chile chipotle y 1 pizca de sal. Cueza por 2 minutos, retire la preparación del fuego y añada el queso *gruyère* rallado. Mezcle bien.
4. Rellene los fondos de alcachofa con la preparación anterior. Engrase con la mantequilla restante un refractario o molde para hornear, distribuya en él los fondos de alcachofa y colóqueles encima las rebanadas de queso *gruyère*. Hornéelos durante 8 minutos o hasta que el queso se dore ligeramente.
5. Mezcle el jugo de chipotle y la crema restante con 1 pizca de sal; caliente esta salsa y, cuando hierva, añada el resto del jugo de limón. Mezcle bien y retire del fuego.
6. Ponga en cada plato un poco de la salsa y reparta en ellos los fondos de alcachofa recién salidos del horno. Adorne con el cebollín (opcional) y sirva.

Creación inspirada en Michoacán

Rendimiento: 10 personas
Preparación: 15 min
Cocción: no requiere
Dificultad: ▌
Costo: ▌

Aguacates
rellenos de verduras

Ingredientes

- 5 aguacates medianos maduros pero no suaves, lavados
- el jugo de 1 limón grande
- ¾ de taza de queso panela cortado en cubos pequeños
- ½ taza de chícharos cocidos
- 1 jitomate pelado y sin semillas, cortado en cubos pequeños
- 1 taza de mayonesa
- cantidad suficiente de hojas de lechuga
- sal y pimienta, al gusto

Procedimiento

1. Parta los aguacates por la mitad a lo largo, sujete cada mitad con una mano y gírelas para separarlas. Quite la semilla clavándole el filo del cuchillo y retirándolo.
2. Desprenda con una cuchara pequeña parte de la pulpa de cada medio aguacate hasta dejar 2 centímetros de pulpa pegada a la cáscara. Humedezca la pulpa de cada aguacate con el jugo de limón y espolvoree sal. Reserve la pulpa que retiró para otras preparaciones.
3. Combine el resto de los ingredientes, excepto la lechuga. Verifique la cantidad de sal y pimienta y rellene con esta preparación cada mitad de aguacate.
4. Retire con cuidado la cáscara de cada aguacate y sírvalos sobre hojas de lechuga.

El aguacate, fruto originario de México, se produce en gran abundancia en Uruapan, Michoacán. Es exquisito, versátil, nutritivo y benéfico, pero su pulpa se ennegrece en contacto con el aire. Para evitarlo basta con rociarla con jugo de limón, además de elaborar la receta justo antes de servirla.

Monterrey, Nuevo León
Rendimiento: 6 personas
Preparación: 45 min
Cocción: 10 min
Dificultad: ▮▮▮
Costo: ▮▮▮

Chiles rellenos
Monterrey

Ingredientes

Chiles y escabeche

- 6 chiles anchos chicos, ligeramente asados, sin semillas ni venas
- ⅓ de taza de vinagreta de hierbas, tibia (ver pág. 168)
- 4 zanahorias cortadas en rodajas
- 2 calabacitas chicas cortadas en rodajas
- 1 ramillete de hierbas de olor (laurel, tomillo y mejorana)

Relleno

- 1 aguacate
- ½ cucharadita de jugo de limón
- 2 cucharadas de cebolla picada finamente + 1 cebolla rebanada
- 2 chiles serranos picados
- 50 g de chicharrón troceado finamente
- 400 g de arrachera
- sal y pimienta, al gusto

Procedimiento

Chiles y escabeche

1. Introduzca los chiles en la vinagreta tibia para que se hidraten; retírelos cuando estén fríos. Utilice la vinagreta para hacer un escabeche con las zanahorias, las calabacitas y las hierbas de olor (ver pág. 82). Reserve el escabeche y los chiles por separado.

Relleno

1. Haga puré la pulpa de los aguacates y mézclelo con el jugo de limón, la cebolla picada, el chile, el chicharrón y sal y pimienta al gusto. Reserve este guacamole.
2. Salpimiente la arrachera y ásela con la cebolla rebanada durante 5 minutos por cada lado; córtela en tiras delgadas y mézclelas con el guacamole.
3. Rellene los chiles con la mezcla anterior y sírvalos a temperatura ambiente con el escabeche de verduras.

Ciudad de México
Rendimiento: 10 personas
Preparación: 15 min
Cocción: 30 min
Dificultad: ▮▮
Costo: ▮▮

Crepas de
cuitlacoche

Ingredientes

- 5 tazas de cuitlacoche guisado (ver pág. 125)
- 20 crepas (ver pág. 395)
- 1 taza de crema ácida
- 2 cucharadas de mantequilla
- ¼ de cucharadita de nuez moscada
- 1 taza de granos de elote cocidos
- 2 chiles poblanos asados, pelados, sin semillas ni venas y cortados en rajas
- ⅔ de taza de queso fresco desmoronado
- sal y pimienta, al gusto

Procedimiento

1. Precaliente el horno a 180 °C.
2. Caliente el cuitlacoche guisado, distribúyalo sobre las crepas y enróllelas. Resérvelas.
3. Caliente la crema a fuego muy bajo y bátala mientras agrega 1 cucharada de mantequilla, la nuez moscada y sal y pimienta al gusto; añádale los granos de elote, mezcle y retírela del fuego.
4. Vierta la preparación de crema en un platón para hornear y acomode encima las crepas. Resérvelas.
5. Saltee las rajas de chile poblano con el resto de la mantequilla; añádales sal y pimienta al gusto y resérvelas.
6. Escurra sobre las crepas la mantequilla del sartén donde salteó las rajas y hornéelas por 10 minutos.
7. Sirva las crepas con las rajas de chile y el queso desmoronado.

Creación inspirada en
Cuernavaca, Morelos
Rendimiento: 4 personas
Preparación: 10 min
Cocción: 15 min
Reposo: 1 h
Dificultad: ▮
Costo: ▮▮

Escabeche de
elotitos

Ingredientes

- 12 elotitos
- 1 cucharada de aceite de oliva
- ½ cebolla cortada en gajos
- 1 zanahoria cortada en rodajas
- 2 pimientas gordas
- 2 pimientas negras
- 2 hojas de laurel
- orégano seco, al gusto
- ½ taza de vinagre blanco o de manzana
- sal al gusto

Procedimiento

1. Cueza en agua hirviendo los elotitos durante 5 minutos. Retírelos del agua y reserve 1 taza del agua de cocción y los elotitos por separado.
2. Ponga sobre el fuego una cacerola con el aceite de oliva y sofría la cebolla, la zanahoria, las especias, las hierbas y los elotitos por 5 minutos aproximadamente. Añada el vinagre, sal al gusto y la taza del agua de cocción de los elotitos. Cuando hierva, tape la cacerola y retírela del fuego. Déjela reposar durante 1 hora. Sirva el escabeche a temperatura ambiente o frío.

Adaptación de Guadalupe
García de León inspirada
en Hidalgo

Escamoles
con guacamole

Rendimiento: 8 personas
Preparación: 10 min
Cocción: 10 min
Dificultad: ▌
Costo: ▌▌▌

Ingredientes

* 100 g de mantequilla
* 1 cucharada de aceite de maíz
* 1 taza de cebolla picada
* 400 g de escamoles
* 3 cucharadas de epazote picado finamente
* chile verde picado, al gusto
* 16 tortillas taqueras calientes
* 1 taza de guacamole básico (ver pág. 160)
* sal al gusto

Procedimiento

1. Ponga sobre el fuego un sartén con la mantequilla y el aceite y saltee la cebolla. Añada los escamoles y cocínelos hasta que adquieran una tonalidad opaca.
2. Agregue el epazote, el chile verde y sal al gusto; mezcle bien.
3. Unte las tortillas taqueras con el guacamole y haga tacos con los escamoles. Sírvalos calientes.

Puede sustituir el chile verde, la cebolla y el epazote por chile güero, cebolla morada y perejil o cilantro.

Creación inspirada en
Oaxaca

Queso en
salsa de epazote

Rendimiento: 6-8 personas
Preparación: 10 min
Cocción: 10 min
Dificultad: ▌
Costo: ▌▌

Ingredientes

* 1 manojo pequeño de epazote
* 3 chiles verdes, chiles de agua o chiles serranos, sin semillas ni venas
* 2 cucharadas de aceite
* 300 g de queso de hebra (queso Oaxaca)
* sal al gusto
* tortillas de maíz, al gusto

Procedimiento

1. Deshoje el epazote y licue las hojas con los chiles. Caliente el aceite en una cacerola y añada el molido de chiles; cuando hierva, agregue un poco de agua y sal. Continúe con la cocción hasta que obtenga un caldillo espeso.
2. Agregue el queso y retire la preparación del fuego en cuanto el queso comience a derretirse. Sírvalo con tortillas calientes.

Queso asado
con jitomate y calabacitas

Creación inspirada en el
Estado de México
Rendimiento: 2 personas
Preparación: 5 min
Cocción: 10 min
Dificultad:
Costo:

Ingredientes

- 100 g de calabacitas criollas pequeñas, cortadas en cuartos
- 2 rebanadas de queso panela de 200 g c/u
- 3 jitomates de diferentes colores, cortados en rebanadas gruesas
- sal y pimienta, al gusto
- ½ taza de salsa de tomate cruda (ver pág. 157)

Procedimiento

1. Hierva en agua con sal las calabacitas durante 5 minutos aproximadamente. Retírelas del fuego y escúrralas.
2. Salpimiente las rebanadas de queso, los jitomates y las calabacitas; áselas en un sartén o en una plancha por unos minutos de un lado, y después del otro lado.
3. Sirva el queso y las verduras con la salsa verde cruda.

Callos de almeja
en verde

Creación inspirada en
Baja California
Rendimiento: 5 personas
Preparación: 25 min
Cocción: 5 min
Dificultad:
Costo:

Ingredientes

- 2 tazas de callos de almeja
- 3 tomates verdes
- ½ rama de apio troceada
- ¼ de cebolla troceada
- 1 chile serrano sin semillas ni venas, troceado
- 3 hojas de hierbabuena picadas
- 2 cucharadas de aceite
- 2 aguacates cortados en rebanadas
- sal al gusto

Procedimiento

1. Rebane los callos en láminas delgadas y blanquéelas en agua hirviendo entre 15 y 20 segundos. Retírelas del agua y resérvelas.
2. Ase los tomates y lícuelos con el apio, la cebolla y el chile; no añada agua. Agregue la hierbabuena picada, el aceite y sal al gusto; mezcle y reserve.
3. Distribuya las rebanadas de callo de almeja en un platón, báñelas con la salsa y sírvalas con las rebanadas de aguacate.

Creación inspirada en
Baja California Sur
Rendimiento: 2 personas
Preparación: 4 min
Cocción: 3 min
Dificultad: ▌▌
Costo: ▌▌▌

Abulón con
pico de gallo de mandarina

Ingredientes

♦ 2 abulones
♦ ½ taza de pico de gallo con mandarina
  (ver pág. 158)
♦ 1 chile serrano rebanado finamente

Procedimiento

1. Lave perfectamente los abulones y blanquéelos en agua hirviendo durante 3 minutos. Escúrralos, déjelos enfriar y rebánelos en láminas muy finas.
2. Sirva las rebanadas de abulón acompañadas con la salsa pico de gallo de mandarina y las rebanadas de chile serrano.

Veracruz

Rendimiento: 6 personas
Preparación: 15 min
Cocción: 25 min
Dificultad: ▪▪
Costo: ▪▪▪

Camarones
adobados

Ingredientes

- ½ taza de aceite de maíz
- 1 cebolla grande partida en trozos
- 3 dientes de ajo sin piel
- 3 chiles anchos sin semillas ni venas, tostados e hidratados
- 2 chiles guajillos sin semillas ni venas, tostados e hidratados
- ½ cucharada de comino molido
- ¼ de taza de vinagre de manzana
- 500 g de camarones, sin intestinos, patas ni cabeza
- 10 hojas de lechuga orejona, lavadas y desinfectadas
- 1 jitomate grande escalfado, pelado y rebanado
- tostadas o galletas saladas, al gusto
- sal y pimienta, al gusto

Procedimiento

1. Caliente 2 cucharadas de aceite en un sartén y sofría la cebolla con los dientes de ajo. Licue ambos ingredientes con los chiles, el comino y el vinagre; salpimiente y reserve este adobo.
2. Salpimiente los camarones y fríalos en el resto del aceite por 3 minutos. Añada el adobo y cocine a fuego medio durante 20 minutos o hasta que se espese. Verifique la cantidad de sal y de pimienta.
3. Sirva los camarones en un platón y adórnelos con las hojas de lechuga y las rebanadas de jitomate. Acompáñelos con tostadas o galletas saladas.

Creación inspirada en
Guerrero

Rendimiento: 6 personas
Preparación: 15 min
Cocción: 25 min
Dificultad: ▪▪
Costo: ▪▪▪

Camarones
al mezcal

Ingredientes

Salsa
- 4 xoconostles pelados
- 2 cucharadas de azúcar
- 1 diente de ajo sin piel
- 2 chiles chipotle adobados
- ½ taza de salsa de jitomate asada (ver pág. 157)
- ½ taza de sangrita
- sal y pimienta, al gusto

Camarones
- 1 cucharada de jugo de limón
- 3 cucharadas de sangrita
- 1.5 kg de camarones U10 crudos, con cabeza, con cola y sin intestinos
- 2 cucharadas de aceite de oliva
- 3 cucharadas de mezcal

Guarniciones
- 2 cucharadas de aceite de oliva
- ¼ de cebolla rebanada finamente
- 200 g de romeritos
- 3 jitomates
- sal y pimienta, al gusto

Procedimiento

Salsa
1. Ponga los xoconostles en un cazo pequeño, cúbralos con agua, añada el azúcar y déjelos hervir hasta obtener un almíbar ligero. Parta los xoconostles por la mitad a lo largo, retíreles las semillas y pique la pulpa en trozos muy pequeños.
2. Ase el diente de ajo y píquelo junto con los chipotles adobados; mézclelos con la pulpa de xoconostle picada y el resto de los ingredientes. Reserve la salsa.

Camarones
1. Combine el jugo de limón con la sangrita y unte con esta mezcla los camarones.

2. Caliente en un sartén el aceite de oliva y saltee los camarones; añada el mezcal y cocine por 3 minutos para que se evapore el alcohol. Retire los camarones del sartén y resérvelos.

Guarniciones
1. Caliente el aceite en el mismo sartén donde cocinó los camarones y saltee en él la cebolla hasta que esté transparente. Agregue los romeritos, salpimiéntelos y déjelos que se cuezan. Resérvelos.
2. Ase ligeramente los jitomates, pélelos y rebánelos.

Presentación
1. Sirva los camarones acompañados con la salsa y las guarniciones.

Ceviche de callos de almeja
garra de león

Creación inspirada en Baja California

Rendimiento: 6 personas
Preparación: 15 min
Cocción: No requiere
Reposo: 2 h
Dificultad: ▌▌
Costo: ▌▌▌

Ingredientes

- 1 kg de callos de almejas garra de león
- 1 taza de jugo de naranja agria o ¾ de taza de jugo de naranja dulce con ¼ de taza de jugo de limón
- 10 aceitunas verdes, sin semilla
- 1 chile poblano asado y pelado, sin semillas ni venas
- 4 cucharadas de aceite de oliva
- 2 cucharadas de tequila
- 4 cucharadas de cebolla picada finamente
- 3 tazas de escabeche de elotitos (ver pág. 82)
- sal y pimienta, al gusto

Procedimiento

1. Rebane finamente los callos de almeja. Añada sal y pimienta al gusto al jugo de naranja agria o a la mezcla de jugo de naranja dulce con limón, y marine allí las rebanadas de callos durante 2 horas.
2. Licue las aceitunas con el chile, el aceite y el tequila hasta obtener una salsa espesa y tersa. Añada la cebolla picada y salpimiente al gusto.
3. Escurra las rebanadas de callos de almeja. En platos individuales distribuya en forma de media luna las rebanadas de callo y adórnelas con la salsa de chile poblano y el escabeche de elotitos.

El nombre de estas almejas proviene de la forma de su concha, pues en ellas está dibujado algo parecido a una garra de león.

Creación inspirada en Veracruz

Rendimiento: 6 personas
Preparación: 20 min
Cocción: 30 min
Dificultad:
Costo:

Escabeche de
pulpo

Ingredientes

- 1½ tazas de aceite de oliva
- 1 diente de ajo
- 1 cebolla troceada
- 10 pimientas negras
- 1 anís estrella
- ½ taza de vinagre de vino blanco

- 1 ramillete chico de hierbas de olor (hojas de laurel y ramas de tomillo y de mejorana)
- 2 chiles serranos o jalapeños (opcional)
- 2 cucharaditas de sal
- 1 taza de agua
- 1 kg de pulpo cocido, cortado en trozos

- 800 g de verduras previamente cocinadas al dente, separadas cada una (se sugiere: 1 taza de ramilletes de coliflor, 4 cebollitas, 1 taza de ejotes, 1 calabacita pequeña, ⅔ de taza de chícharos y 2 zanahorias limpias, todas cortadas en rodajas o en tiras)

Procedimiento

1. Coloque el aceite de oliva y el diente de ajo en una cacerola de acero inoxidable. Póngala sobre el fuego, y cuando el aceite esté muy caliente, agregue los trozos de cebolla, las pimientas negras, el anís estrella, el vinagre, las hierbas de olor, los chiles (opcional), la sal, y con mucha precaución el agua; mezcle bien. Cuando hierva, añada los trozos de pulpo y las verduras precocidas. Mezcle nuevamente y, a partir de que hierva, deje el escabeche sobre el fuego durante 5 minutos. Retírelo del fuego y déjelo enfriar.

2. Vierta con cuidado el escabeche dentro de un frasco grande con tapa, previamente esterilizado. Agregue más aceite si éste no cubre bien todos los ingredientes, ciérrelo y déjelo en refrigeración.

3. Sirva el escabeche frío.

El escabeche debe prepararse en un recipiente de acero inoxidable o de materiales que no hagan una reacción química con el vinagre para evitar que sustancias dañinas se desprendan durante la cocción.

Como muchos escabeches, el sabor de éste mejora después de cuatro días de elaborarlo.

Adaptación de Ricardo
Muñoz Zurita inspirada en
Jalapa, Veracruz

Chiles jalapeños
rellenos de minilla

Rendimiento: 6 personas
Preparación: 25 min
Cocción: 1 h
Dificultad: ▌▌▌
Costo: ▌▌

Ingredientes

Minilla

- ¼ de taza de aceite de oliva virgen
- ½ taza de cebolla picada finamente
- 1 cucharada de ajo picado finamente
- 3 jitomates sin piel ni semillas, picados finamente
- 1 cucharada de azúcar
- 2 hojas de laurel
- 2 latas de atún, drenadas
- 2 cucharadas de hojas de perejil picado finamente
- ¼ de taza de pasitas picadas
- ⅓ de taza de aceitunas verdes picadas
- 1 cucharada de alcaparras picadas
- ½ cucharadita de orégano seco
- sal al gusto

Chiles

- ¼ de taza de vinagre blanco
- 2 cucharadas de sal
- 12 chiles jalapeños grandes, sin semillas ni venas
- 1 kg de azúcar morena o 2 piloncillos grandes

Procedimiento

Minilla

1. Ponga sobre el fuego una cacerola con el aceite de oliva y sofría en él la cebolla y el ajo durante 3 minutos. Agregue el jitomate, mezcle y deje la preparación sobre el fuego hasta que su consistencia sea pastosa y ligeramente seca.

2. Añada al jitomate, el azúcar, el laurel y el atún. Mezcle nuevamente y deje que la preparación se cocine durante 2 minutos más. Baje el fuego al mínimo e incorpore el resto de los ingredientes. Añada sal al gusto y deje cocer la minilla hasta obtener una especie de pasta. Retírela del fuego y déjela enfriar. Deseche el laurel.

Chiles

1. Ponga sobre el fuego una cacerola con 2 litros de agua, el vinagre y la sal. Cuando hierva, agregue los chiles, espere a que el agua hierva de nuevo y deje que los chiles se cuezan durante 2 minutos. Retire los chiles del agua, y refrésquelos en agua fría.

2. Ponga sobre el fuego una cacerola con 2 litros de agua y la mitad del azúcar o 1 piloncillo. Cuando hierva, agregue los chiles, espere a que el agua hierva de nuevo y deje que los chiles se cuezan durante 2 minutos más. Retire los chiles del agua y refrésquelos en agua fría.

3. Repita el paso anterior con otros 2 litros de agua y el azúcar o el piloncillo restante. Al final, los chiles no deben estar sobrecocidos ni crudos.

4. Rellene los chiles con la minilla y sírvalos a temperatura ambiente o fríos.

El triple hervido de los chiles puede parecer tedioso, pero en cada cocción los chiles pierden picor, así que no omita ningún paso. Si desea ahorrar tiempo, ponga tres ollas sobre el fuego al mismo tiempo.

Creación inspirada en
Michoacán
Rendimiento: 6 personas
Preparación: 20 min
Reposo: 3 h
Dificultad: ▌
Costo: ▌

Ceviche
en aguacate

Ingredientes

- 1 taza de jugo de limón
- 300 g de filete de pescado cortado en cubos de 1 cm
- 3 jitomates grandes sin piel ni semillas, cortados en cubos chicos
- 3 cucharadas de cebolla picada finamente
- ½ taza de aceite de oliva
- 2 chiles en vinagre picados
- 6 aguacates Hass medianos
- 3 toronjas
- 4 naranjas
- 10 hojas de cilantro
- sal al gusto

Procedimiento

1. Mezcle el jugo de limón con sal al gusto y marine en él los cubos de pescado durante 2 horas en refrigeración.
2. Reserve 3 cucharadas de los cubos de jitomate e incorpore el resto a los cubos de pescado. Añada también la cebolla picada, el aceite de oliva y los chiles en vinagre. Mezcle bien y deje marinar en refrigeración durante 1 hora más.
3. Corte de manera horizontal la parte superior de un aguacate, de forma que ésta quede como tapa; resérvelos. Extraiga la pulpa y la semilla de cada aguacate sin romper la cáscara. Corte en cubos pequeños la pulpa de aguacate, mézclelos con el ceviche de pescado, añada sal si fuera necesario y rellene cada aguacate con esta preparación.
4. Corte las toronjas y las naranjas en supremas con la ayuda de un cuchillo; debe obtener gajos enteros, sin piel ni semillas.
5. Sirva cada aguacate al centro de un plato y disponga alrededor las supremas de toronja y naranja; adórnelos con las hojas de cilantro y el jitomate picado que reservó.

Creación inspirada en
Baja California
Rendimiento: 6 personas
Preparación: 30 min
Cocción: 30 min
Dificultad: ▌
Costo: ▌▌

Escabeche de mar

Ingredientes

- 1½ tazas de aceite de oliva
- 1 diente de ajo
- 1 cebolla troceada
- 10 pimientas negras
- 1 anís estrella
- ½ taza de vinagre de vino blanco
- 1 ramillete chico de hierbas de olor (hojas de laurel y ramas de tomillo y de mejorana)
- 2 chiles serranos o jalapeños (opcional)
- 2 cucharaditas de sal
- 1 taza de agua
- 800 g de verduras previamente cocidas al dente por separado (por ejemplo: 2 zanahorias cortadas en rodajas, 1 taza de ramilletes de coliflor, 4 cebollitas, 1 taza de ejotes, 1 calabacita pequeña y ⅔ de taza de chícharos)
- 1 kg de mezcla de postas de pescado y de mariscos, al gusto

Procedimiento

1. Coloque el aceite de oliva y el diente de ajo en una cacerola de acero inoxidable. Póngala sobre el fuego, y cuando el aceite esté muy caliente, agregue los trozos de cebolla, las pimientas negras, el anís estrella, el vinagre, las hierbas de olor, los chiles (opcional), la sal, y con mucha precaución el agua; mezcle bien. Cuando hierva, añada las verduras precocidas y la mezcla de postas de pescado y de mariscos. Mezcle nuevamente y deje el escabeche sobre el fuego durante 5 minutos. Retírelo del fuego y déjelo enfriar.
2. Vierta con cuidado el escabeche dentro de un frasco grande con tapa, previamente esterilizado. Agregue más aceite si éste no cubre bien todos los ingredientes, ciérrelo y déjelo en refrigeración.
3. Sirva el escabeche frío.

Casi todos los pescados se pueden utilizar para este escabeche. Prefiera los de consistencia grasa (jurel, sierra, sardina), aunque también dan buen resultado los magros, como robalos o gurrubatas. Emplee mariscos, como camarones, ostiones, almejas y similares. Si utiliza pulpo y calamar, es necesario cocerlos previamente.

Un vaso de vino blanco, una copa de tequila o mezcal o una cucharada de pimentón o de curry otorgan un novedoso sabor a este escabeche. Puede variar las verduras añadiendo papas cambray cocidas, ajos o trozos de nabos. Como muchos escabeches, el sabor de éste mejora después de cuatro días de elaborarlo.

Creación inspirada en Colima

Rendimiento: 2 personas
Preparación: 15 min
Cocción: 13 min
Dificultad: ▋▋▋
Costo: ▋▋▋

Langostinos
al chile comapeño

Ingredientes

- ⅓ de taza de aceite de oliva
- 12 chiles comapeños
- 1 rebanada de piña madura, picada
- 1 hoja santa o acuyo picada
- 1 cucharada de germen de trigo
- 2 langostinos grandes
- sal y pimienta, al gusto
- hojas de lechuga, al gusto

Procedimiento

1. Precaliente el horno a 200 °C.
2. Ponga sobre el fuego un sartén con el aceite y fría en éste los chiles. Resérvelos.
3. Mezcle en un recipiente la piña, la hoja santa, el germen y sal y pimienta al gusto.
4. Parta los langostinos por la mitad a lo largo, cúbralos con la mezcla de piña y hornéelos durante 10 minutos.
5. Sirva los langostinos con los chiles y con un poco del aceite donde los frió. Acompáñelos con las hojas de lechuga.

Minilla de jurel
al estilo Alvarado

Alvarado, Veracruz

Rendimiento: 6 personas
Preparación: 20 min
Cocción: 30-35 min
Dificultad: ▮▮
Costo: ▮▮

Ingredientes

- 1 jurel, pámpano o palometa de 1 kg aprox.
- 1 ramillete chico de hierbas de olor (tomillo, mejorana y laurel)
- ¼ de cebolla + ½ picada
- 2 jitomates sin piel
- 1 chile ancho sin semillas ni venas, asado e hidratado
- 3 cucharadas de aceite
- 3 chiles verdes sin semillas ni venas, picados
- 2 cucharadas de alcaparras
- 3 cucharadas de cilantro picado
- sal al gusto

La minilla, preparación típica veracruzana, se prepara también con otros pescados, así como con diferentes condimentos. Los que se incluyen en esta receta son los más tradicionales.

Procedimiento

1. Cueza el pescado en suficiente agua con las hierbas y el cuarto de cebolla durante 10 o 15 minutos. Escúrralo y desmenuce su carne, desechando espinas y piel. Reserve la carne.
2. Licue los jitomates con el chile ancho y resérvelo.
3. Caliente el aceite en una cacerola y fría ligeramente la cebolla picada; añada el jitomate molido, baje el fuego al mínimo y deje cocer por 10 minutos aproximadamente. Añada el chile verde, la carne del pescado, las alcaparras y sal al gusto. Mezcle y deje la minilla sobre el fuego hasta que se evapore todo el líquido. Incorpore el cilantro picado y retírela del fuego.
4. Sirva la minilla caliente o fría como botana con tostadas de maíz recién hechas, o como plato fuerte acompañada de arroz blanco.

Ostiones asados al
carbón o a la leña

Creación inspirada en
Baja California

Rendimiento: 6 personas
Preparación: 25 min
Cocción: 20 min
Dificultad: ▮▮▮
Costo: ▮▮

Ingredientes

Salsa estilo oriental

- ½ taza de jugo de naranja
- ½ cucharadita de jengibre fresco rallado o picado muy finamente
- ¼ de taza de salsa de soya
- ½ cucharadita de vinagre de arroz
- ¼ de chile jalapeño sin semillas ni venas, picado finamente
- el jugo de ¼ de limón

Ostiones

- 12 ostiones frescos, abiertos y en su concha
- 2 cucharadas de mantequilla
- 6 supremas de toronja cortadas en mitades
- cantidad suficiente de sal de mar
- 12 salicornias cocidas
- 200 g de costilla de res horneada, deshebrada y posteriormente frita

Procedimiento

Salsa estilo oriental

1. Caliente en una cacerola pequeña el jugo de naranja; antes de que hierva, retírelo del fuego, añádale el jengibre y déjelo reposar hasta que se enfríe. Agregue el resto de los ingredientes, mezcle y reserve la salsa.

Ostiones

1. Prepare con anticipación una parrilla con carbón o con leña.
2. Distribuya en cada ostión 1 cucharada de salsa estilo oriental, un poco de mantequilla y media suprema de toronja; coloque los ostiones sobre la parrilla y déjelos cocerse durante 15 minutos aproximadamente. Retírelos del fuego.
3. Sirva los ostiones sobre una cama de sal de mar y acompáñelos con las salicornias y la costilla deshebrada y frita.

Ostiones huarache con pico de gallo de xoconostle y salicornias

Creación inspirada en Baja California
Rendimiento: 6 personas
Preparación: 10 min
Cocción: no requiere
Dificultad: ▌▌
Costo: ▌▌▌

Ingredientes

- 450 g de salicornias limpias y cocidas en agua con sal
- 6 ostiones huarache grandes
- 1½ tazas de pico de gallo con xoconostle (ver pág. 158)

Procedimiento

1. Lave perfectamente los ostiones y ábralos con precaución.
2. Ponga en un platón una base de salicornias y coloque encima los ostiones. Sírvalos acompañados de la salsa pico de gallo de xoconostle.

Medallones
de callo de hacha en caldillo

Creación inspirada en
Jalisco

Rendimiento: 8 personas
Preparación: 15 min
Cocción: 10-15 min
Reposo: 5 min
Dificultad: ▮
Costo: ▮▮▮

Ingredientes

- 8 cucharaditas de jugo de limón
- ⅓ de taza de aceite de oliva
- 1 kg de callos de hacha cortados en rebanadas de 2 cm
- 8 vainas de guajes o de chícharos tiernos
- 8 tazas de caldo corto (ver pág. 394)
- 8 nopales cambray cocidos
- 24 flores de maguey (gualumbos) tiernas o de calabaza
- 4 xoconostles asados, pelados, sin semillas y cortados por la mitad
- 2 chiles coras en 1 cucharada de aceite con sal
- sal y pimienta, al gusto

Procedimiento

1. Mezcle el jugo de limón con el aceite de oliva y sal y pimienta al gusto. Marine en esta mezcla las rebanadas de callos de hacha durante 5 minutos.
2. Extraiga los guajes o los chícharos de sus vainas. Caliente el caldo corto y añádale los nopales cambray, los guajes o chícharos, las flores de maguey o de calabaza, los xoconostles y sal y pimienta al gusto. Deje que el caldillo se cocine durante 5 minutos y retírelo del fuego.
3. Ase en un sartén de fondo grueso las rebanadas de callos de hacha durante 1 minuto de cada lado.
4. Sirva las rebanadas de callos con el caldillo y sus guarniciones en platos hondos. Acompañe con los chiles coras.

A este marisco se le llama callo de hacha porque su concha tiene la forma de un hacha sin el mango.

Los gualumbos o flores de maguey deben consumirse tiernos, ya que maduros tienen un sabor amargo.

Vuelve a la vida

Costas de México

Rendimiento: 6 personas
Preparación: 20 min
Cocción: no requiere
Dificultad: ▮
Costo: ▮▮▮

Ingredientes

- 12 ostiones con su jugo
- 6 o 12 almejas (según tamaño) de Zihuatanejo, picadas
- 250 g de camarones, pelados, sin cabeza y sin intestinos, cocidos
- 5 cucharadas de pulpa de jaiba cocida
- 250 g de jitomate picado o 5 cucharadas de salsa de tomate
- 2 cucharadas de perejil picado finamente
- 2 cucharadas de cebolla picada finamente
- el jugo de 4 limones
- 1 cucharada de orégano seco, triturado
- 3 cucharadas de aceite de oliva
- 6 patas de cangrejo moro, enteras, limpias y cocidas
- 1 aguacate mediano, rebanado
- sal al gusto

Procedimiento

1. Mezcle todos los ingredientes en un recipiente hondo, excepto las patas de cangrejo moro y el aguacate.
2. Sirva el vuelve a la vida frío en recipientes de vidrio de boca ancha con una pata de cangrejo por copa y las rebanadas de aguacate.

Adaptación de Rubi Silva
inspirada en Cuitzeo,
Michoacán

Rendimiento: 30 torreznos
Preparación: 15 min
Cocción: 25 min
Dificultad:
Costo:

Torreznos de
charales de Cuitzeo

Ingredientes

- 600 g de tomates verdes
- 4 chiles serranos
- 1 diente de ajo grande
- 6 ramas de cilantro
- 4 huevos
- 500 g de charales frescos, lavados y escurridos
- 1½ tazas de aceite
- sal al gusto
- tortillas de maíz, al gusto

Procedimiento

1. Hierva en suficiente agua los tomates y los chiles. Cuando estén cocidos, escúrralos y muélalos con el ajo, el cilantro y sal al gusto. Vierta la salsa en una cacerola, caliéntela a fuego medio y deje que hierva durante 10 minutos. Resérvela caliente.

2. Bata los huevos en un recipiente y mézclelos con los charales y sal al gusto. Caliente el aceite en un sartén. Tome una porción de la mezcla de charales con una cuchara sopera y viértala sobre el aceite; conforme se vaya dorando cada porción, tendrá que darles vuelta. Retire los torreznos del aceite cuando tengan forma de tortitas compactas. Déjelos sobre papel absorbente para retirarles el exceso de grasa.

3. Repita el procedimiento hasta terminar con la mezcla de charales con huevo.

4. Sirva los torreznos con la salsa caliente y acompañe con tortillas.

Yucatán

Rendimiento: 8 personas
Preparación: 20 min
Cocción: no requiere
Dificultad:
Costo:

Dzik de venado

Ingredientes

- 300 g de tasajo de venado
- 10 ramas de cilantro
- 1 jitomate
- 4 rabanitos
- ¼ de cebolla
- 2 chiles verdes sin semillas ni venas
- ¼ de taza de jugo de naranja agria
  o 3 cucharadas de jugo de naranja dulce con
  1 cucharada de jugo de limón
- 16 tostadas de maíz pequeñas
- sal al gusto

Procedimiento

1. Deshebre finamente el tasajo de venado.
2. Pique finamente el cilantro, el jitomate, los rabanitos, la cebolla y los chiles; mézclelos con el jugo de naranja agria o la mezcla de jugo de naranja dulce con limón, la carne de venado y sal al gusto.
3. Sirva el dzik sobre las tostadas de maíz.

El venado es una especie protegida en México. Sólo se puede consumir la carne que proceda de criaderos autorizados. En caso de no conseguirla, sustitúyala por tasajo de res.

**Ciudad de México
y Estado de México**
Rendimiento: 6 personas
Preparación: 20 min
Cocción: 1 h aprox.
Reposo: 1 h
Dificultad:
Costo:

Manitas de cerdo
en escabeche

Ingredientes

- 6 manitas de cerdo
- 3 cucharadas de aceite de oliva
- 1 cebolla cortada en rebanadas
- 2 zanahorias cortadas en rodajas
- 2 tazas de coliflor troceada
- 2 chiles cuaresmeños
- 1 ramillete chico de hierbas de olor (tomillo, mejorana y laurel)
- orégano al gusto
- 2 tazas de vinagre blanco
- sal y pimienta, al gusto

Procedimiento

1. Lave muy bien las manitas de cerdo y rasúrelas perfectamente con un rastrillo. Limpie cuidadosamente las pezuñas, lave de nuevo las manitas de cerdo y colóquelas en una olla con 6 tazas de agua y un poco de sal. Póngalas sobre el fuego y deje que se cocinen durante 40 minutos.
2. Caliente en una olla grande el aceite de oliva y sofría la cebolla, la zanahoria, la coliflor, los chiles, las hierbas de olor y el orégano. Añada sal y pimienta al gusto, el vinagre y las manitas de cerdo precocidas con su líquido de cocción. Tape la olla y deje que hierva hasta que las verduras estén cocidas pero aún crujientes.
3. Retire del fuego la preparación, déjela reposar durante 1 hora como mínimo y sirva las manitas de cerdo.

Este escabeche se puede servir como botana acompañado de rebanadas de jitomate y aguacate, o bien, consumirlo en tostadas. Puede agregar otras verduras, como nopales, cebollas cambray o calabacitas.

Oaxaca
Rendimiento: 10 personas
Preparación: 30 min
Cocción: 2 h aprox.
Dificultad:
Costo:

Higaditos
de mayordomía

Ingredientes

- ½ gallina gorda de 1.5 kg aprox., troceada
- 500 g de quijada de cerdo troceada
- ½ cucharadita de azafrán
- 6 higaditos de pollo
- 5 tomates verdes
- 1 kg de jitomates
- ½ cabeza de ajo
- 1 cebolla
- ½ taza de aceite de maíz
- 15 huevos
- salsa picante de su elección, al gusto
- sal al gusto

Procedimiento

1. Cueza la gallina y la quijada de cerdo en una olla con 3 litros de agua y un poco de sal, hasta que la carne de ambas esté tierna. Separe los huesos de la carne y pique finamente esta última. Reserve la carne y el caldo de cocción por separado.
2. Mezcle el azafrán en 2 tazas del caldo de cocción de las carnes aún caliente y resérvelo.
3. Rebane los higaditos y pique los tomates, los jitomates, los dientes de ajo pelados y la cebolla. Caliente una cazuela con el aceite y fría los ingredientes; cuando estén dorados, vierta el caldo con azafrán y deje la preparación sobre el fuego durante 15 minutos.
4. Bata los huevos y mézclelos cuidadosamente con la carne picada de gallina y de quijada de cerdo y sal al gusto; añada esta mezcla a la cazuela junto con 2 tazas de caldo de cocción de las carnes y deje que la preparación se cueza durante 20 minutos. Retírela del fuego cuando adquiera una consistencia de pastel húmedo.
5. Sirva los higaditos de mayordomía directamente de la cazuela y acompáñelos con la salsa picante de su elección.

Ciudad de México

Rendimiento: 6 personas
Preparación: 15 min
Cocción: 13 min
Dificultad: ▌▌
Costo: ▌▌

Espagueti
a la mexicana

Ingredientes

- 6 jitomates maduros, asados
- 4 cucharadas de cebolla picada
- 4 dientes de ajo asados
- 1 cucharadita de azúcar
- 1 cucharadita de hojas de tomillo o hierbabuena
- 1 chile chipotle adobado
- 480 g de espaguetis
- 5 cucharadas de aceite de oliva
- 1 taza de queso parmesano rallado o de queso cotija desmoronado
- hojas de cilantro y perejil picadas, al gusto
- 1 chile guajillo cortado en rodajas, fritas
- sal al gusto

Procedimiento

1. Licue en ¼ de taza de agua los jitomates con la cebolla, los ajos, el azúcar, el tomillo o hierbabuena, el chile chipotle y sal al gusto, hasta que obtenga una pasta muy tersa que no necesite colar. Use la menor cantidad de agua posible y repita la acción si quedan grumos. Reserve.
2. Vierta en una olla 4 litros de agua y 2 cucharadas de sal. Póngala sobre el fuego, y cuando hierva el agua, agregue los espaguetis; siga las instrucciones del paquete con referencia al tiempo de cocción para que queden al dente. Al final, drene los espaguetis, refrésquelos con agua fría y resérvelos.
3. Caliente el aceite de oliva en una cazuela que pueda llevar a la mesa para servir el espagueti. Vierta el molido de jitomate y deje que se cueza por 5 minutos aproximadamente. Verifique la cantidad de sal, añada el espagueti, mezcle bien y retire la cazuela del fuego.
4. Adorne el espagueti con el queso rallado, las hierbas picadas y las rodajas de chile guajillo.

> *Una pasta está cocida* al dente *cuando al morderla es tierna por fuera y un poco dura en su interior. Probarla es la mejor manera de saberlo. No agregue nada al agua de cocción, salvo sal. En lugares de gran altura, como la Ciudad de México, se requieren unos minutos más de cocción que en sitios a nivel del mar.*

Todo el país

Rendimiento: 4 personas
Preparación: 10 min
Cocción: 15 min
Dificultad: ▌
Costo: ▌

Sopa de pasta

Ingredientes

- 4 jitomates asados
- ¼ de cebolla
- 2 dientes de ajo
- 1 rama de perejil
- 500 ml de caldo de pollo
- 2 cucharadas de manteca de cerdo
- 200 g de hígados de pollo
- cantidad suficiente de aceite
- 250 g de fideos
- sal y pimienta, al gusto

Procedimiento

1. Muela los jitomates con la cebolla, el ajo, el perejil y el caldo de pollo; cuele el molido. Ponga sobre el fuego una cacerola con 1 cucharada de manteca y vierta el caldillo de jitomate.
2. Fría en un sartén con la manteca restante los hígados de pollo; córtelos en cuartos y añádalos al caldillo cuando éste último comience a hervir. Añada sal y pimienta al gusto.
3. Ponga sobre el fuego suficiente aceite en una cacerola y fría los fideos hasta que se doren ligeramente. Añádalos al caldillo y deje que la sopa se cocine a fuego medio durante 10 minutos. Añada más caldo de pollo o agua si lo considera necesario, rectifique la cantidad de sal y retire la sopa del fuego en cuanto hierva de nuevo.

Creación de Víctor Nava
inspirada en la Ciudad
de México

Rendimiento: 8-10 personas
Preparación: 20 min
Cocción: 25 min
Dificultad: ▌▌
Costo: ▌▌

Corona de fideos

Ingredientes

- 6 jitomates hervidos y pelados
- 4 tazas de aceite
- 500 g de fideos gruesos, en madeja
- 2 dientes de ajo picados finamente
- ½ cebolla mediana + 1 cucharada picada finamente
- 1 taza de queso fresco rallado
- 2 cucharadas de orégano seco
- 8 chiles chipotles adobados
- 1 aguacate cortado en rebanadas
- sal y pimienta, al gusto

Procedimiento

1. Precaliente el horno a 180 °C.
2. Hierva los jitomates en una olla con suficiente agua hasta que se suavicen ligeramente; pélelos y reserve los jitomates y el agua de cocción por separado.
3. Ponga sobre el fuego una cacerola con el aceite y dore la madeja de fideos durante 2 o 3 minutos, volteándola de vez en cuando sin romperla. Escúrrala y resérvela.
4. Licue los jitomates con el ajo, la media cebolla, sal y pimienta al gusto y un poco del agua de cocción de los jitomates. Ponga este caldillo sobre el fuego y deje que hierva durante 15 minutos.
5. Distribuya la madeja de fideos fritos en un molde metálico en forma de corona. Agregue el caldillo de jitomate hasta cubrirlos por completo y tape el molde con papel aluminio. Hornee la corona de fideos durante 15 minutos.
6. Mezcle el queso con el orégano, la cebolla picada y sal y pimienta al gusto. Corte los chiles chipotles por un costado, retíreles las semillas con una cuchara y rellénelos con la mezcla de queso.
7. Desmolde la corona de fideos sobre un platón y acompáñela con los chiles chipotles rellenos y las rebanadas de aguacate.

Yucatán

Rendimiento: 6 personas
Preparación: 15 min
Cocción: 25 min
Dificultad: ▌▌
Costo: ▌▌

Cazuela de
fideos y huevos

Ingredientes

- 12 huevos
- 4 cucharadas de cebollín picado o rabos de cebolla cambray picados
- ½ taza de aceite o de manteca de cerdo
- 2 cebollas cambray picadas
- 1 chile güero xcatic picado

- 3 dientes de ajo picados finamente
- 1 jitomate grande picado
- 1 cucharada de pasta de achiote
- 1 taza de jugo de naranja agria o ¾ de taza de jugo de naranja dulce con ¼ de taza de jugo de limón

- 1 ℓ de caldo o agua hirviendo
- 300 g de fideos delgados
- sal al gusto

Procedimiento

1. Bata los huevos con 1 cucharada de agua y un poco de sal hasta que esponjen. Mézclelos con el cebollín o los rabos de cebolla cambray.
2. Ponga sobre el fuego un sartén antiadherente con la mitad del aceite o de la manteca y vierta allí los huevos para hacer una tortilla de huevo tierna. Resérvela.
3. Sofría en una cazuela honda con el aceite restante las cebollas, el chile y el ajo picados. Cuando empiecen a dorarse, añada el jitomate picado.
4. Disuelva la pasta de achiote en el jugo de naranja agria o en la mezcla de jugo de naranja dulce con jugo de limón; cuélelo y viértalo al sofrito.

5. Agregue al sofrito el caldo o el agua hirviendo y sal al gusto; cuando hierva a borbotones, añada los fideos y deje que se cocinen por 10 minutos.
6. Corte la tortilla de huevo en cuadros pequeños y añádalos al caldillo. Rectifique la sazón y sirva.

En México, el término "tortilla" siempre designa a la tortilla de maíz o a la de harina de trigo. Para distinguirla de la tortilla española, a ésta se la llama "tortilla de huevo".

San Cristóbal de las Casas,
Chiapas

Rendimiento: 8 personas
Preparación: 35 min
Cocción: 40 min
Reposo: 5 min
Dificultad: ▊
Costo: ▊

Sopa de pan

Ingredientes

- 1 ℓ de caldo de gallina o de pollo
- 2 ramas de tomillo fresco
- 2 ramas de orégano fresco
- 4 pimientas negras
- hebras de azafrán al gusto, remojadas en 1 cucharada de agua caliente
- 3 cucharadas rasas de azúcar
- ¼ de taza de chícharos
- 2 papas medianas rebanadas

- 2 zanahorias rebanadas
- 15 ejotes
- 300 g de calabacitas chicas rebanadas
- 4 cucharadas rasas de manteca de cerdo
- 5 piezas de pan dulce cortado en rebanadas pequeñas, tostadas
- 200 g de *baguette* cortada en rebanadas pequeñas, tostadas
- 2 jitomates rebanados

- ½ cebolla cortada en rebanadas grandes, blanqueadas
- 2 plátanos machos cortados en rebanadas, fritas
- ¾ de taza de pasitas
- 2 huevos cocidos cortados en rebanadas
- sal al gusto

Procedimiento

1. Vierta en una olla el caldo de gallina o de pollo y añádale las ramas de tomillo y de orégano, las pimientas, las hebras de azafrán y el azúcar. Póngalo sobre el fuego, y cuando hierva, verifique la sazón, baje el fuego al mínimo y manténgalo caliente.

2. Cueza en agua hirviendo las verduras (chícharos, papas, zanahorias, ejotes y calabacitas) sin que se excedan de cocción para conservar su textura crocante.

3. Engrase el interior de una cazuela con la manteca y acomode en el fondo una capa de rebanadas de pan dulce y de *baguette*. Coloque encima una capa de verduras cocidas con rebanadas de jitomate, de cebolla y de plátano macho, así como pasitas. Continúe con otra capa de pan y otra de verduras y frutos hasta terminar con los ingredientes. Distribuya encima las rebanadas de huevo cocido duro.

4. Añada el caldo caliente a la sopa hasta cubrir todas las capas de pan. Tape la cazuela y deje reposar la sopa durante 5 minutos; al final, no debe quedar ni muy seca ni muy caldosa. Sírvala caliente en la misma cazuela.

Ciudad de México

Rendimiento: 8 personas
Preparación: 15 min
Cocción: 15 min
Dificultad:
Costo:

Sopa de
tortilla

Ingredientes

- ½ taza de aceite + 2 cucharadas
- 10 tortillas de maíz del día anterior, cortadas en tiras delgadas
- 3 dientes de ajo asados
- 1 cebolla asada y cortada en rebanadas
- 5 jitomates asados, pelados y sin semillas
- 2 chiles pasilla asados e hidratados + 2 desvenados, cortados en tiras y fritas
- 1 rama de epazote + 8 hojas para decorar
- 2 ℓ de caldo de pollo
- 1 taza de queso añejo desmoronado
- 2 aguacates cortados en rebanadas
- cilantro picado, al gusto
- cebolla picada, al gusto
- sal al gusto

Procedimiento

1. Ponga sobre el fuego un cazo con ½ taza de aceite y fría en él las tiras de tortillas de maíz hasta que se doren ligeramente. Escúrralas y resérvelas.

2. Licue los ajos, la cebolla, los jitomates y los chiles pasilla asados. Ponga sobre el fuego una cazuela con las 2 cucharadas de aceite restantes y vierta allí el molido de jitomate con la rama de epazote. Deje que hierva por 2 minutos.

3. Añada a la cazuela el caldo de pollo; cuando hierva, agregue las tiras fritas de chile pasilla, verifique la sazón, retire la rama de epazote e incorpore las tiras fritas de tortilla.

4. Sirva la sopa acompañada del queso añejo, el aguacate, el cilantro y la cebolla. Decore con las hojas de epazote.

Adaptació del Convento de
Capuchinas, Guadalajara, Jal.

Rendimiento: 8-10 personas
Preparación: 20 min
Cocción: 2 h aprox
Reposo: 30 min
Dificultad: ▌▌
Costo: ▌▌

Sopa seca
de natas

Ingredientes

Crepas
- 1 taza de leche
- 5 huevos
- ⅔ de taza de harina de trigo
- cantidad suficiente de mantequilla

Salsa
- 1 kg de jitomates
- 1 taza de natas
- sal al gusto

Relleno
- ½ pechuga de pollo grande
- ¼ de cebolla
- 3 ramas de cilantro
- 4 chiles poblanos
- sal al gusto

Armado
- ⅓ de taza de mantequilla cortada en cubos pequeños

Procedimiento

Crepas

1. Mezcle en un recipiente la leche con los huevos y la harina. Deje reposar la mezcla durante 30 minutos.
2. Ponga sobre el fuego un sartén pequeño con un poco de mantequilla y vierta un cucharón de la mezcla para crepas; ladee el sartén por todos lados para que la mezcla se extienda de manera uniforme y resulte una crepa muy delgada. Transcurridos 1 o 2 minutos, voltee la crepa y deje que se cocine por el otro lado. Retire la crepa del sartén y repita este procedimiento hasta terminar con toda la mezcla para crepas. Resérvelas cubiertas con un paño húmedo.

Salsa

1. Hierva en una olla con agua los jitomates hasta que estén suaves. Drénelos, lícuelos, cuele la salsa resultante y viértala en una cacerola. Colóquela sobre el fuego y deje que se reduzca hasta obtener un puré.
2. Licue 2 cucharones del puré de jitomate con las natas hasta obtener una mezcla homogénea. Añada el resto del puré de jitomate y sal al gusto y licue de nuevo. Reserve la salsa.

Relleno

1. Cueza la pechuga en suficiente agua con la cebolla, las ramas de cilantro y sal al gusto durante 45 minutos. Saque la pechuga del caldo, deje que se enfríe y deshébrela finamente.
2. Ase los chiles poblanos directamente en la llama de la estufa. Introdúzcalos en una bolsa de plástico y déjelos reposar durante 10 minutos. Retíreles la piel, las semillas y los rabos y haga rajas muy delgadas.

Armado

1. Precaliente el horno a 200 °C.
2. Unte con mantequilla un molde redondo de 25 centímetros de diámetro o una cazuela. Vierta en el fondo un poco de la salsa y cúbrala con crepas. Añada encima un poco más de salsa y distribuya un poco del pollo deshebrado y de las rajas de chile poblano. Agregue un poco más de salsa, cúbrala con más crepas, y continúe de la misma forma hasta llegar al borde del molde o cazuela. Bañe ligeramente la última capa con salsa y distribuya los cubos de mantequilla.
3. Hornee la sopa durante 1 hora. Verifique la cocción introduciendo un cuchillo en el centro, el cual deberá salir bien caliente, y rectificando que la superficie de la sopa esté dorada.
4. Corte raciones de la sopa de la misma forma en que lo haría con un pastel y sirva.

Quintana Roo
Rendimiento: 4 personas
Preparación: 15 min
Cocción: 35 min
Dificultad:
Costo:

Joroch

Ingredientes

- 15 flores de calabaza
- 2 chiles anchos sin semillas ni venas, asados, hidratados y molidos
- 250 g de masa de maíz nixtamalizada
- sal al gusto

Procedimiento

1. Lave ligeramente las flores de calabaza y colóquelas en una cacerola sobre el fuego con 6 tazas de agua, el molido de chiles y sal al gusto. Antes de que se caliente, reserve ½ taza del líquido.
2. Elabore con la masa de maíz pequeñas gorditas de aproximadamente 1.5 centímetros de diámetro. Cuando el agua con el molido de chiles comience a hervir, introduzca en ella las gorditas, una por una. Las tres últimas gorditas deshágalas en la ½ taza del líquido de cocción que reservó y añádalo a la sopa. Deje la sopa sobre el fuego, moviéndola constantemente con una pala de madera, durante 20 minutos o hasta que obtenga una consistencia ligeramente espesa. Rectifique la sazón y sirva.

Estado de México
Rendimiento: 6 personas
Preparación: 15 min
Cocción: 25 min
Dificultad:
Costo:

Caldo de hongos

Ingredientes

- 1 kg de hongos de temporada
- ¼ de taza de aceite de oliva
- 2 dientes de ajo picados finamente
- ¼ de taza de cebolla picada finamente
- 1 cucharadita de perejil picado
- 2 cucharaditas de hojas de epazote troceadas
- 2 chiles verdes picados
- 1.5 ℓ de caldo de pollo o de verduras, caliente
- sal al gusto

Procedimiento

1. Limpie cada hongo con una escobetilla. Parta los de tamaño grande de la medida de un bocado y los pequeños déjelos enteros.
2. Ponga sobre el fuego una cazuela con el aceite y sofría el ajo y la cebolla hasta que esta última esté transparente. Añada los hongos, las hierbas y el chile, y deje la preparación sobre el fuego durante 15 minutos aproximadamente o hasta que los hongos comiencen a soltar su jugo.
3. Vierta en la cazuela el caldo de pollo o de verduras, añada sal, deje hervir el caldo de hongos un par de minutos más y sirva.

México es privilegiado en variedad de hongos. En la temporada de lluvias es posible encontrar en el mercado varios de ellos. En esta sopa no deberían faltar los hongos clavito, muy apropiados para caldos. Fuera de temporada, use hongos de cultivo.

Caldo de
aromas

Creación inspirada en Yucatán

Rendimiento: 3.5 litros
Preparación: 15 min
Cocción: 3 h aprox.
Dificultad:
Costo:

Ingredientes

- 500 g de huesos de ternera o de res
- 2 huacales de pollo o 1 de pavo
- 4 alones de pollo o 2 de pavo
- 12 patas de pollo limpias
- ½ cucharada de sal gruesa
- 1 cebolla
- 2 cabezas de ajo medianas asadas
- 8 pimientas gordas
- 15 pimientas negras
- ½ cucharada de orégano fresco
- 1 raja de canela de 5 cm
- 5 clavos de olor
- 1 cucharada de semillas de anís o 2 piezas de anís estrella
- 1 lima yucateca

Procedimiento

1. Machaque ligeramente los huesos de ternera o de res y hornéelos hasta que se doren. Colóquelos en una olla sobre el fuego con los huacales, los alones y las patas de pollo o pavo, 4 litros de agua y la sal; cuando hierva, retire la espuma de la superficie y añada la cebolla y las cabezas de ajo asadas.

2. Ase ligeramente las especias y macháquelas en un molino o molcajete. Colóquelas sobre un trozo pequeño de manta de cielo, elabore un saquito atando las puntas con hilo cáñamo y añádalo al caldo junto con la lima. Deje que el caldo hierva a fuego bajo, retirando la espuma de la superficie constantemente, durante 1 hora o hasta que se haya reducido a 3 litros.

Cuele el caldo, retire el exceso de grasa y sírvalo o déjelo enfriar para conservarlo en refrigeración y utilizarlo posteriormente en otra preparación.

Si utiliza olla exprés para elaborar este caldo, sólo añada 2½ ℓ de agua y deje que se cueza durante 50 minutos a partir de que el vapor de la olla comience a escapar.

Congele este caldo para conservarlo por más tiempo.

Caldillo de
frijol

Chihuahua

Rendimiento: 4 personas
Preparación: 15 min
Cocción: 20 min
Dificultad:
Costo:

Ingredientes

- 1 cucharada de aceite
- 200 g de chorizo desmenuzado
- 1 cebolla picada finamente
- 1 receta de frijoles de la olla con caldo (ver pág. 146)
- 4 hojas de aguacate o 1 rama de hinojo
- sal al gusto

Procedimiento

1. Ponga sobre el fuego una cacerola con el aceite y fría el chorizo junto con la cebolla. Agregue los frijoles y las hojas de aguacate o la rama de hinojo. Deje que la preparación hierva por 10 minutos a fuego bajo.

2. Licue los frijoles con todos los ingredientes y un poco del caldo de cocción hasta obtener un puré terso; cuélelo si es necesario. Ponga el caldillo en la cacerola sobre el fuego y aligere su consistencia con caldo de frijol en caso de ser necesario. Si siguiera muy espeso, añádale un poco de agua y verifique la sazón. Deje que hierva unos minutos y sirva.

Adaptación de Rubén Amador y Juan Pablo Bernal inspirada en Oaxaca

Rendimiento: 6-8 personas
Preparación: 40 min
Cocción: 30 min
Dificultad: ▌▌
Costo: ▌

Sopa de guías de
flores de frijolón

Ingredientes

- 4 elotes tiernos cortados en rebanadas
- 4 dientes de ajo picados finamente
- 1 cebolla mediana troceada
- 2 chiles guajillos asados, sin semillas ni venas e hidratados

- 12 flores de calabaza
- 400 g de guías de flores de frijolón, troceadas
- 4 calabacitas redondas cortadas en cuartos
- 1 taza de chepil
- 500 g de masa para tortillas

- 5 cucharadas de manteca
- cuartos de limón, al gusto (opcional)
- sal al gusto

Procedimiento

1. Cueza los elotes rebanados con los dientes de ajo y la cebolla troceada en una olla con 3 litros de agua durante 20 minutos o hasta que los elotes estén tiernos.
2. Licue los chiles con un poco del agua donde se hidrataron, cuélelos y reserve el molido. Separe los tallos de las flores de calabaza y añádalos a la olla junto con el molido de chiles. Deje que hierva durante un par de minutos y añada las guías de flores de frijolón, las flores de calabaza, las calabacitas y el chepil; agregue sal al gusto.
3. Amase la masa con la manteca y sal al gusto. Elabore chochoyotes, es decir, esferas del tamaño de una cereza con una cavidad en el centro. Añádalos a la sopa y deje que hiervan durante 5 minutos o hasta que estén cocidos; no sobrepase el tiempo de cocción, ya que se desbaratarían. Rectifique la cantidad de sal.
4. Sirva la sopa con cualquier salsa de su elección y con los cuartos de limón para que cada comensal los exprima al gusto sobre su sopa.

Puede sustituir las guías de flores de frijolón por guías de flores de calabaza.

Sopa
aromática de lima

Yucatán

Rendimiento: 8-10 personas
Preparación: 20 min
Cocción: 45 min
Dificultad:
Costo:

Ingredientes

- 1 pechuga de pavo de 1.5 kg, o 2 pechugas de pollo de 750 g c/u
- 2 ℓ de caldo de aromas (ver pág. 105)
- 6 limas
- 1 chile güero entero
- 2 jitomates asados, sin semillas y molidos
- 1 rama de cilantro
- 1 rama de epazote
- 6 tortillas cortadas en tiras muy delgadas y fritas
- 1 chile habanero asado y picado en cubos pequeños
- sal al gusto

Procedimiento

1. Ponga a cocer la pechuga de pavo o las 2 pechugas de pollo en el caldo de aromas junto con 1 lima, el chile güero, el jitomate molido y las ramas de cilantro y epazote. Cuando la pechuga esté cocida, añada sal al gusto y retire el caldo del fuego. Deje enfriar la pechuga dentro del caldo y después deshébrela y mézclala con el jugo de 3 limas.

2. Retire del caldo la lima, el chile güero y las ramas de cilantro y de epazote. Ponga el caldo nuevamente sobre el fuego, añada la carne deshebrada y deje que hierva a fuego bajo durante un par de minutos.

3. Sirva la sopa acompañada con las tiras de tortillas fritas, las limas restantes cortadas en rebanadas y el chile habanero.

Sirva esta sopa también con ralladura de cáscara de lima sin la parte blanca interna.

Creación inspirada en el Estado de México

Rendimiento: 4 personas
Preparación: 10 min
Cocción: 20 min
Dificultad: ▌
Costo: ▌▌

Sopa de
cuitlacoche

Ingredientes

- 250 g de cuitlacoche guisado (ver pág. 125)
- 1 ℓ de caldo de pollo
- 3 hojas de epazote
- 1 taza de crema espesa
- 1 chile pasilla cortado en tiras muy delgadas, fritas
- sal y pimienta, al gusto

Procedimiento

1. Licue el cuitlacoche guisado con 2 tazas de caldo de pollo. Ponga sobre el fuego una cacerola y vacíe en ella el molido de cuitlacoche, el resto del caldo de pollo y las hojas de epazote; rectifique la cantidad de sal y de pimienta y deje que la sopa se caliente sin que hierva.
2. Sirva la sopa en tazones individuales y al centro de cada uno disponga un poco de crema, así como de tiras fritas de chile pasilla.

Adaptación de Elsa Kahlo inspirada en el Estado de México

Rendimiento: 4 personas
Preparación: 10 min
Cocción: 20 min
Dificultad: ▌▌
Costo: ▌▌

Sopa de
quintoniles

Ingredientes

- 250 g de hojas de quintoniles
- 1 pizca de bicarbonato de sodio
- 2 cucharaditas de aceite
- 1 cucharada de mantequilla
- ¼ de cebolla picada
- 1 diente de ajo pequeño picado
- 2 jitomates picados, pelados y sin semillas
- 1.250 ℓ de caldo de pollo
- 1 rama de epazote
- ⅓ de taza de queso panela cortado en cubos pequeños
- 1 tortilla de maíz cortada en cuadros pequeños y fritos
- sal al gusto

Procedimiento

1. Ponga a hervir las hojas de quintoniles en una olla con 2.5 litros de agua y el bicarbonato durante 3 minutos. Sáquelas del agua caliente, refrésquelas con agua fría, píquelas y resérvelas.
2. Ponga sobre el fuego una cacerola con el aceite y la mantequilla y sofría en ella la cebolla hasta que esté transparente; agregue el ajo, fría por 2 minutos más y añada el jitomate. Deje cocer la preparación durante 7 minutos.
3. Incorpore los quintoniles al sofrito y añada el caldo de pollo y la rama de epazote. Deje que hierva por 4 minutos más y rectifique la cantidad de sal.
4. Sirva la sopa caliente acompañada con los cubos de queso panela y los cuadritos fritos de tortilla.

**Creación de Miguel Jiménez
inspirada en Oaxaca**

Rendimiento: 6 personas
Preparación: 10 min
Cocción: 25 min
Dificultad:
Costo:

Sopa de
chapulines

Ingredientes

- 3 cucharadas de mantequilla
- 2 cucharadas de aceite
- 300 g de papas cocidas, peladas y troceadas
- 3 dientes de ajo picados
- ⅓ de cebolla rebanada

- ½ taza de vino blanco
- 1 cucharadita de orégano fresco
- 2 ℓ de caldo de pollo
- 150 g de chapulines pequeños, asados

- 100 g de quesillo (queso Oaxaca o de hebra) cortado en cuadritos
- 1 taza de chapulines pequeños, deshidratados
- sal al gusto

Procedimiento

1. Ponga sobre el fuego una cacerola con la mantequilla y el aceite y saltee las papas, el ajo y la cebolla durante 8 minutos.
2. Añada a la cacerola el vino blanco, el orégano y 6 tazas de caldo. Deje que la preparación se cocine durante 10 minutos aproximadamente y retírela del fuego. Cuando esté tibia, licúela con los chapulines asados y cuélela.
3. Vierta la sopa en la cacerola, añádale sal y deje que se cocine por 5 minutos más. Si se espesa demasiado, añada más caldo.
4. Sirva la sopa caliente acompañada con el quesillo y los chapulines deshidratados.

Como complemento de muchas comidas y bebidas, los chapulines (nombre náhuatl que corresponde en español a "saltamontes") son un ingrediente común en la cocina oaxaqueña y, con el célebre quesillo, uno de los singulares atractivos de los mercados. Estos pequeños insectos se encuentran en los campos de alfalfa y se capturan con facilidad casi todo el año. Se lavan y hierven con sal y se comen secos, fritos o tostados, enteros o en polvo mezclados con chile y sal.

Creación de Leticia Alexander inspirada en la Ciudad de México

Rendimiento: 8 personas
Preparación: 40 min
Cocción: 50 min
Dificultad:
Costo:

Sopa de elote con aceite de
chile poblano

Ingredientes

Aceite de chile poblano
- 2 tazas de aceite de maíz
- 2 chiles poblanos medianos
- cantidad suficiente de sal

Chochoyotes
- 5 cucharadas de manteca de cerdo
- ⅓ de cebolla picada finamente
- 2 dientes de ajo machacados

- 100 g de cuitlacoche fresco, picado
- 300 g de masa para tortillas
- sal al gusto

Sopa
- 6 elotes tiernos
- ½ poro
- 1 papa blanca
- 2 cucharadas de mantequilla

- 1 cucharada de aceite de maíz
- 2 dientes de ajo, sin cáscara
- 2 ℓ de caldo de pollo
- 3 ramas de epazote
- sal al gusto

Decoración
- 8 hojas verdes de elote

Procedimiento

Aceite de chile poblano
1. Ponga sobre el fuego el aceite en una freidora o una cacerola pequeña con bordes altos. Cuando humee ligeramente el aceite, fría cada chile hasta que les salgan ampollas en toda la superficie. Introdúzcalos en una bolsa de plástico, espolvoréelos con sal y déjelos sudar durante 15 minutos.
2. Pele los chiles, retíreles las semillas y las venas y trócelos. Licúelos con un poco de sal, mientras añade poco a poco el aceite. Al final, verifique la cantidad de sal.
3. Vacíe el aceite en un frasco limpio con tapa y resérvelo.

Chochoyotes
1. Coloque 1 cucharada de manteca en un sartén, caliéntelo a fuego medio y sofría la cebolla durante 3 minutos; agregue el ajo y sofría 2 minutos más. Añada el cuitlacoche y deje que la preparación se cocine durante 5 minutos, moviéndola continuamente. Agregue sal al gusto, retire la preparación del fuego y resérvela.
2. Amase la masa con las manos hasta que adquiera una consistencia tersa; en caso de ser necesario, añada un poco de agua. Agregue la manteca restante poco a poco hasta obtener una masa de consistencia uniforme. Elabore tortitas de 3 centímetros de diámetro, rellénelas con el cuitlacoche y cierre cada una formando una esfera. Introduzca la punta del dedo meñique en cada esfera para formar una cavidad.
3. Cueza en agua hirviendo los chochoyotes sin que se deshagan. Cuélelos y resérvelos.

Sopa
1. Corte los elotes por la mitad a lo largo y colóquelos en una olla mediana; cúbralos con agua, tape parcialmente la olla y cuézalos hasta que estén tiernos. Retire los elotes del agua, desgránelos y resérvelos.
2. Corte el poro en rebanadas delgadas. Pele la papa y córtela en cubos. Ponga sobre el fuego una cacerola con la mantequilla y el aceite y sofría las rebanadas de poro, los cubos de papa y los ajos, sin que se doren. Retírelos del fuego y licúelos con los granos de elote hasta obtener una mezcla homogénea. Pásela por un colador fino y viértala a la cacerola. Añada el caldo de pollo, las ramas de epazote y sal al gusto; cuando hierva, retire la sopa del fuego.
3. Sirva la sopa con un poco del aceite de chile poblano y con los chochoyotes encima de una hoja de elote colocada en el borde de cada plato.

El aceite de chile poblano se conserva hasta 5 días en refrigeración.

Sopa de
arroz y almejas

Creación inspirada en
Nayarit
Rendimiento: 6 personas
Preparación: 15 min
Cocción: 30 min
Dificultad: ▌▌
Costo: ▌▌▌

Ingredientes
- 5½ tazas de caldo corto o de caldo de pescado caliente (ver pág. 394)
- 1 taza de mezcla de hojas picadas de perejil, cilantro, albahaca y ½ hoja santa sin venas
- 2 chiles chilacas asados y desvenados
- ⅓ de taza de cebolla picada
- 2 dientes de ajo picados
- ¼ de taza de aceite de maíz
- 1¼ tazas de arroz lavado varias veces y escurrido
- 400 g de almejas con su concha
- sal al gusto

Procedimiento
1. Licue en ½ taza del caldo corto o del caldo de pescado la mezcla de hierbas, los chiles, la cebolla, el ajo y sal al gusto, esta última sólo si es necesario; cuele y reserve.
2. Ponga sobre el fuego una cacerola de fondo grueso o de barro con el aceite de maíz; cuando humee ligeramente, añada el arroz y fríalo durante 7 minutos aproximadamente, moviéndolo continuamente. Al final, el arroz debe tener un color dorado ligero.
3. Vierta sobre el arroz el molido de hierbas y chiles, verificando que se distribuya uniformemente en la cacerola. Añada el caldo corto o caldo de pescado restante al arroz, moviéndolo ligeramente para integrar todos los ingredientes. Baje el fuego, tape la cacerola y deje que se cocine durante 20 minutos. Añada las almejas, tape la cacerola nuevamente y deje sobre el fuego durante 5 minutos más. Verifique la cantidad de sal y sirva.

Para hacer una sopa seca, vierta la mitad del caldo de pescado o caldo corto restante caliente en el arroz y tape la cacerola. Deje sobre el fuego hasta que el arroz se esponje y esté cocido. Añada las almejas, tape la cacerola nuevamente y deje que la sopa se cocine durante 5 minutos más. Sirva.

Puede sustituir las almejas por camarones medianos, mejillones, o una mezcla de ellos. También puede cambiar a su gusto las hierbas aromáticas o usar un pimiento morrón verde en lugar del chile si no desea que pique; por el contrario, si desea la sopa más picante, utilice jalapeños sin desvenar en lugar de chiles chilacas.

Chileatole de
flor de calabaza

Oaxaca
Rendimiento: 1 ℓ / 6 personas
Preparación: 20 min
Cocción: 40 min
Dificultad: ▌
Costo: ▌

Ingredientes
- 8 tazas de caldo de pollo
- 10 elotes tiernos desgranados
- 250 g de masa de maíz
- 10 chiles costeños de Oaxaca sin venas ni semillas e hidratados
- 500 g de flores de calabaza limpias
- sal al gusto

Procedimiento
1. Vierta en una olla 5 tazas del caldo y póngala sobre el fuego; cuando hierva, añada los granos de elote y cuézalos entre 10 y 15 minutos o hasta que estén tiernos.
2. Disuelva la masa de maíz en 2 tazas de caldo de pollo y añádala a la olla con los granos de elote, moviendo la preparación para evitar que la masa forme grumos.
3. Licue los chiles con caldo de pollo restante y añádalos a la preparación. Mezcle ocasionalmente, raspando el fondo de la olla para evitar que la masa se pegue, y deje que se cueza hasta que el chileatole tenga una consistencia ligeramente espesa.
4. Agregue al chileatole las flores de calabaza y sal al gusto, deje que hierva un par de minutos más y sirva.

Creación inspirada en
Tlaxcala
Rendimiento: 6 personas
Preparación: 25 min
Cocción: 1 h 30 min
Dificultad:
Costo:

Chileatole de
hongos y verdolagas

Ingredientes

- 250 g de carne maciza de cerdo, troceada
- 1 cebolla partida por la mitad
- 2 dientes de ajo
- 4 jitomates asados, pelados, sin semillas y troceados
- 2 chiles anchos sin semillas ni venas, tostados e hidratados
- ½ cucharada de chiles chiltepín tostados
- 250 g de hongos silvestres
- 250 g de verdolagas limpias
- 2 ramas de epazote
- 250 g de masa de maíz
- sal al gusto

Procedimiento

1. Cueza la carne de cerdo en una olla con suficiente agua, una mitad de cebolla, un diente de ajo y sal al gusto durante 45 minutos o hasta que esté tierna.

2. Licue los jitomates con un poco de caldo de carne, los chiles, la cebolla y el diente de ajo restantes. Vierta el molido en una cacerola sobre el fuego y deje que se cueza hasta que la preparación cambie a un color opaco.

3. Mezcle el caldo restante con agua hasta obtener 5 tazas de líquido. Añádalo a la cacerola y deje que hierva. Agregue los hongos, las verdolagas y las ramas de epazote.

4. Disuelva la masa en 1 taza de agua, agréguela a la cacerola y mueva la preparación constantemente para que no se pegue la masa al fondo de la cacerola. Cuando el chileatole tenga una consistencia ligeramente espesa, añada sal al gusto, deje que hierva un par de minutos más y sírvalo.

Los chileatoles, cuya variedad es grande, son de origen indígena, y a menudo representan una comida completa. Rara vez contienen carnes y casi siempre están espesados con masa de maíz. Intermedios entre bebidas y platos fuertes, son un aspecto importante de la cocina tradicional.

Creación inspirada en
la Ciudad de México
Rendimiento: 6-8 personas
Preparación: 10 min
Cocción: 30 min
Dificultad:
Costo:

Crema de
elote

Ingredientes

- 3 tazas de granos de elotes tiernos
- 2 tazas de caldo de pollo
- 2 tazas de leche
- ½ cebolla
- 2 dientes de ajo
- 3 cucharadas de mantequilla cortada en cubos pequeños
- 4 pizcas de nuez moscada
- sal y pimienta blanca, al gusto

Procedimiento

1. Cueza en una cacerola los granos de elote con el caldo de pollo, la leche, la cebolla, los dientes de ajo y sal y pimienta blanca al gusto.

2. Reserve 1 taza de granos de elote y licue el resto. Añada un poco más de leche si fuera necesario y cuele.

3. Vierta la sopa en la cacerola y verifique la cantidad de sal y pimienta. Deje que hierva un par de minutos e incorpore la mantequilla, mezclándola enérgicamente para integrarla a la crema.

4. Sirva la crema adornada con los granos de elote que reservó y con un poco de nuez moscada.

Creación inspirada en la Ciudad de México

Rendimiento: 6 personas
Preparación: 20 min
Cocción: 3 h 10 min
Dificultad: ▌▌
Costo: ▌

Potaje de
habas

Ingredientes

- 300 g de habas secas
- 2 cucharadas de manteca de cerdo o aceite
- 100 g de chorizo cortado en rebanadas + 50 g desmenuzado y frito
- 2 chiles pasilla triturados
- 2 dientes de ajo medianos picados
- 3 cucharadas de cebolla picada finamente
- 2 jitomates chicos, molidos y colados
- 2 cucharadas de hojas de cilantro picadas
- sal y pimienta, al gusto

Procedimiento

1. Coloque en una olla con tapa 2 litros de agua y las habas secas. Póngala sobre el fuego y deje que hierva durante 2½ horas o hasta que las habas estén suaves.

2. Ponga sobre el fuego la manteca de cerdo o el aceite en una cacerola y fría las rebanadas de chorizo, los chiles pasilla, el ajo y la cebolla; cuando esta última esté traslúcida, añada el puré de jitomate y sal y pimienta al gusto. Cuando se evapore la mayor parte del líquido, vacíe esta preparación en la olla con las habas.

3. Deje la olla sobre fuego medio hasta que las habas se deshagan y obtenga una consistencia de crema ligera, durante 20 minutos aproximadamente. Cuele. Si quedara muy espesa, agregue un poco de agua o caldo y verifique la sazón.

4. Sirva el potaje caliente espolvoreado con el cilantro picado y el chorizo frito.

Si utiliza una olla exprés acortará el tiempo de cocción de las habas a 45 minutos; en ese caso, sólo utilice 1 ℓ de agua.

Elabore un potaje de chícharos sustituyendo las habas por chícharos secos.

Acompañe este potaje con rebanadas de pan fritas o cuadritos de nopal cocidos.

Estado de México

Rendimiento: 6-8 personas
Preparación: 10 min
Cocción: 30 min
Dificultad: ▌▌
Costo: ▌▌

Sopa de
médula

Ingredientes

- 2 cucharadas de aceite
- 3 cucharadas de cebolla picada
- 3 dientes de ajo pelados
- 4 chiles guajillo desvenados y limpios
- 4 jitomates guaje troceados
- 1 kg de médula limpia cortada en trozos pequeños
- 2 ramas de epazote
- sal y pimienta, al gusto

Procedimiento

1. Ponga sobre el fuego una cacerola con el aceite y sofría la cebolla, los ajos, los chiles y los jitomates. Retire los ingredientes del fuego, lícuelos, cuele el molido y vacíelo en la cacerola. Añada los trozos de médula, 2 litros de agua, las ramas de epazote y sal y pimienta al gusto. Deje que la sopa se cocine durante 10 minutos, verifique la sazón y sirva.

Creación inspirada en Puebla
Rendimiento: 6 personas
Preparación: 30 min
Cocción: 20 min
Dificultad:
Costo:

Pozolillo poblano

Ingredientes

- 2 chiles poblanos asados, sin semillas ni venas
- 1.5 ℓ de caldo de pollo desgrasado
- 1 taza de granos de elote gordo cocido
- 1 cucharada de hojas de perejil
- 1 cucharada de hojas de cilantro
- 1¼ tazas de jocoque líquido
- 1 cucharadita de azúcar
- ¼ de taza de mantequilla
- 2 cucharadas de aceite de maíz
- 200 g de cuitlacoche fresco
- 2 tortillas de maíz cortadas en cuadros chicos, fritos
- ⅔ de taza de queso ranchero cortado en cubos pequeños
- sal y pimienta, al gusto

Procedimiento

1. Licue 1 chile poblano con el caldo, ½ taza de granos de elote, las hojas de perejil y de cilantro, el jocoque, el azúcar y sal al gusto. Cuele y reserve.
2. Corte en tiras delgadas el chile poblano restante y resérvelas.
3. Ponga sobre el fuego un sartén con la mantequilla y el aceite, y sofría los granos de elote restantes, sin que se doren. Retírelos del sartén y resérvelos.
4. Fría el cuitlacoche en el mismo sartén, sin desbaratarlo. Salpimiéntelo y resérvelo.
5. Antes de servir, caliente el molido de chile poblano y granos de elote hasta que hierva, evitando que se formen grumos; en caso de haberlos, cuele.
6. Distribuya en platos hondos individuales tiras de chile poblano, granos de elote, cuadros de tortilla, cubos de queso y el cuitlacoche. Vierta el pozolillo en una sopera y sírvalo en cada plato en la mesa.

Adaptación de Gerardo Vázquez Lugo inspirada en Tolimán, Querétaro

Rendimiento: 6 personas
Preparación: 10 min
Cocción: 50 min
Reposo: 12 h
Dificultad:
Costo:

Garbanzos en
amarillo

Ingredientes

- 500 g de garbanzos frescos
- 5 cucharadas de manteca de cerdo
- 1 cebolla cortada en rebanadas
- 2 dientes de ajo picados finamente
- 6 chiles cascabellillo o trompo verde
- 2 jitomates asados y cortados en rebanadas
- 1 trozo pequeño de cúrcuma o azafrancillo
- 1 pizca de cominos
- 100 g de masa de maíz
- 2 ramas de perejil
- sal al gusto

Procedimiento

1. Remoje los garbanzos en agua durante una noche.
2. Caliente una cazuela con la manteca hasta que ésta humee abundantemente. Sofría la cebolla, el ajo y los chiles enteros. Después, añada las rebanadas de jitomate y deje que se cocinen.
3. Pele el trozo de cúrcuma o azafrancillo y muélalo en licuadora con los cominos y un poco de agua; cuele y añada esta mezcla a la cazuela junto con sal al gusto.
4. Diluya la masa de maíz en 1 taza de agua y añádala a la cazuela junto con los garbanzos y las ramas de perejil. Mezcle y deje la preparación sobre el fuego durante 40 minutos o hasta que los garbanzos estén suaves.

Puede reducir la cantidad de chiles a su gusto.

Querétaro

Rendimiento: 6 personas
Preparación: 1 h
Cocción: 50 min
Dificultad:
Costo:

Sopa de
camote y pechuga

Ingredientes

- 500 g de camotes morados
- 250 g de carne de pechuga de gallina, troceada
- 2 yemas
- 3 cucharadas de manteca de cerdo
- ½ cucharadita de nuez moscada molida
- 2 pimientas gordas
- 1.5 ℓ de caldo de pollo sazonado
- 1 ramita de cilantro picado
- sal y pimienta, al gusto

Procedimiento

1. Caliente el horno a 180 °C.
2. Lave muy bien los camotes, colóquelos en una charola, cúbralos con papel aluminio y hornéelos durante 30 minutos o hasta que estén bien cocidos. Retíreles la piel, deseche cualquier parte dura o correosa, hágalos puré y retírele las hebras.
3. Licue el puré de camote con los trozos de pechuga de gallina, las yemas, la manteca de cerdo, la nuez moscada, las pimientas gordas y sal al gusto. Extienda esta mezcla en una superficie para formar una lámina de 8 centímetros de ancho y 1 centímetro de espesor. Corte tiras de 2 centímetros de ancho e introduzca una por una en una olla con agua hirviendo con sal; cuézalas durante 20 minutos. Sáquelas del agua y escúrralas bien.
4. Coloque las tiras de camote y pechuga en una sopera, vierta el caldo de pollo, espolvoree con la pimienta recién molida y con el cilantro picado y sirva.

Tlaxcala

Rendimiento: 8 personas
Preparación: 15 min
Cocción: 35 min
Dificultad: ▊▊
Costo: ▊▊

Chalupas

Ingredientes

- cantidad suficiente de aceite
- 500 g de chorizo desmenuzado
- 4 papas cocidas, peladas y cortadas en cubos pequeños
- 24 chalupas
- 1 taza de salsa de tomatillos silvestres (ver pág. 152)
- 1 taza de salsa roja de chile criollo (ver pág. 152)
- 1 taza de queso fresco rallado
- ¼ de taza de cebolla picada finamente
- aguacate rebanado, al gusto

Procedimiento

1. Caliente en una cacerola 2 cucharadas de aceite y fría el chorizo hasta que se dore ligeramente. Agregue las papas, mezcle, deje cocinar durante un par de minutos y retire del fuego.
2. Caliente en un sartén un poco de aceite y dore algunas chalupas. Acomódelas en un platón y póngales encima un poco de chorizo con papas, la salsa de su elección, queso, cebolla y aguacate. Sirva las chalupas y repita este paso con el resto de ellas.

Realice las chalupas formando con masa de maíz para tortillas discos delgados de 10 centímetros de diámetro aproximadamente. Cuézalos por ambos lados en un comal o sartén.

Puede cambiar el chorizo con papas por un poco de carne de cerdo cocida y desmenuzada.

Creación de Roberto González inspirada en Hidalgo

Rendimiento: 8 personas

Preparación: 5 min

Cocción: 15-20 min

Dificultad: ▌▌

Costo: ▌▌▌

Chalupitas con
gusanos de maguey

Ingredientes

- 3 cucharadas de mantequilla
- 2 cucharadas de aceite + cantidad suficiente
- 400 g de gusanos de maguey
- 32 chalupitas
- ½ taza de salsa borracha, caliente (ver pág. 156)
- ½ taza de salsa de tomate y jitomate, caliente (ver pág. 154)
- ½ taza de salsa de tomate frita, caliente (ver pág. 157)

Procedimiento

1. Ponga sobre fuego medio un sartén con la mantequilla y el aceite. Agregue los gusanos de maguey, tape el sartén y muévalo continuamente durante 5 minutos para que los gusanos se frían uniformemente. Retírelos del fuego y resérvelos calientes.

2. Ponga sobre el fuego un sartén con poco aceite; cuando esté caliente, añada las chalupitas. Distribuya las salsas sobre las chalupitas, póngales encima los gusanos y sírvalas.

Realice las chalupitas formando con masa de maíz para tortillas, pequeños sopes en forma ovoide de 6 centímetros de largo. Cuézalas por ambos lados en un comal o sartén.

Conserve los gusanos crudos hasta por 5 días entre hojas de maguey en un lugar fresco, o congelados hasta por 3 meses.

Acapulco, Guerrero

Rendimiento: 4 personas
Preparación: 30 min
Cocción: no requiere
Reposo: 2 h
Dificultad: ▌
Costo: ▌▌

Chilapitas de
ceviche

Ingredientes

- 250 g de filete de sierra sin piel ni espinas, cortado en cubos pequeños
- 1½ tazas de jugo de limón
- ½ taza de jugo de naranja
- 1 pizca de orégano seco
- 4 jitomates guajes
- ½ cebolla
- 2 chiles serranos sin semillas ni venas
- 3 ramas de cilantro
- ½ taza de aceite de oliva
- 12 chilapitas
- 1 aguacate cortado en láminas delgadas
- cantidad suficiente de hojas de cilantro para decorar
- sal al gusto

Procedimiento

1. Mezcle en un tazón el pescado con el jugo de los cítricos, el orégano y sal al gusto. Cubra el tazón y deje marinar el pescado en refrigeración durante 2 horas. Transcurrido el tiempo, escurra los cubos de pescado y reserve por separado la marinada.

2. Corte en cubos pequeños los jitomates y pique finamente la cebolla, los chiles y las ramas de cilantro.

3. Mezcle delicadamente en un tazón los cubos de pescado con el jitomate y los ingredientes picados; evite desbaratar el pescado y batirlo al mezclarlo. Verifique la cantidad de sal, añada un poco de la marinada e incorpore el aceite de oliva.

4. Distribuya el ceviche en cada chilapita y decórelas con las láminas de aguacate y las hojas de cilantro.

Nota: En lugar de colocar láminas de aguacate encima de las chilapitas, puede elaborar un puré y untarlo en la base de la chilapita.

Enchiladas **mineras**

Guanajuato
Rendimiento: 4 personas
Preparación: 25 min
Cocción: 15 min
Dificultad:
Costo:

Ingredientes

Salsa
- 5 chiles guajillos sin semillas ni venas, hidratados
- 1 diente de ajo
- 1 pizca de comino molido
- ½ cucharadita de orégano seco
- sal al gusto

Enchiladas
- cantidad suficiente de manteca de cerdo o aceite
- 12 tortillas de maíz
- 3 papas cortadas en cubos medianos, cocidos
- 5 zanahorias cortadas en cubos medianos, cocidos
- 400 g de queso ranchero desmoronado + 100 g
- 1 cebolla grande picada finamente
- 1 lechuga orejona picada finamente
- rajas de chiles jalapeños en escabeche, al gusto

Procedimiento

Salsa
1. Licue todos los ingredientes hasta obtener una salsa espesa. Reserve.

Enchiladas
1. Ponga sobre el fuego un sartén con poco de manteca de cerdo o de aceite. Sumerja una tortilla en la salsa, escúrrala y fríala. Repita este paso con el resto de las tortillas y la salsa, añadiendo más grasa cada que sea necesario. Resérvelas.
2. Fría en el mismo sartén los cubos de papa y zanahoria. Escúrralos y resérvelos.
3. Coloque en el centro de cada tortilla un poco de los 400 gramos de queso ranchero y de la cebolla; enrolle cada una sobre sí misma.
4. Acomode las enchiladas en un platón, cúbralas con las verduras fritas y la lechuga picada, espolvoréeles el queso restante y adórnelas con las rajas de chiles jalapeños en escabeche.

Puede acompañar las enchiladas con alguna ensalada fresca o con una pieza de pollo cocida y frita.

Enchiladas suizas

Ciudad de México
Rendimiento: 4 personas
Preparación: 10 min
Cocción: 15 min
Dificultad:
Costo:

Ingredientes
- 8 cucharadas de manteca de cerdo o aceite
- 12 tortillas de maíz
- 1 pechuga de pollo cocida y deshebrada
- 2 tazas de salsa de tomate cocida (ver pág. 157)
- 2 tazas de crema ácida
- 300 g de queso de hebra (Oaxaca) deshebrado
- 300 g de queso Chihuahua cortado en rebanadas

Procedimiento
1. Precaliente el horno a 180 °C.
2. Ponga sobre el fuego un sartén con la manteca o el aceite y fría las tortillas, una por una, hasta que se ablanden. Escúrralas bien y rellénelas con un poco de pollo, doblándolas por la mitad.
3. Mezcle la salsa de tomate con la crema. Reserve.
4. Coloque las enchiladas en un platón o refractario, báñelas con la mezcla anterior, espolvoréelas con el queso deshebrado y coloque encima el queso Chihuahua.
5. Gratine las enchiladas en el horno y sírvalas.

Enchiladas
tricolor

Creación inspirada en la Ciudad de México

Rendimiento: 3 personas
Preparación: 15 min
Cocción: 15 min
Dificultad: ▌▌
Costo: ▌▌▌

Ingredientes

- 1 taza de mole verde (ver pág. 271)
- 1 taza de mole de novia (ver pág. 264)
- 1 taza de mole poblano (ver pág. 258)
- 9 tortillas de maíz
- 1 pechuga de pollo cocida y deshebrada
- ½ cebolla morada cortada en aros
- 100 g de queso fresco desmoronado

Procedimiento

1. Caliente cada mole por separado.
2. Caliente las tortillas y sumerja tres de ellas en el mole verde. Sáquelas de la salsa, acomode cada una en un plato, rellénelas con un poco del pollo deshebrado y dóblelas por la mitad. Repita este paso con las tortillas y los moles restantes para servir una enchilada de cada mole por plato.
3. Sirva las enchiladas decoradas con la cebolla y el queso.

Enfrijoladas

Ciudad de México

Rendimiento: 2 personas
Preparación: 15 min
Cocción: 5 min
Dificultad: ▌▌
Costo: ▌▌

Ingredientes

- 2 tazas de frijoles bayos cocidos, con caldo
- ¼ de taza de aceite
- 6 tortillas de maíz
- ½ pechuga de pollo cocida y deshebrada
- ½ taza de crema
- ⅔ de taza (100 g) de queso fresco rallado
- ½ cebolla cortada en rodajas

Procedimiento

1. Licue los frijoles con el caldo y cuélelos hasta obtener una salsa ligeramente espesa.
2. Ponga sobre el fuego un sartén hondo con el aceite y fría ligeramente cada tortilla sin que se doren; escúrralas.
3. Acomode tres tortillas en un plato, rellénelas con un poco del pollo deshebrado y dóblelas por la mitad. Repita este mismo paso con las tortillas restantes.
4. Bañe las tortillas con la salsa de frijoles y adórnelas con la crema, el queso y la cebolla.

Si es necesario, rebaje el molido de frijoles con más caldo para que queden con una consistencia líquida y poco espesa. Puede cambiar el relleno de los frijoles por chorizo o algún otro ingrediente de su elección.

Puebla

Rendimiento: 2 personas
Preparación: 10 min
Cocción: 5 min
Dificultad:
Costo:

Enmoladas

Ingredientes

- 2 tazas de mole sencillo poblano (ver pág. 251)
- ⅓ de taza de aceite
- 6 tortillas de maíz
- ½ pechuga de pollo cocida y deshebrada
- ½ taza de crema ácida
- 50 g de queso fresco desmoronado

Procedimiento

1. Caliente el mole y resérvelo.
2. Ponga sobre el fuego un sartén hondo con el aceite y fría ligeramente las tortillas sin que se doren. Escúrralas, introdúzcalas en el mole y sáquelas rápidamente.
3. Acomode 3 tortillas en un plato, de una en una, rellenándolas con el pollo y enrollándolas sobre sí mismas. Báñelas con el mole restante.
4. Adorne las enmoladas con la crema y el queso y sírvalas.

San Luis Potosí
Rendimiento: 8-10 personas
Preparación: 30 min
Reposo: 20 min
Cocción: 30 min
Dificultad:
Costo:

Enchiladas
potosinas

Ingredientes

Relleno

- 2 cucharadas de aceite o manteca de cerdo
- 3 dientes de ajo picados
- 3 jitomates picados
- 8 chiles serranos sin semillas ni venas, picados
- 300 g de queso Chihuahua
- sal al gusto

Enchiladas

- 1 kg de masa de maíz
- 4 chiles anchos sin semillas ni venas, hidratados y molidos con ½ taza de agua
- ½ taza de harina de trigo
- 1 cucharadita de sal
- 1 taza de aceite
- 1 manojo de cebollas de rabo, cortadas en rodajas
- 3 aguacates cortados en rebanadas
- 150 g de queso añejo desmoronado

Procedimiento

Relleno

1. Ponga sobre el fuego una cacerola con la manteca de cerdo o el aceite y sofría el ajo, el jitomate y el chile serrano. Deje que la preparación se cueza a fuego medio hasta que se reseque. Añada el queso Chihuahua y sal al gusto; mezcle, retire del fuego y reserve el relleno.

Enchiladas

1. Mezcle bien la masa de maíz con el molido de chiles anchos, la harina y la sal; déjela reposar durante 20 minutos.
2. Forme con un poco de masa una tortilla pequeña y póngala sobre un comal a fuego medio. Cuando empiece a cocerse, colóquele en el centro un poco de relleno y dóblela por la mitad. Termine de cocer la enchilada y resérvela. Repita este paso hasta terminar con la masa y el relleno.
3. Ponga sobre el fuego un sartén con el aceite y fría las enchiladas. Escúrralas y sírvalas decoradas con la cebolla, las rebanadas de aguacate y el queso.

Creación inspirada
en la Ciudad de México

Rendimiento: 6 personas
Preparación: 10 min
Cocción: 10 min
Dificultad:
Costo:

Huaraches con
cuitlacoche

Ingredientes

- 2 cucharadas de aceite
- 450 g de cuitlacoche
- 4 champiñones troceados
- 1 rama de tomillo
- 250 g de masa de maíz nixtamalizada
- 300 g de queso de rancho desmoronado
- sal al gusto
- salsa de su elección, al gusto

Procedimiento

1. Ponga sobre el fuego una cacerola con el aceite y sofría el cuitlacoche con los champiñones, el tomillo y sal al gusto.
2. Retire la cacerola del fuego, deseche la rama de tomillo y pique el cuitlacoche y los champiñones. Regrese la preparación a la cacerola y manténgala caliente.
3. Forme huaraches con la masa y póngalos sobre un comal a fuego medio, volteándolos varias veces para que se cuezan por ambos lados. Una vez cocidos, espolvoréeles encima el queso desmoronado y coloque encima el preparado de cuitlacoche con champiñones.
4. Sirva los huaraches con la salsa de su elección.

Ciudad de México

Rendimiento: 4-6 personas
Preparación: 30 min
Cocción: 10 min
Dificultad: ▮
Costo: ▮

Gorditas

Ingredientes

* 1 kg de masa de maíz nixtamalizada
* 125 g de manteca de cerdo + cantidad suficiente para freír
* ½ taza de harina de trigo
* 1 cucharada de polvo para hornear
* 1 cucharadita de sal
* 30 g de chicharrón prensado
* 250 g de queso fresco rallado
* ½ taza de cebolla picada
* ½ taza de cilantro picado
* salsa de mesa de su elección, al gusto

Procedimiento

1. Mezcle y amase la masa de maíz con los 125 gramos de manteca de cerdo, la harina, el polvo para hornear y la sal.
2. Porcione la masa en esferas de aproximadamente 125 gramos. Realice una cavidad en el centro de cada una, introduzca un poco del chicharrón prensado y cierre cada esfera juntando los bordes de la cavidad. Tortee cada gordita con las manos para formar discos de 2 centímetros de grosor.
3. Ponga sobre el fuego un sartén con la manteca restante y fría en ella las gorditas hasta que estén doradas; escúrralas.
4. Rebane cada gordita por la mitad sin llegar al extremo del borde final y rellénelas con el queso, la cebolla y el cilantro. Sírvalas con la salsa de su elección.

Puede rellenar las gorditas con otros ingredientes, como nopales o quelites guisados.

Ciudad de México

Rendimiento: 6 personas
Preparación: 20 min
Cocción: 10 min
Dificultad: ▮
Costo: ▮

Peneques

Ingredientes

Salsa

* 4 jitomates maduros, sin piel
* ¼ de cebolla
* 1 diente de ajo
* 5 chiles serranos sin semillas ni venas
* 2 cucharadas de aceite
* 4 ramas pequeñas de cilantro
* sal al gusto

Peneques

* 12 peneques
* 600 g de queso fresco
* 4 ramas pequeñas de cilantro

Procedimiento

Salsa

1. Licue todos los ingredientes excepto el aceite y el cilantro.
2. Ponga sobre el fuego una cacerola con el aceite y fría la salsa hasta que cambie a una tonalidad opaca.
3. Licue la salsa con el cilantro y sal al gusto; añada un poco de agua si lo desea.
4. Regrese la salsa a la cacerola y póngala sobre el fuego hasta que hierva. Rectifique la cantidad de sal, retire la salsa del fuego y resérvela.

Peneques

1. Ponga sobre el fuego un comal y caliente los peneques; manténgalos calientes dentro de una servilleta o un tortillero.
2. Abra los peneques con el cuchillo por un costado y rellene cada uno con una rebanada de queso.
3. Coloque lo peneques en un platón, báñelos con la salsa bien caliente y decórelos con las ramas de cilantro. Sírvalos de inmediato.

Compre los peneques en mercados y tianguis populares. Si no los consigue, sustitúyalos por tortillas chicas; deberá calentarlas, rellenarlas y doblarlas como quesadillas. Para que conserven la forma, sujételas con un palillo.

Yucatán
Rendimiento: 8 personas
Preparación: 1 h
Cocción: 1 h 30 min aprox.
Dificultad: ▌▌▌
Costo: ▌▌

Panuchos

Ingredientes

- 3 tazas de frijoles negros cocidos
- 12 hojas de epazote
- 1 cebolla morada rebanada finamente
- 1½ tazas de vinagre blanco
- 2 chiles habaneros (opcional)

- 500 g de tortillas de maíz recién hechas con un poco de manteca y sal, cada una con la capa superior o "telita" superficial despegada
- ½ taza de manteca de cerdo o de aceite
- ½ receta de pollo pibil (ver pág. 210) deshebrado

- 1 lechuga romana picada
- 2 jitomates cortados en rebanadas
- sal al gusto

Procedimiento

1. Licue los frijoles con las hojas de epazote y un poco del caldo de los mismos para obtener una salsa muy espesa. Resérvela.

2. Lave la cebolla con agua caliente, escúrrala y póngala en el vinagre blanco con sal al gusto y los chiles habaneros (estos últimos, opcionales). Resérvela.

3. Abra la capa superior o "telita" que se forma en cada tortilla cuando se inflan durante la cocción. Unte dentro la salsa de frijol y cúbrala con la misma "telita".

4. Ponga sobre el fuego una cacerola o sartén con la manteca o el aceite y fría cada tortilla hasta que se dore ligeramente. Escurra cada una para eliminar el exceso de grasa.

5. Coloque encima de cada tortilla un poco de pollo pibil deshebrado y adorne con la lechuga, el jitomate y la cebolla morada.

También puede servir los panuchos con escabeche blanco.

Yucatán-Campeche

Rendimiento: 6 personas
Preparación: 45 min
Cocción: 20 min
Dificultad: ▌▌
Costo: ▌

Pan de
cazón

Ingredientes

- 500 g de cazón
- ½ cebolla
- 1 rama de epazote + 1 cucharada de hojas picadas + 24 hojas para adornar
- ⅓ de taza de jugo de naranja agria o 4 cucharadas de jugo de naranja dulce con 2 cucharadas de jugo de limón
- 4 tazas de chiltomate (ver pág. 149)
- 18 tortillas de maíz
- 3 tazas de frijoles colados (ver pág. 147)
- 2 huevos duros (opcional)
- sal al gusto

Procedimiento

1. Coloque el cazón en una olla, cúbralo con agua y póngalo sobre el fuego con la cebolla, la rama de epazote, 3 cucharadas de jugo de naranja agria o de la mezcla de jugo de naranja con limón y sal al gusto. Tape la olla y deje que hierva por 15 minutos. Retire el pescado del agua y déjelo enfriar.

2. Retire las espinas y la piel al pescado. Desmenuce la carne y añádale el epazote picado y el jugo de naranja agria restante; agréguele sal si fuera necesario y resérvelo.

3. Caliente el chiltomate y sumerja rápidamente en él cada tortilla. Coloque una tortilla en el plato donde servirá el pan de cazón y cúbrala con 2 cucharadas de frijoles colados, 1 cucharada de la carne de cazón y 1 cucharada del chilto-mate; coloque encima otra tortilla y cúbrala con un poco más de salsa. Repita este paso en cada plato hasta terminar con todos los ingredientes.

4. Sirva los panes de cazón adornados con las hojas de epazote y rebanadas de huevo duro (este último, opcional).

Hay otra forma de preparar el pan de cazón de manera más tradicional: use tortillas un poco más gruesas de lo normal, cociéndolas en el comal y cerciorándose de que se infle la capa superficial de cada una. Abra esta cavidad y rellénela con frijoles refritos, cazón y un poco de chiltomate; cierre cada tortilla. Para servir, ponga dos tortillas rellenas (una encima de la otra) en cada porción y báñelas con más chiltomate.

Campeche

Rendimiento: 6 personas
Preparación: 40 min
Cocción: 40 min
Dificultad:
Costo:

Salbutes

Ingredientes

Salsa de escabeche
- ¼ de taza de vinagre blanco
- ½ cebolla morada rebanada finamente
- 1 pizca de orégano seco
- 2 cucharadas de aceite
- sal al gusto

Salbutes
- 2 cucharadas de aceite
- 250 g de carne de cerdo molida
- 1 jitomate pelado, sin semillas y picado
- 2 dientes de ajo picados
- 1 cebolla morada picada

- 1 kg de masa de maíz nixtamalizada
- 3 cucharadas de harina de trigo
- 1 cucharadita de polvo para hornear
- 3 cucharadas de manteca de cerdo
- cantidad suficiente de aceite para freír

- 1 lechuga romana picada
- 200 g de queso añejo rallado
- sal al gusto

Procedimiento

Salsa de escabeche

1. Coloque en una cacerola el vinagre con la cebolla, sal al gusto y 3 cucharadas de agua. Cuando comience a hervir, retire la preparación del fuego. Drene la cebolla y mézclela con el orégano y el aceite. Resérvela.

Salbutes

1. Ponga sobre el fuego un sartén con el aceite y sofría la carne hasta que se dore. Agregue el jitomate, el ajo, la cebolla y sal al gusto. Deje la preparación sobre el fuego hasta que se evapore todo el líquido. Verifique la cantidad de sal y resérvela.

2. Mezcle y amase en un tazón la masa de maíz con la harina de trigo, el polvo para hornear, la manteca y 1 pizca de sal hasta que obtenga una masa de consistencia homogénea.

3. Forme con la masa pequeñas esferas y aplánelas para obtener tortillas. Fríalas en abundante aceite hasta que se inflen y déjelas escurrir sobre papel absorbente para eliminar el exceso de grasa.

4. Abra cada tortilla por la mitad y rellénelas con la carne de cerdo. Sirva los salbutes con la salsa de escabeche adornados con la lechuga y el queso rallado.

Puede acompañar los salbutes con frijoles negros.

Campeche

Rendimiento: 8-10 personas
Preparación: 30 min
Cocción: 1 h
Dificultad:
Costo:

Codzitos

Ingredientes

- 2 cucharadas de manteca de cerdo
- 300 g de carne de cerdo picada
- 2 jitomates pelados, sin semillas y picados

- 1 cucharadita de orégano seco
- 2 cucharadas de pan molido
- 2 cucharadas de recaudo blanco disuelto en 1 taza de caldo de cerdo

- 24 tortillas de maíz pequeñas y muy delgadas
- cantidad suficiente de aceite para freír

- 6 hojas de epazote picadas
- sal al gusto

Procedimiento

1. Ponga sobre el fuego una cacerola con la manteca y fría la carne de cerdo con el jitomate, el orégano, el pan molido y sal al gusto. Deje la carne sobre el fuego hasta que se evapore todo el líquido.

2. Cuele el caldo donde disolvió el recaudo y agréguelo a la carne. Tape la cacerola y deje que la cocción continúe a fuego bajo hasta que la carne se haya cocido y esté suave. Cuele la carne y reserve el caldo por separado.

3. Forme taquitos con las tortillas y la carne. Si es necesario, sujételos con palillos para que no se abran.

4. Ponga sobre el fuego una cacerola o sartén con el aceite y fría los tacos hasta que se doren. Déjelos escurrir sobre papel absorbente. Caliente el caldo que reservó.

5. Retire los palillos de los tacos y distribúyalos en un platón. Sirva los codzitos bañados con el caldo y espolvoreados con el epazote picado.

Yucatán

Rendimiento: 10 personas
Preparación: 30 min
Cocción: 35 min
Dificultad: ▮▮▮
Costo: ▮

Papadzules

Ingredientes

- 500 g de pepitas de calabaza gruesas
- 10 huevos
- 4 jitomates
- 2 chiles habaneros
- 2 ramas de epazote
- 30 tortillas de maíz
- sal al gusto

Procedimiento

1. Tueste en un comal o sartén las pepitas de calabaza sin dejar de moverlas para evitar que se quemen. Cuando todas se hayan inflado, retírelas del fuego y muélalas hasta obtener un polvo.

2. Coloque sobre el fuego una olla con abundante agua y un poco de vinagre blanco; cuando hierva, añada los huevos cuidadosamente para que no se estrellen y cuézalos durante 12 minutos. Retírelos del fuego y refrésquelos en un recipiente con agua fría. Deseche los cascarones y separe las yemas de las claras. Machaque las yemas con un tenedor y pique las claras. Reserve ambas por separado.

3. Ponga sobre el fuego una olla con 1½ litros de agua; cuando hierva, añada los jitomates, los chiles habaneros, las ramas de epazote y sal al gusto. Deje que todo se cueza durante 5 minutos. Drene los ingredientes y reserve el agua de cocción. Pele los jitomates, retíreles las semillas y licúelos con los chiles habaneros. Añada sal al gusto y reserve esta salsa.

4. Coloque en un tazón las pepitas molidas y rocíelas con un poco del agua caliente donde se cocieron los jitomates. Amáselas suavemente, rociando las veces que sea necesario, hasta que comiencen a soltar aceite (5 o 6 cucharadas aproximadamente). Retire este aceite y resérvelo.

5. Añada a las pepitas molidas más agua de cocción de los jitomates hasta que obtenga una crema ligeramente espesa. Agréguele sal al gusto y resérvela caliente en baño María hasta el momento de servir los papadzules.

6. Caliente las tortillas y sumerja una de ellas en la crema de pepita. Colóquela en un platón, póngale encima un poco de la yema y la clara, enróllela sobre sí misma y repita este paso hasta terminar con los ingredientes.

7. Sirva 2 o 3 taquitos por cada porción y báñelos con más salsa de pepita y con la salsa de jitomate y el aceite de pepita que reservó.

Creación inspirada en el Estado de México

Rendimiento: 4 personas
Preparación: 25 min
Cocción: 20 min aprox.
Dificultad: ▌
Costo: ▌▌

Tacos de
hongos al sartén

Ingredientes

- ¼ de taza de aceite o de manteca de cerdo
- 4 dientes de ajo pelados y picados
- 7 cebollas cambray picadas
- 500 g de hongos lavados y cortados en trozos pequeños
- 2 cucharadas de vino blanco seco
- 2 jitomates picados
- 2 chiles serranos, jalapeños, anchos o chipotles, sin semillas ni venas, tostados y ligeramente y picados
- ½ de taza de epazote o cilantro picado (opcional)
- cantidad suficiente de tortillas de maíz
- salsa de mesa de su elección, al gusto
- sal al gusto

Procedimiento

1. Ponga sobre el fuego un sartén grande con el aceite o la manteca de cerdo y sofría el ajo y las cebollas durante 3 minutos. Agregue los hongos y cocínelos por 5 minutos.
2. Añada el vino blanco, el jitomate, el chile y el epazote o cilantro; deje sobre el fuego hasta que se reduzca todo el líquido y agregue sal al gusto.
3. Caliente las tortillas, distribuya en ellas la preparación de hongos y sirva los tacos con la salsa de mesa de su elección.

Guerrero

Rendimiento: 6-8 personas
Preparación: 20 min
Reposo: 8 h
Cocción: 15 min
Dificultad: ▌
Costo: ▌▌

Tacos de chilate de
pescado seco

Ingredientes

- 1 kg de filete de pescado salado y deshidratado
- 10 chiles guajillo grandes sin semillas ni venas, tostados e hidratados
- 1 diente de ajo
- 1 cucharada de manteca de cerdo
- 1 rama de epazote
- cantidad suficiente de tortillas de maíz
- sal al gusto

Procedimiento

1. Remoje el pescado en 2 litros de agua durante 8 horas, cambiando el agua cada 2 horas, o hasta que se haya eliminado el exceso de sal del pescado. Escúrralo bien, desmenuce la carne y resérvelo.
2. Licue los chiles con el ajo y sal al gusto. Caliente en una cacerola la manteca y fría el molido de chiles. Añada la carne de pescado con la rama de epazote y deje sobre el fuego hasta que el pescado esté suave. Verifique la cantidad de sal.
3. Sirva el pescado en tacos.

Xochimilco, Ciudad de México

Rendimiento: 6 personas
Preparación: 30 min
Cocción: 15 min
Reposo: 10 min
Dificultad: ▌▌
Costo: ▌

Tacos de quelites
con requesón

Ingredientes

- 4 cucharadas de manteca de cerdo o de aceite
- 6 cucharadas de cebolla picada
- 2 dientes de ajo picados
- 2 chiles verdes picados

- 250 g de quelites sin tallos
- ½ taza de requesón
- 4 cucharadas de hojas de cilantro picadas
- 12 tortillas de maíz azul

- pico de gallo o salsa de mesa de su elección, al gusto
- sal al gusto

Procedimiento

1. Ponga sobre el fuego la manteca o el aceite en un sartén grueso con tapa y sofría ligeramente la cebolla, el ajo y el chile. Añada los quelites y sal al gusto. Cuando los quelites comiencen a soltar líquido, tape el sartén y retírelos del fuego. Déjelos reposar durante algunos minutos.

2. Comprima la mezcla de quelites para eliminar el exceso de líquido. Añada el requesón y el cilantro picado; mezcle y caliente de nuevo.

3. Caliente las tortillas, ponga en el centro de cada una un poco de los quelites y forme los tacos. Sírvalos calientes acompañados con el pico de gallo o la salsa de su elección.

Realice una variante de estos tacos agregando 2 cucharadas de chorizo al momento de calentar el aceite o manteca.

Los quelites son hierbas espontáneas silvestres que crecen alrededor de las milpas u otros cultivos. En la época de lluvias los niños las recogen cuando van o vienen de la escuela. Se pueden sustituir por berros, acelgas, espinacas, u hojas verdes similares.

Creación inspirada en el Estado de México

Rendimiento: 6 personas
Preparación: 20 min
Cocción: 35 min
Reposo: 2 h
Dificultad: ▮▮▮
Costo: ▮▮▮

Tostadas de trucha
en escabeche

Ingredientes

- ⅓ de taza de aceite de oliva
- 1 cebolla partida en trozos
- 2 dientes de ajo cortados por la mitad
- 1 zanahoria cortada en rodajas
- 1 rama de tomillo
- 1 hoja de laurel
- ⅓ de taza de vinagre de manzana
- ⅓ de taza de tequila reposado
- los filetes de 4 truchas medianas
- tostadas de maíz horneadas, al gusto
- hojas de lechuga, al gusto
- sal y pimienta, al gusto

Procedimiento

1. Ponga sobre el fuego un sartén con 5 cucharadas de aceite de oliva y fría durante 10 minutos la cebolla, los ajos, las zanahorias, el tomillo y el laurel. Añada el vinagre, el tequila, ⅓ de taza de agua y sal y pimienta al gusto; deje que el escabeche se cocine a fuego medio durante 15 minutos más. Verifique la cantidad de sal, retírelo del fuego y resérvelo.

2. Ponga sobre el fuego otro sartén con el aceite restante y fría brevemente los filetes de trucha. Colóquelos en un refractario de acero inoxidable y cúbralos con el escabeche. Ponga el refractario sobre el fuego directo, y cuando empiece a hervir, retírelo del fuego; verifique la cantidad de sal. Deje reposar el escabeche durante 2 horas como mínimo.

3. Sirva el escabeche a temperatura ambiente sobre las tostadas de maíz acompañado con las hojas de lechuga.

Ciudad de México

Rendimiento: 4-6 personas
Preparación: 30 min
Cocción: 30 min
Dificultad:
Costo:

Tlacoyos

Ingredientes

- 1 kg de masa de maíz nixtamalizada
- ⅓ de taza de frijoles refritos, espesos
- ⅓ de taza de requesón
- cantidad suficiente de aceite
- nopales preparados o quelites guisados, al gusto
- queso rallado, al gusto
- cebolla picada, al gusto
- salsa de mesa de su elección, al gusto
- sal al gusto

Procedimiento

1. Mezcle la masa de maíz con un poco de agua (si fuera necesario) y sal al gusto hasta obtener una masa de consistencia suave y manejable que no se desmorone.
2. Forme con la masa pequeños molotes, realice una cavidad alargada en el centro de cada uno y coloque en ella un poco de frijoles o de requesón. Cierre cada molote juntando los bordes externos y tortee cada uno hasta obtener una forma ovoide de 2 centímetros de grosor.
3. Ase cada tlacoyo en un comal engrasado con un poco de aceite, volteándolo algunas veces para que se cueza por ambos lados.
4. Coloque encima de cada tlacoyo un poco de nopales o quelites guisados, queso rallado y cebolla picada; sírvalos y acompáñelos con salsa al gusto.

Elabore los nopales preparados cortándolos en tiras y cociéndolas en agua hirviendo con cáscaras de tomate; después, sofríalos con un poco de cebolla y mézclelos con jitomate y cilantro picados. Para los quelites guisados, cuézalos en agua con un poco de tequesquite y después sofríalos con cebolla fileteada.

Monterrey, Nuevo León

Rendimiento: 6 personas
Preparación: 5 min
Cocción: 15 min
Dificultad:
Costo:

Tacos de machaca con huevo

Ingredientes

- 3 cucharadas de aceite
- ½ cebolla picada
- 1 diente de ajo picado
- 3 chiles serranos sin semillas ni venas, picados
- 2 jitomates medianos picados
- 2 tazas de machaca deshebrada
- 8 huevos
- cantidad suficiente de tortillas de maíz o tortillas de harina
- salsa de mesa de su elección, al gusto
- sal al gusto

Procedimiento

1. Ponga sobre el fuego un sartén grande con el aceite y saltee la cebolla, el ajo, el chile y el jitomate por 5 minutos. Añada la machaca, mezcle y deje la preparación a fuego bajo por 5 minutos más.
2. Bata en un tazón los huevos con sal al gusto y añádalos a la machaca. Mezcle y deje que se cocinen a fuego bajo hasta que se cuajen.
3. Sirva la machaca con huevo en tacos y acompáñelos con salsa al gusto.

Puede servir los tacos de machaca con huevo acompañados de frijoles charros (ver pág. 147).

Creación de Roberto González inspirada en Monterrey, Nuevo León

Rendimiento: 8 personas
Preparación: 25 min
Cocción: no requiere
Reposo: 1 h
Dificultad: ▌
Costo: ▌

Tostadas de salpicón de
machaca

Ingredientes

- 200 g de machaca deshebrada finamente
- 1 taza de jugo de naranja agria o ¾ de taza de jugo de naranja dulce con ¼ de taza de jugo de limón
- ¼ de taza de cebolla picada finamente
- ½ cucharadita de comino en polvo
- 2 chiles seranos sin semillas ni venas y picados
- 1 zanahoria pequeña cortada en tiras pequeñas
- 2 cucharaditas de orégano seco triturado
- 16 tostadas de maíz pequeñas
- 1 taza de guacamole (ver pág. 160)
- sal al gusto

Procedimiento

1. Marine la machaca en el jugo de naranja agria o en la mezcla de jugo de naranja dulce con limón, con la cebolla y el comino durante 1 hora o hasta que esté hidratada y suave.
2. Mezcle la preparación anterior con el chile, la zanahoria, el orégano, y de ser necesario, sal al gusto.
3. Unte las tostadas con el guacamole, coloque encima el salpicón y sirva.

Creación de Miguel Jiménez inspirada en Oaxaca

Rendimiento: 6 personas
Preparación: 25 min
Cocción: 35-40 min
Dificultad: ▌▌
Costo: ▌▌▌

Totopos de
jaiba al chintextle

Ingredientes

- ¼ de taza de aceite de oliva
- ½ cebolla picada
- 3 dientes de ajo picados
- 6 jitomates picados
- 1 cucharada de chintextle (ver pág. 156)
- 2 cucharadas de jugo de naranja
- ⅓ de taza de vino blanco seco
- 750 g de pulpa de jaiba limpia
- 4 cucharadas de cilantro picado
- 18 totopos oaxaqueños
- 18 camarones secos oaxaqueños
- sal y pimienta, al gusto

Procedimiento

1. Ponga sobre el fuego una cacerola con el aceite de oliva y sofría la cebolla con el ajo. Agregue el jitomate y deje que se cocine durante 10 minutos, aproximadamente, hasta que se reduzca parcialmente el líquido.
2. Disuelva el chintextle en el jugo de naranja y mézclelo con el vino. Añádalo a la preparación de jitomate, mezcle y agregue la pulpa de jaiba. Deje que se cueza durante 15 minutos.
3. Añada el cilantro picado y sal y pimienta al gusto. Deje sobre el fuego durante 5 minutos más; deberá obtener una preparación que no esté seca ni caldosa. Retírela del fuego y deje que se enfríe.
4. Unte el chintextle de jaiba sobre los totopos y sírvalos con los camarones encima.

Puede añadir rebanadas de aguacate como guarnición para cada totopo.

Ciudad de México

Rendimiento: 8 personas
Preparación: 10 min
Cocción: 15 min
Dificultad:
Costo:

Tostadas de
manitas de cerdo

Ingredientes

- ½ taza de manteca de cerdo o de aceite
- 16 tortillas de maíz del día anterior
- 400 g de frijoles refritos
- 4 manitas de cerdo en escabeche, deshuesadas y picadas finamente (ver pág. 97)
- ½ taza de cebolla rebanada finamente
- ½ lechuga romana cortada en tiras delgadas
- 2 aguacates cortados en rebanadas o 1½ tazas de guacamole (ver pág. 160)
- 1 taza de queso fresco desmoronado
- chiles jalapeños en escabeche, cortados en rajas
- sal y pimienta, al gusto

Procedimiento

1. Ponga sobre el fuego un sartén con la manteca de cerdo o el aceite y fría cada tortilla hasta que se dore; déjelas escurrir sobre papel absorbente hasta que se entibien.
2. Unte las tostadas con los frijoles refritos y distribuya en ellas las manitas de cerdo en escabeche picadas, la cebolla, la lechuga, las rebanadas de aguacate o el guacamole y el queso desmoronado; salpimiente si es necesario.
3. Sirva de inmediato las tostadas para evitar que se humedezcan y acompáñelas con las rajas de chiles jalapeños.

Puede preparar estas tostadas también con manitas de ternera, aunque son menos populares. Se sugiere acompañarlas con una cerveza.

Creación inspirada en
Baja California

Rendimiento: 6 personas
Preparación: 30 min
Cocción: no requiere
Dificultad:
Costo:

Tostada de atún aleta azul y
chicharrón

Ingredientes

- 300 g de atún aleta azul fresco, cortado en cubos
- 3 cucharadas de jugo de limón amarillo
- 3 cucharadas de salsa estilo oriental (ver pág. 92)
- 2 cucharadas de cilantro picado
- 1 chile güero asado, pelado, sin semillas ni venas y picado
- 1½ cucharadas de cebolla morada picada finamente
- 1 cucharada de mayonesa
- 1 cucharada de aceite de oliva extravirgen
- 6 tostadas de maíz horneadas
- 1 aguacate cortado en rebanadas
- 1 taza de chicharrón de cerdo troceado
- 1 rábano cortado en láminas delgadas
- sal al gusto

Procedimiento

1. Marine los cubos de atún en el jugo de limón durante 5 minutos. Añada la salsa estilo oriental, el cilantro, el chile güero, la cebolla morada, la mayonesa, el aceite de oliva y sal al gusto; mezcle perfectamente.
2. Coloque el atún sobre las tostadas de maíz y sírvalas decoradas con las rebanadas de aguacate, los trozos de chicharrón y las láminas de rábano.

Coahuila

Rendimiento: 4 personas
Preparación: 20 min
Cocción: 35 min
Dificultad:
Costo:

Flautas del norte

Ingredientes

- 2 tazas de aceite
- ½ cebolla picada
- 350 g de carne de lomo de cerdo molida
- 2 jitomates asados, molidos y colados

- ¼ de taza de almendras picadas
- ⅓ de taza de pasas
- 1 pizca de clavo molido
- 1 pizca de canela molida

- 12 tortillas de harina
- sal y pimienta, al gusto
- ensalada verde de su elección o papas fritas, al gusto

Procedimiento

1. Ponga sobre el fuego una cacerola con 2 cucharadas de aceite y sofría la cebolla. Agregue la carne de cerdo molida, mézclela con la cebolla y cocínela hasta que se dore. Añada el molido de jitomate, mezcle nuevamente y deje que se evapore todo el líquido.
2. Agregue a la carne las almendras, las pasas, el clavo, la canela y sal y pimienta al gusto. Mezcle y retire el relleno del fuego.
3. Precaliente el horno a 180 °C.
4. Coloque en un sartén el aceite restante y póngalo sobre el fuego. Forme las flautas colocando un poco del relleno en cada tortilla y enrollándolas sobre sí mismas, apretándolas muy bien. Fría ligeramente las flautas en el aceite y déjelas escurrir sobre papel absorbente. Colóquelas en un refractario y hornéelas hasta que se doren y estén crujientes. Sírvalas con la ensalada verde de su preferencia o con papas fritas.

Si bien la mayoría de los antojitos del norte del país que se elaboran con tortilla son de harina de trigo, en esta receta un cambio de sabor interesante resulta al elaborarla con tortillas de maíz.

Chivichangas
o chimichangas

Sonora

Rendimiento: 6 personas
Preparación: 20 min
Cocción: 30 min
Dificultad:
Costo:

Ingredientes

Salsa

* 1 cucharada de aceite o de manteca de cerdo
* ⅓ de taza de cebolla picada finamente
* 5 tazas de jitomate picado finamente
* sal y pimienta, al gusto

Chivichangas

* 2 tazas de frijoles refritos (ver pág. 147)
* 2 chiles chipotles adobados y picados, con su adobo
* 1 taza de queso Chihuahua rallado
* 18 tortillas de harina pequeñas
* 1 taza de aceite o de manteca de cerdo

Procedimiento

Salsa

1. Coloque sobre el fuego una cacerola con el aceite o la manteca y sofría la cebolla y el jitomate hasta que obtenga una salsa de consistencia espesa. Añádale sal y pimienta y resérvela.

Chivichangas

1. Mezcle los frijoles refritos con el chile chipotle y el queso.
2. Coloque en el centro de una tortilla un poco de la mezcla de frijoles y queso. Doble hacia el centro los bordes superior e inferior, gire la tortilla 90 grados y enrolle firmemente la tortilla sobre sí misma, procurando que no se salga el relleno por las orillas. Conserve la forma de cada chivichanga introduciendo un palillo en el borde final al terminar de enrollarla. Repita este paso con todas las tortillas y el relleno.
3. Ponga sobre el fuego un sartén con el aceite o la manteca y fría las chivichangas hasta que se doren. Escúrralas para retirar el exceso de grasa.
4. Sírvalas calientes y acompáñelas con la salsa.

Torta ahogada

Jalisco

Rendimiento: 2 personas
Preparación: 25 min
Cocción: 8 min
Dificultad:
Costo:

Ingredientes

Salsa

* 3 jitomates
* 1 hoja de laurel
* 1 clavo de olor
* 5 dientes de ajo
* 6 pimientas negras
* ⅛ de cucharadita de comino
* 1 cucharadita de mostaza estilo americano
* 1 cucharada de vinagre de piña
* 2 cucharadas de salsa botanera
* 1 cucharadita de sal
* 20 chiles de árbol tostados
* ⅓ de taza de cebolla picada finamente
* 1 cucharadita de orégano seco, troceado

Torta

* 2 birotes
* 300 g de carnitas de cerdo

Procedimiento

Salsa

1. Coloque los jitomates en una cacerola, cúbralos con agua y hiérvalos entre 5 y 8 minutos o hasta que estén bastante suaves, pero sin que se desbaraten. Cuélelos y resérvelos.
2. Licue con 1 taza de agua la hoja de laurel, el clavo, los ajos, las pimientas, el comino, la mostaza, el vinagre, la salsa botanera y la sal hasta que todo esté bien molido. Añada a esta salsa los chiles de árbol (con o sin semillas) y lícuela nuevamente hasta que obtenga una consistencia tersa. Agregue los jitomates, licue nuevamente y verifique la cantidad de sal. En este punto la salsa deberá tener una consistencia ligera.
3. Pase la salsa por un colador fino, vacíela en una salsera y añádale la cebolla y el orégano. Resérvela.

Torta

1. Corte los birotes por la mitad a lo ancho, retíreles el migajón y elabore dos tortas con las carnitas. Báñelas completamente con la salsa y sírvalas de inmediato.

Para las tortas ahogadas se utiliza birote debido a que es un pan de masa densa y costra dura, lo que impide que se remoje en exceso con la salsa. En caso de no conseguir el birote, puede sustituirlos por bolillo o telera.

Empanadas
de Vigilia

Campeche
Rendimiento: 6-8 personas
Preparación: 25 min
Reposo: 10 min
Cocción: 40 min
Dificultad:
Costo:

Ingredientes

Relleno
- 4 cucharadas de aceite de oliva
- 1 cebolla picada finamente
- 1 diente de ajo picado finamente
- 3 jitomates asados y molidos
- las hojas de 1 rama de perejil, picadas
- ½ kg de filete de pescado sin espinas ni piel, cocido y desmenuzado
- sal y pimienta, al gusto

Masa
- 250 g de harina de trigo
- 3 cucharadas de manteca de cerdo
- ½ cucharadita de sal
- 1 huevo
- 2 cucharadas de agua

Empanadas
- cantidad suficiente de aceite para freír
- 1 clara

Procedimiento

Relleno
1. Ponga sobre el fuego un sartén con el aceite de oliva y sofría la cebolla con el ajo. Añada el molido de jitomate, el perejil y sal y pimienta al gusto. Incorpore la carne de pescado desmenuzada y deje el relleno sobre el fuego hasta que el líquido se evapore. Resérvelo.

Masa
1. Mezcle y amase todos los ingredientes hasta obtener una masa suave sin que sea pegajosa. Déjala reposar durante 10 minutos y cúbrala con una tela húmeda.

Empanadas
1. Divida la masa en pequeñas esferas y con un rodillo extienda cada una en forma de disco sobre una superficie ligeramente enharinada.
2. Ponga el aceite en un sartén sobre el fuego.
3. Coloque un poco del relleno de pescado al centro de cada disco, barnice la circunferencia de cada uno con un poco de clara y una los extremos para formar las empanadas. Cierre cada empanada presionando los bordes con un tenedor o repulgando la orilla.
4. Fría las empanadas en el aceite y déjelas escurrir sobre papel absorbente. Sírvalas aún calientes.

Burros de
chile colorado

Sonora
Rendimiento: 6 personas
Preparación: 20 min
Cocción: 20 min
Dificultad:
Costo:

Ingredientes
- 250 g de carne seca o machaca
- 10 chiles colorados o anchos sin semillas ni venas
- 2 cucharadas de aceite o de manteca de cerdo
- 2 cucharadas de harina de trigo
- 3 dientes de ajo machacados
- 3 cucharadas de vinagre blanco
- 1 pizca de comino molido
- ½ cucharadita de orégano seco triturado
- ½ cucharadita de azúcar
- 24 tortillas de harina pequeñas, o 12 grandes partidas por la mitad

Procedimiento
1. Golpee la carne seca con un aplanador o algún utensilio similar hasta que quede bien aplanada. Retire los nervios y desmenuce la carne finamente.
2. Coloque en una olla pequeña los chiles, cúbralos con agua y póngalos a hervir durante 10 minutos. Licúelos para obtener un puré, cuélelo y resérvelo.
3. Ponga sobre el fuego una cacerola con el aceite o manteca y fría la harina hasta que se dore; agregue los dientes de ajo, la carne desmunuzada y el puré de chiles. Cueza, revolviendo constantemente, hasta obtener una pasta; vierta el vinagre, el comino, el orégano y el azúcar. Mezcle y deje cocer la preparación hasta que se evapore el líquido.
4. Rellene las tortillas con la preparación de carne, enróllelas como tacos y sirva los burros calientes o a temperatura ambiente.

Hidalgo

Rendimiento: 8 personas
Preparación: 20 min
Cocción: 30 min
Reposo: 2 h 10 min
Dificultad: ▌▌
Costo: ▌▌▌

Pastes

Ingredientes

Relleno

* 3 cucharadas de mantequilla
* ½ cebolla fileteada
* 1 poro rebanado
* 230 g de filete de res cortado en tiras
* 1 papa pelada y cortada en tiras pequeñas
* ½ taza de caldo de pollo
* 1 cucharada de perejil picado
* 3 chiles jalapeños en vinagre, sin semillas y picados finamente
* sal y pimienta, al gusto

Masa

* 460 g de harina de trigo cernida
* 1 huevo
* 150 g de manteca de cerdo
* 1 cucharadita de sal
* 1 taza de pulque blanco
* 1 taza de leche tibia

Procedimiento

Relleno

1. Ponga sobre el fuego un sartén con la mantequilla y sofría por 5 minutos la cebolla y el poro. Agregue las tiras de filete de res y de papas y el caldo de pollo. Mezcle, añada sal y pimienta al gusto y deje que todo se cueza hasta que se evapore el líquido. Retire el relleno del fuego, añádale el perejil y los chiles y deje que se enfríe.

Masa

1. Haga con la harina la forma de un volcán sobre una superficie lisa. Coloque en el centro el huevo, la manteca y la sal; mezcle todos los ingredientes, integrando poco a poco la harina, hasta obtener una preparación arenosa. Incorpore el pulque poco a poco hasta formar una masa suave. Cubra la masa con una tela y déjela reposar a temperatura ambiente durante 2 horas.
2. Precaliente el horno a 180 °C.
3. Divida la masa en 8 esferas y extienda cada una con un rodillo, entre dos plásticos, para formar discos. Rellene cada uno con el relleno y dóblelos por la mitad, en forma de empanada. Cierre las orillas presionándolas con un tenedor.
4. Distribuya los pastes en charolas para hornear engrasadas y enharinadas y déjelos reposar durante 10 minutos. Barnice la superficie de cada uno con leche y hornéelos hasta que se doren.

La cocina británica no ha tenido destacada influencia sobre la mexicana. Una excepción son los pastes, empanadas horneadas rellenas de carne introducidas por los ingleses en las zonas mineras del estado de Hidalgo.

De evidente mayor importancia son otros aportes del Reino Unido al deporte mexicano: el primer equipo de futbol (Pachuca Athletic Club), en 1900, y el primer campo de golf, también en Hidalgo.

Creación inspirada en
Guanajuato
Rendimiento: 8 personas
Preparación: 30 min
Cocción: 30 min
Dificultad: ▌
Costo: ▌

Empanaditas de
frijoles

Ingredientes

Relleno
+ 2 cucharadas de aceite de maíz
+ 3 dientes de ajo picados finamente
+ 6 chiles piquín picados
+ 300 g de frijoles refritos, espesos (ver pág. 147)
+ 1 pizca de comino molido
+ sal al gusto

Empanaditas
+ 600 g de harina de maíz nixtamalizada
+ 1 cucharadita de sal
+ 2 tazas de aceite de maíz o 450 g de manteca de cerdo
+ salsa de mesa de su elección, al gusto

+ crema ácida, al gusto
+ queso fresco rallado, al gusto

Procedimiento

Relleno
1. Ponga sobre el fuego un sartén con el aceite y sofría el ajo y los chiles. Añada los frijoles y el comino, mezcle y deje que se cuezan un par de minutos; verifique la cantidad de sal y reserve la preparación.

Empanaditas
1. Amase la harina de maíz con la sal y añada el agua necesaria para obtener una masa suave sin que sea pegajosa.
2. Divida la masa en pequeñas esferas y forme con ellas tortillas de 10 centímetros de diámetro.
3. Coloque un poco del relleno sobre cada tortilla y dóblelas por la mitad sobre sí mismas para formar las empanaditas.

Cierre los bordes presionándolos con un tenedor. Realice en la parte superior de cada empanada unas cuantas perforaciones con un tenedor para evitar que se revienten al freírlas.
4. Ponga sobre el fuego un sartén o una freidora con el aceite o la manteca; cuando esté caliente, fría en tandas las empanaditas hasta que se doren ligeramente. Déjelas escurrir sobre papel absorbente para eliminar el exceso de grasa.
5. Sirva las empanaditas calientes acompañadas de la salsa de su preferencia, crema y queso al gusto.

Nuevo León
Rendimiento: 6 personas
Preparación: 20 min
Cocción: no requiere
Dificultad: ▌
Costo: ▌

Lonches
compuestos

Ingredientes
+ 6 teleras
+ 6 cucharadas de mayonesa
+ 3 aguacates cortados en rebanadas
+ 300 g de jamón de pierna cortado en rebanadas
+ 250 g de queso fresco cortado en rebanadas delgadas
+ 1 cebolla cortada en rebanadas
+ 3 jitomates medianos cortados en rebanadas
+ 6 rajas de chiles en escabeche

Procedimiento
1. Abra las teleras por la mitad a lo ancho.
2. Unte con mayonesa ambas mitades de cada telera, distribuya las rebanadas de aguacate en las bases y ponga encima las rebanadas de jamón, de queso, de cebolla y de jitomate, así como las rajas de chiles en escabeche.
3. Cubra cada loncha con su tapa, envuélvalos en servilletas y sírvalos.

Los niños pueden llevar a la escuela estos lonches para comerlos durante el recreo. También son ideales para un día de campo o hasta para comerlos un domingo viendo la televisión.

Quelites con **chile seco**

Creación inspirada en Guanajuato
Rendimiento: 6 personas
Preparación: 15 min
Cocción: 10 min
Dificultad:
Costo:

Ingredientes

- 2 manojos de quelites tiernos, hervidos
- 2 dientes de ajo
- 2 cebollas grandes
- 4 chiles de árbol secos sin semillas
- cantidad suficiente de aceite para freír
- sal al gusto

Procedimiento

1. Ponga a hervir los quelites en una olla con 2 litros de agua, 1 diente de ajo y 1 cebolla. Una vez que estén cocidos, drene los quelites y resérvelos.
2. Pique finamente el ajo y la cebolla restantes y trocee los chiles.
3. Ponga sobre el fuego una cacerola con el aceite y sofría la cebolla, el ajo y los chiles troceados durante 3 minutos. Añada los quelites y deje cocinar todo un par de minutos más. Verifique la cantidad de sal y sírvalos calientes.

Rajas de chile poblano **estilo norteño**

Norte del país
Rendimiento: 8-10 personas
Preparación: 40 min
Cocción: 25 min
Dificultad:
Costo:

Ingredientes

- 15 chiles poblanos
- 4 cucharadas de aceite o de manteca de cerdo
- 6 cebollas medianas cortadas en rebanadas gruesas
- 3 jitomates grandes
- 3 dientes de ajo
- ½ taza de crema ácida
- 250 g de queso fresco troceado
- sal y pimienta, al gusto

Procedimiento

1. Ase y pele los chiles poblanos; retíreles las semillas y las venas y córtelos en rajas.
2. Ponga sobre el fuego un sartén con el aceite o la manteca y saltee las rajas. Agregue la cebolla y sofría la preparación durante 4 minutos.
3. Muela los jitomates con los dientes de ajo y añada este molido a las rajas; mezcle y deje que se cocine la preparación durante 15 minutos.
4. Añada sal y pimienta al gusto y sirva las rajas acompañadas con la crema y el queso fresco.

Todo el país
Rendimiento: 2½ tazas
Preparación: 10 min
Cocción: 20 min aprox.
Reposo: 30 min aprox.
Dificultad:
Costo:

Arroces mexicanos:
blanco, verde y rojo

Ingredientes

Ingredientes básicos

- 1 taza de arroz entero
- ½ taza de aceite
- 2 tazas de caldo de pollo o de agua caliente
- sal al gusto

Arroz blanco

Los ingredientes básicos y además:

- 2 dientes de ajo
- 1 cebolla mediana partida en dos, cada mitad atravesada por un palillo
- 1 chile cuaresmeño o serrano entero (opcional)
- 6 ramas de perejil
- 6 ramas de cilantro

Arroz verde

Los ingredientes básicos y además:

- ½ taza de cilantro y perejil finamente picados
- 1 chile poblano, asado, pelado y sin semillas
- 1 chile cuaresmeño
- 1 diente de ajo
- ¼ de cebolla

Arroz rojo

Los ingredientes básicos y además:

- 2 jitomates sin piel ni semillas, picados
- 1 diente de ajo
- ¼ de cebolla
- 1 zanahoria pelada y cortada en cubos pequeños
- ½ taza de chícharos frescos o calabacitas cortadas en cubos pequeños
- 1 chile cuaresmeño o serrano entero
- 6 ramas de perejil
- 6 ramas de cilantro

Procedimiento

Arroz blanco

1. Remoje el arroz en agua caliente durante 15 minutos y después lávelo muy bien con agua fría hasta que esta última salga transparente. Escúrralo bien y déjelo secar.

2. Ponga sobre el fuego una arrocera, vierta el aceite y fría el arroz junto con los dientes de ajo y la cebolla, moviéndolo con cuidado hasta que el arroz comience a adquirir un color paja claro. Retire del arroz el exceso de aceite (que se puede utilizar para otra preparación, ya que no tendrá ningún sabor fuerte).

3. Agregue a la arrocera el caldo o el agua, el chile (opcional) y sal al gusto. Mueva delicadamente el arroz para distribuir los ingredientes en la arrocera. Añada las ramas de perejil y cilantro. Cuando empiece a hervir, tape la cacerola, baje el fuego al mínimo y deje cocer durante 15 minutos. Durante este tiempo de cocción no mueva el arroz ni destape la arrocera.

4. Verifique la cantidad de agua transcurridos los 15 minutos. Si aún queda, vuelva a tapar la arrocera y deje que se evapore por completo durante 5 minutos más. Si falta, añada un poco de agua caliente, tape la arrocera y deje sobre el fuego durante 5 minutos más. Retire el arroz del fuego y déjelo reposar dentro de la arrocera tapada durante 10 minutos antes de servirlo.

Arroz verde

1. Siga los dos primeros pasos del procedimiento del arroz blanco, omitiendo la cebolla y el ajo.

2. Reserve un poco de cilantro y perejil para la presentación y licue el resto con un poco del caldo o agua, los chiles, el ajo y la cebolla.

3. Vierta el molido sobre el arroz y sofría todo durante un par de minutos. Añada el caldo o agua restante y sal al gusto. Cuando comience a hervir, tape la cacerola y baje el fuego al mínimo. Deje cocer el arroz de la misma manera que el arroz blanco.

Arroz rojo

1. Siga los dos primeros pasos del procedimiento del arroz blanco, omitiendo la cebolla y el ajo.

2. Licue los jitomates, el ajo y la cebolla hasta obtener un puré terso. Cuélelo y añádalo al arroz. Sofría todo durante un par de minutos hasta que el arroz haya absorbido el puré.

3. Agregue el caldo o agua, las zanahorias, los chícharos o calabacitas, el chile y sal al gusto. Mezcle delicadamente sólo para distribuir los ingredientes y añada las ramas de perejil y de cilantro. Cuando comience a hervir, tape la cacerola y baje el fuego al mínimo. Deje cocer el arroz de la misma manera que el arroz blanco.

Los granos de arroz deben quedar cocidos, enteros y esponjados. Si aún estuvieran duros, añada un poco más de caldo caliente o agua y deje que el arroz se cueza durante un par de minutos más.

Si al freír el arroz éste adquiere una tonalidad muy dorada, añada al caldo o agua de cocción un poco de jugo de limón.

La mitad de cebolla se atraviesa por la mitad con un palillo para impedir que sus capas se separen durante la cocción.

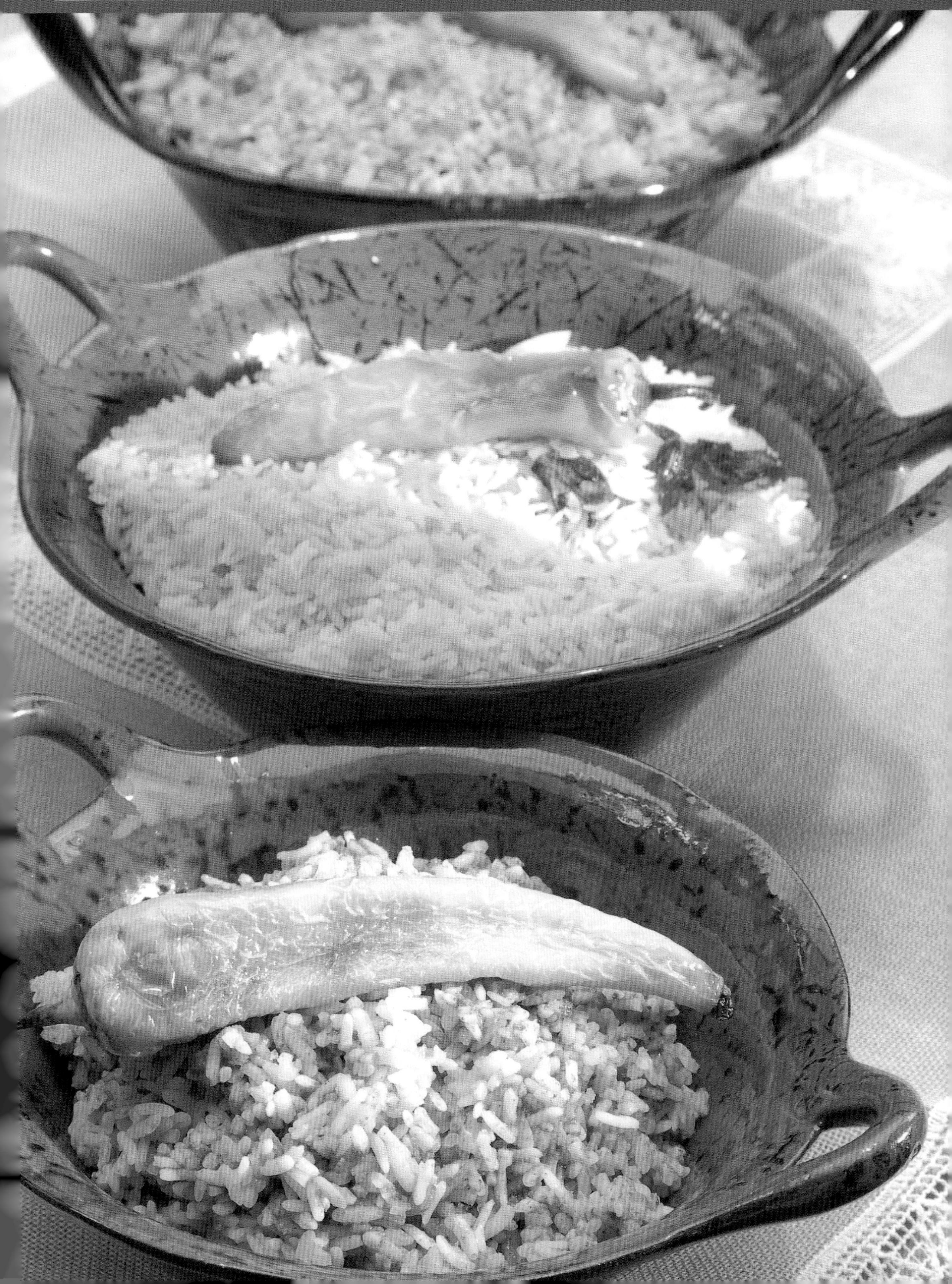

Todo el país
Rendimiento: 6-8 personas
Preparación: 10 min
Cocción: 2 h 30 min
Dificultad:
Costo:

Frijoles de la olla

Ingredientes

- 2½ tazas de frijoles, remojados en agua durante una noche
- 1 cebolla partida por la mitad
- 1 cucharada de aceite
- 2 cucharadas de sal
- 1 rama de epazote

Procedimiento

1. Cuele los frijoles del agua de remojo y póngalos en una olla de boca estrecha con la cebolla, el aceite y 2.5 litros de agua.
2. Ponga la olla sobre el fuego; cuando hierva, baje la flama, tape parcialmente la olla y déjela así durante 2 horas aproximadamente, o hasta que los frijoles estén tiernos pero no suaves.
3. Añada la sal, la rama de epazote, y deje cocer los frijoles durante 30 minutos más.

Si los frijoles necesitaran más agua durante la cocción, añada más agua caliente; si la añade fría, los frijoles no se cocerán adecuadamente.

Añadir la sal a la mitad de la cocción de los frijoles permite que su cáscara quede suave; si se añade desde el inicio, ésta queda ligeramente dura.

Si realiza estos frijoles en olla exprés, el tiempo de cocción se reduce a 45 minutos; en este caso, añada la sal y la rama de epazote desde el inicio.

Creación inspirada en Tamaulipas
Rendimiento: 6 personas
Preparación: 10 min
Cocción: 10 min
Dificultad:
Costo:

Nopalitos
al pastor

Ingredientes

- 12 nopales cambray
- 100 g de queso añejo rallado
- 12 camarones sin caparazón, cabeza ni intestinos, salteados ligeramente
- 3 chiles verdes sin semillas ni venas y cortados en rajas delgadas
- 2 jitomates sin semillas y cortados en tiras delgadas
- 1 cucharadita de orégano seco, triturado
- el jugo de 1 limón
- sal al gusto

Procedimiento

1. Abra los nopales cambray por la mitad a lo ancho, comenzando por un costado o por debajo, sin cortar el borde del extremo opuesto. Añádales sal al gusto y rellénelos con un poco del queso añejo, un camarón, un poco de rajas de chile y algunas tiras de jitomate. Áselos en un comal o sobre las brasas, volteándolos dos o tres veces.
2. Sirva los nopales aderezados con un poco de orégano y jugo de limón.

Frijoles refritos

Todo el país
Rendimiento: 4-6 personas
Preparación: 20 min
Cocción: 25 min
Dificultad:
Costo:

Ingredientes

- 2 cucharadas de aceite, de manteca de cerdo o de grasa de tocino o de chorizo
- 1 cebolla picada finamente
- 2 dientes de ajo picados
- 1 receta de frijoles de la olla, con poco caldo (ver pág. 146)
- queso fresco o añejo, al gusto
- triángulos de tortilla fritos, al gusto

Procedimiento

1. Ponga sobre el fuego un sartén grande con la grasa elegida y sofría la cebolla con el ajo durante un par de minutos. Añada los frijoles de la olla y macháquelos hasta obtener la consistencia deseada. Déjelos cocer hasta que se espesen, moviéndolos ocasionalmente y hasta que, al mover el sartén de la misma manera que cuando saltea verduras, los frijoles formen una sola preparación con la forma de un rollo.
2. Sirva los frijoles en un platón y acompáñelos con el queso y los triángulos de tortilla fritos.

Frijoles charros

Nuevo León
Rendimiento: 6 personas
Preparación: 20 min
Cocción: 2 h 30 min aprox
Dificultad:
Costo:

Ingredientes

- 400 g de frijoles bayos o pintos, remojados en agua durante una noche
- ½ cebolla troceada
- 6 dientes de ajo picados
- 100 g de tocino picado
- 100 g de chorizo desmenuzado
- 2 jitomates asados, pelados, sin semillas y picados
- 3 chiles jalapeños sin semillas ni venas, picados
- 3 ramas de cilantro + 1 taza picado

Procedimiento

1. Drene los frijoles del agua de remojo y póngalos en una olla de boca estrecha con 4½ litros de agua, la cebolla y la mitad del ajo. Colóquela sobre el fuego y deje que los frijoles se cuezan durante 2 horas aproximadamente o hasta que estén suaves; si les faltara agua, añádala caliente.
2. Agregue a los frijoles sal al gusto y deje que se cuezan por 10 minutos más.
3. Fría en una sartén el tocino y el chorizo hasta que se doren. Añada el jitomate, el chile y el resto del ajo; mezcle y deje la preparación sobre el fuego hasta que espese.
4. Añada la preparación de jitomate a los frijoles junto con las ramas de cilantro. Deje que hiervan durante 10 minutos más y sírvalos con el cilantro picado.

Estos frijoles son la perfecta compañía para carnes a la parrilla.
Obtendrá frijoles borrachos si añade 200 ml de cerveza en el momento en que agrega el jitomate.

Frijoles colados

Yucatán
Rendimiento: 4 personas
Preparación: 20 min
Cocción: 20 min
Dificultad:
Costo:

Ingredientes

- 1 receta de frijoles de la olla recién cocidos, calientes (ver pág. 146)
- 3 cucharadas de manteca de cerdo
- ½ cebolla cortada en rebanadas gruesas
- 1 chile verde asado, sin semillas ni venas y picado

Procedimiento

1. Pase a través de un colador los frijoles de la olla con su caldo, aún calientes, para obtener un puré suave.
2. Ponga sobre el fuego un sartén con la manteca y sofría en ella la cebolla durante un par de minutos. Agregue el puré de frijol y el chile verde. Deje los frijoles sobre el fuego, moviendo continuamente, hasta que queden esponjosos y ligeramente húmedos, sin estar resecos. Verifique la cantidad de sal y sirva.

Para obtener frijoles colados estilo Yucatán, sustituya el chile verde por chile habanero.

Rendimiento: 1 taza
Preparación: 5 min
Dificultad:
Costo:

Agua de chile

Ingredientes

* 10 chiles blancos, sin semillas ni venas
* 3 cucharadas de agua
* 2 cucharadas de hierbabuena picada
* el jugo de 1 limón
* sal al gusto

Procedimiento

1. Martaje bien o licue ligeramente los chiles.
2. Agregue los demás ingredientes y mezcle.

Es difícil imaginar una salsa más elemental y tan increíblemente sabrosa. Los chiles con los que se realiza esta salsa son un tipo de chiles güeros que localmente son llamados blancos.

Chiltomate

Yucatán

Rendimiento: 2 tazas
Preparación: 10 min
Dificultad:
Costo:

Ingredientes

* 4 jitomates grandes asados
* 4 chiles habaneros asados
* ½ cebolla asada
* sal al gusto

Procedimiento

1. Licue todos los ingredientes.

Esta salsa es muy común en la península de Yucatán. Existen algunas variantes regionales: en ocasiones se asan los ingredientes, otras se sofríen en aceite y en algunas más no se muelen.
Esta salsa acompaña varios platillos yucatecos, como los papadzules.

Chirmol

Chiapas

Rendimiento: 1½ tazas
Preparación: 10 min
Cocción: 5 min
Dificultad:
Costo:

Ingredientes

* 3 jitomates
* 2 chiles güeros sin semillas ni venas
* sal al gusto
* cilantro picado (opcional)

Procedimiento

1. Hierva los jitomates en 2 tazas de agua durante 5 minutos.
2. Retírelos del agua, quíteles la piel y lícuelos con los chiles güeros y sal al gusto.
3. Agregue el cilantro picado (opcional) y sirva.

Esta salsa es parte primordial de desayunos o almuerzos, como huevos duros y carne asada, que se acompañan con frijoles refritos con queso.

Salsa de chile piquín

Región Pame, San Luis Potosí y Querétaro

Rendimiento: 1½ tazas
Preparación: 15 min
Cocción: 20 min
Dificultad:
Costo:

Ingredientes

* 12 chiles piquín
* 2 jitomates
* 3 tomates verdes
* 3 ramas de cilantro
* sal al gusto

Procedimiento

1. Ase los chiles piquín y los jitomates en un comal.
2. Cueza los tomates en suficiente agua hirviendo.
3. Muela todos los ingredientes en un molcajete o en una licuadora y sirva.

Esta salsa sirve de acompañamiento para muchos de los platillos de los pames. Si lo desea, puede sofreír la salsa en un poco de aceite.

Salsa de **ciruelas**

Guerrero
Rendimiento: 1½ tazas
Preparación: 5 min
Cocción: 20 min
Dificultad:
Costo:

Ingredientes

* 8 chiles de árbol o serranos
* 1 diente de ajo
* 2½ tazas de ciruelas agrias
* 5 hojas de epazote
* sal al gusto

Procedimiento

1. Hierva los chiles en suficiente agua, escúrralos y muélalos en un molcajete o en una licuadora con el ajo.
2. Cueza las ciruelas en suficiente agua, retíreles la pulpa y muélala con el molido de chiles, agregando las hojas de epazote, sal y agua al gusto.
3. Sirva la salsa con o sin los huesos de las ciruelas.

La receta original, que proviene del tianguis de Iguala, Gro., indicaba la cantidad de ciruelas como una "sardina". En los mercados populares muchas otras cosas, como maíz, frijoles y frambuesas, se venden por sardinas. Es una medida práctica y segura que deriva de las populares latas ovaladas de sardinas entomatadas, especialidad casi exclusivamente mexicana. El contenido de una sardina (siempre copeteada) equivale a la de 2½ tazas.

Salsa de **coyul**

Oaxaca
Rendimiento: 2 tazas
Preparación: 5 min
Cocción: 8 min
Dificultad:
Costo:

Ingredientes

* 2 tazas de coyules limpios y sin semilla
* 5 chiles costeños amarillos o rojos, sin semillas ni venas
* 2 dientes de ajo
* sal al gusto

Procedimiento

1. Ase en el comal los coyules y los chiles. Extráigales y lícuela con el ajo y sal al gusto, y sirva.

Los coyules son el fruto de una palmera de tierra cálida (Acrocomia mexicana). Éstos crecen en grandes racimos, tienen cáscara delgada, pulpa amarillenta dulzona y hueso durísimo. El fruto seco suena como cascabel al agitarlo.

Salsa de nuez y **chile piquín**

Región Pame, San Luis Potosí y Querétaro
Rendimiento: 3 tazas
Preparación: 10 min
Dificultad:
Costo:

Ingredientes

* 500 g de nueces sin cáscara
* 12 chiles piquín frescos o secos
* sal al gusto

Procedimiento

1. Muela las nueces con los chiles y 1 taza de agua en el molcajete o en la licuadora.
2. Añada agua y sal al gusto y sirva.

Una salsa cruda muy sencilla y asombrosamente refinada.

Salsa de
flor de guaje

Morelia, Michoacán
Rendimiento: 2 tazas
Preparación: 5 min
Cocción: 15 min
Dificultad:
Costo:

Ingredientes

- 2 chiles serranos o manzanos
- 3 jitomates
- 1 manojito de flores de guaje
- 1 ramita de cilantro
- sal al gusto

Procedimiento

1. Hierva durante 15 minutos los chiles, los jitomates y las flores de guaje; escúrralos.
2. Muela todos los ingredientes en un molcajete o en una licuadora y sirva.

Aunque distintas, las flores de calabaza son una alternativa a las de guaje.

Salsa de
xoconostle

Estado de México
Rendimiento: 1 taza
Preparación: 15 min
Dificultad:
Costo:

Ingredientes

- 4 xoconostles
- ½ cebolla
- 2 chiles jalapeños
- 10 hojas de mejorana fresca, menta o yerbabuena
- sal al gusto

Procedimiento

1. Ase los xoconostles, la cebolla y los chiles en un comal. Retire del fuego la cebolla y los chiles en cuanto estén suaves y ligeramente quemados, y los xoconostles cuando tengan manchas negras en toda la superficie y estén suaves.
2. Retire las semillas y las venas a los chiles y córtelos en cuadros chicos. Pele los xoconostles, retíreles las semillas y muela dos de ellos con la cebolla asada. Corte en cubos chicos los dos xoconostles restantes y añádalos a la salsa junto con el chile jalapeño y las hojas de mejorana, menta o yerbabuena. Añada sal al gusto y sirva.

Salsa de
tomatillos silvestres

Simojovel, Chiapas
Rendimiento: 2 tazas
Preparación: 10 min
Cocción: 8 min
Dificultad:
Costo:

Ingredientes
- 2 cucharadas de manteca de cerdo
- 500 g de tomatillos silvestres
- ½ cebolla picada finamente
- 4 chilitos rojos de Simojovel triturados
- sal al gusto

Procedimiento
1. Fría en un sartén con la manteca los tomatillos y la cebolla durante 4 minutos. Agregue los chilitos y sofría un par de minutos más, hasta que los tomatillos se revienten por completo. Aplaste los ingredientes con una cuchara de madera, añada sal al gusto y sirva.

El costo de esta salsa depende del lugar donde se encuentre, porque el único lugar donde crece el chilito rojo de Simojovel es en este municipio, al norte de Chiapas. Puede hallarlos en el mercado de San Cristóbal de las Casas. La salsa es muy picante y se utiliza para dar un sabor especial a tamales y al ciguamonte. En Veracruz, al mismo chile le llaman comapeño.

Salsa roja de
chile criollo

Morelia, Michoacán
Rendimiento: 1 taza
Preparación: 10 min
Cocción: 15 min
Dificultad:
Costo:

Ingredientes
- 4 huevos
- 4 cucharadas de aceite o de manteca de cerdo
- 2 chiles rojos frescos
- 2 chiles verdes costeños
- 1 diente de ajo
- 2 jitomates troceados
- sal al gusto

Procedimiento
1. Mezcle los huevos en un tazón y cuézalos en un sartén con el aceite o la manteca y sal al gusto.
2. Licue los chiles con el ajo y los jitomates y añada este molido a los huevos.
3. Deje hervir la preparación durante un par de minutos, añada sal al gusto y sirva.

Para transformar esta preparación en un desayuno vigorizante, consúmala con tortillas calientes.

Salsa de
tamarindo

Guerrero
Rendimiento: 1½ tazas
Preparación: 10 min
Cocción: 15 min
Dificultad:
Costo:

Ingredientes
- 10 chiles de árbol
- 300 g de vainas de tamarindo
- 1 diente de ajo
- las hojas de 1 rama de epazote picadas
- sal al gusto

Procedimiento
1. Hierva en agua los chiles de árbol y las vainas de tamarindo durante 15 minutos.
2. Muela en el molcajete los chiles con el diente de ajo y añada al final el epazote.
3. Retire la cáscara y las semillas a las vainas de tamarindo para obtener la pulpa. Revuélvala con el molido de chile, añada sal y agua al gusto, y sirva.

Si desea que la salsa sea un poco menos picante, retire las semillas y las venas a los chiles. Sin embargo, de manera tradicional debe ser muy picante.

Salsa roja de
chile guajillo

Morelia, Michoacán

Rendimiento: 2 tazas
Preparación: 15 min
Cocción: 15 min
Dificultad:
Costo:

Ingredientes

* 10 chiles guajillo
* 3 jitomates maduros
* 1 pizca de cominos
* 2 dientes de ajo
* ½ cebolla
* 2 cucharadas de aceite
* sal al gusto

Procedimiento

1. Retire las semillas y las venas a los chiles y hiérvalos en poca agua con los jitomates.
2. Muela en un molcajete pequeño o en un mortero el comino con el ajo; después, añada los chiles, los jitomates y la cebolla para también molerlos, o licue todos los ingredientes.
3. Cuele la salsa y sofríala en el aceite. Añada sal al gusto y sirva.

Salsa
verde morelense

Morelos

Rendimiento: 2 tazas
Preparación: 10 min
Cocción: 10 min
Dificultad:
Costo:

Ingredientes

* 10 chiles serranos
* 10 tomates verdes
* 2 cucharadas de aceite
* 2 dientes de ajo molidos
* 10 hojas de epazote picadas
* sal al gusto

Procedimiento

1. Hierva en poca agua los chiles con los tomates durante 10 minutos y muélalos en el molcajete o en la licuadora.
2. Añada a la salsa el aceite, el ajo y el epazote. Agregue sal al gusto y sirva.

Esta salsa se sirve fría y acompaña diferentes platillos de sabor fuerte hechos con carne de res, puerco o animales silvestres.

Salsa de
ajo

Oaxaca

Rendimiento: 1 taza
Preparación: 15 min
Cocción: 10 min
Dificultad:
Costo:

Ingredientes

* 4 chiles costeños
* 1 cucharadita de manteca de cerdo
* 3 jitomates
* 4 dientes de ajo machacados
* sal al gusto

Procedimiento

1. Despedace los chiles y dórelos junto con sus semillas en un sartén con la manteca.
2. Ase los jitomates y los ajos.
3. Licue todos los ingredientes. Agregue sal al gusto y sirva.

Los chiles costeños de Oaxaca son secos, alargados y siempre picantes. Se venden amarillos o rojos. En este caso, prefiera los segundos. Un agregado común es una rebanada de piña asada.

Veracruz

Rendimiento: 6 tazas
Preparación: 10 min
Cocción: 50 min
Dificultad:
Costo:

Salsa
veracruzana

Ingredientes

+ 1 taza de aceite de oliva
+ 1 cabeza de dientes de ajos, pelados y machacados + 6 dientes de ajo picados
+ 2 cebollas picadas finamente
+ 20 aceitunas sin semilla
+ 15 alcaparras
+ 2 kg de jitomates, sin piel ni semillas y licuados + 5 jitomates, escalfados, sin semillas y picados finamente
+ sal al gusto
+ hierbas de olor, al gusto
+ chiles jalapeños o güeros en escabeche con su jugo, al gusto

Procedimiento

1. Ponga sobre el fuego una cacerola con el aceite y sofría los ajos machacados para que suelten todo su sabor; retírelos de la cacerola.
2. Agregue a la cacerola la cebolla y el ajo picados y sofríalos hasta que se doren ligeramente. Añada las aceitunas y las alcaparras, mezcle y sofría un par de minutos más.
3. Incorpore el molido de jitomates y sal al gusto; deje que la salsa se cueza a fuego bajo durante 25 minutos.
4. Agregue las hierbas de olor, el jitomate picado y los chiles en escabeche; deje cocer la salsa por 10 minutos más o hasta que espese y retírela del fuego.

Puede agregar un poco de vino blanco o jerez seco al momento de poner las hierbas de olor.

Chihuahua

Rendimiento: 2½ tazas
Preparación: 10 min
Cocción: 25 min
Dificultad:
Costo:

Salsa verde norteña para
mixiotes

Ingredientes

+ 500 g de tomates verdes
+ ½ cebolla
+ 3 chiles serranos sin semillas ni venas, asados
+ 1 cucharada de manteca
+ 3 aguacates
+ hojas de lechuga, al gusto

Procedimiento

1. Cueza los tomates en 2 tazas de agua y muélalos con la cebolla y los chiles serranos asados.
2. Fría la salsa en una cacerola con la manteca y hierva hasta que espese (10 minutos aproximadamente).
3. Sirva la salsa con las rebanadas de aguacate y hojas de lechuga.

Creación inspirada en Avándaro, Estado de México

Rendimiento: 2 tazas
Preparación: 10 min
Cocción: 15 min
Dificultad:
Costo:

Salsa de
tomate y jitomate

Ingredientes

+ 3 chiles cascabel sin semillas ni venas, fritos
+ 2 chiles ancho sin semillas ni venas, fritos
+ 6 tomates verdes asados
+ 3 jitomates asados y sin semillas
+ 2 cucharadas de cebolla asada, picada
+ 2 dientes de ajo
+ piloncillo al gusto
+ sal al gusto

Procedimiento

1. Muela todos los ingredientes y sirva.

	Salsa para enchiladas	Salsa miscelánea	Salsa macha	Salsa azabache
Rendimiento: **Preparación:** **Cocción:** **Dificultad:** **Costo:**	2 tazas 10 min 15 min	2 tazas 10 min 10 min	⅓ de taza 5 min 20 seg	2 tazas 1½ h 10 min
Chiles	• 3 chiles anchos asados, sin semillas ni venas y hervidos con sal	• 8 chiles morita sin semillas ni venas, cocidos • 8 chiles cascabel sin semillas ni venas, cocidos • 3 chiles chipotle sin semillas ni venas, cocidos • 3 chiles anchos sin semillas ni venas, cocidos	• ½ taza de chile serrano seco o morita	• 8 chiles pasilla sin semillas ni venas, asados • 2 chiles mulatos sin semillas ni venas, asados
Productos frescos	• 1 cebolla picada • 6 jitomates asados, pelados y sin semillas • 1 diente de ajo			• ¼ de cebolla • 2 dientes de ajo asados
Líquidos	• 2 cucharadas de aceite	• 3 cucharadas de aceite	• ¼ de taza de aceite	• 400 ml de caldo de pollo caliente • 2 cucharadas de aceite
Otros	• 10 pimientas gordas • sal al gusto	• ½ cucharadita de pimienta • ½ cucharadita de comino • ½ cucharadita de pimentón • 1 cucharada de orégano • 1 cucharada de piloncillo • sal al gusto	• ½ cucharadita de sal	• sal al gusto
Procedimiento	Sofría la cebolla en el aceite y muélala con los demás ingredientes. Póngala a hervir, verifique la cantidad de sal y sirva.	Muela todos los ingredientes, excepto el aceite. Sofría la salsa en el aceite, verifique la cantidad de sal y sirva.	Fría los chiles en el aceite durante unos segundos, sin quemarlos. Muélalos sin el aceite en un molcajete o en una licuadora. Verifique la cantidad de sal y guarde la salsa en un frasco. Mezcle la salsa siempre antes de usarla.	Remoje los chiles en el caldo por 1 hora. Muélalos con los demás ingredientes, verifique la cantidad de sal y sirva.

Chile ancho

Chile morita

	Salsa papaloquelite	Salsa de chile morita	Salsa borracha	Salsa de pasilla, ajonjolí e higo	Chintextle
Rendimiento: **Preparación:** **Cocción:** **Dificultad:** **Costo:**	2 tazas 10 min no requiere	2 tazas 20 min 10 min	2 tazas 15 min 15 min	2 tazas 10 min 30 min	3 tazas 20 min 10 min
Chiles	• 3 chiles morita sin semillas ni venas, hidratados • 2 chiles jalapeños	• 12 chiles morita sin semillas ni venas, hervidos con sal	• 5 chiles pasilla sin semillas ni venas, asados e hidratados	• 10 chiles pasilla sin semillas ni venas, asados e hidratados	• 15 chiles pasilla sin semillas ni venas, asados e hidratados
Productos frescos	• 400 g de tomates • 4 dientes de ajo • 6 hojas de papaloquelite • 2 cucharadas de cebolla picada	• 1 diente de ajo asado • 2 jitomates asados • 1 cebolla • 100 g de piña picada	• 2 dientes de ajo asados • ¼ de taza de cebolla picada	• 1 diente de ajo asado	• 1 cabeza de ajo asada
Líquidos	• 1 cucharada de jugo de limón • 2 cucharadas de aceite	• 1 taza de vinagre de manzana • 2 cucharadas de aceite	• ½ taza de pulque • ¼ de taza de agua • ½ taza de jugo de naranja	• ½ taza de vinagre	• ½ taza de vinagre de manzana • 1 taza de aceite, preferentemente de oliva
Otros	• sal al gusto	• 1 raja de canela de 5 cm • 10 pimientas negras • 2 cucharadas de piloncillo rallado • sal al gusto	• ¼ de taza de queso cotija rallado • sal al gusto	• ½ cucharadita de azúcar • ¾ de taza de ajonjolí • 4 higos en almíbar • sal al gusto	• 250 g de camarones secos • 2 hojas de aguacate • ⅓ de taza de pepitas de calabaza tostadas • sal al gusto
Procedimiento	Muela todos los ingredientes excepto la cebolla. Añada la cebolla picada, verifique la cantidad de sal y sirva.	Muela todos los ingredientes excepto la piña, el vinagre y el aceite. Ponga sobre el fuego un sartén con el aceite, fría la salsa y añada los ingredientes restantes. Verifique la cantidad de sal y sirva.	Cueza los chiles en el pulque, el agua y el jugo de naranja hasta que estén suaves. Muela los ingredientes anteriores con el ajo y la cebolla. Verifique la cantidad de sal y sirva con el queso rallado al gusto.	Remoje los chiles en el vinagre por 20 minutos, escúrralos y licúelos con los ingredientes restantes. Verifique la cantidad de sal y sirva.	Tueste los camarones y las hojas de aguacate. Muela los ingredientes anteriores con las pepitas de calabaza, los dientes de ajo pelados y el vinagre y el aceite necesarios para obtener una pasta untable. Verifique la cantidad de sal y sirva.

Salsas de jitomate				
Salsa cruda	Salsa cocida	Salsa frita	Caldillo de jitomate	Salsa asada

Ingredientes

- 450 g de jitomates
- 5 chiles serranos verdes sin semillas ni venas
- 1 diente de ajo (para la salsa frita y el caldillo)
- 2 cucharadas de cebolla picada
- 3 cucharadas de aceite (para la salsa frita y el caldillo)
- las hojas de 6 ramas de cilantro picadas
- 1 taza de agua o caldo (para el caldillo)
- sal al gusto

Procedimiento

Salsa cruda	Salsa cocida	Salsa frita	Caldillo de jitomate	Salsa asada
Pique los jitomates y los chiles. Mézclelos con los demás ingredientes, verifique la cantidad de sal y sirva.	Cueza todos los ingredientes en agua, excepto el cilantro, durante 12 minutos. Drénelos y muélalos con la mitad del cilantro y sal al gusto. Mezcle la salsa con el cilantro restante, verifique la sal y sirva.	Pique los jitomates, los chiles y el ajo y mézclelos con la cebolla y la sal, o muela todos los ingredientes, excepto el cilantro. Fría los ingredientes picados o el molido en el aceite, verifique la cantidad de sal, mezcle la salsa con el cilantro y sirva.	Pique los jitomates, los chiles y el ajo y mézclelos con la cebolla y la sal, o muela todos los ingredientes, excepto el cilantro, y añada 1 diente de ajo. Fría los ingredientes picados o el molido en el aceite y añada 1 taza de agua o de caldo. Deje que hierva el caldillo hasta que esté cocido, añada sal al gusto y el cilantro, y sirva.	Ase todos los ingredientes, excepto el cilantro, hasta que se tornen opacos. Martájelos, añada a la salsa sal al gusto, mézclela con el cilantro y sirva.

Salsas de tomate			
Salsa cruda	Salsa cocida	Salsa frita	Salsa asada

Ingredientes

- 450 g de tomates verdes
- 2 cucharadas de cebolla picada
- 5 chiles serranos sin semillas ni venas
- las hojas de 6 ramas de cilantro picadas
- 1 diente de ajo (para la salsa frita)
- 3 cucharadas de aceite (para la salsa frita)
- 1 pizca de azúcar
- sal al gusto

Procedimiento

Salsa cruda	Salsa cocida	Salsa frita	Salsa asada
Martaje ligeramente los ingredientes, excepto el cilantro. Combínelos con el cilantro, verifique la cantidad de sal y sirva.	Hierva los ingredientes en agua, excepto el cilantro, durante 12 minutos. Drénelos y muélalos con la mitad del cilantro y sal al gusto. Mezcle la salsa con el cilantro restante, verifique la cantidad de sal y sirva.	Pique los tomates, los chiles y el ajo y mézclelos con el resto de los ingredientes excepto el cilantro. Fría los ingredientes picados o el molido en el aceite, verifique la cantidad de sal, mezcle con el cilantro y sirva.	Ase todos los ingredientes, excepto el cilantro, hasta que se tornen opacos. Martájelos, añada a la salsa sal al gusto, mézclela con el cilantro y sirva.

	Pico de gallo clásico	Pico de gallo jalapeño	Pico de gallo con tomatillo	Pico de gallo con mandarina	Pico de gallo con xoconostle
Rendimiento: Preparación: Cocción: Dificultad: Costo:	2 tazas 10 min no requiere	2 tazas 10 min no requiere	2 tazas 10 min no requiere	2 tazas 10 min no requiere	2 tazas 10 min no requiere
Ingredientes	• ½ taza de supremas* de naranja • 3 cucharadas de jugo de limón • 2 cucharadas de cebolla picada • 1 jitomate picado y sin semillas • 3 chiles serranos sin semillas ni venas, picados • 3 cucharadas de aceite de oliva • sal al gusto	• ½ taza de supremas* de toronja • 1 cucharada de jugo de limón • 2 cucharadas de cebolla de rabo picada • 1 jitomate picado y sin semillas • 3 chiles jalapeños sin semillas ni venas, picados • 3 cucharadas de aceite de oliva • 1 pizca de canela molida • sal al gusto	• ½ taza de supremas* de naranja • 3 cucharadas de jugo de limón • 2 cucharadas de cebolla picada • 1 tomate verde picado • 1 cucharada de coco rallado seco, picado • 1 cucharada de piña picada • 1 cucharada de chiles güeros sin semillas ni venas, picados • 3 cucharadas de aceite de oliva • sal al gusto	• ½ taza de supremas* de mandarina • 3 cucharadas de jugo de limón • 2 cucharadas de cebolla morada picada • 1 jitomate picado y sin semillas • 1 cucharada de jícama picada • 1 cucharada de pepino picado • 1 cucharada de chile chilaca, sin semillas ni venas, picado • 3 cucharadas de aceite de oliva • sal al gusto	• 600 g de jícama cortada en cubos pequeños • 4 xoconostles pelados y picados • 3 cucharadas de cebolla de rabo picada • 2 chiles jalapeños sin semillas ni venas, picados • 3 cucharadas (45 ml) de jugo de limón • sal al gusto • orégano seco al gusto
Procedimiento	Mezcle todos los ingredientes, verifique la cantidad de sal y sirva.	Mezcle todos los ingredientes, verifique la cantidad de sal y sirva.	Mezcle todos los ingredientes, verifique la cantidad de sal y sirva.	Mezcle todos los ingredientes, verifique la cantidad de sal y sirva.	Mezcle todos los ingredientes, verifique la cantidad de sal y sirva.

* Las salsas descritas aquí requieren de supremas, término aplicado a los gajos de cítricos sin la piel externa ni las semillas.

Xoconostle

Chile güero

	Guacamole básico	Guacamole con elote	Guacamole con chiles güeros
Rendimiento: Preparación: Cocción: Dificultad: Costo:	2 tazas 10 min no requiere	2 tazas 10 min no requiere	2 tazas 10 min no requiere
Ingredientes	◆ 5 aguacates pelados y sin semilla ◆ 2 cucharaditas de jugo de limón ◆ 4 cucharadas de cebolla picada finamente ◆ 3 cucharadas de chile serrano sin semillas ni venas, picados finamente ◆ 1 jitomate sin semillas, picado finamente ◆ 3 cucharadas de cilantro picado ◆ sal al gusto	◆ 5 aguacates pelados y sin semilla ◆ 2 cucharaditas de jugo de limón ◆ 2 dientes de ajo asados y machacados ◆ 4 cucharadas de cebolla picada ◆ 3 cucharadas de chile cuaresmeño, sin semillas ni venas, picado finamente ◆ 1 cucharada de granos de elote tierno, cocidos ◆ 1 jitomate sin semillas, picado ◆ 2 cucharadas de hojas de epazote o chipilín picado ◆ sal al gusto	◆ 5 aguacates pelados y sin semilla ◆ 2 cucharaditas de jugo de limón ◆ 4 cucharadas de cebolla picada ◆ 2 chiles güeros sin semillas ni venas, picados ◆ 1 jitomate sin semillas, picado ◆ 3 cucharadas de hojas de perejil picadas ◆ sal al gusto
Procedimiento	Machaque la pulpa de los aguacates con sal al gusto y el jugo de limón hasta obtener un puré. Incorpore los demás ingredientes y decore con el cilantro.	Machaque la pulpa de los aguacates con sal al gusto y el jugo de limón hasta obtener un puré. Incorpore los demás ingredientes y decore con el epazote o el chipilín.	Machaque la pulpa de los aguacates con sal al gusto y el jugo de limón hasta obtener un puré. Incorpore los demás ingredientes y decore con el perejil.

	Guacamole con chile manzano	Guacamole con sandía	Guacamole con granada	Guacamole con nuez
Rendimiento: Preparación: Cocción: Dificultad: Costo:	2 tazas 10 min no requiere	2 tazas 10 min no requiere	2 tazas 10 min no requiere	2 tazas 10 min no requiere
Ingredientes	• 5 aguacates pelados y sin semilla • 2 cucharaditas de jugo de limón • 4 cucharadas de cebolla morada picada • 2 cucharadas de pimiento morrón amarillo picado • 1 chile manzano sin semillas ni venas, picado • 1 jitomate sin semillas, picado • 3 cucharadas de cilantro picado • sal al gusto	• 5 aguacates pelados y sin semilla • 2 cucharaditas de jugo de naranja • 4 cucharadas de cebolla picada • 3 cucharadas de chile serrano sin semillas ni venas, picado • ½ taza de sandía picada • 3 cucharadas de albahaca picada • sal al gusto	• 5 aguacates pelados y sin semilla • 2 cucharaditas de jugo de limón • 4 cucharadas de cebolla picada • 3 cucharadas de chile serrano sin semillas ni venas, picado • 3 cucharadas de granos de granada • 3 cucharadas de hoja santa frita, picada • sal al gusto	• 5 aguacates pelados y sin semilla • 2 cucharaditas de jugo de limón • 4 cucharadas de cebolla picada • 3 cucharadas de chile cuaresmeño sin semillas ni venas, picado • 1 cucharada de almendra picada • 3 cucharadas de nueces picadas • 3 cucharadas de tomillo fresco picado • sal al gusto
Procedimiento	Machaque la pulpa de los aguacates con sal al gusto y el jugo de limón hasta obtener un puré. Incorpore los demás ingredientes y decore con el cilantro.	Machaque la pulpa de los aguacates con sal al gusto y el jugo de naranja hasta obtener un puré. Incorpore los demás ingredientes y decore con la albahaca.	Machaque la pulpa de los aguacates con sal al gusto y el jugo de limón hasta obtener un puré. Incorpore los demás ingredientes y decore con la hoja santa.	Machaque la pulpa de los aguacates con sal al gusto y el jugo de limón hasta obtener un puré. Incorpore los demás ingredientes y decore con el tomillo.

Aguacate

Cebolla curada para
pibiles

Yucatán

Rendimiento: 1 taza
Preparación: 5 min
Cocción: no requiere
Reposo: 2 h
Dificultad:
Costo:

Ingredientes

- 1 cebolla morada picada en cuadritos regulares, blanqueados durante 1 minuto en agua hirviendo con sal
- ¼ de chile habanero, asado y picado finamente
- 4 cucharadas de jugo naranja agria o 2 cucharadas de jugo de naranja dulce con 2 cucharadas de vinagre blanco
- sal al gusto

Procedimiento

1. Mezcle todos los ingredientes y deje reposar durante 2 horas como mínimo.

Para que el sabor mejore, deje macerar esta cebolla durante 1 día en el refrigerador.

Escabeche
blanco

Yucatán

Rendimiento: 2 tazas
Preparación: 5 min
Cocción: 20 min
Reposo: 2 h
Dificultad:
Costo:

Ingredientes

- 1½ cebollas rebanadas
- 1½ tazas de vinagre de yema o de frutas
- 2 chiles x'catic o güeros asados
- 1 cabeza de dientes de ajo asada
- ½ cucharadita de sal
- 6 pimientas gordas
- 1 cucharada de recaudo negro, envuelto en un cuadro pequeño de manta de cielo y atado con un hilo

Procedimiento

1. Ponga a fuego bajo en una cacerola esmaltada todos los ingredientes. Deje que hiervan hasta que la cebolla se cueza. Deje reposar durante 2 horas como mínimo y sirva.

Si se concentra mucho el sabor del vinagre, puede diluirlo con un poco de agua al momento de usarlo. Para servirlo, se recomienda rebajarlo con 1 taza de jugo de naranja fresca.

Puede hacer este recaudo acitronando la cebolla en 4 cucharadas de aceite de oliva antes de agregar el vinagre y los demás ingredientes.

Para preparar este escabeche en crudo, ponga todos los ingredientes en un frasco de vidrio, ciérrelo y deje que se macere durante 4 días como mínimo.

Yucatán

Rendimiento: 1 taza
Preparación: 15 min
Cocción: 5 min
Reposo: 2 h
Dificultad:
Costo:

Escabeche de
cebolla morada

Ingredientes

- ¼ de taza de aceite
- 2 chiles habaneros
- 1 cebolla morada rebanada
- ½ taza de vinagre de manzana
- 1 pizca de pimienta negra
- hierbas de olor al gusto, envueltas en un cuadro pequeño de manta de cielo y amarradas con un hilo
- sal al gusto

Procedimiento

1. Ponga sobre el fuego un sartén con el aceite y sofría los chiles durante unos minutos. Agregue la cebolla, mezcle y sofría durante un par de minutos más.

2. Incorpore el vinagre, la pimienta, el envuelto de hierbas de olor y sal al gusto. Deje que el escabeche hierva durante unos instantes y retírelo del fuego. Déjelo reposar durante 2 horas como mínimo y sirva.

Prepare este escabeche en crudo poniendo todos los ingredientes en un frasco de vidrio con tapa y macerándolos 4 días como mínimo.

Si cuece en el escabeche un poco de betabel, obtendrá un bello color púrpura intenso.

Recaudo blanco o **de puchero**

Yucatán

Rendimiento: 3 cucharadas
Preparación: 10 min
Cocción: no requiere
Dificultad: ▮▮
Costo: ▮

Ingredientes

- 1 cucharadita de pimientas asadas
- 1 cucharadita de hojas de orégano seco
- 10 dientes de ajo asados
- 6 clavos de olor chicos asados
- 1 cucharadita de cominos asados
- 1 cucharadita de semillas de cilantro asadas
- 1 raja de canela asada
- ½ cucharada de sal

Procedimiento

1. Mezcle los ingredientes y muélalos hasta que queden bien integrados y obtenga una pasta uniforme.

Si no lo utiliza de inmediato, guárdelo en un recipiente hermético.

Recaudo de **especia**

Yucatán

Rendimiento: 3 cucharadas
Preparación: 15 min
Cocción: no requiere
Dificultad: ▮▮▮
Costo: ▮▮

Ingredientes

- 4 hebras de azafrán
- ½ cucharadita de sal
- 1 cucharada grande de orégano seco asado
- 4 clavos de olor asados
- 1 raja mediana de canela asada
- ¼ de cucharadita de pimienta negra asada
- 15 dientes de ajo asados
- 2 cucharadas de jugo de naranja agria

Procedimiento

1. Mezcle el azafrán con la sal y todos los ingredientes asados; muélalos en molcajete o molino hasta obtener una pasta. Al final, integre bien el jugo de la naranja agria.

Si no lo utiliza de inmediato, guárdelo en un recipiente hermético.

Recaudo **colorado**

Yucatán

Rendimiento: 2 tazas (para 4-5 kg de carne)
Preparación: 5 min
Cocción: no requiere
Reposo: 24 h
Dificultad: ▋▋
Costo: ▋▋

Ingredientes

- 15 dientes de ajo crudos + 15 dientes de ajo asados
- 1 raja de canela asada de 5 cm
- 3 cucharadas de pimientas negras asadas
- 15 cucharadas de semillas de achiote molidas, previamente remojadas por 24 horas en agua hirviendo
- ½ cucharada de cominos asados
- ½ cucharada de clavos de olor asados
- 50 g de mezcla de chiles secos sin semillas ni venas, molidos (opcional)
- 4 cucharadas de orégano seco
- 2 cucharadas de aceite
- ½ taza de vinagre de manzana
- 1 cucharada de azúcar (opcional)
- 1½ tazas de jugo de naranja agria o 1 taza de jugo de naranja dulce con ½ taza de jugo de limón
- sal al gusto

Procedimiento

1. Licue todos los ingredientes, excepto el jugo de naranja y la sal, hasta obtener una pasta tersa y espesa.
2. Al momento de usar el recaudo, disuelva la pasta con el jugo de naranja agria o el jugo de naranja dulce con limón, y añada sal al gusto.

Si muele los ingredientes en el molcajete, sólo agregue el líquido necesario para obtener una pasta; si es en licuadora, tal vez necesite un poco más de líquido (jugo de naranja).

Las semillas de achiote son muy duras y por ello se deben remojar previamente. En caso de no conseguirlas, sustitúyalas por pasta de achiote comercial.

Recaudo de chilmole para **relleno negro**

Yucatán

Rendimiento: 1½ tazas
Preparación: 15 min
Cocción: 5 min
Dificultad: ▋
Costo: ▋

Ingredientes

- 1 cucharada de pimientas negras
- 1 cucharada de pimientas gordas
- 1 cucharada de cominos
- 12 clavos de olor
- 6 cucharadas de orégano seco
- 2 cabezas de ajos grandes enteras, quemadas hasta carbonizar el exterior
- 200 g de chiles secos (preferiblemente el llamado japonés en Yucatán) sin venas, quemado (casi carbonizado) en comal o con alcohol al aire libre
- 1 taza de vinagre suave de frutas (opcional)
- 2 cucharadas de semilla de achiote molidas o 10 g de pasta de achiote comercial
- 1 cucharada de sal gruesa

Procedimiento

1. Tueste las pimientas con el comino, los clavos y el orégano. Muélalos con los dientes de ajo pelados.
2. Remoje los chiles en un poco de agua o preferentemente en el vinagre hasta que estén suaves. Muélalos con las especias tostadas, el achiote y la sal. Refrigere el recaudo hasta que lo utilice.

Es recomendable que guarde este recaudo en el refrigerador dentro de un recipiente hermético.

Recaudo negro o **de escabeche**

Yucatán

Rendimiento: 1 taza (para 1 kg de carne)
Preparación: 15 min
Cocción: 5 min
Dificultad: ▌
Costo: ▌

Ingredientes

- 8 pimientas negras
- 10 cominos
- 1 cabeza de ajo asada y pelada
- 6 clavos de olor
- 2 cucharadas de orégano seco
- 1 cucharadita de sal
- 1 taza de jugo de naranja agria, o ¾ de taza de jugo de naranja dulce con ¼ de taza de jugo de limón, vinagre suave de frutas o vinagre de caña
- 2 cucharadas de aceite

Procedimiento

1. Ase ligeramente todos los ingredientes secos y muélalos con la sal, el jugo de naranja agria o la mezcla de jugo de naranja dulce con limón o vinagre y el aceite.
2. Al momento de usarlo, póngalo al fuego durante unos minutos hasta que hierva.

Este recaudo, sin moler, se emplea en la preparación del escabeche blanco.

Recaudo de **tamales**

Yucatán

Rendimiento: ½ taza (para 3 kg de masa)
Preparación: 10 min
Cocción: no requiere
Reposo: 1 día mínimo
Dificultad: ▌▌
Costo: ▌

Ingredientes

- 1 cucharadita de pimientas negras asadas
- 6 dientes de ajo asados
- 1 cucharada de orégano de monte
- 10 hojas de epazote asadas
- ½ cucharadita de cominos asados
- 1 cucharadita de semillas de achiote
- ½ cucharadita de sal
- 3 cucharadas de jugo de naranja agria o de vinagre de manzana

Procedimiento

1. Muela todos los ingredientes en seco sin el jugo de naranja o vinagre, hasta obtener una pasta suave.
2. Incorpore el jugo de naranja o el vinagre de manzana.
3. Forme una pastilla y déjela secar.

El orégano utilizado en esta receta es de monte, que es mucho más grande que el que normalmente se encuentra en el mercado.
Si no encuentra semillas de achiote puede sustituirlo por 10 gramos de pasta de achiote comercial.
Para obtener mejores resultados en recaudos yucatecos, es necesario moler las especias en un molino de café.

Salpicón de **chile habanero**

Yucatán

Rendimiento: 2 tazas
Preparación: 5 min
Cocción: no requiere
Reposo: 2 h
Dificultad: ▌
Costo: ▌

Ingredientes

- 6 chiles habaneros rebanados
- 8 cebollitas de rabo picadas
- 1½ tazas de jugo de naranja agria
- ½ taza de jugo de naranja dulce
- 2 cucharadas de jugo de limón
- 8 cucharadas de cilantro picado
- sal al gusto

Procedimiento

1. Mezcle todos los ingredientes y déjelos macerar durante 2 horas.

Salpicón de
rabanitos

Yucatán

Rendimiento: 2 tazas
Preparación: 5 min
Cocción: no requiere
Reposo: 2 h
Dificultad:
Costo:

Ingredientes

* 12 rabanitos picados
* 1½ cebollas moradas picadas
* 5 cucharadas de cilantro picado
* 5 chiles habaneros sin semillas ni venas, picados
* ¾ de taza de jugo de naranja agria o ½ taza de jugo de naranja dulce con ¼ de taza de jugo de limón
* 3 cucharadas de vinagre de manzana
* 6 cucharadas de naranja dulce
* sal al gusto

Procedimiento

1. Mezcle todos los ingredientes y déjelos macerar durante 2 horas.

Ha´-sikil-p´ak

Yucatán

Rendimiento: 2 tazas
Preparación: 10 min
Cocción: no requiere
Dificultad:
Costo:

Ingredientes

* 1½ tazas de pepitas de calabaza tostadas
* ¼ de cucharada de sal gruesa
* 2 jitomates asados, pelados y sin semillas
* ½ chile habanero, sin semillas ni venas, asado
* 2 cucharadas de cilantro picado
* 1 cucharada de alcaparras picadas
* cantidad suficiente de agua

Procedimiento

1. Muela en molcajete o licuadora las pepitas con la sal.
2. Machaque los jitomates y mézclelos con los demás ingredientes y con las pepitas de calabaza. Añada agua hasta obtener una salsa consistente y sirva.

Salsa
x-ni-pek

Yucatán

Rendimiento: 2 tazas
Preparación: 5 min
Cocción: no requiere
Reposo: 30 min mínimo
Dificultad:
Costo:

Ingredientes

* 2 jitomates sin semillas, picados
* ¼ de taza de cebolla morada picada
* 3 cucharadas de cilantro picado
* ½ chile habanero sin semillas ni venas, picado
* 3 cucharadas de jugo de naranja agria
* sal al gusto

Procedimiento

1. Mezcle todos los ingredientes y déjelos reposar durante 30 minutos como mínimo antes de servir.

	Vinagreta base	Vinagreta de aguacate	Vinagreta de cítricos	Vinagreta de hierbas	Vinagreta de guayaba
Rendimiento: Preparación: Cocción: Dificultad: Costo:	1 taza 5 min no requiere	1 taza 5 min no requiere	1 taza 5 min no requiere	1 taza 5 min no requiere	1 taza 5 min no requiere
Ingredientes	• 3 cucharadas de vinagre de manzana • ¾ de taza de aceite de oliva • ¼ de cucharada de sal • 1 pizca de azúcar • pimienta al gusto	• la pulpa de ½ aguacate hecha puré • 3 cucharadas de vinagre de manzana • ¼ de cucharada de sal • ¾ de taza de aceite de oliva • 1 pizca de azúcar • pimienta al gusto	• 1 cucharada de vinagre de manzana • 1 cucharada de jugo de naranja • 1 cucharada de jugo de toronja • 1 cucharada de jugo de limón • 1 cucharadita de ralladura de naranja • 1 cucharada de miel • ¾ de taza de aceite de oliva • ¼ de cucharada de sal • pimienta al gusto	• 3 cucharadas de vinagre de manzana • 1 cucharadita de perejil picado • 1 cucharadita de albahaca picada • 1 cucharadita de tomillo picado • 1 cucharadita de hierbabuena picada • ¾ de taza de aceite de oliva • ¼ de cucharada de sal • 1 cucharada de miel de maguey • pimienta al gusto	• 1 guayaba sin semillas, troceada • 3 cucharadas de vinagre de manzana • 1 pizca de canela en polvo • ¾ de taza de aceite de oliva • ¼ de cucharada de sal • 1 pizca de chile piquín molido • 1 pizca de azúcar • pimienta al gusto
Procedimiento	Bata todos los ingredientes en un recipiente hasta que se incorporen. Verifique la cantidad de sal y sirva.	Mezcle el aguacate con el vinagre y la sal. Incorpore el aceite de oliva, añada la pimienta y el azúcar, verifique la cantidad de sal y sirva.	Bata todos los ingredientes en un recipiente hasta que se incorporen. Verifique la cantidad de sal y sirva.	Bata todos los ingredientes en un recipiente hasta que se incorporen. Verifique la cantidad de sal y sirva.	Muela la guayaba con el vinagre y la canela y cuele. Bata el molido con el aceite hasta incorporarlo y añada el resto de los ingredientes. Verifique la cantidad de sal y sirva.

Naranja, lima y limón

	Vinagreta de chile chipotle adobado	Aderezo de piña	Aderezo a las hierbas	Aderezo con chiles cuaresmeños
Rendimiento: Preparación: Cocción: Dificultad: Costo:	1 taza 5 min no requiere	1 taza 5 min no requiere	1 taza 5 min no requiere	1 taza 5 min no requiere
Ingredientes	• 3 cucharadas de vinagre de manzana • ½ cucharada de chipotle adobado molido • ¾ de taza de aceite de oliva • ¼ de cucharada de sal • 1 pizca de azúcar • pimienta al gusto	• 1 cucharada de jugo de limón • ¾ de taza de aceite de oliva • 3 cucharadas de yogur natural, sin azúcar • 1 rebanada de piña picada finamente • 1 cucharada de cebollín picado finamente • ¼ de cucharada de sal • pimienta al gusto	• 1 cucharada de jugo de limón • ¾ de taza de aceite de oliva • 3 cucharadas de yogur natural, sin azúcar • 1 cucharada de cilantro picado • 1 cucharada de albahaca picada • 1 cucharada de perejil picado • ¼ de cucharada de sal	• 1 cucharada de jugo de limón • ¾ de taza de aceite de oliva • 3 cucharadas de yogur natural, sin azúcar • 2 cucharadas de chiles cuaresmeños desvenados y picados • 1 cucharada de cilantro picado • ¼ de cucharada de sal • pimienta al gusto
Procedimiento	Bata todos los ingredientes en un recipiente hasta que se incorporen. Verifique la cantidad de sal y sirva.	Mezcle todos los ingredientes, verifique la cantidad de sal y sirva.	Mezcle todos los ingredientes, verifique la cantidad de sal y sirva.	Mezcle todos los ingredientes, verifique la cantidad de sal y sirva.

Piña

Creación inspirada en Sinaloa

Rendimiento: 3 personas
Preparación: 15 min
Cocción: 30 min
Dificultad: ▮▮
Costo: ▮▮

Berenjenas
rellenas de manzana

Ingredientes

- 3 berenjenas chicas
- 2 manzanas verdes peladas, sin corazón, cortadas en cubos de 1 cm y mezcladas con 1 cucharada de jugo de limón
- 6 cucharadas de aceite de oliva
- 5 cucharadas de cebolla picada
- 1 cucharada de ajo picado
- 1 rama chica de apio picada
- 2 cucharadas de germen de trigo
- 12 hojas de hierbabuena picadas
- 1 pizca de comino
- 1 pizca de nuez moscada
- cantidad suficiente de mantequilla
- 100 g de queso blanco rallado
- 1 taza de salsa de jitomate cocida (ver pág. 157)
- sal y pimienta, al gusto

Procedimiento

1. Precaliente el horno a 200 °C.
2. Corte las berenjenas por la mitad a lo largo y con una cuchara extraiga la pulpa de cada una, sin perforar la piel, dejando 1 centímetro de pulpa.
3. Pique la pulpa de las berenjenas, mézclela con los cubos de manzana y resérvela.
4. Ponga sobre el fuego un sartén con el aceite de oliva y sofría la cebolla y el ajo hasta que se doren. Añada el apio, saltéelo durante 1 minuto y agregue la mezcla de berenjenas con los cubos de manzana y el germen de trigo; deje que la preparación se cocine durante 4 minutos. Añada la hierbabuena, el comino, la nuez moscada y sal y pimienta al gusto.
5. Engrase una charola para hornear con la mantequilla y coloque sobre ella tres mitades de berenjenas; rellene cada una con la preparación anterior y ponga encima de cada una las tres mitades de berenjenas restantes. Hornéelas durante 15 minutos, póngales encima el queso rallado y hornee durante 5 minutos más.
6. Sirva las berenjenas sobre la salsa de jitomate caliente.

Creación inspirada en
San Miguel de Allende,
Guanajuato

Brochetas
de verduras

Rendimiento: 6 personas
Preparación: 20 min
Cocción: 12 min
Reposo: 1 h
Dificultad:
Costo:

Ingredientes

- 1 cucharadita de sal
- 1 cucharadita de pimienta molida
- 3 cucharaditas de jengibre en polvo
- 1 cucharada de vinagre de fruta
- 5 cucharadas de aceite de oliva
- 6 betabeles miniatura pelados y blanqueados
- 6 nabos miniatura pelados y blanqueados
- 6 calabacitas amarillas
- 6 calabacitas largas miniatura
- 12 jitomates cherry partidos por la mitad
- 6 nopales baby
- 200 g de ejotes cocidos
- 2 jitomates partidos en cuartos
- 1 cucharada de orégano
- 6 palillos de brocheta de 20 cm de largo
- ½ taza de mayonesa al chipotle

Procedimiento

1. Mezcle la sal con la pimienta, el jengibre y el vinagre. Cuando todos los ingredientes estén integrados, añada el aceite de oliva y mezcle hasta formar una vinagreta.
2. Barnice todas las verduras con la vinagreta y déjelas reposar durante 1 hora.
3. Ponga sobre el fuego un sartén grande o encienda la plancha o un asador. Distribuya las verduras en los palillos para brochetas, clavándolas bien, excepto los nopales, los ejotes y los jitomates.
4. Ase las brochetas durante 10 minutos en el sartén, parrilla o asador, volteándolas constantemente. Ase también los nopales, los ejotes y los jitomates.
5. Sirva las brochetas en un plato con los nopales, los ejotes y los jitomates. Espolvoree todo con el orégano y acompañe con la mayonesa al chipotle.

Calabacitas
rellenas

Tampico, Tamaulipas
Rendimiento: 5 personas
Preparación: 15 min
Cocción: 40 min
Dificultad:
Costo:

Ingredientes

Relleno

- 1 zanahoria cortada en cubos pequeños
- 1 papa pelada y cortada en cubos pequeños
- ⅓ de taza de aceite
- 500 g de carne molida de res, cerdo o pollo
- ½ cebolla picada finamente
- 2 dientes de ajo picados finamente
- 1 chile serrano sin semillas ni venas, picado finamente
- 1 jitomate molido
- sal y pimienta, al gusto

Calabacitas

- 10 calabacitas tiernas
- 250 g de queso blanco rallado
- 100 g de tocino, picado y dorado en su propia grasa
- 2 cucharadas de mantequilla

Procedimiento

Relleno

1. Ponga a hervir los cubos de zanahoria y de papa en agua con sal hasta que estén cocidos pero sin deshacerse. Reserve las verduras y el agua de cocción por separado.
2. Coloque sobre el fuego una cacerola con el aceite y sofría la carne molida hasta que se dore. Añada sal y pimienta al gusto, así como los cubos de zanahoria y de papa, la cebolla, el ajo y el chile; deje cocer la preparación durante 3 minutos y agregue el jitomate. Deje que el jitomate suelte su agua y retire la preparación del fuego cuando casi todo el líquido se haya evaporado. Reserve.

Calabacitas

1. Precaliente el horno a 170 °C.
2. Ponga a hervir las calabacitas durante 4 minutos en el agua donde coció los cubos de zanahoria y de papa. Pártalas por la mitad a lo largo y retíreles las semillas con una cuchara.
3. Distribuya en las calabacitas el relleno y colóquelas en un platón o refractario. Espolvoréelas con el queso y el tocino y ponga un poco de mantequilla encima de cada una. Hornéelas durante 15 minutos.
4. Sírvalas calientes o a temperatura ambiente.

El origen de esta receta, practicada en todo el país, es incierto. Hay innumerables versiones, y ésta es una de las más sabrosas. Ya que la descubrimos en Tampico, a esta ciudad atribuímos el mérito de haberla creado.
Acompañe estas calabacitas con un poco de arroz blanco o con frijoles de la olla.

Chileajo

Adaptación inspirada en Oaxaca
Rendimiento: 6-8 personas
Preparación: 20 min
Cocción: 30 min
Dificultad:
Costo:

Ingredientes

- 1 cabeza de ajo
- 200 g de chiles chilcostles sin semillas ni venas, asados e hidratados en agua caliente
- 1 taza de vinagre blanco
- 1 papa grande cocida, cortada en cubos medianos
- 1 zanahoria cocida, cortada en cubos medianos
- 1 taza de ejotes cocidos picados
- 3 tazas de floretes de coliflor cocidos
- ¾ de taza de chícharos cocidos
- ½ cebolla fileteada
- 1 taza de queso Oaxaca deshebrado
- 1 cucharada de orégano seco, troceado
- sal al gusto

Procedimiento

1. Pele los dientes de la cabeza de ajo y muélalos con los chiles chilcostles, el vinagre y sal al gusto. Cuele el molido y mézclelo con los cubos de papa y de zanahoria, con los ejotes, los floretes de coliflor y los chícharos. Colóquelo en una cacerola sobre el fuego y deje que se cueza durante un par de minutos.
2. Coloque el chileajo en un platón y adórnelo con las rebanadas de cebolla, el queso Oaxaca y el orégano.

Chiles poblanos
rellenos de hongos

Adaptación de Cristina H. de Palacio inspirada en Veracruz
Rendimiento: 6 personas
Preparación: 25 min
Cocción: 35 min
Dificultad:
Costo:

Ingredientes

Guarnición
- 2 cucharadas de aceite de oliva
- ½ cebolla fileteada
- 1 zanahoria cortada en rodajas delgadas
- ⅓ de taza de vinagre de manzana
- 2 ramas de tomillo
- 1 cucharadita de orégano
- 2 hojas de laurel
- sal al gusto

Chiles
- 1 cucharada de aceite de oliva
- 4 jitomates picados
- 1 diente de ajo
- 2 tazas de champiñones o setas, troceados
- 6 chiles poblanos preparados para rellenar (ver pág. 399)
- sal al gusto

Procedimiento

Guarnición
1. Ponga sobre el fuego una cacerola con el aceite y sofría la cebolla y la zanahoria durante un par de minutos. Añada el vinagre, 1 taza de agua, las hierbas de olor y sal al gusto. Baje el fuego y deje que la preparación se cocine hasta que se haya evaporado la mitad del líquido. Reserve.

Chiles
1. Ponga sobre el fuego una cacerola y mezcle en ella el aceite, el jitomate, el ajo y los champiñones o las setas. Retire la preparación del fuego cuando los hongos estén cocidos y el líquido se haya reducido a la mitad; añada sal al gusto.
2. Rellene los chiles con la preparación de hongos y sírvalos a temperatura ambiente con la guarnición.

Huauzontles
capeados

Estado de México
Rendimiento: 6-8 personas
Preparación: 30 min
Cocción: 50 min
Dificultad:
Costo:

Ingredientes
- 1 kg de huauzontles
- 1 kg de arroz cocido
- 2 tazas de queso seco molido
- 6 claras
- 6 yemas
- 2 cucharadas de harina de trigo
- 2½ tazas de aceite para freír + 3 cucharadas
- 5 jitomates guaje
- 1 diente de ajo
- ½ cebolla chica
- 1 chile serrano (opcional)
- sal al gusto

Procedimiento
1. Desprenda los huauzontles de los tallos y de las varas, lávelos cuidadosamente y escúrralos. Cuézalos al vapor durante 20 minutos y retírelos del fuego. Cuando se hayan entibiado, forme montoncitos (cada uno será una porción de huauzontles), de manera que los pueda exprimir para eliminar el exceso de agua. Resérvelos.
2. Mezcle el arroz al vapor con el queso. Abra cada montoncito de huauzontles, rellénelos con esta mezcla y resérvelos.
3. Elabore una mezcla de capeado con las claras, las yemas y la harina (ver pág. 401).
4. Ponga sobre el fuego un sartén amplio con las 2½ tazas de aceite. Capee una porción de huauzontles en el huevo, fríala en el aceite caliente y escúrrala sobre papel absorbente para eliminar el exceso de aceite. Repita este paso con las porciones de huauzontle y la mezcla de capeado restante.
5. Licue los jitomates con el diente de ajo, la cebolla y sal al gusto. Ponga sobre el fuego una cacerola con las 3 cucharadas de aceite restante y añada el molido de jitomate; déjelo sobre el fuego durante 5 minutos, añada agua o caldo de pollo, el chile entero, y deje que el caldillo se cueza durante 10 minutos. Verifique la cantidad de sal y retírelo del fuego.
6. Sirva los huauzontles capeados en platos hondos con el caldillo caliente.

También puede elaborar el caldillo con tomates verdes.
En diversas regiones del país el habla (y la escritura) popular utiliza para los huauzontles también los términos guausontle, huausontle o guasoncle.

Adaptación de Margarita
Carrillo inspirada en Chihuahua
Rendimiento: 6-8 personas
Preparación: 40 min
Cocción: 1 h 15 min
Dificultad: ▌▌
Costo: ▌

Chiles pasados
rellenos de chacales

Ingredientes

Salsa

- 4 cucharadas de manteca de cerdo
- ½ cebolla picada finamente
- 1 diente de ajo picado finamente
- 1½ jitomates molidos
- sal al gusto

Chiles

- 250 g de chacales
- 2 cucharadas de mantequilla
- 1 diente de ajo picado finamente
- ½ cebolla picada finamente
- 6 chiles verdes pasados grandes sin semillas, remojados en agua caliente, enjuagados y escurridos
- ½ taza de harina
- 2 huevos
- 1¼ tazas de manteca
- ½ taza de crema fresca
- 200 g de queso ranchero desmoronado

Procedimiento

Salsa

1. Ponga sobre el fuego una cacerola con la manteca de cerdo y sofría la cebolla con el ajo durante 4 minutos. Añada el jitomate molido y deje la salsa sobre el fuego hasta que espese. Agregue sal al gusto y resérvela.

Chiles

1. Limpie los chacales colocándolos en un recipiente con agua y restregándolos para que floten las cáscaras de los granos a la superficie. Retire todas las cáscaras de los granos y enjuáguelos bien. Cueza los chacales con 2 tazas de agua en una olla exprés durante 30 minutos a partir de que el vapor comienza a salir de la olla, o hasta que estén suaves.
2. Ponga sobre el fuego un sartén con la mantequilla y sofría el ajo con la cebolla durante 3 minutos. Añada los chacales y sal al gusto, mezcle y sofría durante 4 minutos más.
3. Rellene los chiles con la preparación de chacales. Coloque en un platón extendido la harina y enharine cada chile, sacudiéndolo muy bien para eliminar el exceso de ésta.
4. Elabore una mezcla de capeado con los huevos y un poco de harina (ver pág. 401).
5. Ponga sobre el fuego una cacerola o freidora con la manteca. Cuando esté bien caliente, capee un chile y fríalo hasta que esté dorado; colóquelo sobre papel absorbente para eliminar el exceso de grasa. Repita este paso con todos los chiles restantes.
6. Sirva los chiles bañados con la salsa y acompáñelos con la crema y el queso.

En Chihuahua se llama chile pasado al chile verde (chile verde del norte, chilaca o poblano) que se asa, para después secarlo al sol hasta que se deshidrata por completo, proceso que resulta útil para aprovechar estos chiles fuera de temporada. Otro producto característico de la zona son los chacales, que son mazorcas de maíz cocidas y secadas al sol.

Adaptación de Rubi Silva
inspirada en Michoacán

Chiles capones
rellenos

Rendimiento: 10 personas
Preparación: 20 min
Cocción: 25 min
Reposo: 12 h
Dificultad: ▌▌
Costo: ▌▌

Ingredientes

- 30 chiles negros de Michoacán
- 2½ tazas de vinagre blanco o de manzana
- ⅓ de cebolla
- 4 dientes de ajo
- 650 g de tomatillos
- 3 cucharadas de aceite
- 200 g de queso ranchero desmoronado
- 6 jitomates pelados partidos en trozos
- 3 tazas de crema
- 1 taza de hojas de cilantro picadas
- 3 cucharadas de aceite de oliva
- sal y pimienta, al gusto

Procedimiento

1. Limpie y abra los chiles a lo largo, retíreles las semillas y las venas y déjelos remojando en el vinagre durante 12 horas.
2. Pique la cebolla, 2 dientes de ajo y los tomatillos. Ponga sobre el fuego un sartén con el aceite y sofría los vegetales picados durante 10 minutos. Añada el queso y sal y pimienta al gusto.
3. Drene muy bien los chiles del vinagre, rellénelos con la mezcla anterior y resérvelos.
4. Licue los jitomates con los dientes de ajo restantes. Vierta el molido en una cacerola, colóquela sobre el fuego y deje que hierva durante 10 minutos. Añada a la crema un poco del caldillo caliente y mezcle hasta que la crema se entibie.

Añada toda la crema a la cacerola junto con el cilantro y el aceite de oliva, mezcle, verifique la cantidad de sal y retire del fuego cuando la salsa dé el primer hervor.

5. Sirva los chiles a temperatura ambiente con la salsa tibia.

Los chiles negros, especialidad de Michoacán de los meses de verano, son muy picantes pero dulces al mismo tiempo. En esta receta se les llama capones porque en el vinagre merma su potente picor. Si no los encuentra, puede sustituirlos por chiles pasilla. Asimismo, puede sustituir en la salsa el jitomate por tomate verde.

Creación inspirada en
Avándaro, Estado de México

Mixiotes
de hongos

Rendimiento: 6 personas
Preparación: 25 min
Cocción: 16 min
Dificultad: ▌
Costo: ▌

Ingredientes

- 12 chiles pasilla sin semillas ni venas, asados
- 1 taza de pulque blanco o de cerveza
- 1 kg de hongos diversos de temporada
- 6 hojas sintéticas para mixiote de 30 cm por lado
- 4 dientes de ajo
- 40 hojas de epazote picadas toscamente
- 2 chiles serranos sin semillas ni venas, picados
- 2 cucharadas de aceite de maíz (opcional)
- sal al gusto

Originalmente esta receta se elabora con hojas para mixiote naturales, extraídas de la epidermis de las hojas de maguey. Debido a que en la actualidad esta planta se ha sobreexplotado, es mejor no adquirir las hojas para mixiote naturales hasta que la planta ya no se encuentre en riesgo de desaparecer y su comercio esté regulado.

Procedimiento

1. Remoje los chiles pasilla en el pulque o en la cerveza hasta que estén suaves. Lícuelos con el líquido de remojo y sal al gusto, y reserve esta salsa.
2. Deseche los rabos de los hongos y límpielos muy bien con una brocha y una servilleta húmeda. Trocéelos toscamente y resérvelos.
3. Coloque en el centro de una hoja de mixiote una cucharada de la salsa de chile pasilla y encima un poco de los hongos, del ajo, del epazote, del chile verde, del aceite, y sal al gusto. Cierre el mixiote amarrando las puntas con un poco de hilo cáñamo. Repita este procedimiento con las hojas de mixiote y los ingredientes restantes.
4. Coloque los mixiotes dentro de una vaporera con agua hirviendo y cuézalos durante 15 minutos. Sirva los mixiotes cerrados y aún calientes.

Creación de Víctor Nava
inspirada en la Ciudad de México
Rendimiento: 4-6 personas
Preparación: 20 min
Cocción: 45 min
Reposo: 1 h
Dificultad: ▌▌
Costo: ▌▌

Tarta de huauzontles
con salsa de chile pasilla

Ingredientes

- 3 tazas de huauzontles sin ramas ni hojas
- 10 chiles pasilla sin semillas ni venas
- 2 dientes de ajo

- 3 cucharadas de aceite
- ½ taza de cebolla picada
- 1 kg de pasta de hojaldre

- 150 g de queso fresco cortado en rebanadas
- 1 yema
- sal y pimienta, al gusto

Procedimiento

1. Cueza los huauzontles en agua hirviendo con sal durante 10 minutos. Drénelos, exprímalos y resérvelos.

2. Hidrate en agua caliente los chiles pasilla y muélalos con un poco de su agua de remojo y los dientes de ajo. Cuele y reserve este molido.

3. Ponga sobre el fuego una cacerola con el aceite y sofría la cebolla durante 3 minutos. Agregue el molido de chiles, sal y pimienta al gusto, y deje que todo se cocine a fuego bajo durante 10 minutos.

4. Incorpore los huauzontles a la salsa de chile pasilla, mezcle y cocine por 5 minutos más o hasta que se haya evaporado todo el líquido de la preparación. Retire los huauzontles del fuego y deje que se enfríen.

5. Precaliente el horno a 200 °C.

6. Extienda la pasta de hojaldre con un rodillo, en una superficie enharinada, hasta que obtenga un grosor de ½ centímetro.

Corte dos discos y ponga uno de ellos en un molde para tarta, tratando de que sobresalgan un poco los bordes. Distribuya encima la mitad de los huauzontles, tápelos con las rebanadas de queso y termine con el resto de los huauzontles.

7. Barnice los bordes de la tarta con la yema y cubra la tarta con el disco restante de pasta, presionando los bordes para que se unan. Barnice la superficie de la tarta y haga unos orificios con un tenedor.

8. Deje que la tarta repose en refrigeración durante 1 hora y hornéela durante 20 minutos o hasta que se dore y la pasta esté cocida. Sírvala caliente.

Puede reservar un poco de la salsa de chile pasilla para servir con ella la tarta. Decore la superficie de la tarta con trozos pequeños de pasta de hojaldre con forma de flor.

176

Romeritos
con tortitas de camarón

Centro del país
Rendimiento: 6-8 personas
Preparación: 50 min
Cocción: 35 min
Dificultad:
Costo:

Ingredientes

Tortitas de camarón

* ½ taza de camarones secos, sin patas, cabeza ni caparazón, tostados
* 1 taza de queso añejo rallado
* 100 g de pan molido
* 8 huevos
* ¼ de taza de aceite
* 1 diente de ajo

Romeritos

* 3 tazas de mole sencillo, no muy espeso (ver pág. 266)
* 1 taza de caldo de pollo
* 300 g de romeritos limpios, cocidos y escurridos
* 2 papas cocidas y cortadas en cubos pequeños
* sal al gusto

Procedimiento

Tortitas de camarón

1. Muela los camarones secos hasta obtener un polvo fino y mézclelo con el queso añejo y el pan molido. Resérvelo.
2. Elabore una mezcla de capeado con los huevos (ver pág. 401) e incorpórele con movimientos envolventes la mezcla de polvo de camarón.
3. Ponga sobre el fuego un sartén con el aceite y fría el ajo hasta que se dore; retírelo del aceite. Tome una porción de la mezcla de camarón con una cuchara grande y fríala en el aceite caliente por ambos lados, hasta que se dore ligeramente. Retírela del aceite y dispóngala sobre papel absorbente para eliminar el exceso de grasa. Repita este paso hasta terminar con la mezcla de camarón.

Romeritos

1. Caliente el mole en una cacerola y añada el caldo de pollo. Incorpore los romeritos y las papas y deje hervir todo durante 5 minutos, hasta que las papas estén cocidas. Añada las tortitas de camarón y verifique la cantidad de sal.
2. Sirva los romeritos con las tortitas en platos hondos o en tazones.

Puede sustituir las papas grandes por papas cambray cocidas y partidas por la mitad. Asimismo, puede utilizar charales tostados en lugar de camarones secos, y añadir con las papas tiras de nopales cocidas.

Tortitas de
acelga

Creación inspirada en Guanajuato
Rendimiento: 4-6 personas
Preparación: 25 min
Cocción: 15 min
Dificultad:
Costo:

Ingredientes

* 3 papas medianas
* 1 queso de rancho chico
* 200 g de acelgas picadas finamente
* 2 jitomates sin semillas, picados finamente
* ½ cebolla picada finamente
* 4 ramas de cilantro picadas finamente
* 3 chiles serranos sin semillas ni venas, picados finamente
* cantidad suficiente de harina
* 4 claras
* 4 yemas
* cantidad suficiente de aceite para freír
* sal al gusto
* caldillo de jitomate, al gusto (ver pág. 157)
* arroz blanco, al gusto (ver pág. 144)

Procedimiento

1. Ralle las papas y el queso y mézclelos con las acelgas, los jitomates, la cebolla, el cilantro, el chile y sal al gusto. Elabore con esta mezcla tortitas, empanice cada una con un poco de harina, retirando el exceso de la misma sacudiéndolas, y resérvelas.
2. Elabore una mezcla de capeado con las claras, las yemas y la harina (ver pág. 401).
3. Ponga sobre el fuego una cacerola o freidora con aceite. Cuando esté bien caliente, capee una tortita y fríala hasta que esté dorada; colóquela sobre papel absorbente para eliminar el exceso de aceite. Repita este paso con todas las tortitas.
4. Sirva las tortitas con el caldillo de jitomate y el arroz blanco.

Sonora

Rendimiento: 8 personas
Preparación: 10 min
Cocción: 2 h 30 min aprox.
Dificultad: ▮▮
Costo: ▮

Pozole de
tepari

Ingredientes

- 1 taza de frijoles tepari, remojados desde la noche anterior
- 1 cola de res cortada en trozos
- 10 dientes de ajo
- 1 cebolla troceada
- 6 chiles anchos sin semillas ni venas e hidratados
- ½ cucharada de orégano
- 3 cucharadas de vinagre blanco
- sal al gusto

Procedimiento

1. Drene los frijoles y deseche el agua de remojo. Póngalos sobre el fuego en una olla con suficiente agua y deje que hiervan a hasta que estén suaves, entre 1½ horas y 2 horas. Añada sal al gusto y resérvelos.
2. Ponga sobre el fuego una olla con los trozos de cola de res, 8 dientes de ajo, la cebolla, sal al gusto y agua suficiente para cubrir los ingredientes. Deje que hierva hasta que la carne esté cocida y suave.
3. Licue los chiles con su agua de remojo, los 2 dientes de ajo restantes, el orégano, el vinagre y sal al gusto. Mezcle con los frijoles tepari con su caldo, así como con la cola y su caldo.
4. Coloque el pozole sobre el fuego y deje que hierva a fuego medio durante 10 minutos. Verifique la cantidad sal y sírvalo.

Los frijoles tepari son más pequeños que la mayoría de los frijoles. Son resistentes a la sequía y a plagas que afligen a plantas similares. Los hay blancos, cafés y negros.

Si cuece los frijoles en olla exprés, reducirá el tiempo a 40 minutos a partir de que el vapor comience a escapar de la olla.

Norte del país

Rendimiento: 8-10 personas
Preparación: 10 min
Reposo: 1 h
Cocción: 2 h
Dificultad: ▮▮
Costo: ▮▮

Pozole de
trigo

Ingredientes

- 500 g de trigo
- 500 g de agujas de res
- 500 g de pulpa de res
- 500 g de pecho de res
- 3 cabezas de ajo grandes
- 3 cebollas
- 3 manojos de verdolagas
- 3 elotes partidos en trozos
- 2 calabacitas partidas en cubos
- 1 camote grande partido en cubos
- 3 papas cortadas en cubos
- ½ col partida en trozos pequeños
- 3 zanahorias cortadas en rebanadas
- 3 jitomates pelados, sin semillas y picados
- 2 chiles poblanos picados
- sal al gusto

Procedimiento

1. Lave el trigo y póngalo a remojar en agua durante 1 hora. Drénelo y páselo por el metate para quitarle la piel y quebrarlo un poco.
2. Ponga sobre el fuego una olla con 4 litros de agua, añada el trigo y déjelo cocer durante 30 minutos.
3. Agregue al trigo las carnes, las cabezas de ajo, las cebollas y sal al gusto. Deje que todo hierva durante 1 hora.
4. Añada a la olla el resto de los ingredientes y deje que el pozole hierva hasta que todos los ingredientes estén cocidos. Verifique la cantidad de sal y sirva el pozole caliente.

Trío de
jitomates rellenos

Creación inspirada en Baja California

Rendimiento: 4 personas
Preparación: 20 min
Cocción: 20 min
Dificultad:
Costo:

Ingredientes

- 12 jitomates de riñón (4 amarillos, 4 verdes y 4 rojos, de tamaño similar)
- 4 cucharadas de mantequilla
- 2 cucharadas de cebollín picado
- 6 huevos revueltos: 2 elaborados con queso, 2 con jamón y 2 con pico de gallo clásico (ver pág. 158)
- 1 taza de yogur natural, sin azúcar
- sal y pimienta, al gusto

Procedimiento

1. Precaliente el horno a 175 °C.
2. Corte la parte superior de cada jitomate y retíreles las semillas con una cuchara, dejando la mayor parte de pulpa posible. Añádales sal y pimienta al gusto, colóquelos en un refractario para hornear y dentro de cada jitomate ponga un poco de mantequilla y de cebollín. Hornéelos durante 10 minutos.
3. Rellene los jitomates amarillos con los huevos revueltos con queso, los verdes con los que tienen jamón y los rojos con los de pico de gallo. Cúbralos con papel aluminio y hornéelos de nuevo durante 10 minutos más.
4. Mezcle el yogur con el jugo que los jitomates soltaron durante el horneado y añada sal y pimienta al gusto.
5. Sirva los jitomates rellenos aún calientes con la salsa de yogur.

Los jitomates de riñón se cultivan en Oaxaca, y de forma orgánica, en Ensenada. Los producen de varios colores y son excelentes en todos los estados de maduración.
Si no desea utilizar carne en esta receta, sustituya el jamón por frijoles de la olla sin caldo.

Baja California Sur
Rendimiento: 5 personas
Preparación: 20 min
Cocción: 30 min
Dificultad:
Costo:

Albóndigas
de pescado

Ingredientes

- 600 g de filete de atún o de bonito, sin espinas y sin piel
- 400 g de pescado ahumado
- ¼ de taza de arroz cocido
- 1 huevo
- 1 cucharada de amaranto
- 5 dientes de ajo picados finamente
- ¼ de cucharadita de orégano seco, triturado
- 1 cucharada de cilantro picado finamente
- 2 hojas de hierbabuena picadas finamente
- 2 pimientos morrones verdes, asados, sin piel y cortados en tiras delgadas
- 2 pimientos morrones rojos, asados, sin piel y cortados en tiras delgadas
- 1 ℓ de caldo de pescado
- sal y pimienta, al gusto

Procedimiento

1. Desmenuce con un tenedor la carne del pescado fresco y del ahumado. Mézclala con el arroz cocido, el huevo, el amaranto, el ajo, el orégano, el cilantro, la hierbabuena, los pimientos, sal y pimienta al gusto. Forme albóndigas de 6 centímetros de diámetro aproximadamente.
2. Ponga sobre el fuego el caldo de pescado. Cuando hierva, añada las albóndigas y déjelas cocer por 10 minutos aproximadamente.
3. Sirva las albóndigas con un caldillo de jitomate con chile chipotle.

Para elaborar un caldillo de jitomate con chile chipotle, licue algunos jitomates con un trozo de cebolla y chipotle al gusto. Sofríalos en una cacerola y añada el caldo de pescado donde coció las albóndigas. Agregue sal y pimienta al gusto, deje cocer el caldillo, y al final, añada la hierba aromática de su preferencia: orégano, hierbabuena o cilantro.

Oaxaca
Rendimiento: 5 personas
Preparación: 40 min
Cocción: 40 min
Dificultad:
Costo:

Chiles de agua
rellenos

Ingredientes

- 2 cucharadas de aceite
- ½ cebolla picada finamente
- 1 diente de ajo picado finamente
- 3 jitomates cortados en cubos pequeños
- 1 papa cocida y cortada en cubos pequeños
- 250 g de carne de res molida
- 10 aceitunas sin semilla
- 10 almendras
- 10 pasitas
- 1 cucharada de achiote disuelto en agua
- 1 plátano macho cortado en cubos pequeños
- 10 chiles de agua de Oaxaca preparados para rellenar (ver pág. 399)
- cantidad suficiente de harina
- 3 claras
- 3 yemas
- sal y pimienta, al gusto
- cantidad suficiente de aceite
- caldillo de jitomate al gusto (ver pág. 157)

Procedimiento

1. Ponga sobre el fuego un sartén con el aceite y sofría la cebolla con el ajo durante 4 minutos. Incorpore los cubos de jitomate y de papa y deje que se cocinen durante 5 minutos. Añada la carne y sal y pimienta al gusto, mezcle y deje sobre el fuego hasta que la carne comience a dorarse. Añada las aceitunas, las almendras, las pasitas, el achiote y los cubos de plátano macho. Retire la preparación del fuego cuando todos los ingredientes estén cocidos; verifique la cantidad de sal.
2. Rellene los chiles con la preparación anterior y enharínelos, sacudiendo al final el exceso de harina de cada uno.
3. Elabore una mezcla de capeado con las claras, las yemas y un poco de harina (ver pág. 401).
4. Ponga sobre el fuego un sartén amplio con abundante aceite. Cuando el aceite esté bien caliente, capee un chile y fríalo hasta que esté ligeramente dorado. Déjelo escurrir sobre papel absorbente para eliminar el exceso de aceite. Repita este paso con el resto de los chiles rellenos.
5. Sirva los chiles con el caldillo de jitomate.

Creación inspirada en
Baja California

Rendimiento: 2 personas
Preparación: 40 min
Cocción: 2-4 min
Dificultad:
Costo:

Atún en costra
al chipotle

Ingredientes

- 3 cucharadas de una mezcla de ajonjolí blanco con negro
- 1 cucharada de chile chipotle seco picado
- 1 cucharada de semillas de chile chipotle seco
- 1 cucharada de semillas de cilantro
- 1 cucharada de hierbas secas trituradas
- 2 rectángulos de atún fresco de 180 g c/u
- 3 cucharadas de aceite
- 2 cucharadas de chiles chipotles adobados
- 4 cucharadas de miel de xoconostle o de miel de piloncillo
- 4 tlacoyos pequeños (ver pág. 134)
- sal y pimienta negra quebrada, al gusto
- ensalada de su elección, al gusto

Procedimiento

1. Mezcle el ajonjolí con el chipotle seco, las semillas de chile chipotle y de cilantro, las hierbas y sal y pimienta al gusto. Cubra los rectángulos de atún con esta mezcla.
2. Ponga sobre el fuego un sartén con el aceite y selle los rectángulos de atún durante 1 minuto por todos sus lados, para que queden término rojo. Resérvelos calientes.
3. Prepare una salsa aplastando con un tenedor los chipotles adobados y mezclándolos con la miel.
4. Sirva el atún con la salsa acompañando con los tlacoyos y la ensalada de su elección.

Para preparar la miel de piloncillo, ponga a fuego bajo ½ taza de agua, 5 gotas de jugo de limón y 125 g de piloncillo. Retire la preparación del fuego cuando tenga la consistencia de una miel ligera. Sírvala a temperatura ambiente.

Arroz
a la tumbada

Veracruz
Rendimiento: 8 personas
Preparación: 20 min
Cocción: 1 h 40 min
Reposo: 15 min
Dificultad: ▌▌▌
Costo: ▌▌▌

Ingredientes

- 1½ tazas de arroz
- 1 robalo o pargo entero de 1.5 kg cortado en trozos medianos + la cabeza y las espinas
- 1 cebolla grande picada
- 10 dientes de ajo
- hierbas de olor, al gusto
- 1 taza de aceite de oliva o de maíz, o una mezcla de ambos
- 4 jitomates asados, molidos y colados
- 8 camarones grandes
- 4 langostinos con cabeza partidos por la mitad a lo largo
- 2 jaibas
- ½ pulpo sin tinta, cocido y cortado en trozos regulares
- 10 almejas
- 2 chiles jalapeños rebanados
- las hojas de 6 ramas de epazote, picadas
- sal y pimienta, al gusto

Procedimiento

1. Coloque el arroz en un tazón con agua caliente y déjelo reposar durante 15 minutos. Drénelo y enjuáguelo con agua fría varias veces hasta que el agua salga casi transparente.

2. Ponga sobre el fuego una olla con 2 litros de agua, la cabeza y las espinas del pescado, 4 cucharadas de cebolla picada, 2 dientes de ajo y las hierbas de olor. Cuando comience a hervir, baje el fuego y deje que el caldo se cocine durante 30 minutos, retirando constantemente la espuma que se forme en la superficie. Retírelo del fuego y resérvelo caliente.

3. Machaque 6 dientes de ajo con 6 cucharadas de aceite y póngalos en una arrocera de fondo grueso. Coloque la arrocera sobre fuego bajo, y cuando los ajos comiencen a dorarse, incorpore el resto de la cebolla y el jitomate molido. Deje la preparación sobre el fuego hasta que el aceite aparezca en la superficie.

4. Ponga una cacerola sobre el fuego con 6 cucharadas de aceite y fría el arroz hasta que se dore. Añádalo al sofrito de jitomate e incorpore 2½ tazas del caldo de pescado caliente. Cuando el arroz esté casi cocido al dente, retire la preparación del fuego y manténgala caliente.

5. Aplaste los ajos restantes y póngalos en una paellera con el resto del aceite. Póngala sobre el fuego, y cuando los ajos comiencen a dorarse, agregue los camarones, los langostinos, las jaibas, los trozos de pulpo, las almejas y sal y pimienta al gusto. Cuando los crustáceos adquieran una tonalidad roja, añada 1 taza de caldo de pescado hirviendo.

6. Vuelque los mariscos sobre el arroz y añada los trozos de pescado, las rebanadas de chile y el epazote. Deje que la preparación se cocine durante 10 minutos más, hasta que obtenga un arroz caldoso; de ser necesario, agregue más caldo hirviendo.

7. Sirva el arroz a la tumbada directamente en la cazuela donde se cocinó.

Este arroz se puede hacer con toda clase de pescados y mariscos. Es muy común el que sólo tiene camarones.

Todo el país

Rendimiento: 10 personas
Preparación: 25 min
Cocción: 1 h
Reposo: 36 h
Dificultad: ▮▮
Costo: ▮▮▮

Bacalao
a la mexicana

Ingredientes

- 1½ kg de bacalao seco con piel y espinas, cortado en trozos
- 1 taza de aceite de oliva
- 2 cebollas cortadas en rodajas delgadas
- 7 dientes de ajo rebanados finamente
- ½ taza de perejil picado
- 10 jitomates asados y licuados
- ¾ de taza de aceitunas sin semilla, rebanadas
- ¼ de taza de alcaparras
- ⅓ de taza de almendras peladas y picadas toscamente
- ⅓ de taza de pasitas
- 5 papas precocidas y cortadas en cuadros pequeños
- 2 pimientos morrones rojos asados y cortados en bastones
- 2 pimientos morrones verdes asados y cortados en bastones
- 20 chiles güeros en escabeche
- sal al gusto

Procedimiento

1. Ponga a remojar el bacalao en agua fría durante día y medio, cambiándola frecuentemente.
2. Drene y enjuague muy bien el bacalao. Póngalo en una olla, cúbralo con agua y cocínelo a fuego bajo hasta que esté muy suave, durante 10 minutos aproximadamente. Déjelo enfriar y desmenúcelo finamente, desechando todas las espinas.
3. Caliente el aceite de oliva y fría la cebolla con los ajos. Añada el perejil y el jitomate licuado, y deje que se cueza durante 10 minutos.
4. Incorpore el resto de los ingredientes, excepto el pescado y los chiles güeros. Cuando todo esté cocido, agregue el pescado desmenuzado y los chiles güeros. Verifique la cantidad de sal, deje sobre el fuego unos minutos más y sírvalo.

Chihuahua

Rendimiento: 6 personas
Preparación: 20 min
Cocción: 40 min aprox.
Dificultad: ▌▌
Costo: ▌▌

Caldo de oso

Ingredientes

- ½ taza de mantequilla
- 3 dientes de ajo picados
- ½ cebolla picada
- 3 cebollitas de rabo, cortadas en rodajas
- 6 jitomates asados y molidos
- 2 zanahorias cortadas en cubos
- 1 papa cortada en cubos
- 6 trozos de bagre de 150 g c/u
- 1 cucharadita de tomillo
- 1 cucharadita de mejorana
- 2 hojas de laurel
- 1 cucharada de cilantro picado
- sal al gusto
- tercios de limón, al gusto

Procedimiento

1. Coloque sobre el fuego un sartén con la mantequilla y sofría el ajo con la cebolla picada y las rodajas de cebollita de rabo durante 4 minutos. Añada el molido de jitomate y deje sobre el fuego durante 10 minutos aproximadamente.
2. Ponga sobre el fuego una olla con 2 litros de agua. Cuando hierva, agregue la preparación de jitomate molido y los cubos de zanahoria y papa. Deje que hierva durante 15 minutos o hasta que las verduras estén casi cocidas.
3. Agregue al caldo los trozos de bagre, las hierbas y sal al gusto. Deje que hierva durante 10 minutos más.
4. Sirva el caldo caliente acompañado de los tercios de limón.

Si desea que el caldo pique, añada durante la cocción 2 chiles anchos o chiles jalapeños en vinagre al gusto.

Con este guiso de pescado se alimentaba a los hombres que hace más de 80 años construían la presa La Boquilla, sobre el río Conchos en el estado de Chihuahua. El bagre abundaba tanto como las hortalizas, de manera que la sopa se hacía a diario. Los obreros llegaron a hastiarse de ella y la llamaron "caldo odioso", expresión que derivó en la forma coloquial "caldo de oso". Los osos no tienen nada que ver.

Jalisco-Michoacán

Rendimiento: 8 personas
Preparación: 10 min
Cocción: 20 min
Dificultad: ▌
Costo: ▌

Caldo michi

Ingredientes

* 4 jitomates picados
* 1½ cebollas picadas
* 8 chiles serranos, la mitad abiertos por la mitad a lo largo, y el resto enteros
* 1 cucharada de orégano
* 4 ramas de cilantro
* 1 rama de albahaca
* 2 hojas de laurel
* 3 dientes de ajo pelados
* 1 kg de bagre eviscerado y cortado en trozos grandes
* 3 perones picados en cubos
* sal al gusto
* 2 limones partidos por la mitad

Procedimiento

1. Ponga sobre el fuego una olla con 2 litros de agua y todos los ingredientes, excepto el pescado, los perones y los limones. Cuando la cebolla esté cocida, incorpore los trozos de pescado y deje que hiervan durante 5 minutos; retire los trozos de pescado, séquelos, retíreles la piel y regréselos al caldo para que hiervan 5 minutos más. Añada los perones y mezcle el caldo, sin moverlos en exceso, para que el pescado no se despedace. Verifique la cantidad de sal y retire el caldo del fuego.
2. Sirva el caldo michi acompañado con las mitades de limón.

Este caldo sustancioso antiguamente se hacía en Michoacán con pescado blanco, pero debido a su escasez se hace actualmente con bagre.

Puede preparar este caldo con otras verduras: zanahorias, calabacitas o col, y acompañarlo con chiles en vinagre y cilantro picado.

Si desea un poco más de picor y color en el caldo, adobe los trozos de bagre con una mezcla de chile ancho molido con hierbas de olor, canela y vinagre. En este caso, no cueza el pescado desde un inicio, sino áselo y añádalo al final al caldo.

Morelos

Rendimiento: 4-6 personas
Preparación: 15 min
Cocción: 20 min
Dificultad: ▌
Costo: ▌▌

Bagre
en salsa de ciruelas

Ingredientes

- 1.5 ℓ de salsa de ciruelas (ver pág. 150)
- 1 kg de bagre cortado en trozos
- arroz blanco o frijoles de la olla, al gusto

Procedimiento

1. Muela la salsa, sin los huesos de la ciruela, hasta que quede tersa. Póngala sobre fuego bajo; cuando hierva, agregue los trozos de pescado y deje que se cocinen durante 10 minutos o hasta que el pescado esté cocido. Verifique la cantidad de sal.
2. Sirva el pescado caliente acompañado con el arroz blanco o los frijoles de la olla.

En caso de que la salsa se espese demasiado, dilúyala con un poco de caldo de pescado o de agua.

Veracruz

Rendimiento: 4 personas
Preparación: 10 min
Cocción: 40 min aprox.
Dificultad: ▌
Costo: ▌▌

Calamares
a la veracruzana

Ingredientes

- 3 hojas de laurel
- 4 trozos de calamar gigante crudo, de 250 g c/u
- 3 cucharadas de aceite
- 2 dientes de ajo picados
- 1 cebolla mediana cortada en octavos
- 4 jitomates picados
- ¼ de taza de aceitunas
- ¼ de taza de alcaparras
- 1 pizca de pimienta
- sal al gusto

Procedimiento

1. Ponga sobre el fuego una olla con agua suficiente para sumergir los trozos de calamar. Añádale sal al gusto y las hojas de laurel; cuando hierva, agregue los trozos de calamar y deje que hiervan durante 10 minutos.
2. Drene los trozos de calamar y déjelos enfriar un poco. Retire la piel gruesa de cada uno, córtelos en cubos y resérvelos.
3. Ponga sobre el fuego una cacerola con el aceite y sofría el ajo y la cebolla durante 4 minutos; añada los cubos de calamar y sofríalos un par de minutos. Retire la preparación de la cacerola y resérvela.
4. Sofría el jitomate en la misma cacerola durante 5 minutos; añada la preparación de calamar, las aceitunas y las alcaparras. Salpimiente al gusto y deje que todo se cueza durante 10 minutos. Sirva caliente.

Yucatán

Rendimiento: 6 personas
Preparación: 20 min
Cocción: 25 min
Reposo: 20 min
Dificultad: ▌▌
Costo: ▌▌▌

Chiles x'catic
rellenos de cazón

Ingredientes

- 500 g de cazón con piel
- 1 rama grande de epazote + 8 hojas picadas
- 3 cucharadas de manteca de cerdo o de aceite
- 2 jitomates picados finamente
- ½ cebolla grande picada finamente
- 1 cucharadita de achiote en pasta disuelto en 2 cucharadas de vinagre blanco
- 6 chiles güeros grandes
- sal al gusto

Procedimiento

1. Ponga una olla sobre el fuego con 1 litro de agua, el cazón, la rama de epazote y sal al gusto. Deje que hierva durante 10 minutos.
2. Saque el cazón del agua, retírele la piel y desmenúcelo. Fríalo en un sartén con la manteca o el aceite junto con el jitomate, la cebolla, las hojas de epazote picadas, el achiote disuelto y sal al gusto, hasta que quede seco. Reserve.
3. Ase y pele los chiles (ver pág. 399). Abra cada uno por un costado, retíreles las semillas, déjelos remojando durante 20 minutos en agua con sal y enjuáguelos bien.
4. Rellene los chiles con la preparación de cazón y sírvalos a temperatura ambiente con la salsa de su preferencia.

En la península de Yucatán al chile güero se le conoce como chile x'catic.

Veracruz

Rendimiento: 8 personas
Preparación: 10 min
Cocción: 1 h
Dificultad: ▌▌
Costo: ▌

Chilpachole
de jaiba

Ingredientes

- 1 kg de jitomates
- 1 cebolla grande partida por la mitad
- 4 dientes de ajo
- 2 chiles jalapeños sin semillas ni venas
- 1 raja de canela delgada de 5 cm
- 3 cucharadas de aceite de maíz
- 8 jaibas crudas, grandes y con pinzas, partidas por la mitad
- 2.5 ℓ de caldo de pescado de sabor ligero o agua
- 1 rama de epazote
- 750 g de pulpa de jaiba limpia
- sal al gusto
- chochoyotes al gusto (ver Chichilo rojo, pág. 252)
- salsa macha al gusto (ver tamales de amarillito, pág. 154)
- tercios de limón al gusto

Procedimiento

1. Ase los jitomates, la cebolla, los dientes de ajo, los chiles y la canela. Licue todos los ingredientes y cuélelos.

2. Ponga sobre el fuego una cacerola de fondo grueso con el aceite; cuando esté bien caliente, añada el molido de jitomate y deje que se cocine durante 10 minutos.

3. Añada a la cacerola las jaibas, el caldo de pescado o el agua, la rama de epazote y sal al gusto. Tápela y deje la preparación a fuego bajo durante 30 minutos.

4. Retire las jaibas con un poco del caldo y resérvalas. Añada a la cacerola la pulpa de jaiba y deje hervir unos minutos más.

5. Caliente las jaibas y machaque las pinzas, sin desprenderlas completamente. Sirva el chilpachole en una sopera, añada las jaibas y sírvala con los chochoyotes y la salsa macha.

Patzolli en idioma náhuatl significa revoltijo, maraña y, por lo tanto, sopa. El prefijo chili haría pensar que el chile es un elemento que no puede faltar; sin embargo, hasta en el estado de Veracruz, cuna de los chilpacholes más famosos, se preparan estas sopas no sólo con jaibas, sino también con pescados y camarones, y no pocas veces sin chiles. Por otra parte, en Puebla hacen un chilpachole de pollo y, en el mismo Veracruz, un chilpachole de plátanos verdes. Para desconcertar al lingüista, el pozole de Jalisco y otros estados, cuya característica básica es la presencia del maíz reventado, también deriva su etimología del patzolli azteca.

Creación inspirada en
Alvarado, Veracruz

Jaibas suaves
empepitadas

Rendimiento: 8 personas
Preparación: 20 min
Cocción: 20 min
Dificultad: ▊▊▊
Costo: ▊▊▊

Ingredientes

- 16 jaibas de caparazón suave, de 180 g c/u
- 2 tazas de queso manchego rallado
- ½ taza de harina con 1 cucharadita de sal
- 5 huevos batidos
- 350 g de pepitas de calabaza tostadas

- 2 tazas de aceite
- ⅔ de taza de mantequilla
- 4 calabacitas redondas cortadas en rebanadas
- 1 taza de crema fresca

- 20 hebras de azafrán remojadas en 5 cucharadas de agua
- 2 tazas de frijoles negros licuados con su caldo

Procedimiento

1. Limpie las jaibas, quíteles la colita, levante el caparazón de cada una, rellénelas con el queso manchego y ciérrelas.
2. Extienda la harina en un platón y enharine las jaibas, sacudiendo el exceso de harina de cada una. Páselas por el huevo y empanícelas con las pepitas, presionándolas para que se adhieran bien.
3. Fría cada jaiba en un sartén hondo con el aceite y escúrralas sobre papel absorbente.
4. Saltee en un sartén con la mantequilla las calabacitas con sal y pimienta al gusto. Retírelas del fuego y resérvelas caliente.
5. Caliente a fuego bajo la crema fresca y añada las hebras de azafrán con su agua de remojo; salpimiente al gusto.
6. Caliente la salsa de frijol.
7. Decore cuatro platos con las dos salsas y ponga encima las rebanadas de calabacitas y dos jaibas por plato.

Veracruz
Rendimiento: 6 personas
Preparación: 5 min
Cocción: 15-20 min
Reposo: 15 min
Dificultad: ▌▌
Costo: ▌▌▌

Huachinango
a la veracruzana

Ingredientes

- 1 huachinango entero, eviscerado, de 1.5 a 2 kg
- ⅓ de taza de jugo de limón
- 2 tazas de salsa veracruzana (ver pág. 154)
- sal y pimienta, al gusto

Procedimiento

1. Precaliente el horno a 180 °C.
2. Espolvoree el pescado con sal y pimienta al gusto y úntele por todos lados con las 4 cucharadas de jugo de limón. Déjelo reposar por 15 minutos.
3. Bañe el pescado con la salsa veracruzana y hornéelo entre 15 y 20 minutos o hasta que esté cocido.

Puede acompañar este plato con arroz blanco.

Colas de langosta
al mojo de ajo

Baja California
Rendimiento: 2 personas
Preparación: 10 min
Cocción: 12 min aprox.
Dificultad:
Costo:

Ingredientes

- 2 colas de langosta de 300 g c/u
- ½ taza de aceite de oliva
- 12 dientes de ajo picados finamente
- 1 cucharadita de sal de mar
- 4 cucharadas de perejil picado
- pimienta al gusto

Procedimiento

1. Parta las colas de langosta por la mitad y retire con cuidado la parte negra superior que tiene forma de vena.
2. Ponga sobre el fuego un sartén amplio con el aceite de oliva y sofría el ajo; cuando se dore ligeramente, agregue las colas de langosta y deje que se cocinen durante 8 minutos.
3. Espolvoree encima de las colas de langosta la sal, pimienta al gusto y el perejil picado, y sirva.

Puede cocinar las colas de langosta en el horno precalentado a 180 °C y con el aceite calentado previamente.

Estado de México

Rendimiento: 9 personas

Preparación: 30 min

Cocción: 15-20 min

Dificultad: ▮▮

Costo: ▮▮

Mextlapiques

Ingredientes

- 18 hojas de maíz grandes, secas e hidratadas
- 1 taza de hojas de epazote
- 6 mojarras evisceradas de 250 g cada una
- sal al gusto
- salsa de tomate cocida (ver pág. 157)

Procedimiento

1. Distribuya en 6 hojas de maíz grandes la mitad de las hojas de epazote y de la salsa de tomate cocida. Coloque en cada hoja una mojarra, espolvoree sal al gusto y cubra las mojarras con la salsa y las hojas de epazote restantes. Cierre la hoja de maíz y envuelva cada mojarra con más hojas de maíz, de forma que obtenga un envoltorio cerrado.
2. Ase los mextlapiques sobre el comal entre 15 y 20 minutos y sirva.

Los mextlapiques son una preparación distintiva de diversas zonas lacustres de México. Antaño era muy común elaborarlos con varios ingredientes, como ranas, acociles, charales entre otros.

Creación de Elsa Kahlo
inspirada en Jalisco
Rendimiento: 4 personas
Preparación: 15 min
Cocción: 20 min aprox.
Reposo: 3 h
Dificultad: ▌▌
Costo: ▌▌▌

Langostinos
entequilados con salsa de chile cora

Ingredientes

- 20 langostinos limpios
- 5 chiles cora sin semillas ni venas, tostados
- 3 dientes de ajo pelados
- ½ cebolla cortada en trozos
- 1½ cucharaditas de orégano seco, asado
- ⅔ de taza de jugo de naranja
- 1½ cucharadas de azúcar
- ⅔ de taza de vinagre de caña
- ⅓ de aceite de oliva
- ⅓ de taza de tequila
- 2 jitomates asados
- sal al gusto
- 2 tazas de arroz blanco (ver pág. 144)

Procedimiento

1. Mezcle en un tazón los langostinos con los chiles cora, los dientes de ajo, la cebolla, el orégano, el jugo de naranja, el azúcar, el vinagre y sal al gusto. Deje que los langostinos se marinen en refrigeración durante 3 horas como mínimo.
2. Retire los langostinos de la marinada y saltéelos en un sartén con 4 cucharadas de aceite de oliva. Posteriormente, flaméelos con el tequila.
3. Licue la marinada de los langostinos junto con los jitomates asados para obtener una salsa, y cuélela. Ponga sobre el fuego un sartén con las 2 cucharadas de aceite de oliva restante; cuando esté caliente añada la salsa, déjela cocer durante un par de minutos y verifique la cantidad de sal.
4. Sirva los langostinos bañados con la salsa y acompañados con el arroz blanco.

Quintana Roo
Rendimiento: 6 personas
Preparación: 20 min
Cocción: 25 min
Reposo: 1 h
Dificultad: ▌
Costo: ▌▌▌

Mac-cum
de robalo

Ingredientes

- 6 cucharadas de recaudo colorado (ver pág. 165)
- ¼ de taza de vinagre blanco
- 6 rodajas gruesas de robalo de 150 g c/u
- ½ taza de aceite o de manteca de cerdo derretida
- 1.5 kg de jitomates escalfados, pelados, sin semillas y cortados en rebanadas
- 1 cebolla cortada en rebanadas
- 2 pimientos morrones sin semillas y cortados en rodajas
- 4 hojas de laurel
- 4 cucharadas de perejil picado
- ½ cucharadita de nuez moscada en polvo
- sal al gusto

Procedimiento

1. Disuelva el recaudo colorado en el vinagre y añada sal al gusto. Marine en esta mezcla el robalo durante 1 hora.
2. Unte el fondo de una cacerola con tapa el aceite o la manteca de cerdo y distribuya en él las rodajas de robalo. Encima ponga las rebanadas de jitomate, de cebolla y de pimiento, y las hojas de laurel. Espolvoree el perejil y la nuez moscada, tape la cacerola, póngala sobre el fuego y deje que el *mac-cum* se cocine durante 25 minutos o hasta que el pescado este suave. Sirva.

Mac-cum *significa cocinado a fuego lento en su propio jugo, con una variedad de productos con distintas texturas y sabores.*

Creación inspirada en Campeche

Rendimiento: 6-8 personas

Preparación: 30 min

Cocción: 15 min aprox.

Reposo: 15 min

Dificultad: ▮▮▮

Costo: ▮▮▮

Pescado al vapor
de hierbas verdes

Ingredientes

- ⅓ de taza de jugo de limón
- 1 robalo de 2 kg aprox., eviscerado, sin cabeza ni aletas
- 5 ramas de albahaca
- 5 ramas de perejil
- 5 ramas de mejorana

- 5 ramas de orégano
- 5 ramas de tomillo
- 5 ramas de hinojo
- 2 ramas de romero
- 2 hojas de laurel
- 6 hojas santas

- 1 cebolla grande cortada en rebanadas gruesas
- 2 tazas de caldo de pescado
- ⅓ de taza de crema fresca a temperatura ambiente
- sal y pimienta, al gusto

Procedimiento

1. Mezcle 4 cucharadas de jugo de limón con sal y pimienta al gusto y unte con esta mezcla el pescado. Déjelo reposar durante 10 minutos.

2. Coloque en el fondo de una besuguera todas las hierbas; reserve 2 ramas de hinojo. Ponga encima de las hierbas la rejilla, y sobre ésta el pescado, poniéndole dentro y encima las ramas de hinojo que reservó y las rebanadas de cebolla.

3. Vierta en la besuguera el caldo de pescado, tápela bien y póngala sobre el fuego durante 12 minutos. Apague el fuego y no destape la besuguera hasta que deje de salir vapor.

4. Retire el jugo de cocción de la besuguera y cuélelo. Retire de la besuguera también la cebolla, licue ambos ingredientes y ponga esta salsa en un sartén sobre el fuego durante 2 minutos. Vierta un poco de la salsa a la crema, mezcle bien y añada toda la crema a la salsa. Agregue también las 2 cucharadas restantes de jugo de limón y sal y pimienta al gusto. Cuando la salsa esté caliente, retírela del fuego.

5. Sirva el pescado caliente o a temperatura ambiente en la misma besuguera o en un platón. Acompáñelo con la salsa caliente, y si lo desea, con las hierbas frescas.

La besuguera es un recipiente especial para el cocimiento al vapor de pescados enteros.

Nayarit

Rendimiento: 6-8 personas
Preparación: 45 min
Cocción: 15 min aprox.
Dificultad: ▌▌▌
Costo: ▌▌▌

Ostiones gratinados
a la ranchera

Ingredientes

- 48 ostiones en su concha, enteros
- 1½ tazas de ostiones de frasco, sin líquido
- ⅓ de taza de mantequilla
- ½ taza de aceite
- ½ cebolla picada
- 1 jitomate sin semillas ni piel, picado
- 2 cucharadas de cilantro picado
- 2 chiles serranos sin semillas ni venas, picados
- 2 aguacates medianos, partidos en cubos pequeños
- 250 g de queso manchego o Chihuahua, rallado
- sal y pimienta, al gusto

Procedimiento

1. Precaliente el horno a 160 °C.
2. Saque los ostiones de su concha y mézclelos con los ostiones de frasco. Colóquelos en una coladera y deje que se drenen completamente.
3. Lave las conchas de los ostiones perfectamente y déjelas escurrir.
4. Ponga sobre fuego bajo una cazuela con la mantequilla y el aceite y sofría la cebolla durante 3 minutos. Añada el jitomate, el cilantro, el chile y sal y pimienta al gusto. Cuando obtenga un sofrito ligeramente espeso, rectifique la cantidad de sal y retírelo del fuego.
5. Acomode las conchas en un refractario y rellénelas con los ostiones. Cúbralos con el sofrito y distribuya encima los cubos de aguacate y el queso rallado.
6. Hornee los ostiones hasta que se gratinen y sírvalos de inmediato.

Tabasco

Rendimiento: 6-8 personas
Preparación: 15 min
Cocción: 45 min aprox.
Dificultad: ▌▌
Costo: ▌▌

Pejelagarto
en verde

Ingredientes

- 1 pejelagarto de entre 2 y 2.5 kg, cortado en trozos
- ½ taza de hojas de chile amashito o de chile piquín
- ½ taza de hojas de chipilín
- 6 hojas de chaya
- 2 tomates verdes
- 1 chile dulce o pimiento morrón
- 1 taza de hojas de muste
- 3 plátanos
- ½ cebolla morada
- 2 cucharadas de fécula de maíz disueltas en 1 taza de caldo frío
- sal y pimienta, al gusto
- arroz blanco, al gusto (ver pág. 144)

Procedimiento

1. Coloque en una olla el pejelagarto, cúbralo con agua, añada sal al gusto y póngalo sobre el fuego para que hierva durante 15 minutos. Retírelo del fuego, reserve el pescado y deje que el caldo se entibie.
2. Licue el caldo con los demás ingredientes, excepto la fécula de maíz, y cuélelo. Sumerja en el caldo los trozos de pejelagarto y póngalo sobre el fuego durante 20 minutos.
3. Verifique la sazón y añada la fécula de maíz diluida. Deje que el pejelagarto se cueza durante un par de minutos más y sírvalo acompañado con el arroz blanco.

El amashito o amaxito es un chile pequeño, muy picante, verde cuando es inmaduro y rojo al madurar. Por antonomasia es el chile de Tabasco, y frecuentemente se utilizan las hojas.

Chipilín es el nombre dado a una especie de planta cuya hoja se utiliza como quelite o como hierba aromática en diversas zonas de México. Puede llamarse también chepil.

Las hojas de muste son aromáticas y empleadas frecuentemente en la cocina tabasqueña. Si no las consigue, sustitúyalas por hierba santa.

Nayarit

Rendimiento: 6 personas
Preparación: 20 min
Cocción: 12 min
Dificultad:
Costo:

Pescado
zarandeado

Ingredientes

- 6 pargos de 200 g c/u, abiertos por la mitad a lo largo para asar, con escamas
- 1 taza de aceite de oliva
- 1 hoja de plátano
- el jugo de 2 limones
- sal y pimienta, al gusto
- 2 tazas de salsa pico de gallo clásico (ver pág. 158)
- tortillas de maíz, al gusto

Procedimiento

1. Salpimiente los pescados y úntelos con el aceite de oliva.
2. Encienda una parrilla o anafre con carbón y espere a que este último esté al rojo vivo, pero sin desprender llamas. Engrase una zaranda, colóquela sobre la parrilla, ponga dentro de ella los pescados con el lado de la piel hacia arriba y cierre la zaranda. Tape los pescados con la hoja de plátano y deje que se cocinen durante 5 minutos. Voltee los pescados, tápelos de nuevo con la hoja de plátano y deje que se cocinen por el lado de la piel durante 6 minutos o hasta que la carne se desprenda fácilmente de la columna. Antes de retirarlos del fuego, rocíe la carne de ambos con el jugo de limón.
3. Sírvalos con la salsa pico de gallo y las tortillas de maíz.

Si la zaranda es pequeña, deberá realizar la cocción de los pescados en tandas.

Creación inspirada en
Ensenada, Baja California
Rendimiento: 4-6 personas
Preparación: 15 min
Cocción: 20 min
Dificultad: ▌▌
Costo: ▌▌▌

Pozole de
langosta

Ingredientes

- 2 ℓ de caldo de pescado (ver pág. 394)
- 1.5 kg de colas de langosta
- 2 chiles poblanos sin semillas ni venas
- 1 taza de una mezcla de hojas de epazote, albahaca, perejil, cilantro y cebollín en cantidades iguales
- 3 tazas de maíz cacahuacintle descabezado y cocido
- sal al gusto
- 3 limones partidos en cuartos
- ½ cebolla picada finamente

Procedimiento

1. Ponga en una cacerola sobre el fuego el caldo de pescado; cuando hierva, añada las colas de langostas. Deje que se cuezan durante 12 minutos, retire la cacerola del fuego y deje que las colas de langosta se entibien dentro del caldo. Sáquelas del caldo y córtelas en 6 medallones con todo y caparazón; mientras realiza este proceso, retire con cuidado las partes oscuras. Si encuentra en alguna de las colas coralillo (hueva), resérvelo. Reserve también el caldo por separado.

2. Licue los chiles poblanos con las hierbas y un poco del caldo hasta obtener una salsa tersa; si extrajo coralillo, lícuelo también.

3. Cuele el caldo de cocción de las colas de langostas y póngalo en la cacerola sobre el fuego. Añada el molido de chiles y el maíz cacahuacintle. Deje que el pozole se cueza durante 5 minutos y verifique la cantidad de sal.

4. Antes de servir el pozole, agréguele los medallones de langosta; cuando se calienten, sírvalo acompañado con los limones y la cebolla picada.

Campeche

Rendimiento: 6-8 personas
Preparación: 30 min
Cocción: 1 h aprox.
Dificultad: ▌▌▌
Costo: ▌▌

Pulpitos
al vino tinto

Ingredientes

- 16 pulpitos chicos de 150 g c/u
- 2 ramas de orégano
- 12 dientes de ajo, 4 machacados y 8 picados
- ½ taza de aceite de oliva
- 2 cebollas picadas
- 4 jitomates asados, pelados, sin semillas y cortados en cubos
- 5 aceitunas sin semilla, rebanadas
- 2 cucharadas de alcaparras
- 4 ramas de perejil picadas
- 1 pimento morrón cortado en cubos
- 1 chile serrano verde picado
- 1 hoja de laurel
- 1 cucharadita de pimienta negra
- ½ taza de vino tinto
- sal al gusto

Recuerde que cuando hay ingredientes salados, como aceitunas y alcaparras en salmuera, la sal deberá añadirse hasta el final de la cocción, en caso de que falte.

Procedimiento

1. Retire con cuidado la tinta de los pulpos y la parte dura de la cabeza (piedra). Póngalos en una cacerola de fondo grueso, sin agua, con el orégano y 2 dientes de ajo machacados. Coloque la cacerola sobre el fuego, tápela y deje que los pulpitos se cocinen en su propio jugo durante 20 minutos o hasta que estén suaves. Resérvelos.

2. Ponga sobre el fuego el aceite con los dientes de ajo machacados restantes; espere a que se doren y retírelos. Sofría en ese aceite el ajo picado con la cebolla durante 4 minutos. Añada el jitomate y deje que todo se sofría durante 4 minutos más. Incorpore las aceitunas, las alcaparras, el perejil, el pimiento morrón, el chile, la hoja de laurel y pimienta al gusto (no añada sal aún) y deje que todo se cueza durante 5 minutos.

3. Vierta a la preparación el vino tinto y deje que el alcohol se evapore. Verifique la cantidad de sal y de pimienta.

4. Añada la preparación anterior a la cacerola con los pulpos y cocine a fuego bajo durante 10 minutos. Verifique que los pulpos estén suaves y sírvalos.

Veracruz

Rendimiento: 8 personas
Preparación: 30 min
Cocción: 1 h 30 min
Dificultad: ▌
Costo: ▌▌

Pulpos en
su tinta

Ingredientes

- 1.5 kg de pulpo
- ¼ de taza de vino blanco seco
- ¼ de taza de vinagre blanco
- el jugo de 4 limones
- ½ taza de aceite
- 2 cebollas medianas cortadas en rebanadas
- 4 jitomates asados, pelados, sin semillas y picados en cubos
- 1 pimiento morrón sin semillas, picado
- 2 dientes de ajo crudos + 8 asados
- 2 hojas de laurel
- 2 cucharadas de perejil picado
- ½ cucharadita de pimienta negra molida
- sal al gusto

Procedimiento

1. Retire con cuidado la tinta de los pulpos y la parte dura de la cabeza (piedra). Mezcle la tinta con el vino, el vinagre y sal al gusto. Resérvela.

2. Golpee el pulpo con un mazo para ablandarlo; úntelo por todos lados con el jugo de limón y enseguida enjuáguelo con agua.

3. Corte el pulpo en trozos pequeños y fríalos en una cacerola con el aceite y el resto de los ingredientes. Tape la cacerola, baje la intensidad de fuego y deje que el pulpo se cueza en su jugo durante 1 hora 15 minutos aproximadamente.

4. Añada la tinta al pulpo y retírelo del fuego cuando la salsa espese. Verifique la sazón y sirva.

Creación inspirada en
Veracruz
Rendimiento: 8 personas
Preparación: 25 min
Cocción: 45 min
Dificultad:
Costo:

Rollo de pescado
relleno de mariscos

Ingredientes

- 8 filetes de robalo o mero, extendidos
- 3 cucharaditas de jugo de limón
- 8 dientes de ajo hechos puré en un molcajete o mortero
- 500 g de ostiones sin concha
- ¼ de taza de aceite de oliva
- 250 g de camarones rebanados
- 250 g de pulpa de jaiba limpia y cocida
- 250 g de trozos de pulpo cocidos
- 3 tazas de salsa veracruzana (ver pág. 154)
- 2 tazas de caldo de pescado (ver pág. 394)
- cantidad suficiente de mantequilla
- ½ taza de mayonesa
- 1 pimiento asado, pelado y cortado en tiras
- 400 g de gualumbos o espárragos cocidos
- 8 camarones grandes cocidos con cáscara
- sal y pimienta, al gusto
- 8 cuadros de papel aluminio de 25 × 20 cm

Procedimiento

1. Precaliente el horno a 150 °C.
2. Unte los filetes de pescado con sal y pimienta al gusto, el jugo de limón y el puré de ajo. Resérvelos en refrigeración.
3. Ponga sobre el fuego una olla con agua; cuando hierva, añada los ostiones y deje que se cuezan durante 3 minutos. Escúrralos y resérvelos.
4. Coloque sobre el fuego una cacerola con el aceite y sofría ligeramente los camarones rebanados durante 3 minutos. Agregue la pulpa de jaiba, los trozos de pulpo, los ostiones, 2 tazas de salsa veracruzana y sal al gusto. Deje que la preparación se cocine a fuego bajo durante 15 minutos. Retírela del fuego y deje que se entibie.
5. Ponga a calentar el caldo de pescado. Distribuya encima de los filetes la preparación anterior y enróllelos sobre sí mismos, envolviendo cada uno con un cuadro de papel alumi- nio. Cuando el caldo esté hirviendo, introduzca los filetes en él y deje que se cuezan durante 5 minutos. Saque los filetes del caldo, escúrralos bien y quíteles el papel aluminio.
6. Coloque los filetes en un refractario engrasado con man- tequilla. Cúbralos con la mayonesa y distribuya encima las tiras de pimiento. Hornéelos durante 15 minutos.
7. Sirva los rollos cortados por la mitad acompañados de los gualumbos o espárragos, los camarones cocidos y el resto de la salsa veracruzana.

Estos rollos de pescado también se pueden cubrir con pimiento, queso manchego y mayonesa licuados. Algunas opciones para acompañarlo pueden ser arroz blanco y zanahorias al vapor.

Yucatán

Rendimiento: 8-10 personas
Preparación: 20 min
Cocción: 10-15 min aprox.
Reposo: 3 h
Dificultad: ▊▊
Costo: ▊▊▊

Pescado
tikin xik

Ingredientes

- 4 cucharadas de recaudo colorado (ver pág. 165)
- ½ taza de jugo de naranja agria o una mezcla de jugo de naranja dulce con jugo de limón
- ⅓ de taza de aceite
- 1 mero de 3 kg o 2 meros de 1½ kg c/u, con cabeza, abierto por la mitad a lo largo para asar, con escamas
- 3 hojas de plátano asadas
- escabeche blanco, al gusto (ver pág. 162)
- chile habanero asado y picado, al gusto
- jitomate cortado en rebanadas, al gusto
- aguacate cortado en rebanadas, al gusto
- frijoles colados, al gusto (ver pág. 147)
- arroz blanco, al gusto (ver pág. 144)

Procedimiento

1. Tres horas antes de cocinar el pescado muela los ingredientes del recaudo colorado con el jugo de naranja. Cuele y mezcle este adobo con 3 cucharadas de aceite.
2. Unte en todo el pescado el adobo, envuélvalo en una hoja de plátano y déjelo reposar durante 3 horas.
3. Retire el pescado de la hoja de plátano. Encienda una parrilla o anafre con carbón y espere a que éste último esté al rojo vivo pero sin desprender llamas Engrase una zaranda, colóquela sobre la parrilla, ponga dentro de ella el pescado con el lado de la piel hacia arriba, cierre la zaranda y deje que el pescado se cocine durante 5 minutos, barnizándolo frecuentemente con su propio jugo y con el aceite restante.
4. Voltee el pescado y déjelo sobre el fuego durante 6 minutos más o hasta que la carne se desprenda con facilidad de la columna.
5. Sirva el pescado sobre un platón, o una tabla, forrado con las hojas de plátano restantes y acompañado con el escabeche blanco, el chile habanero, las rebanadas de jitomate y de aguacate, así como con los frijoles colados y el arroz blanco.

Esta preparación también se puede elaborar con pámpano o palometa.

Baja California

Rendimiento: 6 personas
Preparación: 15 min
Cocción: 2 min
Dificultad: ▊▊
Costo: ▊

Sardinas
a la parrilla

Ingredientes

- 12-16 sardinas
- 3 cucharadas de aceite de oliva
- chile seco en polvo, al gusto
- 3 jitomates cortados en rebanadas
- 3 limones partidos en tercios
- sal al gusto

Procedimiento

1. Precaliente el asador o la parrilla. Si cocinará las sardinas al carbón, espere a que éste se ponga al rojo vivo.
2. Retire las escamas de las sardinas y límpielas por dentro; lávelas y séquelas.
3. Unte las sardinas con el aceite y áselas sobre el fuego durante 1 minuto por cada lado; espolvoréeles un poco del chile en polvo y sal al gusto.
4. Sirva las sardinas con las rebanadas de jitomate y los tercios de limón.

Puede acompañar estas sardinas con una salsa mexicana picada.
Para perfumarlas, ponga en el asador unas ramas de tomillo o romero.
Los verdaderos amantes de sardinas las asan sólo quitando las escamas, sin retirar las vísceras, y una vez asadas las cogen por la cola y las comen con todo y cabeza.

Guerrero

Rendimiento: 8-10 personas
Preparación: 40 min
Cocción: 45 min
Reposo: 20 min
Dificultad: ▌▌
Costo: ▌

Barbacoa
de pollo

Ingredientes

Salsa

- 3 chiles serranos
- 7 tomates verdes hervidos
- 20 ramas de cilantro picadas
- sal al gusto

Barbacoa

- 6 chiles anchos sin semillas ni venas, tostados e hidratados
- 6 chiles guajillos sin semillas ni venas, tostados e hidratados
- 10 pimientas negras asadas
- ⅛ de cucharada de cominos asados
- 1 raja de canela de 5 cm asada
- 1 cucharada de orégano asado
- 3 dientes de ajo asados
- ⅓ de taza de aceite de maíz
- 2 pollos grandes de 3.5 kg aprox, sin cabeza, sin patas ni vísceras, cortados en piezas
- 20 hojas de aguacate
- 4 hojas de plátano asadas, cortadas en cuadros de 30 × 30 cm aproximadamente

Guarniciones

- tortillas de maíz, al gusto
- rebanadas de lima, al gusto
- rebanadas de rábano, al gusto
- rebanadas de aguacate, al gusto
- lechuga picada, al gusto
- rodajas de cebolla, al gusto

Procedimiento

Salsa

1. Muela los chiles con los tomates y sal al gusto. Mezcle la salsa con el cilantro picado y resérvela.

Barbacoa

1. Licue los chiles y el orégano con un poco de su agua de remojo.
2. Muela las especias con los dientes de ajo y sal y pimienta al gusto. Mezcle este molido con el de chiles. Ponga sobre el fuego una cacerola con el aceite, y cuando esté bien caliente, añada la salsa de chiles. Deje que hierva durante un par de minutos, verifique la cantidad de sal y retírela del fuego.
3. Unte las piezas de pollo con la salsa de chiles y déjelas reposar durante 20 minutos como mínimo.
4. Precaliente el horno a 170 ºC. Coloque dentro de un refractario una cama de hojas de plátano, de forma que sobresalgan lo suficiente para envolver con ellas las piezas de pollo. Ponga encima la mitad de las hojas de aguacate, distribuya las piezas de pollo, ponga encima el resto de las hojas de aguacate y envuelva todo con las hojas de plátano. Hornee la barbacoa de pollo durante 45 minutos aproximadamente.
5. Sirva las piezas de barbacoa de pollo acompañadas con la salsa verde y las guarniciones.

Para aumentar el sabor de la barbacoa, elabore el adobo una noche antes, unte las piezas de pollo y déjelas reposar en refrigeración hasta el día siguiente.

Puede elaborar esta barbacoa también en vaporera (ver Barbacoa de cordero, pág. 218).

Adaptación de Cristina H. de Palacio inspirada en Tlalpan, Ciudad de México

Rendimiento: 6-8 personas
Preparación: 15 min
Cocción: 45 min aprox.
Dificultad:
Costo:

Caldo
tlalpeño

Ingredientes

- 1.5 ℓ de caldo de pollo desgrasado
- 2 pechugas de pollo partidas por la mitad
- 250 g de zanahorias cortadas en cubos
- 2 cucharadas de aceite
- 2 dientes de ajo picados
- 2 cucharadas de cebolla picada
- 3 jitomates asados, pelados, sin semillas y picado
- 1 rama de epazote, 1 rama de cilantro y 1 rama de hierbabuena
- 1 taza de garbanzos cocidos
- 2 chiles chipotles adobados + cantidad suficiente para servir
- 2 aguacates medianos cortados en rebanadas
- sal y pimienta, al gusto

Procedimiento

1. Coloque en una olla sobre el fuego el caldo con las pechugas de pollo y deje que se cuezan durante 15 minutos. Añada los cubos de zanahoria y deje que la cocción continúe.

2. Ponga sobre el fuego un sartén con el aceite y sofría el ajo y la cebolla durante 3 minutos; añada el jitomate y deje que se sofría durante 5 minutos. Licue muy bien la preparación y añádala al caldo junto con las ramas de epazote, cilantro y hierbabuena. Baje el fuego al mínimo y deje el caldo sobre el fuego hasta que las pechugas estén casi cocidas.

3. Agregue al caldo los garbanzos y los 2 chiles chipotles. Verifique la cantidad de sal y deje que hierva durante 10 minutos más.

4. Retire las pechugas del caldo, déjelas entibiar y deshébrelas toscamente. Añada la carne deshebrada al caldo y sírvalo caliente acompañada con rebanadas de aguacate y chiles chipotles adobados.

Puede acompañar este caldo con rodajas de limón y otras verduras, como calabacitas y ejotes tiernos.

**Creación inspirada
en Chihuahua**

Rendimiento: 6 personas

Preparación: 15 min

Cocción: 45-50 min

Dificultad: ▮▮

Costo: ▮▮▮

Pechugas
en salsa de nuez

Ingredientes

- 2 pechugas de pollo, sin huesos y cortadas en tres cada una
- hierbas de olor, al gusto
- ½ cebolla partida por la mitad
- 2 cucharadas de aceite
- 1 taza de nueces pecana
- ½ taza de ciruelas pasas deshuesadas
- 2 chiles anchos sin semillas ni venas y asados
- sal al gusto

Procedimiento

1. Coloque sobre el fuego una cacerola con las pechugas de pollo, las hierbas de olor, la cebolla, sal al gusto y 1.5 litros de agua. Deje que las pechugas hiervan durante 25 minutos y retírelas del fuego; cuele el caldo y reserve las pechugas y el caldo por separado.

2. Ponga sobre el fuego una cacerola con el aceite y fría las nueces; retírelas del sartén y fría allí mismo las ciruelas pasas, y después los chiles anchos. Licue los tres ingredientes con un poco del caldo de cocción de las pechugas hasta obtener una salsa cremosa y homogénea.

3. Vierta la salsa a la cacerola y añada poco a poco el caldo restante. Deje que hierva a fuego bajo hasta obtener una salsa ligera. Rectifique la cantidad de sal.

4. Caliente las pechugas dentro de la salsa durante 5 minutos y sirva.

La guarnición puede ser de verduras blanqueadas y salteadas en mantequilla. Puede cambiar las pechugas de pollo por cuete de res.

Puebla

Rendimiento: 8-10 personas
Preparación: 25 min
Cocción: 1 h 25 min
Dificultad: ▌
Costo: ▌▌

Chipozonte
de pollo

Ingredientes

- 500 g de espinazo de cerdo cortado en trozos
- 1 cebolla
- 6 dientes de ajo
- 1 pollo tierno de 2.5 kg aprox., sin cabeza, patas ni vísceras, cortado en piezas
- 500 g de hongos diversos, limpios y cortados en trozos
- 8 chiles chipotles sin semillas ni venas, hidratados y molidos
- 8 jitomates asados, pelados y molidos
- 1 rama de epazote
- sal al gusto

Procedimiento

1. Ponga en una olla los trozos de espinazo de cerdo, cúbralos con agua y añada la cebolla y los dientes de ajo. Coloque la olla sobre el fuego y deje que los trozos de espinazo se cuezan durante 30 minutos.

2. Añada a la olla las piezas de pollo y deje que todo hierva durante 15 minutos. Incorpore los hongos, los chiles chipotles molidos, el molido de jitomates y sal al gusto. Mantenga sobre el fuego hasta que las carnes se hayan cocido y el caldo haya espesado.

3. Verifique la cantidad de sal del chipozonte y agréguele la rama de epazote. Deje que hierva nuevamente y sirva.

En esta preparación el pollo se cocina en el guiso, no aparte. Chipozonte indica un mole sencillo y no muy espeso, parecido al clemole. Es una receta indígena, primitiva, sin grasa alguna.

Colima

Rendimiento: 8 personas
Preparación: 20 min
Cocción: 2 h 30 min
Dificultad: ▌▌
Costo: ▌▌

Cuáchala

Ingredientes

- 1 gallina entera sin cabeza, sin patas ni vísceras, cortada en piezas
- 1 cebolla mediana troceada
- hierbas de olor, al gusto
- 2 ramas de perejil
- 3 chiles anchos sin semillas ni venas, asados e hidratados
- 2 chiles guajillos sin semillas ni venas, asados e hidratados
- 6 dientes de ajo grandes, asados
- 6 tomates verdes asados
- 1 cucharada de manteca de cerdo o de aceite
- sal al gusto

Procedimiento

1. Coloque las piezas de gallina en una olla con la cebolla, las hierbas de olor, las ramas de perejil, 4 litros de agua y sal al gusto. Ponga la olla sobre el fuego, y cuando el caldo hierva, retire constantemente la espuma de la superficie.

2. Licue los chiles con un poco de su agua de remojo y con los dientes de ajo y los tomates; cuele el molido. Ponga un sartén con la manteca de cerdo o el aceite sobre el fuego, y cuando esté caliente, añada el molido de chiles. Deje que se cocine durante 4 minutos y añádalo a la olla con las piezas de gallina. Deje que la preparación hierva hasta que las piezas de gallina estén cocidas.

3. Saque del caldo las piezas de gallina y deje que se entibien. Licue los trozos de la pechuga con un poco del caldo hasta obtener un puré fino y resérvelo. Retire la piel del resto de las piezas de gallina, deshuéselas y deshebre la carne.

4. Regrese el caldo de gallina al fuego, mézclelo con el puré de pechuga de pollo y deje que hierva hasta que espese ligeramente. Verifique la cantidad de sal y añada la carne deshebrada. Retire la cuáchala del fuego cuando tenga la consistencia de un atole y sírvala caliente.

Sinaloa

Rendimiento: 6-8 personas
Preparación: 30 min
Cocción: 45 min
Dificultad:
Costo:

Pollo de plaza
sinaloense

Ingredientes

- ¼ de taza de aceite
  o 4 cucharadas de manteca de
  cerdo
- 1 pollo entero de entre 2.5 y 3 kg,
  sin cabeza, sin patas ni vísceras,
  cortado en piezas
- 1 cebolla fileteada
- 3 papas medianas cocidas
  y rebanadas
- 4 calabacitas rebanadas, cocidas
  ligeramente o crudas
- ¼ de taza de vinagreta base
  (ver pág. 168)
- 8 jitomates cocidos en poca agua
- 1 cucharadita de orégano seco
  triturado
- 1 cucharadita de chile piquín
- 1 lechuga picada finamente
- sal y pimienta, al gusto

Procedimiento

1. Ponga sobre el fuego una cacerola con el aceite o la manteca de cerdo, las piezas de pollo, la cebolla y ½ taza de agua. Tape la cacerola y deje que todo se cocine a fuego medio durante 15 minutos. Destape la olla, permita que el agua se evapore y deje que el pollo y la cebolla se doren. Retire las piezas de pollo de la cacerola, así como la cebolla fileteada y resérvelas por separado.

2. Fría en la misma cacerola las rebanadas de papas con sal y pimienta al gusto. Resérvelas.

3. Mezcle las rebanadas de calabacitas con la vinagreta y resérvelas.

4. Muela los jitomates con su agua de cocción y con la cebolla frita del pollo. Ponga la salsa en una cacerola sobre el fuego y deje que se cueza y se reduzca un poco. Antes de retirarla del fuego, agréguele la mitad del orégano y del chile piquín, así como sal y pimienta al gusto.

5. Coloque las piezas de pollo en un platón caliente y distribuya alrededor de ellas las rebanadas de papas y de calabacitas. Bañe todo con la salsa bien caliente, adorne con la lechuga picada y espolvoree el orégano y el chile piquín restantes.

Jalapa, Veracruz

Rendimiento: 4-6 personas
Preparación: 20 min
Cocción: 1 h
Dificultad:
Costo:

Pollo
jalapeño

Ingredientes

- 4 jitomates sin piel ni semillas
- 1 cebolla chica, partida en trozos
- 1 diente de ajo
- 1 cucharada de cilantro picado
- ½ cucharadita de orégano seco
  triturado
- ½ cucharadita de clavo molido
- 1 cucharada de vinagre blanco
- 1 cucharada de mantequilla
- 1 pollo entero de entre 2 y 2.5 kg,
  sin cabeza, sin patas ni vísceras,
  partido en piezas
- 5 chiles jalapeños sin semillas ni
  venas, cortados en rajas
- ⅓ de taza de aceite de oliva
- arroz blanco, al gusto
  (ver pág. 144)
- rodajas de plátanos machos fritas,
  al gusto
- sal y pimienta, al gusto

Procedimiento

1. Licue los jitomates, la cebolla, el ajo y el cilantro. Añada el orégano, el clavo, el vinagre y sal al gusto. Reserve este molido.

2. Precaliente el horno a 200 °C.

3. Engrase un refractario con la mantequilla, salpimiente las piezas de pollo y colóquelas en el refractario. Cúbralas con el molido de jitomates e incorpore las rajas de chiles jalapeños y el aceite de oliva. Hornee las piezas de pollo hasta que estén doradas y cocidas, y la salsa se haya consumido casi en su totalidad.

4. Sirva las piezas de pollo acompañadas del arroz blanco y de las rodajas de plátano fritas.

Michoacán

Rendimiento: 4-6 personas
Preparación: 20 min
Cocción: 55 min aprox.
Dificultad: ▮▮
Costo: ▮

Pollo
de San Agustín

Ingredientes

- 1 pollo entero de entre 2 y 2.5 kg aprox., sin cabeza, sin patas ni vísceras, cortado en piezas
- 5 dientes de ajo
- 1 cebolla entera + ½ picada
- 1 taza de manteca de cerdo
- 3 zanahorias precocidas y cortadas en rodajas
- 3 papas precocidas cortadas en rodajas
- 1 jitomate asado, pelado y sin semillas, troceado
- 2 cucharaditas de vinagre blanco
- 2 cucharaditas de orégano seco
- 1 lechuga
- 5 chiles güeros en vinagre
- sal al gusto

Procedimiento

1. Ponga sobre el fuego una olla con las piezas de pollo, los dientes de ajo, la cebolla entera, sal al gusto, y agua suficiente para cubrir todos los ingredientes. Deje que las piezas de pollo hiervan durante 45 minutos o hasta que estén cocidas.

2. Coloque sobre el fuego una cacerola con la manteca de cerdo y añada las piezas de pollo y las rodajas de zanahoria y de papa. Tape la cacerola y permita que los ingredientes se doren, moviéndolos de vez en cuando. Retire la cacerola del fuego.

3. Licue el jitomate con el vinagre, la cebolla picada, el orégano y sal al gusto, hasta obtener una salsa de la consistencia que desee.

4. Sirva las piezas de pollo en un platón con las rodajas de papa y de zanahoria, las hojas de lechuga, los chiles güeros en vinagre y la salsa en un recipiente aparte.

Creación inspirada en
Hidalgo

Rendimiento: 12 personas
Preparación: 20 min
Cocción: 1 h aprox.
Dificultad: ▌▌▌
Costo: ▌▌▌

Pollitos de leche
con hongos

Ingredientes

- 12 pollitos de leche abiertos por la espalda, sin que estén partidos o rotos
- 12 hígados de codornices o de pollitos de leche, picados
- 1 bolillo remojado en un poco de caldo de pollo
- 3 cucharadas de mantequilla
- 2½ cucharadas de manteca de cerdo
- ½ taza de vino blanco
- 1 cucharada de harina de trigo
- 1 taza de caldo
- 250 g de hongos diversos, rebanados
- arroz blanco, al gusto (ver pág. 144)
- sal y pimienta, al gusto

Procedimiento

1. Salpimiente los pollitos por dentro y por fuera y rellénelos con los hígados picados, el pan y la mantequilla. Ate cada pollito de leche (ver pág. 388).
2. Ponga sobre el fuego una cacerola con 2 cucharadas de manteca de cerdo y dore en ella los pollitos de leche por todos lados. Agregue el vino blanco y pimienta al gusto, tape la cacerola, baje la intensidad del fuego y deje que los pollitos se cuezan durante 10 minutos.
3. Coloque sobre el fuego una cacerola con la manteca de cerdo restante y dore en ella la harina de trigo. Añada el caldo, mezcle bien hasta que se deshagan todos los grumos, y deje que la salsa se cocine a fuego bajo durante 20 minutos. Agréguele sal y pimienta al gusto y resérvela.
4. Saque los pollitos de la cacerola y retíreles el hilo. Resérvelos calientes.
5. Regrese al fuego la cacerola donde coció los pollitos y añada un poco de agua para recuperar los jugos de cocción raspando el fondo de la cacerola. Incorpore los hongos, los pollitos y la salsa. Deje que la preparación se cocine durante 12 minutos. Verifique al final que los pollitos estén cocidos, así como la cantidad de sal y de pimienta, y sirva.

Tamaulipas

Rendimiento: 6 personas
Preparación: 20 min
Cocción: 1 h
Reposo: 1 noche + 30 min
Dificultad:
Costo:

Pollo en
adobo

Ingredientes

- 6 chiles anchos sin semillas ni venas
- 1½ tazas de vinagre blanco
- 3 dientes de ajo grandes
- 1 pizca de comino
- 1 pollo entero de 2.5 kg, sin cabeza, sin patas ni vísceras, cortado en piezas
- 4 papas medianas troceadas
- 12 hojas de lechuga
- 1 cebolla rebanada
- sal al gusto

Procedimiento

1. Remoje los chiles en el vinagre durante 30 minutos; lícuelos con los dientes de ajo, el comino y sal al gusto. Unte este molido en las piezas de pollo y déjelas reposar durante 1 noche en refrigeración en un refractario con las papas troceadas.
2. Precaliente el horno a 200 °C.
3. Cubra el refractario con papel aluminio y hornee las piezas de pollo y las papas durante 1 hora aproximadamente o hasta que ambos ingredientes estén cocidos.
4. Sirva las piezas de pollo con las papas sobre las hojas de lechuga y adórnelas con la cebolla rebanada.

Creación inspirada en
Morelia, Michoacán

Rendimiento: 8 personas
Preparación: 30 min
Cocción: 1 h 15 min aprox.
Reposo: 10 min
Dificultad:
Costo:

Pollo en hojas
de aguacate

Ingredientes

- 1 taza de mantequilla o ⅔ de taza de aceite
- 2 pollos grandes de 2 kg aprox. cada uno
- 20 hojas de aguacate
- 3 cebollas grandes picadas finamente
- 1 taza de jugo de naranja
- 2 tazas de caldo de pollo caliente
- sal y pimienta, al gusto

Esta receta sirve de base para acompañar otras preparaciones, como el mole de novia. En este caso, sustituya el jugo de naranja por pulque y bañe con sus jugos repetidas veces los pollos durante el horneado.

Puede preparar esta receta también con pichones o codornices.

Procedimiento

1. Precaliente el horno a 180 °C.
2. Ase en un comal o sartén 4 hojas de aguacate sin que se quemen. Tritúrelas con la mano retirando las hebras que pudieran tener. Mezcle la cebolla con las hojas de aguacate trituradas, la mantequilla o el aceite y sal y pimienta al gusto. Reserve por separado 6 cucharadas de esta mezcla.
3. Salpimiente los pollos por dentro y por fuera. Separe la piel de la carne de cada pechuga y unte en esta cavidad un poco de la pasta de cebolla; cierre cada pechuga con su piel. Rellene cada pollo con más pasta de cebolla y junte las patas de cada uno para cerrarlos.
4. Mezcle la pasta de cebolla que reservó con el jugo de naranja y unte con esta mezcla la superficie de los pollos.
5. Ponga en un refractario la mitad de las hojas de aguacate restantes; coloque encima los pollos, tápelos con las hojas de aguacate que quedan y cubra todo con papel aluminio. Hornee los pollos durante 45 minutos.
6. Destape los pollos y báñelos de vez en cuando con el jugo del horneado. Apague el horno cuando estén dorados y bien cocidos; lo sabrá porque al picar un muslo con un cuchillo saldrá un jugo rosa pálido. Deje reposar los pollos dentro del horno durante 10 minutos.
7. Retire los pollos del refractario, saque el relleno de cada uno y reserve todo por separado. Recupere los jugos del refractario vertiendo en él el caldo de pollo caliente y raspando el fondo, siempre y cuando no se hayan quemado los jugos; debe obtenerse un líquido color miel oscuro. Cuele este jugo, lícuelo con los rellenos de los pollos y coloque esta salsa en una cacerola a fuego bajo, hasta que obtenga una consistencia tersa.
8. Parta cada pollo en piezas y sírvalas en un platón bañadas con la salsa.

Yucatán

Rendimiento: 4-6 personas
Preparación: 40 min
Cocción: 1 h 30 min
Reposo: 6 h
Dificultad: ▌
Costo: ▌

Pollo
pibil

Ingredientes

* 2 pechugas de pollo con alones
* 4 piernas con muslos
* ⅔ de taza de jugo de naranja agria, o 7 cucharadas de jugo de naranja dulce mezclado con 3 cucharadas de jugo de limón
* 4 dientes de ajo asados y picados
* cantidad suficiente de hojas de plátano asadas
* 1 taza de recaudo colorado (ver pág. 165)
* 5 jitomates partidos en cuartos
* 2 ramas de epazote
* sal al gusto
* escabeche de cebolla morada, al gusto (ver pág. 163)

Procedimiento

1. Realice incisiones en toda la superficie de las piezas de pollo y úntelas con la mitad del jugo de naranja y los ajos. Envuélvalas en hojas de plátano y déjelas reposar en refrigeración durante 3 horas.
2. Licue el recaudo colorado con el jugo restante y sal al gusto; añada un poco más de jugo, si fuera necesario, para obtener una salsa ligera y untuosa.
3. Desenvuelva las piezas de pollo, báñelas con el recaudo, envuélvalas nuevamente y déjelas reposar en refrigeración durante 3 horas más.
4. Precaliente el horno a 200 °C. Forre una cazuela o un platón hondo con hojas de plátano. Distribuya en ella los jitomates, las ramas de epazote y las piezas de pollo. Envuelva todo con más hojas de plátano y forme un envoltorio, como si fuera un tamal. Asegure la forma del envoltorio forrándolo con papel aluminio.
5. Hornee el pollo durante 1 hora y media aproximadamente, o hasta que la carne esté tierna.
6. Retire el papel aluminio y sirva el pollo en la misma cazuela. Acompáñelo con el escabeche de cebolla morada.

Puebla

Rendimiento: 8-10 personas
Preparación: 10 min
Cocción: 1h 15 min
Dificultad: ▌
Costo: ▌

Tinga
poblana

Ingredientes

* 2 cucharadas de manteca de cerdo
* la carne de 2 pollos grandes cortada en trozos pequeños
* 1 kg de jitomates medianos sin piel ni semillas, picados
* 4 dientes de ajo picados
* 2 cebollas picadas
* 4 cucharadas de perejil picado
* 2 tazas de caldo de pollo
* 6 chiles chipotles adobados, picados
* 6-8 sardinas de lata drenadas, sin espinas y desmenuzadas
* 8 hojas de lechuga
* 16 rebanadas de aguacate
* sal al gusto

Procedimiento

1. Ponga sobre el fuego una cacerola con la manteca y fría en ella los trozos de carne de pollo. Cuando estén dorados, añada el jitomate picado, el ajo, la cebolla, el perejil y sal al gusto. Mezcle, y cuando comience a secarse la preparación, agregue 1 taza del caldo de pollo. Tape la cacerola y deje que todo se cueza a fuego bajo durante 25 minutos aproximadamente, hasta que el líquido se evapore y la carne del pollo esté tierna. Si es necesario, añada un poco más de caldo para terminar la cocción.
2. Antes de que la tinga se seque por completo, incorpórele los chiles chipotles y las sardinas. Deje que la tinga se cueza un par de minutos más, hasta que todo el líquido se haya evaporado, verifique la cantidad de sal y sírvala con las hojas de lechuga y las rebanadas de aguacate.

Como todos los platos de amplia difusión, la tinga no tiene una sola receta. Ésta es la que consideramos básica, a base de pollo y con ¡sardinas! como uno de los ingredientes.

Creación inspirada en
Durango

Rendimiento: 6 personas
Preparación: 10 min
Cocción: 20 min
Reposo: 3 h
Dificultad: ▌
Costo: ▌▌

Arracheras
con salsa de guajes

Ingredientes

Salsa de guajes

◆ 1 taza de semillas de guajes tiernos
◆ 2 xoconostles asados con cáscara, pelados, sin semillas y troceados
◆ 6 chiles serranos, sin semillas ni venas, asados
◆ 3 jitomates asados y troceados
◆ sal de grano, al gusto

Arracheras

◆ 800 g de arracheras cortadas en tiras de 4 cm de ancho
◆ ¼ de taza de aceite de chile
◆ ¼ de taza de jugo de piña o naranja
◆ 8 nopales chicos
◆ 20 cebollas cambray
◆ 2 cucharadas de aceite de oliva
◆ 1 cucharada de orégano seco
◆ 100 g de chorizo verde cortado en rebanadas
◆ 100 g de chorizo rojo cortado en rebanadas
◆ 3 aguacates cortados en rebanadas
◆ sal al gusto
◆ tortillas de harina, al gusto

Procedimiento

Salsa de guajes

1. Martaje en un molcajete la sal de grano con las semillas de guaje, el xoconostle, los chiles verdes, y al final los jitomates.

Arracheras

1. Combine el aceite de chile con el jugo de piña o de naranja y marine en esta mezcla las arracheras durante 3 horas.
2. Caliente una plancha o ponga sobre el fuego un sartén amplio. Unte con aceite de oliva los nopales y las cebollas cambray, espolvoréelos con el orégano seco y un poco de sal y áselos hasta que se cuezan. Retírelos del fuego y resérvelos.
3. Ase las rebanadas del chorizo sobre la plancha o el sartén hasta que se doren. Retírelas del fuego y, sobre la grasa que soltaron estas últimas, ase las tiras de arracheras durante 2 minutos por cada lado.
4. Sirva inmediatamente todos los ingredientes asados y acompáñelos con las rebanadas de aguacate y las tortillas de harina.

Para preparar el aceite de chile, fría durante 5 minutos 20 g de chiles secos en un sartén. Introdúzcalos en un frasco o botella de cristal y vierta aceite de sabor neutro (maíz, girasol, canola) hasta obtener 250 ml. Deje reposar el aceite a temperatura ambiente y en un lugar sin luz durante 1 semana como mínimo.

Puede elaborar diversos aceites añadiendo ingredientes, como una mezcla de chiles secos, ajo, especias, hierbas, entre otros. La potencia de sabor en el aceite dependerá de la cantidad y calidad de los ingredientes utilizados y del tiempo de reposo. Puede moler los chiles para aumentar el sabor y color del aceite.

Norte del país

Rendimiento: 6-8 personas
Preparación: 30 min
Cocción: 1h 15 min
Reposo: 2 h
Dificultad: ▌
Costo: ▌▌▌

Cabrito
norteño

Ingredientes

◆ 1 cabrito de 4 kg cortado en piezas
◆ 6 dientes de ajo machacados
◆ ½ taza de orégano seco triturado
◆ 10 chiles anchos, hidratados, molidos y colados
◆ ¼ de taza de aceite
◆ 2 cebollas rebanadas toscamente
◆ sal al gusto

Preparación

1. Unte las piezas de cabrito con el ajo machacado, el orégano y el puré de chiles. Déjelas reposar en refrigeración durante 2 horas como mínimo.
2. Precaliente el horno a 180 °C.
3. Ponga sobre el fuego un sartén con un poco de aceite, y cuando esté caliente, fría algunas piezas de cabrito hasta que estén doradas; añádales sal al gusto, sáquelas del sartén y repita este paso hasta terminar con todas las piezas de carne.
4. Distribuya las piezas de cabrito en un refractario y hornéelas hasta que estén suaves. Si se doran en exceso y aún no están cocidas, tape el refractario con papel aluminio.
5. Sirva las piezas de cabrito con las rebanadas de cebolla.

Estado de México

Rendimiento: 6-8 personas

Preparación: 20 min

Cocción: 45 min

Reposo: 15 min

Dificultad: ▌▌

Costo: ▌

Albóndigas
con chicharrón

Ingredientes

- 150 g de chicharrón delgado, troceado
- 750 g de carne molida de res
- 2 huevos
- 3 cucharadas de cilantro picado
- 3 dientes de ajo picados
- 2 cucharadas de cebolla picada
- hojas de hierbabuena picada, al gusto
- pimienta negra molida, al gusto
- 4 jitomates grandes asados, pelados y sin semillas
- 1 chile chipotle adobado
- 2 cucharadas de aceite o de manteca
- arroz blanco, al gusto (ver pág. 144)
- sal al gusto

Procedimiento

1. Triture muy bien el chicharrón presionándolo contra una superficie lisa con un rodillo. Mézclelo con la carne molida, los huevos, el cilantro, el ajo, la cebolla, la hierbabuena y sal y pimienta al gusto. Forme con esta mezcla albóndigas de 6 centímetros de diámetro aproximadamente.

2. Muela los jitomates y el chile chipotle con 2 tazas de agua. Ponga una cacerola sobre el fuego con el aceite o la manteca, y cuando esté bien caliente, vierta el molido de jitomate. Cuando hierva, añada cuidadosamente las albóndigas y deje que se cuezan durante 20 minutos más a fuego bajo. Verifique la cantidad de sal del caldillo y sirva las albóndigas acompañadas con el arroz blanco.

El origen de la palabra albóndiga es árabe. Al-búnduqa era la bola, y así se llamaba también a las avellanas y las balas de los arcabuces. Es verdad que las albóndigas de hoy son más grandes que las avellanas pero, afirma un lingüista, eso demuestra que el nivel de vida ha mejorado mucho de la Edad Media hacia nuestros días.

213

Chihuahua

Rendimiento: 12 personas
Preparación: 30 min
Cocción: 2-3 h
Dificultad:
Costo:

Barbacoa de res
en mixiote

Ingredientes

- 200 g de chiles chipotle sin semillas ni venas
- 100 g de chiles anchos sin semillas ni venas
- 1 cabeza de dientes de ajo
- 1 cucharadita de cominos
- 10 pimientas negras
- 6 clavos de olor
- 1 raja de canela
- 1 cucharadita de orégano
- 1 rama de tomillo
- 2 hojas de laurel
- 1 taza de vinagre blanco
- 2 kg de carne de empuje o bola de res, cortada en trozos chicos
- sal al gusto
- 24 hojas sintéticas para mixiote de 30 cm por lado
- 4 aguacates cortados en rebanadas
- 1 lechuga deshojada
- salsa verde norteña al gusto (ver pág. 157)

Procedimiento

1. Precaliente una vaporera con agua.
2. Hidrate los chiles en agua caliente hasta que estén suaves. Licuelos con los dientes de ajo, las especias, las hierbas de olor, el vinagre, 1 taza del agua de remojo de los chiles y sal al gusto.
3. Mezcle el molido anterior con los trozos de carne y ponga ½ taza de esta mezcla sobre 2 hojas para mixiote. Una las puntas de las hojas de mixiote en la parte superior y átelas con un poco de hilo cáñamo.
4. Acomode los mixiotes en la vaporera y deje que se cuezan durante 2 horas o hasta que la carne esté suave.
5. Sirva los mixiotes acompañados con las rebanadas de aguacate, las hojas de lechuga y la salsa verde norteña.

> *Originalmente esta receta se elabora con hojas para mixiote naturales, extraídas de la epidermis de las hojas de maguey. Debido a que en la actualidad esta planta se ha sobreexplotado, es mejor no adquirir las hojas para mixiote naturales hasta que la planta ya no se encuentre en riesgo de desaparecer y su comercio esté regulado.*

Ciudad de México

Rendimiento: 6 personas
Preparación: 45 min
Cocción: 40 min
Dificultad:
Costo:

Carne
a la tampiqueña

Ingredientes

- 3 cucharadas de manteca de cerdo
- ½ cebolla rebanada finamente + 3 cucharadas picada finamente
- 6 chiles poblanos cortados en rajas (ver pág. 399)
- 2 tazas de salsa para enchiladas (ver pág. 155)
- 12 tortillas de maíz
- 120 g de queso fresco o de hebra cortado en tiras
- 6 filetes de res de 100 g c/u, abiertos y extendidos
- 150 g de queso añejo rallado
- cantidad suficiente de aceite
- sal y pimienta negra molida, al gusto

Procedimiento

1. Ponga sobre el fuego un sartén con 1 cucharada de manteca de cerdo, y cuando esté bien caliente, sofría la mitad de la cebolla; añada las rajas de chile poblano y saltee todo durante un par de minutos. Agregue sal al gusto, retire el salteado del fuego y resérvelo.
2. Coloque sobre el fuego una cacerola con 1 cucharada de manteca, y cuando esté bien caliente, vierta la salsa verde para enchiladas. Manténgala caliente.
3. Ponga sobre el fuego un sartén con un poco de aceite y fría individualmente seis de las tortillas de maíz, por ambos lados; sacuda el exceso de grasa y sumerja cada una en la salsa verde, sacándolas y enrollándolas sobre sí mismas, y colocándolas en los platos donde las servirá.
4. Ponga a calentar el resto de las tortillas en un comal. Coloque en el centro de cada una 1 tira de queso y dóblelas como quesadillas. Añada la cucharada de manteca restante y fría las quesadillas por ambos lados. Distribuya en cada plato las quesadillas y el salteado de rajas.
5. Ase los bisteces de res sobre la plancha o la parilla al término deseado y añádales sal y pimienta al gusto. Distribúyalos en los platos. Termine la presentación de cada plato añadiendo encima de cada enchilada el queso añejo rallado y un poco de cebolla picada.

Tamaulipas

Rendimiento: 8 personas
Preparación: 15 min
Cocción: 1 h 10 min
Dificultad: ▌
Costo: ▮▮▮

Asado de cerdo
al tequila

Ingredientes

- 250 g de chiles cascabel o chiles guajillo, sin semillas ni venas y asados
- 1 cucharadita de comino entero
- 1 cucharada de orégano seco
- 10 dientes de ajo pelados
- 1 cebolla troceada
- 2 cucharadas de manteca de cerdo
- 1 kg de pulpa de cerdo cortada en cubos
- 1 kg de costillas de cerdo cortadas en trozos
- ¼ de taza de tequila
- sal al gusto
- arroz blanco, al gusto (ver pág. 144)
- frijoles refritos, al gusto (ver pág. 147)
- tortillas de maíz, al gusto

Procedimiento

1. Muela en seco los chiles cascabel o guajillo con el comino, el orégano, los ajos y la cebolla. Reserve esta mezcla.
2. Ponga sobre el fuego una cazuela con la manteca y fría los cubos de carne de cerdo hasta que se doren. Añádales sal al gusto y la mezcla de chiles molidos; incorpore todos los ingredientes y deje que la preparación se cueza durante 1 hora moviéndola constantemente, o hasta que los cubos de carne estén suaves y la salsa quede pegada a ellos.
3. Añada al asado el tequila, mezcle y deje que se evapore.
4. Sirva el asado acompañado con arroz blanco, frijoles refritos y tortillas de maíz.

Tlaxcala
Rendimiento: 4 personas
Preparación: 20 min
Cocción: 1 h 30 min aprox.
Dificultad:
Costo:

Carnitas

Ingredientes

- 1 kg de maciza y costilla de cerdo con grasa, cortada en trozos pequeños
- 2 tazas de jugo de naranja
- 1 ramillete de hierbas de olor
- 2 cucharaditas de sal
- 2 cucharadas (30 g) de manteca de cerdo (opcional)
- tortillas de maíz, al gusto
- guacamole básico, al gusto (ver pág. 160)
- salsa borracha, al gusto (ver pág. 156)
- salsa de tomate cruda, al gusto (ver pág. 157)

Procedimiento

1. Ponga en una cacerola los trozos de carne con el jugo de naranja, las hierbas de olor y la sal; en caso de que la carne no estuviera completamente cubierta por el jugo de naranja, añada sólo el agua suficiente para cubrirla. Ponga sobre el fuego la cacerola, y cuando hierva la preparación, baje la intensidad del fuego; deje que la carne se cocine, moviéndola constantemente durante 1½ horas aproximadamente o hasta que todo el líquido se evapore.

2. Permita que la carne se dore en su propia grasa y retírela del fuego. En caso de que la carne no tuviera suficiente grasa para dorarse, añada la manteca.

3. Sirva las carnitas acompañadas de tortillas de maíz, guacamole, salsa borracha y salsa verde cruda.

Si añade agua, es importante que sólo sea la suficiente para cubrir la carne; de esta forma, evitará que la carne se separe del hueso debido a una cocción prolongada.

Asado de res
con costra

Creación inspirada
en la Ciudad de México

Rendimiento: 6 personas
Preparación: 20 min
Cocción: 45 min
Reposo: 24 h
Dificultad: ▮▮
Costo: ▮▮

Ingredientes

- 1½ cucharadas de pimientas negras enteras
- 6 dientes de ajo molidos
- ½ cebolla picada
- 4 cucharadas de manteca o de aceite
- 2 cucharadas de vinagre de vino tinto
- 1.5 kg de empuje o de aguayón de res
- 4 cucharadas de romero fresco, picado finamente
- 2 cucharadas de germen de trigo
- 3 cucharadas de cacahuates tostados y picados
- 1 cucharada de semillas de chiles secos
- 1 huevo
- 1 taza de caldo de res
- sal y pimienta, al gusto

Procedimiento

1. Muela en un mortero o molcajete las pimientas negras con los ajos molidos, la cebolla, la manteca o el aceite y el vinagre de vino hasta formar una pasta. Unte esta pasta en toda la superficie de la carne, así como entre las capas de grasa. Deje reposar la carne toda la noche en refrigeración dentro de un recipiente tapado.
2. Al día siguiente precaliente el horno a 200 °C.
3. Muela en un mortero o molcajete el romero, el germen de trigo, los cacahuates, las semillas de chile, el huevo, y sal y pimienta al gusto. Coloque esta pasta encima de la carne y forme una costra presionándola para que se adhiera bien.
4. Ponga la carne en una charola y hornéela durante 45 minutos si la desea término rojo; aumente el tiempo de horneado si le gusta más cocida.
5. Saque la carne del horno y déjela reposar durante 10 minutos para que los jugos se distribuyan de nuevo en toda la carne. Recupere los jugos de horneado que quedaron en la charola y póngalos en un recipiente sobre el fuego con el caldo de pollo o de res para que se reduzcan; verifique la cantidad de sal y de pimienta.
6. Sirva el asado de res en rebanadas acompañadas del jugo del horneado.

Para aumentar el sabor de la marinada, añádale ⅓ de taza de orégano.

Chicharrón
en salsa verde con chorizo

Ciudad de México

Rendimiento: 8 personas
Preparación: 15 min
Cocción: 30 min
Dificultad: ▮▮
Costo: ▮▮

Ingredientes

- 1.5 kg de tomates verdes, pelados y troceados
- 4 chiles serranos
- 2 chiles guajillos
- ½ taza de cilantro picado
- 300 g de chorizo cortado en rodajas
- 3 cucharadas de manteca de cerdo
- 1 cebolla picada finamente
- 350 g de chicharrón de cerdo cortado en trozos
- sal al gusto
- 4 tazas de arroz blanco (ver pág. 144)

Procedimiento

1. Ponga sobre el fuego una olla con ½ taza de agua, los tomates, los chiles y sal al gusto. Retire del fuego la cacerola cuando los ingredientes estén cocidos, deje que se entibien y licúelos con el cilantro; si es necesario, agregue un poco del agua de la cocción. Reserve este molido.
2. Fría en un sartén las rodajas de chorizo con su propia grasa y resérvelas.
3. Ponga sobre el fuego una cacerola con la manteca de cerdo y sofría en ella la cebolla. Añada el molido de tomates y deje que hierva durante 5 minutos.
4. Agregue a la cacerola el chicharrón y las rodajas de chorizo. Deje que la preparación hierva durante un par de minutos, verifique la cantidad de sal y sirva el chicharrón acompañado con el arroz blanco cocido.

Tlaxcala

Rendimiento: 20-25 personas
Preparación: 30 min
Cocción: 4 h aprox.
Dificultad: ▮▮▮
Costo: ▮▮▮

Ingredientes

Barbacoa

- 8 pencas de maguey asadas
- 4 ℓ de pulque o cerveza
- 250 g de garbanzos secos remojados desde la noche anterior
- 1 kg de zanahorias cortadas en cubos chicos
- 6 hojas de laurel
- 10 dientes de ajo
- 10 tomates verdes partidos en cuatro
- 2 cucharadas de sal
- 1 cucharadita de pimientas negras
- 2 cebollas partidas en cuatro
- 6 chiles serranos (opcional)
- 1 pierna de cordero de entre 3 y 4 kg
- 2 kg de costillas de cordero
- 12 hojas de aguacate
- 1½ kg de masa para tortillas

Guarniciones

- sal gruesa, al gusto
- tortillas de maíz, al gusto
- 1 taza de salsa borracha (ver pág. 156)

Barbacoa
de cordero

Procedimiento

☐1 Forre por dentro una vaporera con rejilla con 6 pencas de maguey. Ponga una cazuela encima de la rejilla y dentro de ella coloque el pulque o cerveza, los garbanzos, la zanahoria, las hojas de laurel, los dientes de ajo, los tomates, la sal, las cebollas, los chiles y 4 hojas de aguacate. Ponga encima de la cazuela otra rejilla y distribuya encima las carnes, alternando con las hojas de aguacate. Cubra todo con más pencas de maguey, tape la vaporera y séllela con masa de maíz o con una masa elaborada con harina de trigo y agua que sea similar al migajón.

☐2 Ponga la vaporera sobre el fuego y deje que la barbacoa se cueza durante 4 horas, o hasta que la carne esté suave.

☐3 Sirva la barbacoa con sal gruesa, tortillas y salsa borracha.

Barbacoa
de Hidalgo

Paso a paso Barbacoa de Hidalgo

☐1 Coloque una pierna de cordero encima de una penca de maguey asada y unte toda la carne con adobo (ver pág. 400).

☐2 Coloque un trozo de costillar de cordero sobre una penca de maguey asada, úntelo por todos lados con sal y coloque encima hojas de aguacate.

☐3 Envuelva cada carne con su penca.

☐4 Amarre cada penca con hilo cáñamo.

☐5 Coloque en una cazuela verdura, hierbas aromáticas, especias, sal al gusto y agua.

☐6 Llene con agua una vaporera sin rebasar el borde de la rejilla interna. Forre el interior con pencas de maguey asadas, procurando que sobresalgan de la vaporera.

☐7 Coloque dentro de la vaporera la cazuela, y sobre ésta una rejilla.

☐8 Ponga dentro de la vaporera, encima de la rejilla, el costillar de cordero.

☐9 Ponga dentro de la vaporera la pierna de cordero con adobo. Puede aprovechar este tipo de cocción para mixiotes (ver Barbacoa de res en mixiote, pág. 214).

☐10 Cubra la barbacoa con las pencas de maguey que sobresalen del borde de la vaporera.

☐11 Procure que las pencas formen una envoltura que evite que escape el vapor.

☐12 Tape la vaporera y selle el borde con masa de maíz. Cocine la barbacoa a fuego bajo entre 12 y 14 horas.

☐13 Retire la masa del borde de la vaporera.

☐14 Destape la vaporera, verifique la cocción de la barbacoa y retírela junto con los mixiotes.

☐15 Saque la cazuela con el consomé.

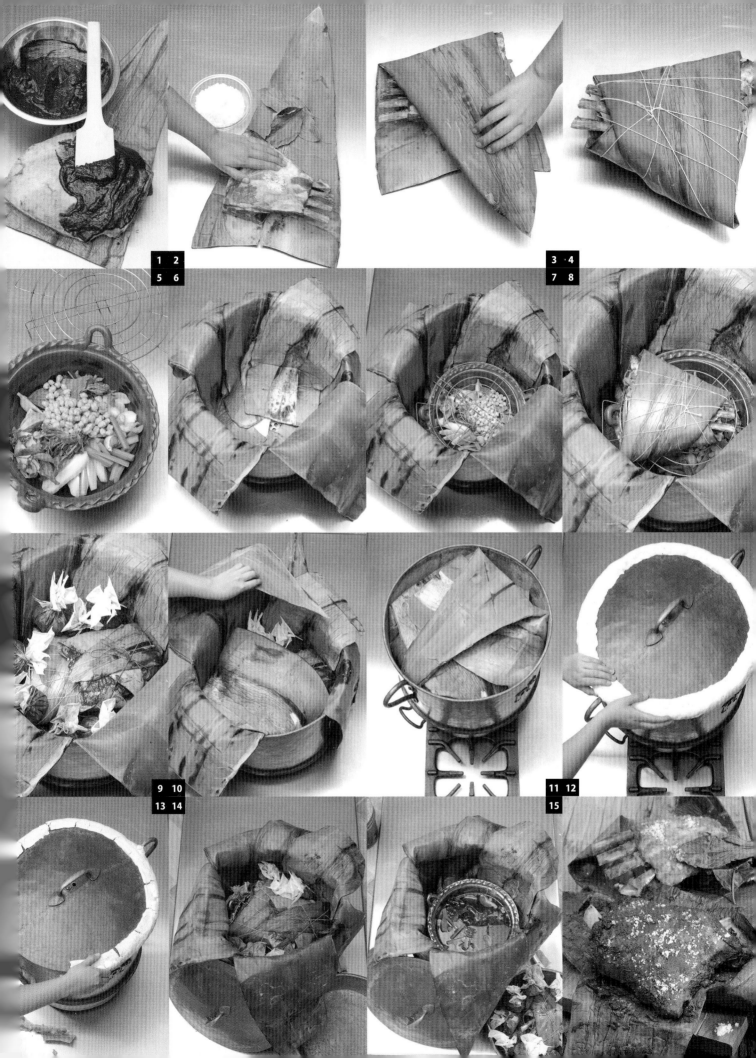

1 2
3 · 4
5 6
7 8
9 10
13 14
11 12
15

Churipu

Adaptación de Rubi Silva
inspirada en Michoacán

Rendimiento: 10 personas
Preparación: 20 min
Cocción: 1 h
Dificultad:
Costo:

Ingredientes

- 1.5 kg de chambarete de res sin hueso
- 1.5 kg de hueso poroso de res
- 3 ramas de hierbabuena
- 4 xoconostles
- 4 tazas de col cortada en cuadros medianos
- 150 g de chiles pasilla rojos hidratados en agua caliente
- 4 tomates verdes
- 1 diente de ajo picado
- 10 corundas (ver pág. 294)
- sal de grano al gusto

Procedimiento

1. Ponga sobre el fuego una olla con 3 litros de agua, el chambarete, el hueso poroso, las ramas de hierbabuena y sal al gusto. Deje que la carne se cocine hasta que esté suave.
2. Pele los xoconostles, quíteles las semillas del centro y pártalos en gajos pequeños. Añádalos al caldo junto con los cuadros de col.
3. Ase los tomates y licúelos con los chiles y el diente de ajo. Cuele esta salsa, agréguela al caldo y deje que hierva durante 5 minutos. Verifique al final la cantidad de sal.
4. Sirva el churipu caliente acompañado de 1 corunda por persona.

Asado
de boda

Durango

Rendimiento: 4 personas
Preparación: 20 min
Cocción: 1 h 30 min
Reposo: 15 min
Dificultad:
Costo:

Ingredientes

- 1 kg de pierna de cerdo sin hueso, con grasa y cortada en cubos chicos
- 1 cebolla rebanada
- 6 dientes de ajo
- 6 cucharadas de manteca de cerdo
- 4 chiles anchos sin semillas ni venas
- 4 tomates verdes
- 1 rebanada de bolillo duro
- ½ tortilla dura
- ¼ de cucharadita de comino, triturado
- 30 g de chocolate de mesa troceado finamente
- 2 hojas de laurel
- ¼ de cucharadita de orégano
- la ralladura de 1 naranja
- sal al gusto
- tortillas de maíz, al gusto

Procedimiento

1. Ponga sobre el fuego una cacerola y dore los cubos de carne con su propia grasa. Añada la cebolla, 2 dientes de ajo y sal al gusto. Deje que todo se sofría durante un par de minutos y vierta suficiente agua para cubrir con ella los ingredientes. Tape la cacerola y deje que la carne hierva a fuego bajo durante 25 minutos, retirando constantemente la espuma que se acumule en la superficie.
2. Retire la tapa de la cacerola y permita que la carne se cueza durante 15 minutos más o hasta que esté tierna, pero no suave. Aparte 1½ tazas del caldo de cocción en otra cacerola, drene la carne y resérvela por separado.
3. Ponga sobre el fuego un sartén amplio con 3 cucharadas de manteca, y cuando esté bien caliente, fría ligeramente los chiles. Retírelos del sartén y añádalos a la cacerola con el caldo que reservó. Colóquela sobre fuego bajo.
4. Fría los tomates y los dientes de ajo en el mismo sartén donde frió los chiles, y añádalos a la cacerola con los chiles. Finalmente, fría la rebanada de bolillo y la tortilla hasta que se doren y estén crujientes; añádalos también al caldo con los demás ingredientes y deje que hiervan durante 15 minutos o hasta que los chiles estén suaves.
5. Licue los ingredientes anteriores con el comino y el chocolate hasta obtener una salsa tersa; sólo si fuera necesario, añada un poco más de caldo para facilitar el molido.
6. Ponga sobre el fuego una cacerola con la manteca restante, y cuando esté caliente, fría los cubos de carne de cerdo hasta que se doren. Añada la salsa, las hojas de laurel, el orégano, la ralladura de naranja y sal al gusto. Mezcle y deje que el asado se cocine a fuego bajo durante 20 minutos aproximadamente, raspando el fondo y los lados de la cacerola constantemente, o hasta que la salsa espese y la manteca suba a la superficie de la preparación.
7. Sirva el asado acompañado con tortillas de maíz.

Jerez, Zacatecas

Rendimiento: 8 personas
Preparación: 2 h
Cocción: 1 h aprox.
Dificultad:
Costo:

Asado de boda
jerezano

Ingredientes

- 1 taza de aceite
- 2 kg de pierna de cerdo deshuesada, cortada en cubos de 5 × 5 cm
- 5 chiles anchos sin semillas ni venas, asados
- 8 pimientas negras
- 1 clavo de olor
- 1 raja de canela de 5 cm de largo
- 1 trozo de cáscara de naranja
- 1 hoja de laurel
- 2 rebanadas de *baguette* fritas en aceite
- 2 tazas de caldo de cerdo o agua
- ¼ de tablilla de chocolate
- 1 cucharada de piloncillo o azúcar
- ½ cebolla rebanada finamente
- sal al gusto
- tortillas de maíz o de harina, al gusto

Procedimiento

1. Ponga sobre el fuego una cacerola amplia con el aceite y fría los cubos de carne por todos lados hasta que se doren. Sáquelos de la cacerola, escúrralos y reserve la grasa y los cubos de carne por separado.

2. Muela los chiles anchos, las pimientas, el clavo, la canela, la cáscara de naranja, la hoja de laurel y las rebanadas de pan con el agua necesaria para que quede una salsa espesa.

3. Ponga sobre el fuego nuevamente la cacerola donde frió la carne de cerdo, y cuando esté bien caliente, añada la salsa y deje que hierva durante 5 minutos.

4. Añada a la salsa 2 tazas de caldo de cerdo o de agua caliente, incorpore los cubos de carne y deje que todo se cocine a fuego bajo hasta que la carne esté tierna. Agregue sal al gusto, un poco más de agua o caldo si el guiso se espesó mucho, el chocolate y el piloncillo o el azúcar; mezcle y deje que se cocine el asado durante 10 minutos más. Verifique la sazón.

5. Sirva el asado caliente con las rebanadas de cebolla cruda y acompáñelo con las tortillas.

Puebla

Rendimiento: 12 personas
Preparación: 3 h
Cocción: 30 min
Dificultad: ▮▮▮
Costo: ▮▮▮

Chiles
en nogada

Ingredientes

Relleno

- ⅓ de taza de aceite o de manteca de cerdo
- 4 cucharadas de cebolla picada
- 2 dientes de ajo picados
- 1 kg de lomo de cerdo picado finamente
- 100 g de jamón de pierna picado
- 1 kg de jitomates asados, pelados, sin semillas y picados
- 1 ℓ de caldo de cerdo
- 1 pizca de azafrán
- 1 pizca de clavo de olor molido
- 1 pizca de comino molido
- 1 piza de canela molida
- 2 manzanas, sin corazón y cortadas en cubos pequeños
- 2 peras, sin corazón y cortadas en cubos pequeños
- 3 duraznos, sin semilla y cortados en cubos pequeños
- ½ taza de pasitas hidratadas en agua caliente
- ¾ de taza de almendras picadas
- 1 taza de acitrón picado, piña o camote confitado, cortado en cubos pequeños
- 2 cucharaditas de azúcar
- 1 taza de jerez seco

Nogada

- 2 kg de nueces de Castilla frescas y peladas
- 350 g de queso fresco
- ½ bolillo remojado en leche, canela y azúcar
- ⅓ de taza de jerez seco
- 1 ℓ de leche

Chiles

- 12 chiles poblanos preparados para rellenar (ver pág. 399)
- 6 huevos
- 6 cucharadas de harina
- cantidad suficiente de aceite para freír
- los granos de 2 granadas
- hojas de perejil, al gusto

Procedimiento

Relleno

1. Ponga sobre el fuego una cacerola con el aceite o manteca de cerdo y sofría la cebolla con el ajo. Añada el lomo de cerdo y el jamón y deje que se doren ligeramente. Incorpore el jitomate, y cuando haya adquirido un color opaco, vierta el caldo. Deje que la preparación se cocine hasta que se haya evaporado todo el líquido.
2. Añada al relleno las especias, los cubos de frutas, las pasitas, las almendras, el acitrón, el azúcar y el jerez. Añada sal al gusto, deje que el relleno se espese un poco más, retírelo del fuego y resérvelo.

Nogada

1. Muela las nueces de Castilla con el queso, el pan remojado y el jerez. Si la salsa queda demasiado espesa, dilúyala con leche o crema. Resérvela.

Chiles

1. Distribuya el relleno dentro de todos los chiles poblanos.
2. Separe las yemas de las claras y bata estas últimas hasta obtener punto de turrón. Sin dejar de mezclar, añada de forma alternada las yemas una a una y la harina.
3. Capee los chiles rellenos (ver pág. 401) y fríalos en aceite muy caliente. Escúrralos sobre papel absorbente para eliminar el exceso de aceite.
4. Sirva los chiles a temperatura ambiente en un platón. Cúbralos con la nogada y adórnelos con los granos de granada y las hojas de perejil.

El capeado de los chiles es opcional. Al respecto, existen aquellos que aseguran que tienen que ser capeados y otros que los prefieren sin capear. Usted realice lo que mejor se adapte a su gusto.

Si compra las nueces de Castilla enteras, limpiarlas y pelarlas es un proceso que se debe realizar el día anterior. Las nueces se extraen de su cáscara, se remojan en agua tibia, se les retira la piel delgada que las cubre y se sumergen en leche hasta su utilización.

El chile en nogada, con los colores de la bandera nacional, se come en Puebla y gran parte de México, específicamente en septiembre, mes de las fiestas patrias, cuando las nueces son frescas y las semillas de granada están maduras. Se conoce la fecha de su presentación en público, preparado por las monjas del convento poblano de Santa Mónica: el 28 de septiembre de 1821, en honor de Agustín de Iturbide quien se había declarado emperador. Lo que se inventó fue la decoración política del platillo, porque la salsa de nuez se conocía y los chiles se rellenaban desde siempre.

Yucatán

Rendimiento: 12 personas
Preparación: 30 min
Cocción: 3 h
Reposo: 1 noche
Dificultad:
Costo:

Cochinita
pibil

Ingredientes

- ⅔ de taza de recaudo colorado (ver pág. 165)
- 1 taza de jugo de naranja agria
- 2 kg de carne de cerdo, con un poco de grasa y hueso, cortada en trozos regulares
- 8 hojas de plátano asadas
- 1 taza de caldo
- sal al gusto
- 2 tazas de escabeche blanco o de escabeche de cebolla morada (ver pág. 163)
- tortillas de maíz, al gusto

Procedimiento

1. Un día antes de consumir la cochinita, disuelva el recaudo colorado en el jugo de naranja agria, lícuelo y cuélelo. Unte con este adobo los trozos de carne, envuélvalos en las hojas de plátano y déjelos reposar hasta el día siguiente.

2. Precaliente el horno a 180 °C. Introduzca en el horno un recipiente hondo con agua y hornee la cochinita pibil durante 3 horas, o hasta que la carne se desprenda fácilmente del hueso. Saque la cochinita del horno y deje que se enfríe.

3. Al siguiente día, pique la carne o deshébrela. Báñela con toda la salsa y los jugos que soltó durante el horneado, y hornee la cochinita durante 40 minutos. Verifique la sazón y sirva la cochinita acompañada con el escabeche de cebolla morada y las tortillas.

Pibil es la manera en que se cocinan las carnes adobadas de distintas maneras, en un horno subterráneo llamado pib en maya, en la península de Yucatán. En la actualidad este método de cocción se sustituye con excelentes resultados por horno común, pero el método prehispánico tiene indudable encanto en la cochinita pibil: la pieza de carne se hornea, luego se deshebra y se recalienta en su jugo: y los tacos (o las tortas, o sea, sándwiches preparados con un panecillo blanco) hechos con estas finas hebras de carne suculenta se enriquecen con un poco de escabeche o de salsa de cebolla morada. El nombre de este popular platillo sugiere el empleo de un cochinito entero, pero resulta más sabrosa una pieza grande de animal adulto, aunque el diminutivo resulte fuera de lugar. . .

Chiapas

Rendimiento: 10-12 personas
Preparación: 50 min
Cocción: 2 h 30 min aprox.
Reposo: 4 h
Dificultad:
Costo:

Cochito
al horno

Ingredientes

Cochito

- ½ cucharadita de orégano seco
- ¼ de cucharadita de tomillo fresco
- ¼ de cucharadita de mejorana fresca
- 3 clavos de olor
- 3 cucharadas de jengibre fresco rallado
- 1 raja de canela troceada
- 5 dientes de ajo asados
- 5 chiles anchos, dos de ellos sin semillas, hidratados en agua caliente
- ¾ de taza de vinagre de fruta
- 1 kg de costillas de cerdo con grasa
- 1 kg de lomo de cerdo con grasa
- 1 kg de pierna de cerdo con grasa
- 1 cucharadita de pimientas gordas
- 2 tazas de caldo de pollo o de res, sin sal
- sal al gusto

Presentación

- 1 lechuga romana deshojada
- 2 cebollas medianas cortadas en rebanadas finas
- 6 cucharaditas de vinagreta base (ver pág. 168)

Procedimiento

1. Ase ligeramente las especias y los dientes de ajo; muélalos en un molcajete o licuadora junto con los chiles, el vinagre de fruta y sal al gusto. Debe quedar un adobo espeso.

2. Corte la carne en trozos medianos y hágales incisiones por todos lados. Úntelos con el adobo y déjelos reposar durante 4 horas como mínimo.

3. Precaliente el horno a 220 °C.

4. Disponga la carne adobada sobre un refractario, cúbralo con papel aluminio e introdúzcalo dentro de otro refractario más grande con agua, para hacer un baño María. Hornee la carne durante 2 horas. Si se secara durante el horneado báñela con un poco de caldo. Al retirar la carne del horno, sáquela del refractario y agregue a este último un poco de caldo; raspe el fondo con una pala para recuperar los jugos de cocción.

5. Sirva el cochito al horno con los jugos de cocción y una ensalada elaborada con la lechuga, las rebanadas de cebolla y la vinagreta.

Costillas de cerdo
en chile negro

Michoacán

Rendimiento: 6 personas
Preparación: 15 min
Cocción: 2 h aprox.
Dificultad: ▌
Costo: ▌

Ingredientes

- 1 kg de costillas de cerdo porcionadas
- 1 kg de maciza de cerdo cortada en trozos
- 200 g de chiles negros o chiles pasilla, sin semillas ni venas, asados, hidratados y molidos
- 2 dientes de ajo grandes pelados
- 3 clavos de olor
- 3½ tazas de jugo de naranja
- sal al gusto
- ½ cucharadita de azúcar

Procedimiento

1. Ponga sobre el fuego una cacerola con 1 litro de agua hirviendo, las carnes de cerdo y sal al gusto. Deje que las carnes se cuezan durante 1 hora o hasta que estén suaves. Cuando se haya evaporado todo el caldo, permite que la carne se dore en su propia grasa.

2. Muela los chiles con los dientes de ajo y añada este molido a la carne junto con los clavos de olor y el jugo de naranja. Deje que la preparación se cocine hasta que se haya evaporado una parte del líquido. Verifique la cantidad de sal, añada el azúcar, deje que se cueza durante un par de minutos más y sirva.

Chivo tapeado

Adaptación de Elena Lugo inspirada en Querétaro

Rendimiento: 8-12 personas
Preparación: 2 h
Cocción: 3 h 30 min
Reposo: 1 h
Dificultad: ▌
Costo: ▌

Ingredientes

- 1 cebolla
- 3 dientes de ajo pelados
- 15 chiles guajillos sin semillas ni venas, hidratados en agua caliente
- 15 chiles anchos sin semillas ni venas, hidratados en agua caliente
- 1 pizca de orégano
- 3 hojas de laurel
- 3 clavos de olor
- ½ cucharadita de cominos
- ½ cucharadita de pimientas negras
- ¼ de taza de vinagre
- 1 cabrito de 8 kg aprox., cortado en piezas
- sal al gusto
- cantidad suficiente de hojas de maíz
- 500 g de masa de maíz
- frijoles de la olla, al gusto (ver pág. 146)
- tortillas de maíz, al gusto

Procedimiento

1. Ase la cebolla y los dientes de ajo y lícuelos con los chiles, el orégano, las hojas de laurel, los clavos de olor, el comino, la pimienta, el vinagre y sal al gusto. Cuele este adobo y con él unte las piezas de cabrito. Déjelas marinar durante 1 hora.

2. Acomode en el fondo de una olla de barro con tapa una cama de hojas de maíz y encima ponga las piezas de cabrito. Tape la olla y séllela con la masa de maíz. Póngala sobre el fuego y deje que las piezas de cabrito se cuezan a fuego medio entre 3 y 3½ horas o hasta que la carne esté muy suave.

3. Sirva las piezas de chivo tapeado acompañadas con los frijoles de la olla y tortillas de maíz.

Ciudad de México

Rendimiento: 8 personas
Preparación: 30 min
Cocción: 4 h aprox.
Dificultad:
Costo:

Entomatado

Ingredientes

- 1.5 kg de chambarete de res
- 1 cebolla mediana cortada en cubos pequeños
- 1 ramillete pequeño de tomillo, laurel y perejil
- 1 cabeza de dientes de ajo, asada
- 1 raja de canela
- 4 clavos de olor
- 8 pimientas gordas
- ¼ de taza de aceite de maíz
- 150 g de tocino picado
- 150 g de chorizo desbaratado
- 1 cebolla picada finamente
- 10 ajos picados
- 2 kg de tomates verdes, cortados en cubos pequeños
- 2 chiles chipotles
- 10 hojas de orégano fresco
- 4 papas cortadas en cubos
- 2 elotes cortados en rebanadas
- 3 tazas de ejotes troceados sal al gusto
- azúcar, al gusto (opcional)
- arroz blanco, al gusto (ver pág. 144)

Procedimiento

1. Corte el chambarete de res en cubos de 5 centímetros aproximadamente.

2. Ponga sobre el fuego una olla con 1.5 litros de agua, la cebolla, el ramillete de hierbas, la canela, los clavos y las pimientas gordas. Cuando hierva, añada los cubos de chambarete y sal al gusto; deje que todo hierva durante 3 horas o hasta que la carne esté tierna. Durante la cocción, retire constantemente la espuma que se acumule en la superficie. Retire la olla del fuego y reserve la carne y el caldo por separado.

3. Ponga sobre el fuego una cazuela con el aceite y fría el tocino y el chorizo hasta que se doren. Añada la cebolla y el ajo y sofría durante 5 minutos aproximadamente.

4. Agregue a la cazuela los tomates, los chiles chipotles, las hojas de orégano y sal al gusto; deje que todo se sofría durante un par de minutos.

5. Añada a la cazuela el caldo de cocción del chambarete y los cubos de papa y deje que hierva. Cuando las papas estén a media cocción, agregue los cubos de carne, las rebanadas de elote y los ejotes. Deje el entomatado en el fuego hasta que todas las verduras estén cocidas. Verifique la cantidad de sal, y añada azúcar al gusto si el sabor es muy ácido.

6. Sirva el entomatado en platos hondos, colocando las verduras alrededor de la carne. Acompáñelo con el arroz blanco.

Creación inspirada
en la Ciudad de México

Rendimiento: 6 personas
Preparación: 15 min
Cocción: 20 min
Dificultad:
Costo:

Envueltos de carne
con verduras

Ingredientes

- 750 g de bisteces de res, aplanados y cortados en tiras gruesas
- 3 zanahorias cortadas en bastones y blanqueadas
- 2 tazas de ejotes partidos por la mitad a lo largo y blanqueados
- 6 rebanadas de tocino
- 3 elotes cortados en mitades a lo largo, cocidas
- ⅔ de taza de mantequilla
- ⅓ de taza de jugo de limón
- sal y pimienta, al gusto
- guacamole básico, al gusto (ver pág. 160)
- frijoles refritos, al gusto (ver pág. 147)

Procedimiento

1. Salpimiente las tiras de carne de res y extienda en una superficie tres de ellas, de forma que queden unidas por los costados. Ponga encima un poco de los bastones de zanahoria y de los ejotes y enrolle las tiras de carne sobre sí mismas para formar un rollo, dejando que las verduras sobresalgan por un extremo. Envuelva cada rollito con 1 rebanada de tocino y sujételo con un palillo o con una tira delgada de poro.

2. Cueza los rollos de carne sobre una plancha caliente, volteándolos constantemente, hasta que estén dorados.

3. Mezcle la mantequilla con el jugo de limón y sal y pimienta al gusto. Ase las mitades de elote también sobre la plancha y al final báñelas con la mezcla de mantequilla.

4. Sirva los envueltos de carne alternados con las rebanadas de elote y acompañados del guacamole y de los frijoles refritos.

Estos rollitos se pueden hacer también con arrachera.

Chihuahua

Rendimiento: 4 personas
Preparación: 40 min
Cocción: 40 min
Dificultad:
Costo:

Caldillo norteño

Ingredientes

- 4 cucharadas de aceite de maíz
- 1 bistec grueso de res de aguayón o de bola
- 1 cebolla mediana picada finamente
- 2 dientes de ajo picados finamente
- 1 jitomate grande escalfado, sin piel, y licuado
- 3 chiles poblanos sin semillas ni venas, pelados y picados
- 1 taza de ejotes limpios y picados
- 2 calabacitas cortadas en cubos chicos
- 2 papas medianas cortadas en cubos chicos
- 1 cucharada de pan molido
- sal y pimienta, al gusto

Procedimiento

1. Ponga sobre el fuego un sartén con 2 cucharadas de aceite de maíz y dore la carne durante 3 minutos de cada lado; reserve por separado el jugo resultante.

2. Coloque sobre el fuego una cazuela con el aceite restante; pique la carne y fríala durante un par de minutos. Agregue la cebolla y el ajo, fría todo durante 8 minutos, añada el jitomate y fría durante 10 minutos más.

3. Agregue a la cazuela 4 tazas de agua caliente, el jugo que soltó la carne y sal y pimienta al gusto. Deje que todo se cueza durante 20 minutos o hasta que la carne se suavice. Añada los chiles y los ejotes y deje cocer todo durante 10 minutos más. Incorpore los cubos de calabacita y de papa, así como 1 taza de agua caliente. Cuando todos los vegetales estén cocidos, espolvoree el pan molido al caldillo. Si la preparación no está caldosa, añada agua suficiente para obtener esta consistencia. Verifique la cantidad de sal y de pimienta, deje que hierva de nuevo y retire el caldillo del fuego.

4. Sirva el caldillo caliente acompañado con tortillas de harina.

Chihuahua

Rendimiento: 8-10 personas
Preparación: 35 min
Cocción: 30 min
Reposo: 15 min
Dificultad: ▌▌
Costo: ▌▌▌

Discada norteña

Ingredientes

- 500 g de chorizos cortados en rebanadas
- 200 g de tocino ahumado, picado
- ¼ de cucharadita de cominos asados y molidos
- 1 trozo de filete de res de 1 kg o de puntas de aguayón
- 1 trozo de filete de cerdo de 500 g
- 2 cebollas grandes, fileteadas
- 2 chiles poblanos cortados en rajas
- 1 kg de jitomates bola grandes, picados y sin semillas
- 2 chiles chipotles adobados y molidos en 1 taza de agua
- sal y pimienta, al gusto
- tortillas de harina, al gusto
- frijoles bayos refritos, al gusto (ver pág. 147)

Procedimiento

1. Ponga sobre el fuego una paellera y fría las rebanadas de chorizo con el tocino y el comino hasta que se doren y suelten su grasa. Añada los trozos de filete de res y de cerdo y deje que se doren con la grasa de los embutidos. Saque los ingredientes de la paellera y resérvelos.

2. Añada a la paellera la cebolla y las rajas de chile poblano y saltéelas durante un par de minutos. Incorpore el jitomate y deje que se cocine hasta que la preparación comience a hervir.

3. Rebane los filetes de res y de cerdo, luego trocéelos y añádalos a la paellera. Añada sal al gusto y deje que la discada se cocine durante 5 minutos. Tape la paellera, retírela del fuego y déjela reposar durante 15 minutos.

4. Recaliente la discada, y cuando hierva, verifique la cantidad de sal y de pimienta. Sírvala con las tortillas de harina y los frijoles refritos.

> *Tradicionalmente, los discos metálicos en los cuales se prepara esta campirana especialidad se obtuvieron de arados. En la actualidad se fabrican especialmente para usos culinarios. Si consigue uno, no dude en utilizarlo en lugar de la paellera.*

**Adaptación de Guadalupe
García de León inspirada en
Veracruz**

Rendimiento: 6 personas
Preparación: 30 min
Cocción: 15 min
Reposo: 10 min
Dificultad: ▊▊
Costo: ▊▊

Filete de cerdo
en cacahuate

Ingredientes

* 1 taza de cacahuates tostados y pelados
* 1 kg de filete de cerdo sin grasa
* 1 cucharada de canela en polvo
* 2 cucharadas de aceite de maíz
* 2 chiles guajillos, sin semillas ni venas, remojados en agua caliente
* 3 chiles anchos, sin semillas ni venas, remojados
* 3 jitomates bola troceados
* 1 hoja santa, sin la nervadura central
* ½ cebolla
* 2 dientes de ajo
* 5 pimentas gordas
* 1 cucharada de azúcar
* 1 bolillo cortado en rebanadas, fritas
* 2 chiles chipotles adobados
* 1 ℓ de caldo de cerdo
* 2 cucharadas de vinagre de caña
* ½ taza de vino tinto
* sal al gusto

Procedimiento

1. Ponga sobre el fuego una cazuela y ase los cacahuates hasta que se doren ligeramente. Retírelos de la cazuela y resérvelos.
2. Espolvoree el filete de cerdo con la canela en polvo y sal al gusto. Añada el aceite a la cazuela y dore en él toda la superficie del filete. Retírelo de la cazuela y resérvelo.
3. Licue los chiles guajillos con los chiles anchos; cuele el molido y resérvelo.
4. Licue los jitomates con la hoja santa, la cebolla, los dientes de ajo, las pimientas gordas, el azúcar, los cacahuates, las rebanadas de bolillo, los chiles chipotles y la mitad del caldo de cerdo. En caso de necesitar más líquido, añada agua. Incorpore a esta preparación el molido de chiles.
5. Vierta la salsa a la cazuela y deje que se cocine a fuego bajo durante 40 minutos, moviendo constantemente para que no se pegue en el fondo de la cazuela. Cuando la salsa esté espesa, retire la grasa que se haya acumulado en la superficie.
6. Añada a la salsa el resto del caldo de cerdo, el vinagre y el vino tinto. Permite que la salsa se reduzca un poco para que el alcohol del vino se evapore.
7. Agregue a la salsa el filete entero y deje que se cueza a fuego bajo durante 15 minutos o hasta que esté bien cocido. Si la salsa se espesa mucho, añada más caldo de cerdo o agua y deje que hierva ligeramente. Asimismo, verifique la cantidad de sal.
8. Retire la cazuela del fuego y deje reposar la preparación durante 20 minutos. Corte el filete en rebanadas, añádalas a la salsa, regrese la preparación al fuego, y cuando comience a hervir, sirva el filete.

Yucatán

Rendimiento: 6 personas
Preparación: 15 min
Cocción: 2 h
Reposo: 10 min
Dificultad:
Costo:

Frijol con puerco

Ingredientes

- 500 g de pulpa de cerdo cortada en cubos regulares
- 1 cola de cerdo limpia y rasurada
- 1 oreja de cerdo limpia y rasurada
- 500 g de frijoles negros nuevos, lavados y remojados durante 2 horas en agua caliente
- 1 cebolla blanca picada
- 2 rabos de cebolla picados
- 1 ramo de epazote
- chiltomate, al gusto (ver pág. 149)
- salpicón de rabanitos, al gusto (ver pág. 167)

Procedimiento

1. Ponga en un recipiente los cubos de pulpa de cerdo, la cola y la oreja de cerdo; cúbralos con agua, añada un poco de sal y déjelos reposar durante 10 minutos. Escúrralos, enjuáguelos y resérvelos.

2. Coloque sobre el fuego una olla de boca estrecha con los frijoles y 1.5 litros de agua. Deje que hiervan durante 30 minutos y añada las carnes de puerco, la cebolla y los rabos de cebolla. Deje que los frijoles hiervan durante 1 hora más, hasta que el caldo espese. Si durante la cocción faltara líquido, añada agua caliente.

3. Agregue el epazote y sal al gusto; deje hervir durante un par de minutos más, y sirva el frijol con puerco acompañado con el chiltomate y el salpicón de rabanitos.

Los frijoles deben ser nuevos; si no es así, remójelos una noche antes y aumente el tiempo de cocción.

Coahuila

Rendimiento: 10 personas
Preparación: 20 min
Cocción: 2 h
Dificultad:
Costo:

Menudo
norteño

Ingredientes

Menudo

- 2 patas de res limpias y cortadas en cuatro a lo largo
- 1 cabeza de ajo partida por la mitad a lo largo
- 1 cebolla cortada en rebanadas gruesas
- 2 kg de menudo o pancita con callo, limpio y cortado en cubos
- 1 kg de maíz cacahuacintle para pozole
- sal al gusto

Guarniciones

- 8 cebollas cambray picadas con todo y rabo
- cilantro picado, al gusto
- chile piquín molido, al gusto
- orégano seco, al gusto
- limones cortados en cuartos, al gusto

Procedimiento

1. Ponga sobre el fuego una olla con 6 litros de agua, los trozos de patas de res, la cabeza de ajos y la cebolla. Cuando hierva el agua, deje que los ingredientes se cuezan durante 10 minutos; retire constantemente la espuma que se acumule en la superficie.
2. Añada a la olla el menudo y baje la intensidad de fuego. Deje que todo hierva hasta que las patas de res estén tiernas; retírelas del caldo, extraiga la carne y córtela en pedazos del tamaño de un bocado. Resérvelos.
3. Agregue a la olla el maíz cacahuacintle y continúe la cocción del menudo durante 2 horas aproximadamente o hasta que el menudo esté suave pero firme, y el maíz se haya reventado.
4. Incorpore los trozos de carne de pata de res y sal al gusto. Deje que el menudo hierva durante un par de minutos más y sírvalo en platos pozoleros con las guarniciones al centro de la mesa para que cada comensal las añada a su gusto.

Es importante no añadir sal al menudo durante la cocción, de lo contrario, el maíz no reventará. Al menudo, dependiendo de la región del país, se le reconoce también como pancita, callos, panza o mondongo.

Menudo de Baja California: añada al caldo de cocción unas ramas de hierbabuena y semillas de cilantro.

Menudo de Chihuahua: agregue al caldo de cocción chile colorado molido.

Ciudad de México

Rendimiento: 5 personas
Preparación: 10 min
Cocción: 35 min
Dificultad:
Costo:

Picadillo

Ingredientes

- 2 cucharadas de aceite
- ½ cebolla picada
- 750 g de carne de res molida
- 4 jitomates troceados
- 1 diente de ajo
- hierbas de olor, al gusto
- 1 papa mediana cortada en cubos medianos
- 2 zanahorias cortadas en cubos medianos
- ¼ de taza de chícharos
- sal y pimienta, al gusto
- arroz blanco, al gusto (ver pág. 144)
- frijoles de la olla, al gusto (ver pág. 146)

Procedimiento

1. Ponga sobre el fuego una cacerola con el aceite y sofría la cebolla durante 3 minutos. Añada la carne y sofríala hasta que se dore. Agregue sal y pimienta al gusto.
2. Licue los jitomates con el ajo y el agua suficiente para obtener un caldillo. Cuele el molido y añádalo a la carne junto con las hierbas de olor. Deje que todo hierva durante 5 minutos aproximadamente o hasta que el caldillo esté cocido.
3. Incorpore las verduras y déjelas cocer hasta que estén tiernas. Verifique la cantidad de sal y sirva el picadillo acompañado con el arroz blanco y los frijoles de la olla.

Añada más agua o reduzca la cantidad de acuerdo con su gusto. Si desea un picadillo para tostadas, deje que se evapore la mayor parte del líquido antes de retirarlo del fuego.

Ciudad de México

Rendimiento: 6 personas
Preparación: 10 min
Cocción: 3 h
Dificultad:
Costo:

Ropa vieja

Ingredientes

- 1 kg de falda de res cortada en trozos
- 1 cebolla partida por la mitad + ¼ fileteada
- 2 dientes de ajo
- 2 cucharadas de aceite
- 3 jitomates cortados en cubos medianos
- 1 chile poblano, asado, pelado, sin semillas ni venas y cortado en rajas
- 2 papas cortadas en cubos medianos, cocidos
- sal al gusto

Procedimiento

1. Ponga sobre el fuego una olla con 2 litros de agua, la carne, la cebolla, los dientes de ajo y sal al gusto. Deje que hierva a fuego bajo hasta que la carne esté cocida, entre 2 y 3 horas. Agregue más agua durante la cocción si fuera necesario.
2. Saque la carne del caldo, deje que se entibie y deshébrela. Resérvela.
3. Coloque sobre el fuego una cacerola con aceite y sofría la cebolla fileteada durante 3 minutos. Añada los cubos de jitomate y las rajas de chile poblano. Deje que se sofrían hasta que todos los ingredientes estén cocidos.
4. Agregue los cubos de papa y la carne deshebrada, verifique la cantidad de sal y deje que todo se cueza durante un par de minutos más. Sirva bien caliente.

Bajío

Rendimiento: 8 personas
Preparación: 20 min
Cocción: 2 h
Dificultad:
Costo:

Salpicón
de res

Ingredientes

- 2 kg de falda de res cortada en trozos
- 1 zanahoria troceada toscamente
- ½ cebolla cortada en cuartos
- 1 rama de apio troceada toscamente
- 1 hoja de laurel
- 1 diente de ajo
- 5 pimientas negras
- ⅓ de taza de vinagre de manzana
- ⅓ de taza de aceite de oliva
- orégano, al gusto
- ½ cebolla morada fileteada
- 3 chiles jalapeños en vinagre cortados en rajas
- 1 taza de lechuga cortada en juliana
- sal y pimienta, al gusto
- 2 aguacates cortados en rebanadas
- 2 jitomates cortados en rebanadas
- 2 rábanos cortados en rodajas
- 1⅓ de tazas de queso Cotija, desmoronado
- tostadas de maíz, al gusto

Procedimiento

1. Ponga sobre el fuego una olla con la carne y suficiente agua para cubrirla. Añada la zanahoria, la cebolla, el apio, la hoja de laurel, el diente de ajo, las pimientas y sal al gusto. Deje que la carne se cueza durante 1½ horas o hasta que esté tierna y suave. Cuando se entibie, deshébrela y resérvela.
2. Disuelva en el vinagre sal y pimienta al gusto. Mézclelo con el aceite, el orégano al gusto y la cebolla morada. Añada la carne deshebrada, las rajas de chiles en vinagre y la lechuga. Incorpore bien todos los ingredientes y verifique la sazón.
3. Sirva el salpicón acompañado con las rebanadas de aguacate y de jitomate, el queso Cotija y las tostadas de maíz.

Bajío

Rendimiento: 6-8 personas
Preparación: 30 min
Cocción: 20 min
Reposo: 1 h
Dificultad:
Costo:

Pacholas

Ingredientes

- 400 g de aguayón molido
- 200 g de carne de cerdo molida
- 1 chile chipotle adobado
- 8 galletas saladas
- 1 taza de leche
- ¾ de taza de longaniza o chorizo desmoronado
- 4 cucharadas de frijoles refritos
- ½ cebolla asada
- 2 dientes de ajo asados
- 1 pizca de nuez moscada
- cantidad suficiente de aceite para freír
- sal y pimienta, al gusto
- ensalada de lechuga de su elección, al gusto
- salsa picante de su elección, al gusto

Procedimiento

1. Mezcle las dos carnes molidas.
2. Licue el chipotle con las galletas, la leche, la longaniza o chorizo, los frijoles refritos, la cebolla y los ajos. Incorpore esta mezcla a la carne molida; añada la nuez moscada y sal y pimienta al gusto.
3. Ponga la mezcla de carne molida en el metate, y con el metlapil "bájela" para formar 12 pacholas ovaladas de 3 milímetros de grosor aproximadamente. Déjelas reposar sobre un lienzo durante 1 hora.
4. Caliente el aceite en un sartén amplio y fría las pacholas hasta que se doren por ambos lados; déjelas escurrir sobre papel absorbente.
5. Sirva las pacholas con una ensalada de lechuga y salsa picante de su elección.

La pachola o "bistec de metate" es muy popular en muchas partes de México y se requiere de técnica y habilidad para formarlas. Hay numerosas variantes de la receta, tanto en la proporción de carnes como en los ingredientes secundarios, que pueden incluir otros chiles, perejil, comino, entre otros.

Para hacer las pacholas sin metate, porcione la mezcla en forma de puros gruesos y presione cada uno entre dos trozos de plástico hasta dejarlos lo más delgados posibles y de forma ovalada. También puede realizarlas con una tortilladora.

Guerrero, Jalisco y Michoacán
Rendimiento: 8-10 personas
Preparación: 20 min
Cocción: 3 h
Dificultad:
Costo:

Pozole blanco

Ingredientes

Pozole blanco

* 1 kg de maíz cacahuacintle para pozole
* 1 cabeza de dientes de ajo, machacada
* hierbas de olor, al gusto
* 3 kg de carne de cerdo surtida (cabeza, maciza, manitas), cortada en trozos grandes
* cantidad suficiente de sal de grano

Guarniciones

* cebolla picada, al gusto
* orégano seco, al gusto
* chile piquín molido, al gusto
* limones cortados en cuartos, al gusto
* rabanitos rebanados finamente, al gusto
* lechuga romana cortada finamente, al gusto
* chicharrón en trozos, al gusto (opcional)

Procedimiento

1. Ponga sobre el fuego una olla con 4 litros de agua, el maíz cacahuacintle, la cabeza de dientes de ajo machacada y las hierbas de olor al gusto. Deje que hierva el agua hasta que el maíz se reviente.
2. Añada a la olla los trozos de carne de cerdo y sal de grano al gusto. Deje que el pozole hierva hasta que la carne esté tierna.
3. Retire del caldo de cocción los trozos de carne; extraiga la carne de las manitas y córtela, junto con el resto de la carne, en trozos del tamaño de un bocado. Regrese las carnes al caldo y verifique la cantidad de sal del pozole.
4. Sirva el pozole en platos pozoleros con las guarniciones al centro de la mesa para que cada comensal las añada a su gusto.

Pozole rojo: A la receta del pozole blanco agregue durante la cocción de las carnes una salsa preparada con chiles secos sin semillas ni venas, remojados y molidos. Los chiles pueden ser ancho, guajillo, puya, árbol o una combinación de éstos.

Pozole verde: Agregue a la receta del pozole blanco, 10 minutos antes de servir, una salsa verde molida y frita preparada con tomatillos verdes, chile poblano, semillas de calabaza y epazote.

Ciudad de México

Rendimiento: 6 personas
Preparación: 20 min
Cocción: 2 h 30 min
Dificultad:
Costo:

Espinazo
con verdolagas

Ingredientes

- 2 cebollas cortadas en cuartos
- 2 dientes de ajo
- hierbas de olor, al gusto
- 1.5 kg de espinazo de cerdo cortado en trozos
- 1 manojo de verdolagas, sin tallos gruesos
- 500 g de tomates verdes medianos, asados
- 3 chiles anchos, asados, desvenados y remojados en agua caliente
- 1 chile pasilla asado, desvenado y remojado en agua caliente
- 2 tortillas de maíz remojadas en caldo
- 1 pizca de canela
- 3 clavos de olor
- 1 pizca de comino
- sal y pimienta, al gusto

Procedimiento

1. Ponga sobre el fuego una olla con 1.5 litros de agua, la mitad de los trozos de cebolla, 1 diente de ajo y hierbas de olor y sal al gusto. Cuando hierva, añada los trozos de carne y deje que se cuezan durante 2 horas o hasta que estén suaves.

2. Añada al caldo las verdolagas. Licue los tomates con los chiles anchos y pasillas, la cebolla y el diente de ajo restantes, las tortillas, las especias, sal y pimienta al gusto, y el suficiente caldo de cocción de la carne para obtener una salsa. Vierta esta salsa al caldo con la carne y las verdolagas. Deje que la preparación hierva a fuego bajo durante 20 minutos o hasta que todo esté cocido. Verifique la cantidad de sal y pimienta y sirva.

Ciudad de México

Rendimiento: 4 personas
Preparación: 15 min
Reposo: 30 min
Cocción: 15 min
Dificultad:
Costo:

Hígado
encebollado

Ingredientes

- 1 taza de leche
- 4 bisteces de hígado de res
- 4 cucharadas de aceite
- 2 cebollas fileteadas
- 1 diente de ajo (10 g) picado finamente
- 3 jitomates sin piel ni semillas, cortados en cubos pequeños
- 2 chiles serranos sin semillas ni venas y cortados en rajas
- sal y pimienta, al gusto
- tortillas de maíz, al gusto

Procedimiento

1. Ponga en un recipiente hondo la leche con los bisteces de hígado de res y deje que reposen durante 30 minutos para que se desflemen. Enjuague los bisteces con agua, séquelos y resérvelos.

2. Coloque sobre el fuego una cazuela con el aceite y sofría la cebolla con el ajo durante un par de minutos. Salpimiente los bisteces de hígado de res y añádalos a la cacerola; cocínelos hasta que se doren por ambos lados.

3. Añada a la cacerola los cubos de jitomate y las rajas de chile y deje que todo se cocine durante 10 minutos. Verifique la cantidad de sal y de pimienta y sirva con tortillas de maíz.

Tasajo con chaya

Yucatán

Rendimiento: 6-8 personas
Preparación: 45 min
Cocción: 15 min
Reposo: 30 min
Dificultad:
Costo:

Ingredientes

- 1 kg de tasajo de res cortada en trozos regulares
- 3 cucharadas de recaudo colorado disuelto en caldo o agua, colado (ver pág. 165)
- 3 calabacitas cortadas en rebanadas
- 1 cabeza chica de dientes de ajo, asada
- 300 g de hojas de chaya limpias
- 2 chiles habaneros asados, sin semilla sin venas
- jugo de limón, al gusto
- sal al gusto
- jugo de naranja agria, al gusto
- tortillas de maíz, al gusto

Procedimiento

1. Coloque en un recipiente los trozos de tasajo, añada agua hasta cubrirlos por completo y déjelos remojando durante 30 minutos para eliminar el exceso de sal. Saque los trozos de carne del agua y enjuáguelos.
2. Ponga una cacerola sobre el fuego con 1½ litros de agua; cuando hierva, agregue los trozos de tasajo, el recaudo colorado, las rebanadas de calabacita y las hojas de chaya. Deje que todo se cocine durante 15 minutos o hasta que la carne esté suave. Verifique la sazón.
3. Machaque los chiles habaneros con jugo de limón y sal al gusto.
4. Sirva el tasajo con chayas en platos hondos y acompáñelo con jugo de naranja agrio o de limón al gusto, así como con el chile habanero machacado y las tortillas.

Si no encuentra hojas de chaya, sustitúyalas por hojas de espinaca.

Queso relleno

Yucatán

Rendimiento: 10-12 personas
Preparación: 1 h 30 min
Cocción: 1 h 30 min
Reposo: 1 noche
Dificultad:
Costo:

Ingredientes

Queso y relleno

- 1 queso holandés entero (Edam)
- 2 cucharadas de recaudo de especia
- 4 cucharadas de vinagre blanco
- 1 kg de lomo de cerdo molido
- 1 pechuga de pollo molida
- 3 cucharadas de aceite
- 2 cucharadas de cebolla picada
- 4 dientes de ajo asados y picados
- 2 jitomates (500 g) asados, pelados, sin semillas y cortados en cubos pequeños
- 1 cucharada de pimiento morrón rojo picado
- 8 aceitunas deshuesadas y picadas
- 8 alcaparras partidas por la mitad
- 1 cucharada de pasitas
- 1 cucharada de pasta de chilmole disuelta en ½ taza de jugo de naranja (opcional)
- sal al gusto
- 6 huevos cocidos

Salsa blanca o *kol*

- 2 tazas de caldo de pollo
- 8 hebras de azafrán
- 3 cucharadas de harina
- 3 chiles güeros troceados
- sal al gusto

Salsa de jitomate

- 3 cucharadas de aceite
- ½ cebolla rebanada en medias lunas muy finas
- 1 pimiento morrón asado, pelado, sin semillas ni venas y cortado en rajas
- 8 aceitunas partidas por la mitad
- 8 alcaparras
- 16 pasitas
- 12 almendras peladas y troceadas
- 6 jitomates asados, pelados, sin semillas y cortados en rebanadas
- sal y pimienta, al gusto

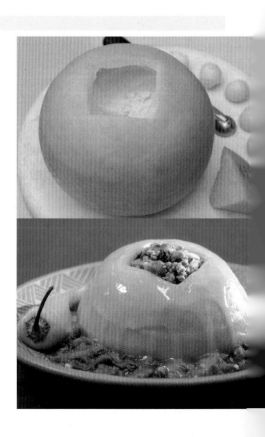

Procedimiento
Queso y relleno

1. Prepare el queso desde el día anterior: extraiga de la parte superior un cuadro de 3 × 3 centímetros y sepárelo; guarde este cuadro, que será la tapa del queso.
2. Vacíe el queso con un sacabocados o una cuchara metálica pequeña. Reserve lo que saque del queso para usarlo en otra receta o servirlo como botana.
3. Raspe con mucho cuidado toda la cera roja exterior del queso con un cuchillo muy filoso. Si la bola de queso estuviera muy dura, envuélvela en un trapo húmedo 1 hora antes de rellenarla. Resérvela.
4. Disuelva el recaudo de especia en el vinagre con ½ cucharadita de sal y mézclelo con la carne de cerdo y la pechuga de pollo molidas.
5. Ponga sobre el fuego una cacerola con 2 tazas de agua y la mezcla de carne; deje que hierva durante 15 minutos. Retire la carne del fuego, cuélela y resérvela por separado del caldo.
6. Coloque sobre el fuego una cacerola con el aceite y sofría la cebolla con el ajo durante 1 minuto. Añada el jitomate, el pimiento morrón, las aceitunas, las alcaparras y las pasitas. Sofría la mezcla durante 5 minutos.
7. Añada a la cacerola la carne, verifique la cantidad de sal y deje que todo se cocine hasta que se haya evaporado el líquido. Si desea utilizar la pasta de chilmole, añádala junto con la carne.
8. Separe las claras de las yemas de los huevos cocidos, procurando que estas últimas salgan enteras. Pique las claras e incorpórelas al relleno.

9. Rellene el queso alternando con las yemas enteras. Tape con el cuadro de queso y unte el exterior del queso con aceite.
10. Extienda una manta de cielo húmeda sobre un plato, coloque encima el queso relleno y amárrelo por la parte superior. Reserve.

Salsa blanca o *kol*

1. Ponga sobre el fuego una cacerola con el caldo de pollo, el caldo de cocción de la carne de cerdo y de pollo del relleno y con las hebras de azafrán.
2. Disuelva la harina con un poco del caldo e incorpórela poco a poco a la cacerola. Cueza esta preparación, sin dejarla de mover, hasta que obtenga una salsa espesa.
3. Agregue a la salsa los chiles güeros y verifique la cantidad de sal. Resérvela caliente.

Salsa de jitomate

1. Ponga sobre el fuego un sartén con el aceite y sofría la cebolla con el pimiento morrón durante 3 minutos. Agregue las aceitunas, las alcaparras, las pasitas, las almendras y los jitomates rebanados. Sofría durante un par de minutos más, hasta que el jitomate esté cocido pero no desecho. Añada sal y pimienta al gusto y resérvelo caliente.

Presentación

1. Caliente ligeramente el queso a baño María por 25 minutos o hasta que esté suave. Antes de servir, retire la manta de cielo.
2. Sirva el queso colocando en la base de un platón la salsa *kol* muy caliente. Ponga el queso relleno en el centro del platón y vierta la salsa roja encima del picadillo.

Creación inspirada en
Guanajuato

Rendimiento: 4 personas
Preparación: 20 min
Reposo: 1 noche
Cocción: 30 min
Dificultad: ▌▌
Costo: ▌▌▌

Ancas de rana
al tequila

Ingredientes

- 1 taza de tequila reposado
- 1 manojo pequeño de hierbas de olor (laurel, tomillo y mejorana)
- 2 dientes de ajo machacados
- 8 ancas de rana, sin piel
- 1 cucharada de mantequilla
- 2 cucharadas de aceite de oliva
- ½ cebolla picada
- 3 jitomates picados
- 500 g de tomates picados
- 3 chiles serranos
- 3 chayotes grandes, cocidos y cortados en cubos chicos
- 5 zanahorias, cocidas y cortadas en cubos chicos
- 5 calabacitas, cocidas y cortadas en cubos chicos
- 10 papas cambray, cocidas y cortadas en cuartos
- sal y pimienta, al gusto

Receta adaptada de la Feria de la Cocina Tradicional de Guanajuato, año 2012. Secretaría de Desarrollo Turístico.

Procedimiento

1. Mezcle en un recipiente el tequila con las hierbas de olor, los ajos machacados y sal y pimienta al gusto. Marine en esta mezcla las ancas de rana en refrigeración toda la noche.

2. Salpimiente las ancas de rana y saltéelas en 1 cucharada de aceite de oliva hasta que se doren. Termine la cocción añadiendo el líquido de la marinada y, si fuera necesario, un poco de agua. Retírelas del fuego cuando la carne esté muy suave y resérvelas.

3. Coloque sobre el fuego una cazuela con la mantequilla y el aceite y sofría la cebolla durante 3 minutos. Incorpore el jitomate, el tomate, los chiles serranos enteros y sal al gusto. Deje que la preparación se cueza a fuego medio durante 10 minutos. Licue todo, regrese el molido al fuego y mueva la salsa ocasionalmente hasta que se espese.

4. Añada a la salsa los cubos de chayote, de zanahoria, de calabacita y los cuartos de papa. Cuando la salsa hierva nuevamente, verifique la sazón y retírela del fuego.

5. Coloque las ancas de rana en un platón, vierta la salsa con las verduras encima y sírvalas.

Creación inspirada en
Baja California

Rendimiento: 4 personas
Preparación: 10 min
Cocción: 10 min
Reposo: 1 noche
Dificultad: ▌▌
Costo: ▌▌▌

Codornices
al carbón

Ingredientes

- 2 cucharadas de aceite de oliva extravirgen
- ½ taza de jugo de limón amarillo
- 4 dientes de ajo aplastados
- ⅓ de cebolla blanca troceada
- 1 pizca de tomillo fresco
- 4 codornices sin vísceras, cortadas por la mitad a lo largo
- 12 hojas de arúgula baby
- 12 jitomates cherry
- sal de mar y pimienta negra recién molida, al gusto

Procedimiento

1. Mezcle en un tazón el aceite de oliva con el jugo de limón amarillo, los dientes de ajo, los trozos de cebolla, el tomillo y sal y pimienta al gusto. Embadurne con esta mezcla las codornices y deje que se marinen en refrigeración durante una noche.

2. Prepare al siguiente día un asador con carbón. Cuando esté listo, ase las codornices hasta que se doren por todos lados y estén bien cocidas. Durante el asado, recupere los jugos de cocción de las codornices.

3. Mezcle los jitomates baby con las hojas de arúgula baby y el jugo de cocción de las codornices. Distribuya esta ensalada en platos, con dos mitades de codorniz por persona.

Codornices
en escabeche oriental

Valladolid, Yucatán

Rendimiento: 6 personas
Preparación: 40 min
Cocción: 45 min aprox.
Reposo: 12 h
Dificultad:
Costo:

Ingredientes

- ¾ de de taza de vinagre
- ¾ de taza de jugo de naranja
- 4 cucharadas de recaudo negro o de escabeche (ver pág. 164)
- 12 codornices sin vísceras
- 1 cebolla blanca o morada fileteada finamente + 1 cebolla fileteada y pasada por aceite caliente
- 1 hoja de plátano asada
- cantidad suficiente de aceite
- 1 taza de caldo de pollo
- sal y pimienta, al gusto
- 2 naranjas cortadas en rebanadas delgadas

Procedimiento

1. Mezcle ¼ de taza de vinagre con ¼ de taza de jugo de naranja y diluya en esta mezcla el recaudo. Salpimiente las codornices y úntelas muy bien por dentro y por fuera con el recaudo diluido. Colóquelas en un recipiente, cúbralas con la cebolla fileteada, tápelas con las hojas de plátano y déjelas reposar en refrigeración toda la noche.

2. Prepare al siguiente día una parrilla con carbón caliente. Ase en ella las codornices hasta que se doren por todos lados, sin que queden totalmente cocidas. Durante la cocción, barnícelas repetidamente con un poco de aceite y del mismo jugo donde se marinaron.

3. Precaliente el horno a 180 °C. Vierta en una cacerola grande con tapa la marinación de las codornices que sobró, el vinagre y el jugo de naranja restantes, la cebolla fileteada pasada por aceite, el caldo de pollo y sal y pimienta al gusto. Tape la olla y hornee las codornices entre 20 y 30 minutos, o hasta que estén cocidas y tiernas.

4. Sirva las codornices con los jugos de cocción y la cebolla fileteada, y decórelas con las rebanadas de naranjas.

Asar al carbón da un sabor inimitable a este plato; si no cuenta con una parrilla, asador o anafre, puede asar las codornices sobre una plancha o un grill. Algunas personas hierven primero las aves y luego las asan al carbón. No se recomienda este método que diluye el sabor final, pues toda la sustancia se queda en el caldo.

En el México prehispánico las codornices eran flacas y no muy comunes. En la actualidad se crían en cantidad considerable y poseen bastante carne. Codornices (similares a las americanas) abundan en el antiguo Egipto y se mencionan repetidamente en la Biblia. Para Anthelme Brillat-Savarin, son las aves de caza más delicadas y sabrosas.

En las mesas de México han remplazado en parte a los célebres chichicuilotes, populares avecillas zancudas y de largo pico que se hallaban a orillas de los lagos. Se vendían en las calles de México y hoy están prácticamente extintas.

Perdices en
salsa de hongos tecomates

Creación de Rubén Amador y Juan Pablo Bernal inspirada en Oaxaca

Rendimiento: 6 personas
Preparación: 30 min
Cocción: 1 h 15 min
Dificultad: ▌▌▌
Costo: ▌▌▌

Ingredientes

- 6 perdices chicas, sin vísceras y limpias
- 1 cebolla fileteada
- los dientes de 2 cabezas de ajo, la mitad enteros y la mitad picados
- 2 zanahorias cortadas en bastones
- 1 rama de chepiche
- 1 cucharadita de pimientas negras
- 2 tazas de vino blanco seco
- ¾ de taza de aceite de oliva
- hierbas de olor, al gusto
- 3 chiles pasilla oaxaqueños sin semillas ni venas, troceados finamente
- 8 tomatillos troceados finamente
- 1½ tazas de hongos tecomates, troceados
- 1 taza de mezcal
- sal al gusto

Procedimiento

1. Precaliente el horno a 180 °C.
2. Coloque las perdices en un refractario con la cebolla fileteada, los dientes de ajo enteros, los bastones de zanahoria, la rama de chepiche, las pimientas negras, el vino blanco seco, ½ taza de aceite de oliva, hierbas de olor y sal al gusto. Hornéelas durante 45 minutos y resérvelas.
3. Ponga sobre fuego bajo una cacerola con el aceite restante y sofría el ajo picado, los chiles pasilla oaxaqueños y los tomatillos durante 15 minutos. Añada los hongos y el mezcal, y deje que la salsa se cocine durante 10 minutos más. Verifique la cantidad de sal.
4. Sirva las perdices bañadas con la salsa de hongos.

El sabor de esta especialidad oaxaqueña es gracias a los ingredientes locales que no se consiguen fácilmente en otros lugares, pero el esfuerzo de buscarlos se justifica ampliamente. Ellos son la silvestre hierba chepiche, de aroma inimitable; los hongos tecomates, que se parecen a los yemitas aunque con sabor diferente, y el chile pasilla oaxaqueño, un chile seco, ahumado, con forma triangular, color rojo oscuro y de picor muy variable.

Chiapas

Rendimiento: 5 personas
Preparación: 10 min
Cocción: 1 h
Dificultad: ▊
Costo: ▊▊▊

Ciguamonte

Ingredientes

- 1 kg de carne de venado o de res con hueso, cortada en trozos
- 1 jitomate
- ½ cebolla
- 4 dientes de ajo
- 6 chiles guajillo sin semillas ni venas
- 2 tazas de caldo de res o de ave
- 6 hojas santas cortadas en tiras
- 1 rama de epazote
- sal al gusto

Procedimiento

1. Ponga sobre el fuego una olla con agua; cuando hierva, añada los trozos de carne de venado y deje que se cuezan durante 2 horas o hasta que estén tiernos.
2. Hierva en agua el jitomate con la cebolla, los dientes de ajo y los chiles; licúelos y agregue esta salsa a la carne. Añada el caldo de res o de ave y deje que hierva. Incorpore las tiras de hojas santas y la rama de epazote. Deje el ciguamonte sobre el fuego hasta que todos los ingredientes estén bien cocinados. Verifique la sazón y sirva.

Veracruz

Rendimiento: 12-14 personas
Preparación: 1 h
Cocción: 5 h
Reposo: 1 noche
Dificultad: ▊▊▊
Costo: ▊▊▊

Totole
de Navidad

Ingredientes

Relleno
- 500 g de carne maciza de res cortada en trozos
- 500 g de carne maciza de cerdo cortada en trozos
- 4 dientes de ajo
- 2 cebollas
- 1 kg de jitomates
- 4 cucharadas de manteca de cerdo o aceite
- 2 chiles jalapeños en escabeche, picados
- 2 tazas de aceitunas picadas
- 2 tazas de almendras
- 1 taza de pasitas
- 100 ml de vino blanco o de jerez

Totole
- 1 guajolote entero, sin cabeza, pescuezo patas ni vísceras, limpio
- 6 dientes de ajo molidos
- 25 chiles anchos sin semillas ni venas, asados e hidratados
- 6 pimientas gordas
- 1 raja de canela
- 6 pimientas negras
- ½ cucharada de orégano
- ½ cucharada de tomillo
- ½ cucharada de mejorana
- ⅔ de taza de manteca de cerdo o de aceite
- sal al gusto

Procedimiento

Relleno

1. Ponga sobre el fuego una olla con 2 litros de agua, las carnes de res y de cerdo, 2 dientes de ajo y ½ cebolla. Deje que hiervan durante 1½ horas o hasta que las carnes estén suaves.
2. Haga picadillo las carnes; cuele el caldo y resérvelo por separado. Pique el jitomate, la cebolla y el ajo restantes.
3. Coloque sobre el fuego una cazuela de fondo grueso con la manteca o el aceite y sofría la cebolla y el ajo durante 3 minutos; añada el jitomate picado y deje que se cueza a fuego bajo durante 10 minutos. Agregue las carnes he-

chas picadillo y permita que el relleno se cocine durante 15 minutos más. Añada los chiles jalapeños, las aceitunas, las almendras, las pasitas, el vino blanco o el jerez y sal al gusto. Deje que el relleno se cocine durante un par de minutos más. Retírelo del fuego y déjelo enfriar.

Totole

1. Una noche antes de preparar el guajolote, realícele incisiones con un cuchillo en toda la superficie, para que penetre el adobo. Úntele por dentro y por fuera el ajo molido y sal al gusto y refrigérelo toda la noche.
2. Al día siguiente, saque el guajolote de refrigeración 2 horas antes de su preparación. Precaliente el horno a 200 °C.
3. Licue los chiles anchos con las especias. Ponga sobre fuego medio una cacerola con la manteca o el aceite y fría el molido de chiles durante 30 minutos o hasta que espese; añádale sal al gusto.
4. Unte el guajolote con el adobo de chiles. Reserve un poco del mismo para utilizarlo durante la cocción.
5. Rellene el guajolote con el picadillo y cosa los orificios con hilo cáñamo. Coloque el pavo en una pavera con el caldo de cocción de las carnes que reservó, así como con un poco del adobo de chiles.
6. Hornee el pavo durante 30 minutos; baje la temperatura a 150 °C y deje que se hornee durante 2½ horas más o hasta que esté suave. Durante la cocción, bañe regularmente el guajolote con su caldo. Si se reseca, añada más caldo o adobo de chiles.
7. Sirva el guajolote completo y porciónelo en la mesa.

Querétaro

Rendimiento: 4 personas
Preparación: 30 min
Cocción: 50 min aprox.
Dificultad: ▌▌▌
Costo: ▌▌▌

Conejo
en chile mulato

Ingredientes

- 5 cucharadas de aceite
- 1 conejo grande, tierno, sin vísceras y cortado en piezas
- 1 cebolla cortada en rebanadas
- 2 dientes de ajo pelados
- 1½ tazas de caldo de res o de pollo
- ½ rama de apio troceada toscamente
- ½ zanahoria troceada toscamente
- 4 chiles mulatos sin semillas ni venas, asados e hidratados
- 1 taza de crema fresca
- sal al gusto

Procedimiento

1. Ponga sobre el fuego una cazuela con 3 cucharadas de aceite y fría las piezas de conejo con la mitad de la cebolla rebanada y 1 diente de ajo hasta que la superficie de las piezas de conejo se doren. Añada la mitad del caldo de res o de pollo, el apio, la zanahoria y sal al gusto. Deje que todo se cueza a fuego bajo durante 30 minutos o hasta que la carne esté suave. Reserve.
2. Licue los chiles mulatos con el ajo y la cebolla restantes; si es necesario agregue un poco de caldo.
3. Coloque sobre el fuego una cazuela con el resto del aceite; cuando esté caliente, añada el molido de chiles y deje que se cocine a fuego bajo durante 10 minutos. Añada el resto del caldo y deje que el líquido se reduzca hasta que obtenga una salsa tersa, no muy espesa. Verifique la cantidad de sal.
4. Agregue las piezas de conejo a la salsa de chile y cocine todo durante un par de minutos más. Añada un poco de esta preparación a la crema, revuelva bien, vierta esta mezcla al guiso, y antes de que hierva, retírelo del fuego. Sírvalo de inmediato.

Creación inspirada en
Jalisco

Rendimiento: 8 personas
Preparación: 30 min
Cocción: 4 h
Dificultad: ▌▌
Costo: ▌▌▌

Pato
en barbacoa de olla

Ingredientes

- 4 juegos de piernas con muslo de pato
- 4 medias pechugas de pato con ala
- 3 papas peladas
- 4 zanahorias peladas
- 4 manzanas peladas, descorazonadas y partidas por la mitad a lo largo
- 1 rama de apio cortada en trozos
- 4 cucharadas de tequila blanco
- 2 hojas de laurel
- 1 taza de jugo de jitomate
- sal y pimienta, al gusto
- cantidad suficiente de masa de maíz
- 8 cuadros de hoja de plátano de 15 cm
- tortillas de maíz, al gusto

Procedimiento

1. Ponga sobre el fuego 2.5 litros de agua en una olla con tapa. Cuando comience a hervir, añádale todos los ingredientes, excepto la masa y las hojas de plátano.
2. Tape la olla y séllela con ayuda de la masa, distribuyéndola y presionándola en la unión de la tapa y la olla, de forma que quede los más hermética posible.
3. Deje la barbacoa sobre el fuego durante 4 horas, procurando sacudir la olla ligeramente de vez en cuando. Si prefiere utilizar olla exprés, reduzca el tiempo de cocción a 1 hora.
4. Sirva la barbacoa sobre los cuadros de hoja de plátano en platos individuales. Acompáñela con tortillas de maíz.

Creación inspirada
en Valles Centrales, Oaxaca
Rendimiento: 6 personas
Preparación: 1 h
Cocción: 60 min
Dificultad: ▌▌▌
Costo: ▌▌▌

Estofado de
faisán

Ingredientes

- 2 dientes de ajo
- ¼ de cebolla
- hierbas de olor, al gusto
- 3 faisanes sin plumas, sin vísceras y limpios
- 3 chiles anchos sin semillas ni venas
- 3 jitomates
- 3 tomates

- cantidad suficiente de aceite para freír
- ½ taza de almendras peladas
- 4 cucharaditas de ajonjolí
- ⅓ de taza de pasas
- 1 rebanada de pan duro de 30 g aprox.
- 1 taza de caldo de faisán o caldo de pollo
- 1 cucharada de aceitunas picadas

- 1 cucharadita de alcaparras
- 100 g de chorizo cortado en rebanadas
- 1 raja de canela
- 2 clavos de olor
- sal y pimienta, al gusto

Procedimiento

1. Precaliente el horno a 180 °C.
2. Coloque en una charola para hornear los dientes de ajo con la cebolla, las hierbas de olor y los faisanes; espolvoréelos con sal y hornéelos durante 30 minutos o hasta que estén cocidos. Deje que se enfríen, porciónelos en piezas y resérvelas.
3. Ase los chiles, los jitomates y los tomates. Resérvelos.
4. Ponga sobre el fuego un sartén con un poco de aceite y fría, sin que se quemen, las almendras, el ajonjolí, las pasas y la rebanada de pan. Resérvelos.
5. Licue con el caldo los ingredientes asados y fritos que reservó. Vierta este molido en una cazuela y colóquela sobre el fuego. Añada las aceitunas, las alcaparras, las rebanadas de chorizo, la canela y los clavos de olor. Deje que el estofado se cocine durante 15 minutos, añada sal y pimienta al gusto y retire al raja de canela.
6. Sirva las piezas de faisán bañadas con la salsa.

Acompañe este estofado con verduras cocidas al gusto o con arroz blanco o frijoles de la olla.

Para mejorar el sabor y textura de este plato fuera de lo ordinario, las cocineras locales recomiendan emplear molino y no licuadora en su elaboración, así como consumirlo recalentado al día siguiente de haberlo hecho.

La técnica de este estofado se puede aplicar con éxito a carnes de otras aves, de res o de cerdo.

Pato
en salsa de capulín

Creación inspirada en Guanajuato

Rendimiento: 6 personas
Preparación: 20 min
Cocción: 35 min
Dificultad: ▦
Costo: ▦▦

Ingredientes

- 6 pechugas de pato deshuesadas, partidas a la mitad y con piel
- 2 cucharadas de mantequilla
- 2 jitomates asados, pelados, sin semillas y troceados
- ¼ de cebolla asada
- 2 dientes de ajo asados
- 1 chile chipotle adobado sin semillas
- 1 pizca de comino
- 1 pizca de canela
- 1 clavo de olor
- 6 corazones de alcachofa cocidos (ver pág. 384)
- 500 g de capulines o de moras azules
- sal y pimienta, al gusto

Procedimiento

1. Cuadricule la piel de las pechugas de pato con la punta de un cuchillo, sin que el corte sea muy profundo. Ponga un sartén sobre el fuego con la mantequilla y fríalas hasta que se doren por todos lados. Reserve por separado las pechugas y la grasa que soltaron durante la cocción.

2. Licue los jitomates, la cebolla, los dientes de ajo, el chile chipotle y las especias. Cocine este molido en el mismo sartén donde frió las pechugas, con un poco de la grasa de las mismas, durante 15 minutos aproximadamente. Añada sal al gusto.

3. Corte en rebanadas las pechugas de pato. Rellene los fondos de alcachofa con un poco de la salsa y con capulines o moras azules.

4. Sirva un poco de salsa en la base de cada plato y encima una pechuga de pato rebanada. Acompañe con los fondos de alcachofa rellenos y decore con el resto de los capulines o moras azules.

También prepárela con un pato entero, horneándolo previamente hasta su completa cocción. Sirva sobre un espejo de salsa y decore.

Fiambre de
patitas de puerco

San Luis Potosí

Rendimiento: 6-8 personas
Preparación: 20 min
Cocción: 1 h 30 min
Reposo: 2 h
Dificultad: ▍
Costo: ▦

Ingredientes

- 4 patitas de puerco partidas por la mitad a lo largo
- 1 cabeza de dientes de ajo
- hierbas de olor, al gusto
- 1 lengua de puerco
- 1 cebolla
- 1 pollo chico partido en piezas
- 2 tazas de vinagre blanco
- ⅓ de taza de aceite
- sal al gusto
- las hojas de 1 lechuga mediana
- 2 jícamas medianas cortadas en rebanadas
- 4 naranjas sin cáscara ni semillas, cortadas en rebanadas

Procedimiento

1. Ponga sobre el fuego una olla con las patitas de puerco, ⅓ de la cabeza de dientes de ajo, hierbas de olor y sal al gusto, así como suficiente agua para cubrir todos los ingredientes. Cueza las patitas de puerco durante 1 hora o hasta que estén suaves. Resérvelas.

2. Cocine la lengua de puerco de la misma forma en que cocinó las patitas de puerco. Resérvela.

3. Coloque sobre el fuego una olla con las piezas de pollo, el resto de la cabeza de dientes de ajo y de la cebolla. Cubra los ingredientes con agua y deje que se cuezan durante 45 minutos o hasta que la carne esté tierna.

4. Corte en rebanadas la lengua de puerco y mézclelas con las patitas de puerco y las piezas de pollo. Revuélvalas con el vinagre, el aceite y sal al gusto. Déjelas reposar durante 2 horas como mínimo.

5. Sirva el fiambre colocando sobre los platos un poco de las hojas de lechuga, una pieza de pollo, una pata de puerco y unas rebanadas de lengua. Adorne con las rebanadas de jícama y de naranja.

Adaptación de Gerardo
Vázquez Lugo inspirada en
Tolimán, Querétaro

Rendimiento: 6 personas

Preparación: 50 min

Cocción: 2 h

Reposo: 2 h

Dificultad: ▍▍▍

Costo: ▍▍

Conejo
en penca

Ingredientes

- 3 conejos medianos
- una mezcla de tres partes de agua y una parte de vinagre, para desflemar los conejos
- 2 cabezas de dientes de ajo
- 4 cebollas
- hierbas de olor, al gusto
- 3 jitomates
- 12 chiles de árbol enteros, asados
- 15 ramas de cilantro
- 5 ramas de epazote
- 1 kg de nopales tiernos
- ¼ de taza de vinagre
- 1 cucharada de manteca
- 2 pencas de maguey
- sal al gusto
- arroz blanco, al gusto o (ver pág. 144)
- frijoles de la olla, al gusto o (ver pág. 146)
- tortillas de maíz, al gusto

Procedimiento

1. Sumerja los conejos en la mezcla de agua con vinagre y deje que se desflemen durante 2 horas. Córtelos en cuatro, colóquelos en una olla, cúbralos con agua, añada la cabeza de dientes de ajo, 1 cebolla, las hierbas de olor y sal al gusto; ponga la olla sobre el fuego y deje que todo hierva durante 30 minutos. Reserve.

2. Ase los jitomates, los chiles de árbol, la cebolla y la cabeza de dientes de ajo restantes; píquelos junto con el cilantro y el epazote, y añada sal y pimienta al gusto. Reserve esta mezcla.

3. Corte los nopales en cuadros y hiérvalos en agua con sal hasta que queden semicocidos. Escúrralos, enjuáguelos con agua fría para retirar la mayor cantidad de baba o mucílago y resérvelos.

4. Ase las pencas de maguey para poder doblarlas y córtelas en 3 partes cada una. Resérvelas. Prepare una vaporera con agua y póngala sobre el fuego.

5. Ponga sobre el fuego una cazuela con la manteca, y cuando esté caliente, fría los cuartos de conejo. Acomode dos de ellos en dos trozos de penca de maguey, añada un poco de nopales, de la mezcla de jitomate con cebolla y 2 chiles de árbol. Cierre las pencas para formar un envoltorio y envuélvalo en papel aluminio, de forma que quede hermético. Repita este proceso con los ingredientes restantes.

6. Coloque los envoltorios dentro de la vaporera y deje que se cuezan durante 30 minutos o hasta que la carne del conejo esté tierna.

7. Sirva el conejo en penca acompañado de arroz, frijoles y tortillas de maíz.

Antes de aprender a cocinar, el hombre era un animal salvaje. Para cocinar, inventó la cuchara de madera, tan indispensable hoy como hace muchos milenios. Sin cucharas no se pueden hacer moles. Aquí, el instrumento culinario más antiguo del mundo muestra ocho tradicionales versiones de moles, uno poblano y los siete oaxaqueños. El siete es el número mágico de lo absoluto y de lo perfecto.

negro

m o l e s
los indispensables

coloradito

colorado

chichilo

manchamanteles

verde

amarillo

poblano

Rendimiento: 1 ℓ
Preparación: 10 min
Cocción: 30 min
Dificultad: ▌▌▌
Costo: ▌▌

Adobo

Ingredientes

Chiles secos
- 15 chiles anchos sin semillas ni venas, asados e hidratados
- 15 chiles guajillos sin semillas ni venas, asados e hidratados

Productos frescos
- 1 diente de ajo asado
- ½ cebolla asada

Líquidos
- ¼ de taza de vinagre de yema

Especias
- 12 pimientas negras asadas
- 6 pimientas gordas asadas
- 1 raja de canela asada

Hierbas aromáticas
- 1 cucharada de orégano asado

Otros ingredientes
- sal al gusto

Grasas
- ½ taza de aceite

Procedimiento

1. Muela los chiles secos con los productos frescos, los líquidos, las especias, las hierbas aromáticas y la mitad de la grasa.

2. Ponga sobre el fuego una cacerola con la grasa restante; cuando esté caliente, añada el molido de chiles. Deje que el adobo se cocine hasta que esté ligeramente seco. Añada sal al gusto.

	Adobo de crema de Guerrero	Adobo hidalguense	Adobo queretano	Chilakil del sureste
Rendimiento: Preparación: Cocción: Dificultad: Costo:	1.5 ℓ aprox. 5 min no requiere	1 ℓ aprox. 5 min 5 min	1 ℓ aprox. 5 min 5 min	1 ℓ aprox. 5 min no requiere
Chiles secos		◆ 1 taza de chiles moritas sin semillas ni venas, hidratados	◆ 5 chiles anchos sin semillas ni venas, hidratados ◆ 3 chiles cascabel sin semillas ni venas, hidratados	◆ 6 chiles guajillo sin semillas ni venas, hidratados
Productos frescos	◆ 8 chiles chilacas asados, pelados, sin venas ni semilas ◆ 3 dientes de ajo ◆ 6 tomates verdes	◆ ½ cebolla fileteada	◆ ⅔ de cebolla fileteada ◆ 1½ chiles poblanos asados, pelados, sin semillas ni venas y cortados en rajas ◆ 5 tomates verdes hervidos	◆ 1 cabeza de dientes de ajo pelados
Líquidos		◆ 1 taza de vinagre blanco		
Especias	◆ 1 cucharadita de comino		◆ 4 pimientas negras	◆ 4 clavos de olor ◆ 4 pimientas negras ◆ 6 pimientas gordas
Hierbas aromáticas		◆ 3 hojas de laurel ◆ 3 ramas de mejorana ◆ 3 ramas de tomillo	◆ 2 cucharadas de orégano	◆ 2 cucharadas de orégano
Otros	◆ 1 ℓ de crema ácida ◆ sal al gusto	◆ sal al gusto	◆ sal al gusto	◆ 3 cucharadas de pasta de achiote preparado ◆ sal al gusto
Grasas		◆ ¼ de taza de aceite	◆ 2 cucharadas de aceite	
Procedimiento	Licue todos los ingredientes, excepto la crema, hasta obtener una preparación homogénea. Añada la crema y mezcle bien.	Fría la cebolla en la grasa y lícuela con el resto de los ingredientes hasta obtener una preparación homogénea.	Fría la cebolla y las rajas de chile poblano en la grasa. Lícuelos con el resto de los ingredientes hasta obtener una preparación homogénea.	Licue todos los ingredientes hasta obtener una preparación homogénea.
Para servir	Unte con este adobo piezas de pollo o de guajolote y hornéelas.	Unte con este adobo carnes o pescados de todo tipo y hornéelos o áselos sobre una parrilla.	Sirva este adobo con charales fritos y papas cambray hervidas.	Unte con este adobo carnes o pescados de todo tipo y hornéelos o áselos sobre una parrilla.

Oaxaca
Rendimiento: 2 ℓ
Preparación: 20 min
Cocción: 50 min
Dificultad: ▮▮
Costo: ▮▮

Mole
coloradito

Ingredientes

Chiles secos
- 16 chiles anchos sin semillas ni venas, tostados e hidratados
- 6 chiles chilcostle sin semillas ni venas, tostados e hidratados

Productos frescos
- 1 cebolla asada
- 1 cabeza de ajos asada y pelada
- 500 g de jitomates guajes, asados, pelados y sin semillas

Frutos secos y semillas
- 2 cucharadas de ajonjolí tostado

Especias
- 1 cucharadita de canela molida
- pimienta al gusto

Hierbas aromáticas
- 1 cucharadita de orégano seco

Grasas
- 2 cucharadas de manteca de cerdo

Líquidos
- 3 tazas de caldo de pollo

Otros
- 1 tablilla de chocolate troceada
- 1 cucharadita de azúcar
- sal al gusto

Procedimiento

1. Muela los chiles secos, con los productos frescos, los frutos secos y semillas, las especias, las hierbas aromáticas y sal al gusto. Añada un poco de caldo sólo si fuera necesario.
2. Ponga sobre el fuego una olla con la grasa; cuando esté caliente, añada el molido de chiles y el resto de los ingredientes. Deje que el mole se cocine a fuego bajo durante 45 minutos o hasta que se espese.
3. Verifique la cantidad de sal y sirva el mole con piezas de pollo o de guajolote cocidas.

	Mole de aromas guerrerense	Mole estilo Morelos	Mole pico de damas de Guanajuato	Mole sencillo del Bajío	Mole sencillo poblano
Rendimiento:	2 ℓ	2 ℓ aprox.	3 ℓ aprox.	2 ℓ aprox.	2 ℓ
Preparación:	20 min	20 min	30 min	20 min	30 min
Cocción:	45 min	45 min	55 min	50 min	50 min
Dificultad:	▪▪▪	▪▪▪	▪▪▪	▪▪▪	▪▪▪
Costo:	▪▪▪	▪▪▪	▪▪▪	▪▪▪	▪▪▪
Chiles secos	◆ 25 chiles guajillos sin semillas ni venas, hidratados	◆ 10 chiles anchos sin semillas ni venas, hidratados ◆ 5 chiles mulatos sin semillas ni venas, hidratados ◆ 5 chiles pasilla sin semillas ni venas, hidratados ◆ 2 cucharadas de semillas de chiles	◆ 13 chiles anchos sin semillas ni venas, hidratados ◆ 13 chiles mulatos sin semillas ni venas, hidratados	◆ 2 chiles anchos sin semillas ni venas, hidratados	◆ 15 chiles anchos sin semillas ni venas, hidratados ◆ 25 chiles chipotle sin semillas ni venas, hidratados ◆ 12 chiles mulatos sin semillas ni venas, hidratados ◆ 1½ tazas de semillas de chiles (opcional)
Productos frescos	◆ 1 diente de ajo ◆ ½ cebolla ◆ 10 tomates verdes	◆ 6 dientes de ajo ◆ 1 cebolla ◆ 12 tomates verdes ◆ 10 xoconostles	◆ 1 kg de tomates verdes	◆ 2 cebollas de rabo ◆ 1 jitomate	◆ 12 dientes de ajo ◆ 2 jitomates
Frutos secos y semillas			◆ ⅔ de taza de ajonjolí ◆ 1½ tazas de almendras ◆ ¼ de taza de pepitas de calabaza	◆ 1 cucharada de ajonjolí ◆ ⅓ de taza de almendras ◆ ¼ de taza de pasitas	◆ 1 cucharadita de ajonjolí tostado + cantidad suficiente para servir
Especias	◆ 1 raja de canela ◆ 3 clavos de olor ◆ 20 pimientas gordas ◆ 6 pimientas negras		◆ 10 clavos de olor ◆ ¼ de cucharada de jengibre en polvo ◆ 30 pimientas negras		◆ 1 cucharadita de semillas de anís ◆ 1 raja de canela ◆ 6 clavos de olor ◆ 2 pimientas negras
Hierbas aromáticas			◆ 1 rama de epazote		
Grasas	◆ 2 cucharadas de manteca de cerdo	◆ 2 cucharadas de manteca de cerdo	◆ 5 cucharadas de manteca de cerdo	◆ 5 cucharadas de manteca de cerdo	◆ 2 cucharadas de manteca de cerdo
Líquidos	◆ 1.5 ℓ de caldo de pollo	◆ 1.5 ℓ de caldo de pollo	◆ 2 ℓ de caldo de pollo	◆ 1.5 ℓ de caldo de pollo	◆ 2 ℓ de caldo de pollo
Otros	◆ sal al gusto	◆ 1 tortilla de maíz ◆ sal al gusto	◆ ¼ de taza de chocolate semiamargo ◆ 1 bolillo troceado ◆ sal al gusto	◆ 1 bolillo ◆ sal al gusto	◆ sal al gusto
Procedimiento	Realice el mismo procedimiento del mole coloradito.	Realice el mismo procedimiento del mole coloradito.	Fría en la mitad de la manteca los chiles secos, los frutos secos y semillas y el bolillo. Licuelos con el resto de los ingredientes, excepto el chocolate. Siga el procedimiento del mole coloradito.	Realice el mismo procedimiento del mole coloradito.	Realice el mismo procedimiento del mole coloradito.
Para servir	Sirva el mole con tortitas de camarón, de papa o de flores de colorín.	Incorpore trozos de carne de cerdo, carnero, res o cecina cocinados (o una mezcla de ellos).	Sirva con piezas de guajolote o pollo cocinadas.	Incorpore al mole toda clase de carnes cocinadas. Utilice el mole como salsa para tacos o enchiladas.	Incorpore al mole piezas de guajolote cocinadas; espolvoréelo con ajonjolí al servir.

Adaptación de Ricardo Muñoz Zurita inspirada en Oaxaca

Rendimiento: 6 personas
Preparación: 1 h 30 min
Cocción: 1 h 20 min
Dificultad: ▮▮▮
Costo: ▮▮▮

Chichilo
rojo

Ingredientes

Mole

- 3 chiles anchos sin semillas ni venas, asados
- 4 chiles chilhuacles rojos o 6 chiles guajillos sin semillas ni venas, asados
- 1 jitomate asado
- 5 miltomates asados o 1 tomate verde asado
- 1 cabeza de dientes de ajo asada
- 2 tortillas tostadas, remojadas en agua varias veces
- 2 clavos de olor
- 6 pimientas negras
- ½ cucharadita de comino
- cantidad suficiente de caldo de res o de pollo
- cantidad suficiente de manteca de cerdo para freír
- 6 hojas de aguacate
- sal al gusto

Verduras

- 3 calabacitas
- 2 chayotes sin piel
- 150 g de ejotes
- sal al gusto

Chochoyotes

- 1 diente de ajo con piel, asado
- 300 g de masa de maíz
- 1 cucharada de asientos de manteca o de manteca de cerdo
- ½ cucharadita de sal
- 2 cucharadas de harina de trigo

Rajas de chile de agua

- 3 chiles de agua o poblanos, asados, pelados y sin semillas
- 3 cucharadas de jugo de limón
- ½ cucharadita de sal

Cebolla blanca curada

- 2 tazas de cebolla blanca fileteada
- ¼ de taza de jugo de limón
- ¼ de cucharadita de sal

Presentación

- 6 porciones de filete de res o de filete de lomo de venado
- 6 cucharadas de aceite
- sal y pimienta, al gusto
- cantidad suficiente de hojas de cilantro para adornar

Procedimiento

Mole

1. Licue los chiles con el jitomate, los miltomates o tomate verde, los dientes de ajo, las tortillas y las especias hasta obtener una salsa muy tersa. Si es necesario añada caldo de res o de pollo para facilitar el licuado. Cuele el molido.

2. Ponga sobre el fuego una cazuela con la manteca; cuando esté caliente, añada el molido de chiles. Agregue las hojas de aguacate y deje que el mole se cueza durante 25 minutos como mínimo, moviendo y añadiendo caldo de vez en cuando, para que la salsa no se pegue al fondo de la cazuela. Añádale sal al gusto y resérvelo.

Verduras

1. Corte en tiras largas las calabacitas y los chayotes y hiérvalas en agua con sal junto con los ejotes, hasta que todas las verduras estén cocidas y tengan una textura firme y crocante. Retire las verduras del agua y refrésquelas en agua helada. Resérvelas.

Chochoyotes

1. Pele el ajo, y macháquelo con la punta del cuchillo hasta obtener un puré; mézclelo con la masa de maíz, el asiento de manteca o manteca de cerdo, la sal y la harina de trigo. Debe obtener una masa maleable; sólo en el caso de que esté muy seca añada un poco de agua.

2. Divida la masa en 20 porciones y de cada porción haga una bolita de 2 centímetros de diámetro. Sostenga la bolita en la palma de la mano y presiónela en el centro con el dedo meñique. Repita este paso con el resto de la masa.

3. Ponga sobre el fuego una olla pequeña con 1 litro de agua; cuando hierva, añada los chochoyotes. Cuando hierva de nuevo, baje la intensidad del fuego y deje que se cuezan entre 3 y 5 minutos.

4. Retire los chochoyotes del fuego y resérvelos dentro del agua de cocción.

Rajas de chile de agua

1. Corte los chiles de agua o poblanos en tiras largas y mézclelas con el resto de los ingredientes en un tazón de cristal, peltre o acero inoxidable. Resérvelas en refrigeración.

Cebolla blanca curada

2. Mezcle todos los ingredientes en un tazón de cristal, peltre o acero inoxidable; el sabor final debe ser ligeramente salado. Resérvela en refrigeración.

Presentación

1. Salpimiente los filetes de carne; coloque sobre el fuego un sartén con el aceite y cocine los filetes al término que desee.

2. Sirva el mole en un plato y acomode encima las verduras, la carne, las rajas de chile de agua, la cebolla curada y los chochoyotes. Adorne con las hojas de cilantro.

Si se sirve con piezas de pollo, éstas deben bañarse con la salsa. Para el caso del venado se deja la carne sin bañar, de modo que luzca.

Rendimiento: 2 ℓ
Preparación: 25 min
Cocción: 1 h
Dificultad: ▌▌▌
Costo: ▌▌

Mole
amarillo

Ingredientes

Chochoyotes

* 500 g de masa de maíz nixtamilizada para tortillas
* 100 g de manteca de cerdo
* sal al gusto

Mole

Chiles secos

* 100 g de chiles chilhuacle amarillos o 2 chiles anchos y 6 chiles guajillos, sin semillas ni venas, asados

Productos frescos

* 8 tomates verdes
* 1 jitomate
* 3 dientes de ajo

Especias

* 2 clavos de olor
* 1 rajita de canela
* 4 pimientas negras

Hierbas aromáticas

* 1 cucharadita de orégano
* 3 hojas santas o acuyo

Grasas

* 1 cucharada de manteca o 2 cucharadas de aceite

Líquidos

* 3 tazas de caldo de pollo

Otros

* sal al gusto

Procedimiento

Chochoyotes

1 Mezcle la masa de maíz con la manteca de cerdo y sal al gusto. Forme con ella esferas pequeñas y ahueque el centro de cada una con la punta del dedo meñique. Resérvelas.

Mole

1 Hierva en suficiente agua los chiles secos con los productos frescos, excepto los dientes de ajo, hasta que estén cocidos. Licúelos con los dientes de ajo, las especias y las hierbas aromáticas, excepto las hojas santas.

2 Coloque sobre el fuego una cacerola con la grasa; cuando esté caliente, añada el molido, baje la intensidad del fuego y deje que el mole se reduzca a la mitad del volumen inicial.

3 Agregue el líquido y las hojas santas. Deje que el mole reduzca un poco más, añada sal al gusto y los chochoyotes; retire el mole del fuego cuando todo esté bien cocido.

Si el mole quedara ligero, añada un poco de masa disuelta en caldo o agua caliente y deje que se cueza y que el mole se espese. Por el contrario, si quedara demasiado espeso, agregue un poco más del caldo. Verifique al final la cantidad de sal.

Sirva este mole con piezas cocidas de pollo, de cerdo o de venado.

Chile chilhuacle amarillo

Creación inspirada en
Guerrero
Rendimiento: 8 personas
Preparación: 15 min
Cocción: 30 min
Dificultad:
Costo:

Tortas de colorín
en mole de aromas guerrerense

Ingredientes

- 1 kg de colorines, sin pistilos
- ½ taza de aceite para freír
- 2 dientes de ajo picados
- ½ cebolla picada
- 2 jitomates picados
- 4 cucharadas de perejil picado
- 2 chiles serranos picados
- 3 huevos
- 2 tazas de mole de aromas guerrerense (ver pág. 251)
- 2 plátanos machos maduros cortados en rodajas, fritas
- sal al gusto

Procedimiento

1. Hierva los colorines en 2 litros de agua. Drénelos y píquelos.
2. Ponga sobre el fuego una cacerola con 2 cucharadas de aceite y sofría el ajo con la cebolla durante 3 minutos. Añada el jitomate, el perejil, el chile, los colorines y sal al gusto. Deje que la preparación se cueza durante 15 minutos o hasta que se haya evaporado todo el líquido. Déjela entibiar.
3. Coloque los huevos en un tazón y bátalos. Añada la preparación de colorines y mezcle bien. Coloque sobre el fuego un sartén con el aceite restante, forme tortitas y cuézalas durante 2 minutos por cada lado; escúrralas sobre papel absorbente.
4. Ponga sobre el fuego una cazuela con el mole de aromas e introduzca en él las tortitas de colorín. Déjelas hervir durante 5 minutos y sírvalas acompañadas de las rebanadas de plátano fritas.

Se les llama colorines a las flores del árbol del mismo nombre. Abundan en Cuaresma, época durante la cual son muy utilizadas. Para limpiarlas, retíreles el capuchón y el pistilo; después, lávelas. Otros nombres para la misma flor son gasparitos, espaditas o zompantles.

Mole de olla

San Luis Potosí
Rendimiento: 6-8 personas
Preparación: 15 min
Cocción: 1 h 30 min aprox.
Dificultad: ▌▌
Costo: ▌▌

Ingredientes

Chiles secos
- 4 chiles anchos sin semillas ni venas, asados e hidratados en ½ taza de vinagre blanco

Productos frescos
- 1 cebolla
- 3 dientes de ajo
- 4 xoconostles, pelados, sin semillas y cortados en cuartos

Grasa
- 3 cucharadas de aceite de maíz

Carnes
- 500 g de cuete de res cortado en trozos
- 250 g de chamorro de cerdo cortado en trozos
- 250 g de chambarete de res cortado en trozos

Líquidos
- 2.5 ℓ de caldo de res

Verduras
- 500 g de calabacitas cortadas en cuatro
- 4 elotes chicos rebanados

Hierbas aromáticas
- 1 rama de epazote

Otros
- sal al gusto

Guarniciones
- ½ cebolla picada
- ¼ de taza de hojas de cilantro picadas
- ¼ de taza de hojas de epazote picadas

Procedimiento

1. Licue los chiles secos con la cebolla y los ajos.
2. Ponga sobre el fuego una cacerola con la grasa y fría las carnes.
3. Añada a las carnes el molido de chiles y deje que se cocine a fuego medio durante 1 hora.
4. Vierta a la cacerola el líquido y sal al gusto. Deje que el mole se cocine a fuego bajo durante 10 minutos.
5. Agregue al mole las verduras, los xoconostles y las hierbas aromáticas. Continúe la cocción hasta que las verduras estén cocidas, pero aún firmes.
6. Sirva el mole de olla acompañado con las guarniciones.

Mole de pancita

Querétaro
Rendimiento: 4 personas
Preparación: 15 min
Cocción: 50 min aprox.
Dificultad: ▌▌
Costo: ▌▌

Ingredientes

Mole
- 500 g de pancita de res cocida
- 1 pizca de ceniza
- 3 chiles mulatos grandes, sin semillas ni venas, asados
- 3 dientes de ajo
- 4 pimientas negras
- ½ bolillo remojado
- 100 g de manteca de cerdo
- ½ taza de garbanzos cocidos y pelados
- sal al gusto

Guarniciones
- cebolla picada, al gusto
- cuartos de limón, al gusto
- orégano seco, al gusto

Procedimiento

1. Lave muy bien la pancita y hiérvala en suficiente agua con sal durante un par de minutos. Córtela en trozos del tamaño de un bocado y resérvelos en el agua de cocción.
2. Mezcle en un recipiente un poco de agua tibia con la ceniza y remoje en ella los chiles mulatos durante 10 minutos. Enjuáguelos y lícuelos con el ajo, las pimientas y el bolillo.
3. Ponga sobre el fuego una cacerola con la manteca de cerdo. Cuando esté caliente, añada el molido de chiles y un poco del agua donde hirvió la pancita. Cuando hierva, añada los trozos de pancita y los garbanzos. Agregue sal si es necesario y deje que la preparación hierva durante un par de minutos.
4. Sirva el mole de pancita acompañado con la cebolla picada, los cuartos de limón y el orégano.

	Chilatequile de Chilpancingo	Chilatequile de Guerrero	Menudo michoacano en chile colorado	Mole de olla vegetariano del Estado de México
Rendimiento: *Preparación:* *Cocción:* *Dificultad:* *Costo:*	2 ℓ aprox. 20 min 45 min ▮▮▮ ▮▮	2 ℓ aprox. 20 min 45 min ▮▮▮ ▮▮	2 ℓ aprox. 15 min 45 min ▮▮▮ ▮▮	2 ℓ aprox. 25 min 45 min ▮▮▮ ▮▮
Chiles secos	• 15 chiles guajillos sin semillas ni venas	• 8 chiles anchos sin semillas ni venas, remojados • 8 chiles guajillos sin semillas ni venas, remojados	• 4 chiles pasilla sin semillas ni venas	• 6 chiles anchos sin semillas ni venas
Productos frescos	• 5 dientes de ajo • 1 cebolla troceada	• 12 tomates verdes hervidos	• 12 dientes de ajo • ⅔ de cebolla troceada	• 1 diente de ajo • ⅔ de cebolla troceada • ½ jitomate troceado
Líquidos	• 1.5 ℓ de caldo de pollo	• 1.5 ℓ de caldo de pollo	• 1.5 ℓ de caldo de pollo	• 1.5 ℓ de caldo de pollo
Verduras		• 3 elotes cortados en rebanadas • 250 g de ejotes troceados • 3 calabacitas cortadas en cubos		• 1 calabacita cortada en cubos • 1 chayote cortado en cubos • 100 g de chícharos • 100 g de ejotes troceados • 1 elote cortado en rebanadas
Hierbas aromáticas	• ½ manojo de cilantro • ½ manojo de hierbabuena			• 1 rama de epazote
Otros	• sal al gusto	• sal al gusto	• sal al gusto	• sal al gusto • ¼ de taza de aceite
Guarniciones	• cebolla picada, al gusto • chile verde picado, al gusto • jugo de limón, al gusto	• cebolla picada, al gusto • jugo de lima agria, al gusto	• cebolla picada, al gusto • jugo de limón, al gusto • orégano seco, al gusto	• rebanadas de aguacate, al gusto • jugo de limón, al gusto
Procedimiento	Realice el mismo procedimiento del mole de olla, omitiendo el paso de freír las carnes.	Realice el mismo procedimiento del mole de olla, omitiendo el paso de freír las carnes.	Realice el mismo procedimiento del mole de olla, omitiendo el paso de freír las carnes.	Realice el mismo procedimiento del mole de olla, licuando el jitomate con los chiles y friendo las verduras en el aceite en lugar de las carnes.
Para servir	Sirva el chilatequile con espinazo y pulpa de res cocidos, acompañado con las guarniciones.	Sirva el mole chilatequile con pulpa de res, cecina o espinazo de cerdo cocidos, acompañado con las guarniciones.	Sírvalo con menudo cocinado, acompañado con las guarniciones.	

Puebla

Rendimiento: 2 ℓ
Preparación: 30 min
Cocción: 1 h
Dificultad: ▌▌
Costo: ▌

Mole
poblano

Ingredientes

Grasa
+ ⅓ de taza de manteca de cerdo

Chiles
+ 8 chiles mulatos sin semillas ni venas
+ 5 chiles anchos sin semillas ni venas
+ 6 chiles pasilla sin semillas venas
+ 4 chiles chipotles sin semillas ni venas

Hierbas aromáticas
+ 1 rama de romero
+ 2 ramas de tomillo

Productos secos
+ 2 cucharadas de pasitas
+ 1 cucharada de semillas de chiles
+ 6 cucharadas de ajonjolí + ½ taza para decorar
+ 2 cucharadas de cacahuate pelado
+ 25 almendras con cáscara
+ 1 cucharada de pepitas de calabaza peladas
+ 1 tortilla seca, troceada
+ ½ bolillo duro, rebanado

Productos frescos
+ 100 g de tomates verdes, asados
+ 250 g de jitomates guajes asados, pelados y sin semillas
+ 3 dientes de ajo

Especias
+ ⅛ de cucharadita de semillas de anís tostadas
+ ⅛ de cucharadita de semillas de cilantro tostadas
+ 6 pimientas gordas asadas
+ 3 clavos de olor asados
+ ½ raja de canela asada

Líquidos
+ 1 ℓ de caldo de guajolote o de pollo

Otros
+ 2 tablillas de chocolate troceadas
+ sal al gusto

Carnes
+ cantidad suficiente de piezas de guajolote cocidas

Procedimiento

1. Ponga sobre el fuego una cazuela con la grasa; cuando esté caliente, fría ligeramente los chiles, sin que se quemen; sáquelos de la cazuela y resérvelos. Fría en la misma grasa las hierbas aromáticas; sáquelas de la grasa y resérvelas. Haga lo mismo con los productos secos, friendo cada ingrediente por separado. Al terminar, junte en la cazuela todos los ingredientes fritos, trocee los chiles secos y deje que todo se fría un par de minutos más, sin que se queme.

2. Añada a la cazuela los productos frescos y las especias y deje que también se frían durante un par de minutos.

3. Vierta el caldo de guajolote o de pollo, deje que todo hierva durante 5 minutos y licue la mezcla en tandas, hasta que obtenga un mole terso que no sea necesario colar.

4. Ponga en la cazuela el mole e incorpore los otros ingredientes. Deje que se cocine a fuego bajo durante 20 minutos. Si fuera necesario, añada más caldo de guajolote o de pollo y deje que el mole se cocine hasta obtener la consistencia deseada. Añada sal al gusto.

5. Sirva el mole con las piezas de guajolote cocidas y decórelo con el ajonjolí.

	Clemole castellano	Manchamanteles poblano
Rendimiento: Preparación: Cocción: Dificultad: Costo:	3 ℓ aprox. 45 min 1 h 30 min ▦ ▦	2 ℓ aprox. 45 min 1 h 30 min ▦ ▦
Grasas	◆ ⅔ de taza de manteca de cerdo	◆ ⅔ de taza de manteca de cerdo
Chiles secos	◆ 6 chiles anchos sin semillas ni venas ◆ 6 chiles pasilla sin semillas ni venas	◆ 8 chiles anchos sin semillas ni venas
Hierbas aromáticas	◆ 4 hojas de aguacate	◆ hierbas de olor, al gusto ◆ 2 cucharaditas de orégano seco
Productos secos	◆ ½ taza de avellanas ◆ ⅔ de taza de nueces ◆ ½ taza de piñones	◆ ¾ de taza de almendras
Productos frescos		◆ 1 cabeza de ajos ◆ 1 cebolla cortada en cuartos ◆ 6 jitomates asados y cortados en cuartos ◆ 1½ manzanas peladas y picadas en cubos ◆ 2 peras peladas y picadas en cubos ◆ 6 rebanadas de piña de 50 g cada una, picadas
Especias	◆ 10 pimientas negras	◆ 1 raja de canela de 10 cm ◆ 6 clavos de olor ◆ ½ cucharadita de nuez moscada, molida ◆ 8 pimientas negras
Líquidos	◆ 3 ℓ de caldo de guajolote	◆ 3 cucharaditas de vinagre de manzana ◆ 2 ℓ de caldo de pollo
Otros	◆ ½ taza de pan molido, tostado ◆ sal al gusto	◆ 1 cucharada de azúcar ◆ sal al gusto
Procedimiento	Realice el mismo procedimiento del mole poblano.	Realice el mismo procedimiento del mole poblano. Añada casi al final de la cocción la mitad de la fruta, reservando el resto para decorar.
Para servir	Sirva el mole con piezas de guajolote cocidas y camotes glaseados.	Sirva el mole con trozos de carne de cerdo, chuletas y chorizo fritos en su propia grasa.

	Mole de Morelia	Mole de Querétaro
Rendimiento: Preparación: Cocción: Dificultad: Costo:	3 ℓ aprox. 45 min 1 h 30 min ▊▊▊ ▊▊▊	2 ℓ aprox. 45 min 1 h 30 min ▊▊▊ ▊▊▊
Grasas	• ¼ de taza de manteca de cerdo	• ½ taza de manteca de cerdo
Chiles secos	• 13 chiles mulatos sin semillas ni venas • 20 chiles pasilla sin semillas ni venas • 20 chiles pasilla negros sin semillas ni venas • 2 cucharadas de semillas de chiles	• 16 chiles anchos sin semillas ni venas • 25 chiles pasilla negros sin semillas ni venas
Hierbas aromáticas		• 1 rama de mejorana
Productos secos	• 1 cucharadita de ajonjolí • ⅓ de taza de almendras • ⅓ de taza de nueces • ⅓ de taza de pasitas	• ¾ de taza de almendras • ⅓ de taza de cacahuates • ¾ de taza de nueces • ¾ de taza de pasitas
Productos frescos	• 1 cucharada de cebolla con rabo, picada • 3 jitomates guajes • 5 xoconostles	• 5 dientes de ajo • ½ cebolla troceada • 3 jitomates asados • 12 tomates verdes, asados
Especias	• 6 clavos de olor • ½ cucharadita de comino • ¼ de cucharada de jengibre • 8 pimientas gordas • 12 pimientas negras	• 5 clavos de olor • 1 cucharadita de comino • 10 pimientas gordas • 3 pimientas negras
Líquidos	• 1 ℓ de caldo de guajolote o de pollo	• 2 ℓ de caldo de pollo
Otros	• ¼ de taza de chocolate semiamargo • ½ bolillo duro • 1 tortilla seca y quemada • sal al gusto	• 50 g de chocolate semiamargo • ½ bolillo duro • 1 tortilla seca y quemada • sal al gusto
Procedimiento	Realice el mismo procedimiento del mole poblano.	Realice el mismo procedimiento del mole poblano.
Para servir	Sirva el mole con piezas cocidas de guajolote, de pollo o de gallina. Acompáñelo con frijoles refritos, corundas o tamales de elote tierno.	Sirva el mole con piezas cocidas de guajolote, de pollo o de gallina.

	Mole de Xico	Mole rosa
Rendimiento: Preparación: Cocción: Dificultad: Costo:	3 ℓ aprox. 45 min 1 h 30 min ▊▊▊ ▊▊▊	2 ℓ aprox. 45 min 1 h 30 min ▊▊▊ ▊▊▊
Grasas	◆ ½ taza de manteca de cerdo	◆ 1 taza de mantequilla
Chiles secos	◆ 5 chiles anchos sin semillas ni venas ◆ 20 chiles mulatos sin semillas ni venas ◆ 10 chiles pasilla sin semillas ni venas	◆ 6 chiles chipotles adobados sin semillas
Hierbas aromáticas		◆ 8 hojas santas o acuyo ◆ hierbas de olor, al gusto
Productos secos	◆ 3 cucharadas de ajonjolí ◆ 3 cucharadas de almendras ◆ 1 cucharada de avellanas picadas ◆ 2 cucharadas de nueces ◆ 3 cucharadas de piñones ◆ 5 ciruelas pasa ◆ 4 cucharadas de pasitas	◆ ¾ de taza de ajonjolí ◆ ¾ de taza de almendras ◆ ⅔ de taza de piñones
Productos frescos	◆ 1 cucharada de cebolla con rabo, picada ◆ 1 jitomate ◆ 1 xoconostle ◆ ¼ de plátano macho	◆ 2 betabeles pelados ◆ 12 dientes de ajo asados + 6 dientes picados finamente ◆ 1 cebolla asada + ¼ picada finamente
Especias	◆ 4 clavos de olor ◆ 1 cucharadita de semillas de anís ◆ ½ raja de canela ◆ 10 pimientas negras	◆ ½ raja de canela ◆ 2 cucharaditas de semillas de anís ◆ 8 clavos de olor ◆ ½ cucharadita de comino ◆ 1 cucharadita de pimienta blanca
Líquidos	◆ 2 ℓ de caldo de pollo	◆ 1 ℓ de pulque blanco ◆ 1 taza de mezcal ◆ 3 cucharaditas de jugo de chile chipotle adobado
Otros	◆ 25 g de chocolate semiamargo ◆ 1½ cucharadas de piloncillo rallado ◆ ½ bolillo duro ◆ 1 tortilla seca ◆ sal al gusto	◆ 500 g de retazo de pollo ◆ ½ taza de chocolate blanco picado ◆ sal al gusto
Procedimiento	Realice el mismo procedimiento del mole poblano.	Hierva durante 1 hora el retazo de pollo con un poco de agua, el pulque, la canela, el anís, los betabeles, los ajos asados, la cebolla asada y 2 hojas santas. Para el mole reduzca el mezcal con la cebolla y el ajo picado. Fría en la mantequilla los productos secos, combine con la reducción de cebolla y ajo. Vierta un poco del caldo preparado, las hierbas aromáticas y especias restantes; mantenga sobre el fuego 10 minutos. Muela los chiles con el jugo de chiles y el chocolate y agregue este molido al mole junto con el caldo restante y sal al gusto; deje sobre el fuego hasta que adquiera la consistencia de un mole ligero.
Para servir	Sirva el mole con piezas cocidas de guajolote o de pollo. Use el mole para elaborar enchiladas.	Sirva el mole con pechugas de pollo rellenas de granos de elote, cubiertas con hojas santas y horneadas. Adorne con piñones y granos de granada.

Mole de **novia**

Creación inspirada en la Ciudad de México

Rendimiento: 3 ℓ/10-12 personas
Preparación: 30 min
Cocción: 2 h aprox.
Reposo: 10 min
Dificultad: ▊▊▊
Costo: ▊▊▊

Ingredientes

Carne de ave en hojas de aguacate

- 20 hojas de aguacate
- 3 cebollas grandes, picadas
- 1 taza de mantequilla
- 16 codornices o 2 pollos grandes
- 1 taza de jugo de naranja
- 2 tazas de caldo de pollo
- sal y pimienta, al gusto

Mole

- ½ cebolla picada
- 4 dientes de ajo picados
- 8 chiles güeros asados, pelados y sin semillas ni venas, picados
- 2 cucharadas de jugo de chile chipotle adobado
- 4 cucharadas de poro picado
- 2 cucharaditas de semillas de anís

- 1 taza de jerez seco
- ⅔ de taza de mantequilla
- ⅓ de taza de ajonjolí
- ¾ de taza de almendras peladas
- ⅔ de taza de piñones
- 2 tazas de caldo de ave
- 2 tazas de pulque curado de coco
- 2 tazas de pulque curado de avena
- 2 hojas de aguacate

- sal al gusto

Presentación

- láminas de coco fresco , al gusto
- piñones tostados, al gusto
- uvas verdes peladas, al gusto
- zanahorias cambray al gusto
- flores de cilantro al gusto

Procedimiento

Carne de ave en hojas de aguacate

1. Ase 4 hojas de aguacate; pulverícelas, elimine las hebras y mezcle el polvo obtenido con la cebolla, la mantequilla y sal y pimienta al gusto. Reserve 6 cucharadas de esta mezcla.

2. Salpimiente las codornices o pollos por dentro y por fuera. Separe la piel de la carne y unte la carne con la mezcla de mantequilla y cebolla; introduzca el resto dentro del ave. Adhiera la piel a la carne nuevamente y ate las patas.

3. Precaliente el horno a 220 °C.

4. Combine las 6 cucharadas de la mezcla de mantequilla y cebolla que reservó y mézclelas con el jugo de naranja; unte con ella las aves.

5. Cubra el interior de una bandeja para hornear con las hojas de aguacate restantes y coloque encima las aves. Tápelas con el papel aluminio y hornéelas durante 45 minutos.

6. Destape las aves y báñelas con el jugo que hayan soltado; deje que sigan horneándose, sin taparlas, hasta que se doren. Para verificar si ya están cocidas, pique la parte más gorda del muslo; si el jugo es color rosa pálido, retírelas del horno y déjelas reposar por 10 minutos. De lo contrario, continúe con el horneado.

7. Recupere los jugos del horneado calentando sobre el fuego la bandeja para hornear, mientras raspa el fondo y vierte el caldo de pollo; obtendrá un líquido color miel oscuro. Retire el relleno de cebolla de las aves y licúelo con el líquido de cocción. Cuélelo y resérvelo por separado de las aves.

Mole

1. Ponga sobre el fuego una cacerola con la cebolla, el ajo, los chiles güeros, el jugo de chile chipotle adobado, el poro, las semillas de anís y el jerez seco. Deje que se evapore todo el líquido.

2. Añada a la preparación anterior la mantequilla, el ajonjolí, las almendras y los piñones. Fría todo a fuego bajo sin que se doren los frutos secos. Añada el caldo de ave y deje hervir a fuego bajo durante 10 minutos. Licue la preparación y resérvela.

3. Coloque sobre el fuego una cacerola y reduzca a la mitad ambos pulques curados con las hojas de aguacate. Añada el molido de frutos secos y deje que el mole hierva a fuego bajo hasta que se espese ligeramente. Agregue el jugo del horneado de las aves que reservó, así como sal al gusto. Deje que el mole hierva durante un par de minutos más.

4. Sirva el mole con las codornices o el pollo horneado y adorne con el coco, los piñones, las uvas, las zanahorias cambray y las flores de cilantro.

Si no encuentra los pulques curados, sustitúyalos por pulque natural o pulque curado enlatado sabor coco o guayaba; el sabor cambiará ligeramente, pero obtendrá un buen resultado.

Este mole fue creado para la boda de mi hija Alicia, quien se casó enmedio de una elegante y sobria boda en el Hotel Galería Plaza en la Zona Rosa de la Ciudad de México. La celebración estuvo engalanada por flores blancas y rosas, manteles blancos y vajilla blanca sobre platones de plata. Para la celebración quise ofrecer algunas recetas basadas en los principios de la entonces denominada "cocina mexicana moderna". Para ello, tuve que pasar por varios ensayos en la cocina experimental del Instituto de Cultura Gastronómica, hasta que finalmente conseguí lo que quería: un menú ligero, delicado, diferente... y blanco. Este logro no lo pude haber conseguido sin la ayuda de los chefs Mauro Díaz y Liberato Gómez, además de toda la complicada y eficiente máquina dentro del Hotel Galería Plaza.

Bajío

Rendimiento: 1 ℓ
Preparación: 20 min
Cocción: 1 h
Dificultad: ▮
Costo: ▮▮

Mole **sencillo**

Ingredientes

- 2 chiles anchos asados, sin semillas ni venas
- ⅓ de taza de almendras peladas
- ¼ de taza de pasas
- 1 bolillo, tostado y troceado
- 1 jitomate mediano, asado
- 2 cebollas cambray medianas cortadas en rebanadas
- 1 cucharada de ajonjolí tostado
- 1 ℓ de caldo de pollo aromatizado con hierbas de olor
- ¼ de taza de aceite o 5 cucharadas de manteca de cerdo
- sal al gusto

Procedimiento

1. Licue todos los ingredientes con un poco del caldo, excepto la grasa, hasta obtener una pasta tersa.
2. Ponga sobre el fuego una cacerola con la grasa. Cuando esté caliente, añada el molido y deje que se cocine durante un par de minutos, moviéndolo continuamente.
3. Añada a la cacerola el caldo restante, mezcle, y deje que el mole se cocine hasta que se espese. Verifique la cantidad de sal y sirva con cualquier tipo de carne.

Oaxaca

Rendimiento: 3 ℓ
Preparación: 1 h 20 min
Cocción: 1 h 45 min
Dificultad: ▮▮▮
Costo: ▮▮▮

Mole **negro**

Ingredientes

Chiles secos

- 25 chiles chilhuacles negros
- 17 chiles mulatos
- 25 chiles pasilla

Grasas

- ¾ de taza de manteca de cerdo

Productos secos

- ⅓ de taza de almendras sin cáscara
- ½ taza de nueces peladas
- ⅓ de taza de cacahuates pelados
- ⅓ de taza de pepitas de calabaza

Hierbas aromáticas

- 1 cucharadita de tomillo seco
- 1 cucharada de orégano seco
- ¼ de cucharada de mejorana
- ¼ de cucharada de hojas de aguacate tostadas, hechas polvo

Productos frescos

- 250 g de tomates verdes
- 600 g de jitomates guajes
- 2 cabezas de ajos
- 2 cebollas

Especias

- 5 clavos de olor
- 5 pimientas negras
- 5 pimientas gordas
- 1 cucharadita de cominos
- 1 cucharadita de semillas de anís
- 1 raja de canela de 10 cm

Líquidos

- 2.5 ℓ de caldo de pollo

Otros

- 2 tortillas secas
- 2 tablillas de chocolate
- 1 pieza de pan de yema molido finamente
- sal y azúcar, al gusto

Procedimiento

1. Limpie los chiles y reserve las semillas y las venas.
2. Ponga sobre el fuego una cacerola con la grasa y fría los chiles secos hasta que se doren ligeramente; remójelos en un poco del caldo de pollo caliente y lícuelos hasta obtener una pasta tersa que no sea necesario colar. Resérvela. Fría en la misma grasa los productos secos.
3. Prepare un anafre con fuego de carbón en un lugar ventilado. Coloque las semillas y las venas de los chiles que reservó dentro de las tortillas secas y póngalos sobre el anafre cuidando de no inhalar el humo. Deje que las semillas y venas se quemen, pero sin dejar que se carbonicen en cenizas.
4. Licue las tortillas quemadas con las semillas y las venas de los chiles, las hierbas aromáticas, excepto las hojas de aguacate, los productos frescos, las especias y un poco del caldo de pollo; debe obtener una pasta homogénea que no sea necesario colar.
5. Coloque sobre el fuego una cacerola con la pasta de chiles y deje que se cocine hasta que vea el fondo de la cacerola al rasparlo con una pala. Añada el molido de productos frescos y continúe la cocción, mientras mezcla, hasta ver nuevamente el fondo de la cacerola.
6. Hierva el caldo de pollo restante con las hojas de aguacate, añádalo al mole junto con el chocolate, el pan de yema y azúcar y sal al gusto. Baje la intensidad del fuego y deje que el mole se cueza hasta que se espese ligeramente. Verifique la cantidad de sal.

Sirva el mole con piezas de pollo o guajolote espolvoreadas con ajonjolí tostado.

Creación inspirada en
Taxco, Guerrero

Rendimiento: 6 personas
Preparación: 30 min
Cocción: 1 h 30 min aprox.
Reposo: 2 h
Dificultad: ▮▮
Costo: ▮▮▮

Pato a las dos maneras en
mole rosa

Ingredientes
Muslos de pato confitados

- 6 muslos de pato
- 300 g de grasa de pato
- 2 dientes de ajo
- sal gruesa al gusto

Presentación

- 3 pechugas de pato asadas
  (ver Tapado de pato en mole negro,
  pág. 267)
- 4 tazas de mole rosa (ver pág. 263)
- 100 g de pacayas cocidas con sal
- 2 cucharadas de piñones

Procedimiento
Muslos de pato confitados

1. Espolvoree con sal los muslos de pato y déjelos reposar en refrigeración durante 2 horas.
2. Seque los muslos de pato con papel absorbente. Ponga sobre fuego medio una cacerola que tenga tapa con la grasa de pato. Cuando esté caliente, añada los muslos de pato y los dientes de ajo. Tape la cacerola y deje que los muslos se confiten durante 1 hora 15 minutos.
3. Retire los muslos de la grasa, dórelos en un sartén caliente y resérvelos.

Presentación

1. Corte en rebanadas las pechugas de pato asadas y sírvalas junto con los muslos confitados, el mole rosa y las pacayas. Decore con los piñones.

A la pechuga de pato también se le llama magret.
Puede conservar los muslos de pato en su grasa, en refrigeración, hasta por un mes; en congelación, hasta por tres meses dentro de un recipiente hermético.
La pacaya es una flor que se origina en la palma del mismo nombre. Es común en el área del Soconusco, Chiapas, donde usualmente se capea y se sirve en caldillo. Puede sustituirla por espárragos blancos o palmitos.

Creación inspirada en
Oaxaca

Rendimiento: 6 personas
Preparación: 40 min
Cocción: 1 h 30 min
Dificultad: ▮▮
Costo: ▮▮▮

Tapado de pato en
mole negro

Ingredientes
Pechugas de pato asadas

- 3 pechugas de pato
- sal y pimienta, al gusto

Tortillas de plátano

- 1 plátano macho no muy maduro
- ½ taza de harina nixtamalizada
  para tortillas
- 1 cucharadita de azúcar
- 1 cucharadita de sal

Montaje

- 1 taza de mole negro
  (ver pág. 266)
- 1 taza de frijoles negros refritos

Procedimiento
Pechugas de pato asadas

1. Salpimiente las pechugas.
2. Encienda una plancha, una parrilla, o ponga un sartén sobre el fuego; selle las pechugas, primero por el lado de la piel, y después por el otro, durante 4 minutos aproximadamente. Resérvelas.

Tortillas de plátano

1. Retire con un cuchillo los extremos de los plátanos y hiérvalos en agua 1½ horas o hasta que estén blandos. Escúrralos, retíreles la cáscara y páselos a través de un pasapuré.
2. Mezcle el puré de plátano con la harina, el azúcar y la sal. Forme con la masa 25 o 30 esferas, aplánelas para darles forma de tortillas y cuézalas sobre un comal o plancha, por ambos lados.

Montaje

1. Rebane las pechugas de pato. Sirva sobre platos un poco de mole negro, un poco de frijoles refritos y encima la pechuga de pato cubierta con una tortilla de plátano.

Michoacán

Rendimiento: 2 ℓ/10 personas
Preparación: 40 min
Cocción: 35 min
Dificultad: ▮▮▮
Costo: ▮▮▮

Atápakua

Ingredientes

Chiles secos

- 3 chiles guajillos sin semillas ni venas, asados e hidratados
- 4 chiles anchos sin semillas ni venas, asados e hidratados

Productos frescos

- 1 chile serrano asado, sin semillas ni venas
- ½ cebolla asada
- 2 dientes de ajo asados
- 2 jitomates asados, sin piel ni semillas

Hierbas aromáticas

- 2 ramas de cilantro
- 2 ramas de hierbabuena

Líquidos

- 1 ℓ de agua

Grasas

- 1 cucharada de manteca de cerdo

Espesantes

- 50 g de masa de maíz nixtamalizada
- 1 elote tierno desgranado

Otros

- sal al gusto

Procedimiento

1. Licue los chiles secos con los productos frescos, las hierbas aromáticas y 1 taza del líquido. Ponga sobre el fuego una cazuela con la grasa. Cuando esté caliente, añada el molido de chiles, baje la intensidad del calor y deje que se cueza durante 5 minutos.
2. Diluya la masa de maíz en 1 taza del líquido para obtener la consistencia de un atole. Licue los granos de elote para obtener también la consistencia de un atole; cuele para retirar el bagazo.
3. Mezcle ambos atoles, añádalos a la cazuela, vierta el resto del líquido y deje que la atápakua se cueza hasta que adquiera la consistencia de un molito ligero. Al final, añada sal al gusto.

Sirva esta atápakua con trozos cocidos de chayote, de chilacayote y de hongos mixtos. Añada piezas cocidas de pollo o de gallina si la atápakua es para alguna celebración especial. De lo contrario, sírvala sólo con las verduras.

Muchos de los moles de raigambre tradicional de los pueblos originarios de México que son consumidos de forma cotidiana no contienen carne; contrariamente a lo que se podría pensar, no les hace falta: son nutritivos y con sabores que responden a usos y costumbres perfectamente adaptados a la cultura en la cual se originaron.

	Huatape tamaulipeco	Huatape veracruzano	Quixquihuitl sinaloense
Rendimiento: Preparación: Cocción: Dificultad: Costo:	1.5 ℓ aprox. 25 min 30 min	1.5 ℓ aprox. 20 min 30 min	1.5 ℓ aprox. 25 min 30 min
Chiles secos		◆ 2 chiles chipotles sin semillas ni venas ◆ 2 chiles guajillos sin semillas ni venas	
Productos frescos	◆ 4 chiles serranos sin semillas ni venas ◆ 8 dientes de ajo ◆ 1 cebolla ◆ 10 tomates verdes ◆ 4 hojas de lechuga	◆ 2 dientes de ajo	◆ 2 chiles serranos sin semillas ni venas ◆ 6 dientes de ajo ◆ 1 cebolla ◆ 6 jitomates
Hierbas aromáticas	◆ 2 ramas de epazote ◆ 2 hojas de aguacate	◆ 1 rama de epazote	◆ 1 rama de cilantro ◆ 1 cucharadita de orégano
Especias	◆ 4 clavos de olor		◆ 1 cucharadita de comino ◆ 8 pimientas negras
Líquidos	◆ 2 tazas de caldo de pollo	◆ 3 tazas de caldo de pollo	◆ 1 ℓ de caldo de pollo
Grasas	◆ 2 cucharadas de manteca de cerdo		◆ 2 cucharadas de aceite
Espesantes	◆ 75 g de masa de maíz	◆ 75 g de masa de maíz	◆ 30 g de masa de maíz
Otros	◆ sal al gusto	◆ sal al gusto	◆ sal al gusto
Procedimiento	Realice el mismo procedimiento de la atápakua, agregando las especias junto con las hierbas de olor y omitiendo el paso del licuado del elote.	Realice el mismo procedimiento de la atápakua, omitiendo el paso de calentar la grasa y licuar el elote.	Realice el mismo procedimiento de la atápakua, agregando las especias junto con las hierbas de olor y omitiendo el paso del licuado del elote.
Para servir	Sirva con camarones o langostinos cocinados durante 6 minutos en el mole. Acompañe con nopales asados y chile verde picado.	Sirva con acamayas frescas cocinadas durante 6 minutos en el mole, o con tortitas de colorín (ver pág. 255).	Sirva con camarones previamente salteados con cebolla y sal al gusto. Acompañe con cilantro picado.

	Tastihuil de Nayarit	Tesmole	Tlapanili	Xandúkata michoacana
Rendimiento: Preparación: Cocción: Dificultad: Costo:	1.5 ℓ aprox. 20 min 35 min	1.5 ℓ aprox. 15 min 30 min	1.5 ℓ aprox. 15 min 30 min	1.5 ℓ aprox. 25 min 30 min
Chiles secos	◆ 6 chiles cascabel sin semillas ni venas ◆ 1 chile ancho sin semillas ni venas	◆ 1 chile ancho sin semillas ni venas		◆ 5 chiles guajillo sin semillas ni venas ◆ 3 chiles pasilla sin semillas ni venas
Productos frescos	◆ 1 diente de ajo	◆ 1 diente de ajo	◆ 6 chiles serranos sin semillas ni venas	◆ 4 chiles serranos sin semilla sin venas ◆ 6 dientes de ajo ◆ 1 cebolla ◆ 2 jitomates ◆ 6 tomates verdes
Hierbas aromáticas		◆ 6 hojas santas	◆ 3 hojas de aguacate	◆ 6 ramas de hierbabuena
Especias	◆ ⅔ de cucharadita de comino ◆ 1 cucharadita de orégano	◆ ½ cucharadita de comino		
Líquidos	◆ 1 ℓ de caldo de pollo	◆ 3 tazas de caldo de pollo	◆ 1 ℓ de caldo de pollo	◆ 1 ℓ de caldo de pollo
Grasas	◆ 1 cucharada de manteca de cerdo			
Espesantes	◆ ½ taza de masa de maíz	◆ ½ taza de masa de maíz	◆ ⅔ de taza de masa de maíz	◆ 5 maíces seneri o maíces tiernos
Otros	◆ sal al gusto	◆ ¼ de taza de pasta de achiote ◆ sal al gusto	◆ sal al gusto	◆ sal al gusto
Procedimiento	Realice el mismo procedimiento de la atápakua, agregando las especias en lugar de las hierbas aromáticas y omitiendo el paso del molido del elote.	Realice el mismo procedimiento de la atápakua, agregando las especias junto con las hierbas aromáticas y disolviendo y añadiendo el achiote del mismo modo que la masa de maíz. Omita el paso de calentar la grasa y de moler el elote.	Realice el mismo procedimiento de la atápakua, omitiendo el paso de calentar la grasa y licuar el elote. No licue las hojas de aguacate; utilícelas para aromatizar el mole y retírelas antes de servirlo.	Realice el mismo procedimiento de la atápakua, licuando los maíces seneri o tiernos como si se tratase de los granos de elote; omita el paso de calentar la grasa.
Para servir	Sirva con camarones cocinados durante 6 minutos en el mole. Acompañe con rebanadas de aguacate y jugo de limón.	Sirva con hongos cocinados durante 5 minutos en el mole.	Sirva con frijoles negros cocidos.	Sirva con trozos de carne de res cocinados y con corundas (ver pág. 294).

Oaxaca

Rendimiento: 2 ℓ
Preparación: 15 min
Cocción: 30 min
Dificultad: ▌
Costo: ▌

Mole
verde

Ingredientes

Productos secos
* 3 cucharadas de pepitas de calabaza tostadas
* 4 cucharadas de ajonjolí tostado

Líquidos
* 2 tazas de agua

Grasas
* 1 cucharada de manteca de cerdo

Productos frescos
* 2 dientes de ajo asados
* 10 tomates verdes
* 1 chile de agua o serrano sin semillas ni venas

Especias
* 2 clavos de olor
* 6 pimientas negras

Hierbas aromáticas
* 1 rama de epazote
* 1 taza de hojas de perejil
* ½ taza de hojas de cilantro
* 2 hojas santas asadas ligeramente

Otros
* sal al gusto

Procedimiento

1. Licue los productos secos con ½ taza del líquido.
2. Ponga sobre el fuego una cazuela con la grasa. Cuando esté caliente, añada el molido de productos secos y fría durante un par de minutos, sin que se queme.
3. Licue los productos frescos con las especias y ½ taza del líquido. Añada este molido a la cazuela, baje la intensidad del fuego y deje que la preparación se cueza durante 15 minutos, moviéndolo constantemente para evitar que se pegue al fondo.
4. Licue las hierbas aromáticas con el resto del líquido. Agregue este molido a la cacerola junto con sal al gusto y deje que el mole se cocine durante 5 minutos o hasta que adquiera una consistencia ligeramente espesa. Verifique la cantidad de sal y sirva.

Sirva con piezas de guajolote o pollitos de leche cocinados previamente. Acompañe con frijoles de la olla.

	Ayomole de Guerrero	Clemole de Morelos	Guaxmole de Morelos
Rendimiento: Preparación: Cocción: Dificultad: Costo:	2 ℓ aprox. 20 min 35 min	1.5 ℓ aprox. 20 min 30 min	1.5 ℓ aprox. 15 min 20 min
Productos secos		• 3 tamarindos pelados y hervidos	
Líquidos	• 1 ℓ de caldo de pollo	• 1 ℓ de caldo de pollo	• 1 ℓ de caldo de pollo
Grasas		• 4 cucharadas (60 ml) de aceite	
Productos frescos	• 2 dientes de ajo • ½ cebolla • 1.5 kg de pulpa de calabaza de Castilla	• 6 chiles serranos • 2 dientes de ajo • ¼ de cebolla • 5 tomates verdes	• 6 chiles serranos • ⅔ de cebolla • 1½ jitomates • 1 kg de guajes en vaina
Chiles secos	• 8 chiles guajillo sin semillas ni venas		
Especias			
Hierbas aromáticas	• 3 ramas de epazote	• 6 ramas de epazote	• 1 rama de cilantro • 5 hojas de aguacate
Otros	• sal al gusto	• sal al gusto	• sal al gusto
Procedimiento	Hierva los productos frescos en 1.5 litros de agua con sal. Retire la calabaza a media cocción. Muela el ajo y la cebolla con el resto de los ingredientes y hiérvalos con la calabaza hasta que esté completamente cocida. Verifique cantidad de sal y sirva.	Muela el líquido con los productos frescos. Ponga sobre el fuego una cazuela con la grasa y añada el molido, los productos secos, las hierbas aromáticas y sal al gusto.	Licue los productos frescos con 1 taza de líquido. Cueza el molido en una cazuela durante 5 minutos, moviendo constantemente. Muela las hierbas aromáticas con el resto del líquido y agréguelo a la cazuela con sal al gusto. Deje que el mole se cocine hasta que esté ligeramente espeso.
Para servir	Sirva con camarones frescos o secos cocinados previamente. Acompañe con jugo de limón.	Sirva con trozos cocidos de bagre o de algún otro pescado graso.	Sirva con trozos cocidos de pulpa de res o con costillas de cerdo.

Cilantro

	Mole de hierbabuena poblano	Mole verde de la Ciudad de México	Mole verde queretano
Rendimiento: Preparación: Cocción: Dificultad: Costo:	1.5 ℓ aprox. 15 min 30 min	1.5 ℓ aprox. 15 min 30 min	1.5 ℓ aprox. 15 min 25 min
Productos secos	• 25 chiles guajillo, sin semillas ni venas, asados e hidratados	• ⅓ de taza de ajonjolí • ⅓ de taza de almendras • 2½ cucharadas de cacahuates • 1⅔ tazas de pepitas de calabaza	• 3 cucharadas de pasitas • 1 cucharadita de ajonjolí • 12 almendras • 2 cucharadas de cacahuates • ½ bolillo • ½ tortilla
Líquidos	• 1 ℓ de caldo de pollo	• 3 tazas de caldo de ave	• 1 ℓ de caldo de pollo • 1 cucharadita de licor de anís
Grasas	• ½ taza de manteca de cerdo	• 4 cucharadas de aceite	• ⅔ de taza de aceite
Productos frescos	• 1 jitomate	• 4 chiles serranos • 3 dientes de ajo • 1 cebolla • 12 tomates verdes • 3 hojas de lechuga orejona • ¼ de plátano macho • 8 hojas de rábano	• 3 chiles poblanos • 12 tomates verdes • 2 hojas de lechuga orejona • ½ plátano macho
Especias		• 1 raja de canela de 10 cm • ½ cucharadita de comino • 4 pimientas gordas	• 1 raja de canela de 10 cm
Hierbas aromáticas	• 1 manojo de hierbabuena	• 6 ramas de cilantro • 4 ramas de epazote • 2 hojas de aguacate • 1 cucharadita de orégano	• 2 hojas de nabo • 1 manojo de perejil
Otros	• sal al gusto	• sal al gusto	• sal al gusto
Procedimiento	Licue los productos secos con la mitad del líquido y los productos frescos. Ponga sobre el fuego una cazuela con la grasa y fría el molido durante 15 minutos a fuego medio, moviendo constantemente. Añada la hierbabuena y el líquido restante, así como sal al gusto. Cueza durante 5 minutos más.	Realice el procedimiento del mole verde. No licue las hojas de aguacate; sólo aromatice con ellas el mole y retírelas al final.	Licue todos los ingredientes, excepto la grasa. Añada este molido a la cazuela con la grasa caliente. Cueza durante 30 minutos a fuego bajo, moviendo constantemente.
Para servir	Sirva con trozos cocidos de pulpa de res o con costillas de cerdo.	Sirva con ancas de rana o piezas de pollo cocinadas.	Sirva con trozos cocinados de ave, de cerdo o de res.

Hoja de aguacate

Adaptación de Víctor Nava
inspirada en Michoacán
Rendimiento: 10 personas
Preparación: 30 min
Cocción: 2 h aprox.
Dificultad: ▮▮▮
Costo: ▮▮

Mole verde
con verduras

Ingredientes

* 10 piezas de pollo con piel

Productos secos
* 1¼ tazas de pepitas de calabaza molidas
* ½ bolillo duro rebanado

Líquidos
* 1 ℓ de caldo de pollo

Grasas
* ½ taza de aceite

Productos frescos
* ½ taza de cebolla fileteada
* 4 dientes de ajo
* 4 tomates verdes hervidos
* 4 chiles serranos sin semillas ni venas
* ¼ de taza de hojas de rábano
* 2 hojas de lechuga
* ½ chile poblano sin semillas ni venas

Hierbas aromáticas
* ½ taza de hojas de epazote fresco
* ½ taza de hojas de cilantro fresco
* ½ taza de hoja santa o acuyo fresca, troceada

Otros
* sal y pimienta, al gusto

Guarniciones
* 4 calabacitas redondas, troceadas y cocidas
* 2 tazas de papas cambray blancas, cocidas
* 2 tazas de habas verdes, sin vaina, cocidas
* 2 tazas de chícharos sin vaina, cocidos
* 2½ tazas de ejotes limpios, troceados y cocidos

Procedimiento

1. Ponga sobre el fuego una cazuela con 2 cucharadas de grasa y fría las piezas de pollo hasta que se doren. Retírelas del fuego, fría en esa misma grasa la pepita molida y resérvela.
2. Coloque sobre el fuego un sartén con la grasa restante y dore las rebanadas de bolillo, la cebolla y los dientes de ajo. Retírelos del aceite.
3. Licue con un poco del caldo los tomates, los chiles serranos, las rebanadas de pan, la cebolla y el ajo. Añada este molido a la cazuela con la pepita molida, mezcle y agregue las piezas de pollo. Deje que todo hierva a fuego medio durante 20 minutos.
4. Licue las hierbas aromáticas y los productos frescos restantes con el caldo de pollo restante. Deje que el mole hierva durante 10 minutos. Al final añada sal y pimienta al gusto.
5. Sirva las piezas de pollo con el mole y las verduras.

Hidalgo

Rendimiento: 6 personas
Preparación: 20 min
Cocción: 30 min
Dificultad: ▮▮
Costo: ▮▮

Clemole de bagre
al pulque

Ingredientes

* 600 g de bagre cortado en trozos regulares

Productos secos
* 1¼ tazas de pepitas de calabaza tostadas y molidas
* 6 tamarindos enteros sin cáscara

Líquidos
* 1 ℓ de pulque blanco

Grasas
* 4 cucharadas de aceite

Productos frescos
* 4 tomates verdes
* ¼ de cebolla
* 2 dientes de ajo
* 8 chiles serranos

Hierbas aromáticas
* 1 rama de epazote

Otros
* 200 g de calabacitas largas blanqueadas y rebanadas o 6 flores de gualumbo fritas en mantequilla (opcional)
* sal al gusto

Procedimiento

1. Hierva el líquido con la hierba aromática durante 15 minutos o hasta que reduzca a 3 tazas.
2. Licue los productos frescos con un poco de agua y cuele el molido. Ponga sobre el fuego una cacerola con la grasa y añada el molido, así como el pulque y sal al gusto. Deje que hierva durante un par de minutos.
3. Agregue a la cacerola los productos secos, las calabacitas o gualumbos y los trozos de bagre. Mezcle y deje que el mole se cueza durante 10 minutos. Verifique la cantidad de sal y sirva.

Hay muchas variedades de bagre de aguas dulces y saladas. Abundan en mares, lagos y ríos de diversas regiones de México. No tienen escamas, pero sí bigotes y barba. Una picadura de sus aletas es dolorosa. Su nombre en inglés es catfish. *Tiene pocas y grandes espinas. Su carne es excelente, pero hay que lavarla cuidadosamente para eliminar la grasa superficial. No hay que confundirlo con el pez globo. Si no encuentra bagre para esta receta, sustitúyalo por cualquier pescado de carne compacta.*

Zona lacustre de
Chalco-Xochimilco

Rendimiento: 6 personas
Preparación: 10 min
Cocción: 45 min
Dificultad: ▊▊
Costo: ▊▊▊

Michmole

Ingredientes

- ¼ de cebolla
- 500 g de carpa
- 250 g de acociles
- 12 tomates verdes
- 2 chiles cuaresmeños
- ½ taza de masa de maíz nixtamalizada
- ⅓ de taza de manteca de cerdo
- 2 ramas de epazote
- 2 ramas de acelga
- 5 nopales grandes, picados y cocidos
- sal al gusto

Procedimiento

1. Ponga sobre el fuego una cacerola con suficiente agua y sal al gusto para cocer la cebolla, la carpa y los acociles, entre 7 y 15 minutos. Retire los ingredientes del fuego y resérvelos.
2. Hierva en el agua de cocción del pescado los tomates con los chiles y la masa durante 10 minutos. Retire la masa y resérvela; licue el resto de los ingredientes.
3. Coloque sobre el fuego una cazuela con la manteca de cerdo y fría ligeramente las ramas de epazote y de acelga. Añada el molido de tomates y deje que hierva. Agregue la masa y sal al gusto, baje la intensidad del fuego y deje que todo hierva durante 10 minutos.
4. Añada la carpa, los acociles y los nopales. Verifique la cantidad de sal y sirva.

El michmole tradicional incluye ajolotes, pero debido al estado precario de conservación en el que actualmente se encuentran, se han omitido de la receta.

Este platillo se prepara para fiestas familiares y tradicionales en algunos pueblos lacustres de la cuenca de México. En ciertas ocasiones, no tradicionales, se sustituye la carpa por bagre o algún pescado blanco y se le agregan otros productos acuáticos, como charales y ranas.

Veracruz

Rendimiento: 2 ℓ
Preparación: 20 min
Cocción: 30 min
Dificultad: ▊▊▊
Costo: ▊▊▊

Pascal

Ingredientes

Chiles secos
- 3 chiles anchos sin semillas ni venas, asados
- 3 chiles guajillos sin semillas sin venas, asados

Líquidos
- 2 tazas de caldo de pollo

Productos secos
- 1²⁄₃ tazas de pepitas de calabaza tostadas
- 1¼ tazas de cacahuates sin cáscara ni sal y tostados

Hierbas aromáticas
- 1 rama de hierbabuena
- 1 rama de cilantro

Procedimiento

1. Licue los chiles secos con ½ taza del líquido y reserve.
2. Muela los productos secos con las hierbas aromáticas y el resto del líquido. Coloque este molido en una cazuela y póngala sobre el fuego. Agregue el molido de chiles secos, mezcle, baje la intensidad del fuego y deje que el pascal se cueza durante 20 minutos, moviéndolo constantemente con una pala para evitar que se pegue al fondo. Agregue sal al gusto y sirva.

Añada trozos cocidos de chayote, de chilacayote u hongos antes de servir el pascal. Si su consumo será para una celebración, incorpore piezas de pollo o de gallina cocidas previamente.

Creación inspirada en Tlaxcala

Rendimiento: 4 personas
Preparación: 30 min
Cocción: 2 h 30 min
Dificultad: ▊▊
Costo: ▊▊

Pascal de frijol
con izote

Procedimiento

1. Ponga sobre el fuego una olla con suficiente agua para cocer los frijoles durante 2 horas o hasta que estén suaves.
2. Agregue a los frijoles los productos frescos, las hierbas aromáticas y sal al gusto.
3. Disuelva un tercio de la masa en poca agua y añádala a la cazuela.
4. Mezcle la masa restante con el ajonjolí y forme chochoyotes (ver Chichilo rojo, pág. 252). Añádalos a la olla y deje que el pascal hierva durante 10 minutos aproximadamente. Verifique la cantidad de sal y sírvalo acompañado con tortillas de maíz.

Ingredientes

Productos frescos
- 6 flores de izote deshojadas
- 1 chayote cortado en trozos pequeños

Productos secos
- 2 tazas de frijol bayo, tierno y remojado previamente
- ½ taza de masa de maíz
- ¼ de taza de ajonjolí tostado y molido

Hierbas aromáticas
- 1 rama de hierbabuena
- 1 rama de cilantro

Otros
- sal al gusto
- tortillas de maíz, al gusto

Reduzca el tiempo de cocción de los frijoles a 1 hora utilizando una olla exprés.

	Pipián de Yucatán	Pipián poblano con chocolate
Rendimiento: Preparación: Cocción: Dificultad: Costo:	1.5 ℓ aprox. 20 min 40 min	1 ℓ aprox. 20 min 30 min
Chiles secos		
Líquidos	• 3 tazas de caldo de pescado	• 3 tazas de caldo de pollo
Productos frescos	• 1 diente de ajo • 1½ jitomates	• 6 chiles serranos sin semillas ni venas • 4 dientes de ajo • 10 tomates verdes
Productos secos	• 1½ tazas de pepitas de calabaza, tostadas y molidas • sal al gusto	• ¼ de taza de chocolate semiamargo, rallado • 1½ tazas de pepitas de calabaza tostadas y molidas • sal al gusto
Hierbas aromáticas		
Especias	• 2 cucharaditas de pasta de achiote	• ½ cucharadita de comino
Grasas	• 2 cucharadas de manteca de cerdo	• 2 cucharadas de manteca de cerdo
Procedimiento	Disuelva la pepita molida y el achiote en el líquido. Fría en la grasa los productos frescos, lícuelos y añádalos a la mezcla anterior; cueza por 30 minutos o hasta que espese. Verifique la cantidad de sal y sirva.	Fría en la grasa los productos secos. Licue los demás ingredientes, mezcle todo y cueza por 30 minutos o hasta que espese. Verifique la cantidad de sal.
Para servir	Sirva con trozos de bagre o de algún otro pescado graso.	Sirva con piezas de pollo o costillitas de cerdo cocidas.

Semillas de achiote

	Pipián poblano con maíz prieto	Pipián rojo	Pipián verde
Rendimiento: Preparación: Cocción: Dificultad: Costo:	1 ℓ aprox. 15 min 40 min ▌▌ ▌▌	1 ℓ aprox. 15 min 25 min ▌▌ ▌▌	1 ℓ aprox. 15 min 30 min ▌▌ ▌▌
Chiles secos	• 2 chiles anchos sin semillas ni venas	• 1 chile ancho sin semillas ni venas	
Líquidos	• 2 tazas de caldo de pollo	• 3 tazas de caldo de pollo	• 2 tazas de caldo de pollo
Productos frescos		• 4 dientes de ajo	• 6 chiles serranos sin semillas ni venas • 10 tomates verdes hervidos
Productos secos	• 1 taza de pepitas de calabaza • ½ taza de maíz prieto • sal al gusto	• 1 taza de pepitas de calabaza • 1 bolillo cortado en rebanadas, tostadas • sal al gusto	• 1½ tazas de pepitas de calabaza tostadas • sal al gusto
Hierbas aromáticas		• 1 rama de epazote	• 5 hojas santas
Especias		• 20 pimientas negras	
Grasas	• 2 cucharadas de manteca de cerdo	• 2 cucharadas de manteca de cerdo	• 2 cucharadas de manteca de cerdo
Procedimiento	Licue los chiles secos con los productos secos y la mitad del líquido. Fría la preparación en la grasa. Añada el líquido restante y agregue sal. Cueza por 30 minutos o hasta que espese. Verifique la cantidad de sal.	Realice el procedimiento del pascal, licuando los productos frescos y las especias con los productos secos. Fría el pipián antes de añadir el molido de chile.	Licue todos los ingredientes excepto la grasa. Caliente la manteca en una cazuela y fría el molido. Deje que hierva durante 30 minutos y verifique la cantidad de sal.
Para servir	Sirva con camarones salteados, papas cambray hervidas y nopales cocidos.	Sirva con trozos cocidos de carne de cerdo y espolvoree con ajonjolí.	Sirva con piezas cocidas de pollo o de guajolote.

Pipián de pepitas
de melón con pollitos

Adaptación del *Nuevo cocinero mexicano en forma de dicciónario*

Rendimiento: 6 personas
Preparación: 20 min
Cocción: 40 min aprox.
Dificultad: ▌▌
Costo: ▌▌▌

Ingredientes

- 6 pollitos de leche de 350 g c/u aproximadamente, limpios y partidos a la mitad

Grasas

- 1 taza de mantequilla
- 1 cucharada de aceite

Chiles secos

- 4 chiles anchos sin semillas ni venas, asados

Líquidos

- 3 tazas de caldo de pollo o de agua

Productos secos

- 1 bolillo cortado en rebanadas, tostadas
- 2 tazas de pepitas de melón tostadas y molidas
- 1 taza de almendras tostadas y molidas

Productos frescos

- 8 rebanadas de melón chino
- 6 rebanadas de melón verde

Otros

- sal y pimienta, al gusto

Esta receta puede elaborarla también con codornices.

Procedimiento

1. Salpimiente los pollitos de leche por dentro y por fuera. Ponga sobre el fuego un sartén con las grasas y dore los pollitos por todos lados durante 15 minutos. Reserve por separado la grasa y los pollitos.
2. Licue los chiles secos y el pan con 1 taza de caldo. Reserve.
3. Muela las pepitas de melón con 1 taza de caldo, cuélelas, mézclelas con las almendras molidas y ½ taza de caldo. Licue todo con 2 rebanadas de melón chino.
4. Ponga sobre el fuego una cacerola con la grasa que reservó. Cuando esté caliente, añada el molido de chiles y deje que hierva durante un par de minutos. Añada el molido de pepitas y los pollitos. Deje que todo hierva durante 10 minutos. Agregue sal al gusto y retire el pipián del fuego. Si la salsa estuviera muy espesa, agregue más caldo y cocine durante más tiempo.
5. Sirva los pollitos con su salsa sobre las rebanadas de melón chino restantes y las de melón verde.

Tlatonile
de pollo

Veracruz
Rendimiento: 4 personas
Preparación: 20 min
Cocción: 1 h 20 min
Dificultad: ▌▌▌
Costo: ▌▌

Ingredientes

- 1 kg de muslos y piernas de pollo

Productos frescos

- 2 dientes de ajo
- ½ cebolla

Chiles secos

- 15 chiles comapeños sin semillas ni venas
- 1 chile ancho sin semillas ni venas

Productos secos

- 1 taza de ajonjolí + 2 cucharadas para decorar
- 1 taza de pepitas de calabaza

Grasas

- 5 cucharadas de aceite

Otros

- 4 hojas de epazote
- sal y pimienta, al gusto
- arroz blanco, al gusto (ver pág. 144)
- rebanadas de plátano macho fritas, al gusto

Procedimiento

1. Ponga sobre el fuego una olla con 2 litros de agua, los productos frescos y sal al gusto. Cuando hierva, agregue las piezas de pollo y deje que se cuezan durante 40 minutos. Reserve las piezas de pollo y el caldo por separado.
2. Coloque sobre el fuego un comal o sartén y ase los chiles secos, así como los productos secos. Licue los ingredientes con un poco del caldo de cocción de las piezas de pollo hasta que obtenga una pasta tersa.
3. Ponga sobre el fuego una cazuela con la grasa. Cuando esté caliente, añada la pasta de chiles y fríala durante 20 minutos, moviéndola constantemente con una pala para que no se pegue al fondo.
4. Añada a la cazuela 1½ tazas del caldo de cocción de las piezas de pollo, así como las piezas de pollo y las hojas de epazote. Baje la intensidad del fuego y deje que el tlatonile hierva durante 10 minutos. Salpimiente al gusto y sírvalo acompañado con el arroz blanco y las rebanadas de plátano. Decore con el ajonjolí.

Yucatán

Rendimiento: 20 tamales de
40 g de masa c/u
Preparación: 40 min
Cocción: 1 h
Dificultad: ▌▌
Costo: ▌▌

Tamales yucatecos de
elote nuevo

Ingredientes

Masa de elote tierno
- 750 g de granos de elote tierno o nuevo
- ⅔ de taza de manteca de cerdo a temperatura ambiente
- 5 cucharadas de mantequilla a temperatura ambiente
- 1 cucharada de azúcar
- ½ taza de leche

Envoltura
- 40 hojas frescas de elote, hervidas brevemente en agua

Relleno
- 100 g de ciruelas pasas sin semilla picadas
- ½ de taza de pasitas
- sal al gusto

Procedimiento

1. Muela en un procesador de alimentos los granos de elote hasta obtener una pasta fina; mézclala con la manteca, la mantequilla, el azúcar, un poco de leche y sal al gusto.
2. Precaliente una vaporera con agua. Coloque en el centro de cada hoja de elote una porción de la masa. Ponga en el centro un poco de las ciruelas pasas y de las pasitas y forme los tamales cerrando las hojas sobre sí mismas (ver pág. 403).
3. Acomode los tamales de forma vertical dentro de la vaporera y deje que se cocinen durante 1 hora o hasta que la masa se desprenda fácilmente de la hoja.

> *Si desea realizar tamales salados, sustituya la mantequilla por manteca de cerdo, el azúcar por sal y la leche por caldo.*

Veracruz

Rendimiento: 8-10 personas
Preparación: 30 min
Cocción: 1 h 25 min aprox.
Dificultad: ▌▌
Costo: ▌▌

Tamal de
elote en cazuela

Ingredientes

Masa
- 750 g de granos de elote
- 1.5 ℓ de leche
- 1 taza de mantequilla a temperatura ambiente
- ¾ de taza de azúcar
- 6 huevos
- 5 cucharadas de harina de trigo
- sal al gusto

Relleno
- 3 jitomates asados
- 1 cebolla
- 2 cucharadas de aceite de oliva
- 4 chiles poblanos cortados en rajas
- 1 pechuga de pollo cocida y deshebrada
- sal al gusto

Armado
- 3 cucharadas de mantequilla

Procedimiento

Masa
1. Licue los granos de elote con la leche, la mantequilla, el azúcar y sal al gusto. Cueza la mezcla en una cacerola a fuego bajo, moviéndola continuamente con una pala, hasta que al raspar el fondo de la cazuela éste se vea; debe obtener una consistencia de pasta. Deje que se enfríe.
2. Añada a la mezcla de granos de elote los huevos, uno a uno, alternando con la harina de trigo. Reserve la masa.

Relleno
1. Licue los jitomates con la cebolla. Coloque sobre el fuego una cazuela con el aceite; cuando se caliente, añada el molido de jitomate y las rajas. Deje que todo se cueza y al final añada el pollo y sal al gusto. Retire del fuego y reserve.

Armado
1. Precaliente el horno a 180 °C. Unte con mantequilla el interior de una cazuela o refractario y alterne dentro capas de masa y capas de relleno, terminando con una capa de masa. Coloque en la parte baja del horno un recipiente con agua y hornee el tamal durante 1 hora o hasta que al insertarle un palillo en el centro éste salga limpio.

	Tamales de elote nayaritas	Tamales estilo Querétaro
Rendimiento: Preparación: Cocción: Dificultad: Costo:	20 tamales de 40 g de masa c/u 40 min 1 h	20 tamales de 40 g de masa c/u 40 min 1 h
Envoltura	◆ 20 hojas grandes de maíz, hidratadas	◆ 40 hojas frescas de elote hervidas brevemente en agua
Masa	◆ 1 receta de masa de elote tierno (ver Tamales yucatecos de elote nuevo, pág. 282)	◆ 1 receta de masa de elote tierno (ver Tamales yucatecos de elote nuevo, pág. 282)
Relleno	◆ 3 calabacitas cortadas en trozos, blanqueados ◆ sal al gusto	◆ ¾ de taza de pasitas ◆ 1 taza de leche
Procedimiento	Precaliente una vaporera con agua. Martaje los trozos de calabacitas e intégrelos a la masa preparada. Arme los tamales (ver pág. 403), acomódelos de forma vertical dentro de la vaporera y déjelos cocer durante 1 hora o hasta que la masa se desprenda fácilmente de la hoja.	Precaliente una vaporera con agua. Remoje las pasitas en la leche y añádalas a la masa preparada. Arme los tamales (ver pág. 403), acomódelos de forma vertical dentro de la vaporera y déjelos cocer durante 1 hora o hasta que la masa se desprenda fácilmente de la hoja. Acompáñelos con crema y salsa de jitomate cocida (ver pág. 157).

Veracruz

Rendimiento: 8-10 personas
Preparación: 40 min
Cocción: 1 h
Dificultad: ▌▌▌
Costo: ▌▌

Tamal de
elote del Golfo

Ingredientes

Masa
◆ 1 receta de masa de elote tierno (ver Tamales yucatecos de elote nuevo, pág. 282)

Relleno
◆ 1 pechuga de pollo cocida y deshebrada
◆ 1 taza de mole de Xico (ver pág. 279)
◆ sal al gusto

Envoltura
◆ 20 hojas santas o acuyo

Procedimiento

1. Precaliente el horno a 180 °C. Mezcle el pollo con el mole de Xico.
2. Forre una cazuela con papel aluminio y coloque encima la mitad de las hojas santas. Alterne en la cazuela capas de masa y del pollo con mole, finalizando con masa. Cubra el tamal con el resto de las hojas santas y tápelo con papel aluminio.
3. Coloque en la parte baja del horno un recipiente con agua y hornee el tamal durante 1 hora o hasta que al insertarle un palillo en el centro éste salga limpio.

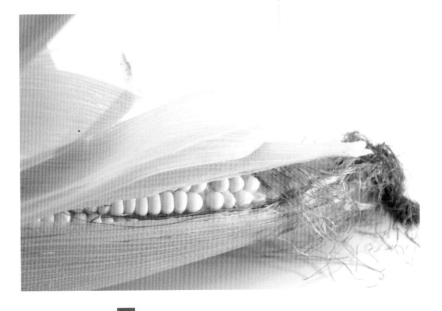

Querétaro

Rendimiento: 30 tamales de 40 g de masa c/u
Preparación: 45 min
Cocción: 1 h aprox
Dificultad: ▌▌
Costo: ▌▌

Tamales canarios
queretanos

Ingredientes

Masa de harina de arroz

- 1¼ tazas de mantequilla cortada en cubos
- 1 taza de azúcar
- 1 cucharadita de esencia de vainilla, o canela molida, al gusto
- 5 huevos
- 2 cucharadas de polvo de hornear
- 3 tazas de harina de arroz

Relleno

- ¾ de taza de pasitas

Envoltura

- 30 hojas grandes de maíz, hidratadas

Procedimiento

1. Acreme la mantequilla con el azúcar y la esencia de vainilla o la canela. Sin dejar de batir, agregue los huevos uno a uno, sin añadir el siguiente hasta que se haya integrado el anterior.
2. Mezcle el polvo de hornear con la harina de arroz y añádalos a la mezcla de mantequilla con movimientos envolventes. Al final, añada las pasitas.
3. Precaliente una vaporera con agua. Coloque en el centro de cada hoja de maíz una porción de la masa y forme los tamales cerrando las hojas sobre sí mismas (ver pág. 403).
4. Acomode los tamales en forma vertical dentro de la vaporera y deje que se cocinen durante 1 hora o hasta que el tamal se despegue con facilidad de la hoja.

	Tamales canarios oaxaqueños	Tamales de chicharrón y manitas de cerdo	Tamales de Coahuila
Rendimiento: *Preparación:* *Cocción:* *Dificultad:* *Costo:*	30 tamales de 40 g de masa c/u 45 min 1 h 20 min ▌▌▌ ▌▌	30 tamales de 40 g de masa c/u 50 min 1 h 15 min ▌▌▌ ▌▌	30 tamales de 40 g de masa c/u 45 min 1 h ▌▌ ▌
Envoltura	• 30 hojas grandes de maíz, hidratadas	• 30 hojas grandes de maíz, hidratadas	• 30 hojas grandes de maíz, hidratadas
Masa	• 1 receta de masa de harina de arroz (ver Tamales canarios queretanos, pág. 284) • ½ taza de caldo de ave	• 1 receta de masa de harina de arroz (ver Tamales canarios queretanos, pág. 284) • 150 g de chicharrón molido • 2 tazas de harina de maíz • 2 tazas de caldo de pollo (ver pág. 394)	• 1 receta de masa de harina de arroz (ver Tamales canarios queretanos, pág. 284) • 1 taza de leche condensada
Relleno	• ¾ de taza de caldo de ave • 2 tazas de leche • 6 huevos • 4 cucharadas de fécula de maíz diluida en ¼ de taza de agua • ⅓ de taza de pasitas • ½ de taza de almendras sin cáscara peladas y picadas • ⅓ de taza de nueces picadas	• 2 jitomates asados • ¼ de cebolla • 2 cucharadas de aceite de maíz • 3 manitas de cerdo cocidas y cortadas en cubos pequeños • 8 chiles poblanos asados, pelados y cortados en rajas • 1 taza de aceitunas sin semilla, picadas • sal al gusto	• ½ taza de cajeta
Procedimiento	Precaliente una vaporera con agua. Agregue a la masa de harina de arroz al caldo de ave. Para el relleno, mezcle todos los ingredientes y cuézalos a fuego bajo en un sartén hasta que se cuaje la preparación. Arme los tamales (ver pág. 403), acomódelos de forma vertical en la vaporera y déjelos cocer durante 1 hora o hasta que la masa se desprenda fácilmente de la hoja.	Precaliente el horno a 180 °C. Mezcle la masa de harina de arroz con el chicharrón, la harina y el caldo. Para el relleno, licue los jitomates con la cebolla. Sofría en el aceite la mezcla anterior y añada el resto de los ingredientes. Arme el tamal siguiendo el paso 3 del procedimiento del tamal de elote en cazuela (ver pág. 282).	Precaliente una vaporera con agua. Añada a la masa de harina de arroz la cantidad de leche condensada necesaria para obtener una masa que se pueda untar en la hoja. Arme los tamales (ver pág. 403) rellenándolos con la cajeta, acomódelos de forma vertical en la vaporera y déjelos cocer durante 1 hora o hasta que la masa se desprenda fácilmente de la hoja.

Tamales
costeños

Veracruz

Rendimiento: 40 tamales de 60 g c/u
Preparación: 40 min
Cocción: 1 h 30 min
Dificultad:
Costo:

Ingredientes

Relleno
* 2 cucharadas de manteca de cerdo
* 8 chiles anchos sin semillas ni venas
* 5 chiles pasilla sin semillas ni venas
* 5 chiles mulatos sin semillas ni venas
* 1 raja de canela de 10 cm
* 2 clavos de olor
* 4 pimientas enteras
* cantidad suficiente de caldo de cocción de la carne
* 500 g de carne de cerdo cocida y deshebrada
* 2 pechugas de pollo cocidas y deshebradas
* sal al gusto

Masa
* 1 receta de masa de tamales con harina de maíz nixtamalizada (ver pág. 404)

Envoltura
* 40 hojas grandes de maíz, hidratadas

Procedimiento

Relleno
1. Ponga sobre el fuego un sartén con 1 cucharada de manteca y fría los chiles. Colóquelos en agua caliente, deje que se hidraten durante 10 minutos y lícuelos con las especias.
2. Coloque de nuevo el sartén sobre el fuego con la manteca restante. Cuando esté caliente, añada el molido de chiles, un poco del caldo de cocción de la carne y sal al gusto. Deje que hierva durante 5 minutos. Añada la carne de cerdo y de pollo, mezcle y deje sobre el fuego durante 5 minutos más. Verifique la cantidad de sal.

Armado
1. Precaliente una vaporera con agua. Arme los tamales (ver pág. 403), acomódelos de manera vertical dentro de la vaporera y deje que se cocinen durante 1 hora o hasta que la masa se desprenda fácilmente de la hoja.

Tamales de
hoja santa

Veracruz

Rendimiento: 24 tamales de 40 g de masa c/u
Preparación: 35 min
Cocción: 1 h 20 min
Dificultad:
Costo:

Ingredientes

Salsa
* 2½ jitomates
* 2 chiles serranos
* 1 diente de ajo
* 1 cucharada de aceite
* sal al gusto

Envoltura
* 24 hojas santas

Masa
* 500 g de masa de tamales con harina de maíz nixtamalizada (ver pág. 404)

Relleno
* 500 g de carne de cerdo o de pollo, cocida y deshebrada
* ¾ de taza de pepitas de calabaza, tostadas o molidas
* 3 huevos cocidos, cortados en cuatro trozos cada uno

Procedimiento

Salsa
1. Licue los jitomates con los chiles, el ajo y sal al gusto. Ponga sobre el fuego un sartén con el aceite; cuando esté caliente, añada la salsa y deje que se cocine hasta que la mayor parte del líquido se haya evaporado. Resérvela.

Armado
1. Precaliente una vaporera con agua. Quite la vena central a las hojas santas. Si no son lo suficientemente flexibles para doblarse y formar los tamales, hiérvalas en agua durante 1 o 2 minutos.
2. Coloque una porción de masa encima del revés de una hoja santa, cubra con un poco de carne de cerdo o de pollo, un poco de pepita y un trozo de huevo cocido.
3. Arme los tamales (ver pág. 404), acomódelos de manera horizontal dentro de la vaporera y deje que se cocinen durante 1 hora o hasta que la masa se desprenda fácilmente de la hoja. Sirva los tamales acompañados con la salsa.

	Tamales de calabaza con camarón de Baja California	Tamales de gallina de Jalisco
Rendimiento: *Preparación:* *Cocción:* *Dificultad:* *Costo:*	30 tamales de 60 g de masa c/u 45 min 1 h 20 min aprox.	30 tamales de 60 g de masa c/u 45 min 1 h 15 min aprox.
Envoltura	• 30 hojas grandes de maíz, hidratadas	• 30 hojas grandes de maíz, hidratadas
Masa	• 1 receta de masa de tamales con harina de maíz nixtamalizada (ver pág. 404)	• 1 receta de masa de tamales con harina de maíz nixtamalizada (ver pág. 404)
Relleno	• ½ cebolla • 1 jitomate • 6 dientes de ajo • ½ taza de pasitas • ⅓ de taza de almendras peladas • 6 pimientas negras • 2 cucharadas de manteca de cerdo • 250 g de pulpa de calabaza de Castilla, cortada en cubos pequeños • 400 g de camarones secos, sin cabeza • 1 taza de aceitunas sin semilla, picadas • 10 alcaparras • 12 rajas de chiles en vinagre • 2 cucharadas de vinagre • azúcar al gusto • sal al gusto	• 1 kg de jitomates asados • 1 cebolla • 2 cucharadas de manteca de cerdo • 4 chiles poblanos, asados, pelados y cortados en rajas • ¼ de taza de alcaparras • ½ taza de aceitunas sin semilla, picadas • 500 g de carne de gallina
Procedimiento	Licue la cebolla con el jitomate, los dientes de ajo, las pasitas, las almendras y las pimientas. Ponga sobre el fuego un sartén con la manteca; cuando esté caliente, añada el molido de jitomate y deje que se cocine durante un par de minutos. Agregue los cubos de calabaza y el resto de los ingredientes; baje la intensidad del fuego y deje que se cocine hasta que el relleno se espese; verifique la cantidad de sal y azúcar. Precaliente una vaporera con agua. Arme los tamales (ver pág. 403), acomódelos de forma vertical en la vaporera y déjelos cocer durante 1 hora o hasta que la masa se desprenda fácilmente de la hoja.	Licue el jitomate con la cebolla. Coloque un sartén sobre el fuego con la manteca; cuando esté caliente, añada el molido de jitomate y deje que se cocine durante un par de minutos. Añada el resto de los ingredientes y deje sobre el fuego hasta que todos los ingredientes del relleno estén cocidos; verifique la cantidad de sal. Precaliente una vaporera con agua. Arme los tamales (ver pág. 403), acomódelos de forma vertical dentro de la vaporera y déjelos cocer durante 1 hora o hasta que la masa se desprenda fácilmente de la hoja.

Hojas de plátano

	Tamales de acelga michoacanos	Tamales de machaca norteños
Rendimiento: *Preparación:* *Cocción:* *Dificultad:* *Costo:*	30 tamales de 60 g de masa c/u 45 min 1 h 15 min aprox.	20 tamales de 60 g de masa c/u 45 min 1 h 20 min aprox.
Envoltura	• 30 hojas grandes de maíz, hidratadas	• 20 hojas grandes de maíz, hidratadas
Masa	• 1 receta de masa de tamales con harina de maíz nixtamalizada (ver pág. 404) • 500 g de acelga cortadas finamente	• 1 receta de masa de tamales con harina de maíz nixtamalizada (ver pág. 404)
Relleno	• 2 cucharadas de manteca de cerdo • ½ cebolla picada • 2 dientes de ajo picados finamente • 4 tazas de jitomates cortado en cubos • ½ taza de chiles jalapeños en escabeche picados • 750 g de muslos de pollo, cocidos y deshebrados • 2 cucharadas de escabeche de chiles jalapeños • ½ cucharada de almendras picadas • sal al gusto	• 6 chiles anchos • 7 chiles cascabel • 4 chiles de árbol secos • ½ cono de piloncillo de 10 cm • ½ raja de canela de 10 cm • 4 jitomates • 3 cucharadas de manteca de cerdo • ½ cebolla picada finamente • 2 dientes de ajo pelados, picados finamente • 350 g de machaca • 3 pimientas negras • sal al gusto
Procedimiento	Mezcle las acelgas con la masa de harina nixtamalizada. Sofría en la manteca la cebolla y el ajo. Añada los jitomates y deje que el líquido se reduzca a la mitad. Agregue el resto de los ingredientes, verifique la cantidad de sal y retire del fuego. Precaliente una vaporera con agua. Arme los tamales (ver pág. 403), acomódelos de forma vertical dentro de la vaporera y déjelos cocer durante 1 hora o hasta que la masa se desprenda fácilmente de la hoja.	Hierva los chiles con el piloncillo y la canela y lícuelos con los jitomates. Sofría en la manteca la cebolla y el ajo e incorpore la machaca, las pimientas y el molido de chiles. Deje que el relleno se cocine hasta que la machaca se rehidrate; añada sal al gusto. Precaliente una vaporera con agua. Arme los tamales (ver pág. 403), acomódelos de forma vertical dentro de la vaporera y déjelos cocer durante 1 hora o hasta que la masa se desprenda fácilmente de la hoja.

Tamales en hoja de maíz

Adaptación de Ricardo Muñoz Zurita inspirada en Oaxaca

Rendimiento: 12 tamales de
40 g de masa c/u

Preparación: 40 min

Cocción: 30 min

Dificultad: ▌▌

Costo: ▌▌

Tamales de
amarillito

Ingredientes

Envoltura

- 12 hojas grandes de maíz, hidratadas

Masa

- 5 chiles guajillos grandes, sin semillas ni venas
- 3 dientes de ajo
- ⅛ de cebolla troceada
- ½ cucharadita de cominos
- 3 clavos de olor
- 3 pimientas gordas
- 500 g de masa de maíz nixtamalizada
- 1 taza de manteca de cerdo
- ½ taza de cilantro picado, comprimido

Guarniciones

- 1 taza de pollo cocido y deshebrado
- 15 ramas de cilantro
- salsa macha al gusto (ver pág. 155)

Procedimiento

Envoltura

1. Corte una tira delgada de una hoja de maíz y con ella amarre un extremo de la hoja, para que obtenga una especie de cuna. Repita este paso con cada hoja y manténgalas hidratadas dentro de una bolsa de plástico o envueltas en una toalla húmeda para que no se resequen.

Masa

1. Ase los chiles sólo por el exterior y deje que se remojen en agua caliente durante 10 minutos. Lícuelos con el ajo, la cebolla, las especias, 1 taza del agua de remojo de los chiles y sal al gusto, hasta obtener una salsa muy tersa que no sea necesario colar.
2. Licue la masa con 2 tazas de agua hasta que la masa esté totalmente disuelta en el agua. Cuélela y deseche el bagazo.

3. Junte el licuado de los chiles con el licuado de masa, la manteca y 2 tazas de agua. Cueza esta mezcla en una cacerola, sin dejar de moverla, durante 20 minutos o hasta que se haya espesado. Retírela del fuego, deje que se enfríe un poco e incorpore el cilantro.

Armado

1. Coloque en cada hoja de maíz ½ taza de la masa preparada y forme los tamales cerrando cada hoja sobre sí misma.
2. Antes de servir los tamales, recaliéntelos en una vaporera u horno con vapor. Sírvalos acompañados del pollo y de la salsa macha y adórnelos con las ramas de cilantro.

Las hojas de maíz deben estar bien hidratadas para poder elaborar los tamales fácilmente, y sobre todo, para que no se quemen si los recalienta en el horno.

Tamales de
boda

Yucatán

Rendimiento: 80 tamales de 60 g de masa c/u

Preparación: 50 min

Cocción: 2 h 30 min aprox.

Dificultad: ▮▮

Costo: ▮

Ingredientes

Masa cernida
- 2 kg de masa de maíz nixtamalizada
- 750 g de manteca de cerdo
- sal al gusto

Relleno
- 1 pollo grande de 1.5 kg aprox., cortado en trozos
- 1 kg de falda de cerdo cortada en trozos
- 2 kg de jitomates
- 2 cebollas
- 1 cabeza de dientes de ajo, pelados
- 4 ramas de epazote
- 200 g de pasta de achiote diluida en ½ taza de agua
- 1 cucharada de manteca de cerdo
- sal y pimienta, al gusto
- 250 g de masa de maíz nixtamalizada
- 2 chiles habaneros asados, sin semillas ni venas, picados (opcional)

Envoltura
- 80 cuadros de 30 cm de hojas de plátano

Procedimiento

Masa cernida

1. Disuelva la masa de maíz en 2 litros de agua fría y cuélela a través de un trozo de manta de cielo sobre una coladera grande. Coloque la masa diluida y colada en una cacerola honda con la manteca y sal al gusto. Cocínela a fuego medio, batiéndola constantemente con una pala durante 30 minutos o hasta que al raspar el fondo de la cacerola éste se vea. Verifique la cantidad de sal y resérvela.

Relleno

1. Hierva en una cacerola con suficiente agua las piezas de pollo con los trozos de carne de cerdo, la mitad de los jitomates, las cebollas, la cabeza de dientes de ajo, 2 ramas de epazote, el achiote diluido, la manteca y sal y pimienta al gusto. Transcurridos 45 minutos, verifique la cocción de

las piezas de pollo y sáquelas del caldo si ya están cocidas; de lo contrario, déjelas cocer por completo y retírelas del caldo. Deje la carne de cerdo sobre el fuego hasta que esté suave; sáquela del caldo y cuele este último.

2. Coloque el caldo en una cacerola grande. Diluya la masa en un poco de agua, añádala al caldo y cuézalo a fuego medio, moviéndolo constantemente, hasta que obtenga la consistencia de un atole espeso *(kol)*. Verifique la cantidad de sal y reserve el *kol*.

Armado

3. Corte el resto de los jitomates del relleno en rebanadas. Separe las hojas de las ramas de epazote restantes y reserve las primeras. Extienda en un cuadro de hoja de plátano una cucharada grande de la masa cernida. Coloque encima un trozo de pollo y uno de carne, un poco de *kol*, una rebanada de jitomate, una hoja de epazote, y si lo desea, un poco del chile habanero picado.

4. Precaliente una vaporera con agua. Arme los tamales (ver pág. 403), acomódelos de manera horizontal dentro de la vaporera y deje que se cocinen durante 1 hora o hasta que la masa se desprenda fácilmente de la hoja.

Dice un viejo recetario: "Este tamal debe quedar suave y tembloroso como la novia".

	Tamal de cazuela veracruzano	Tamales de chancleta
Rendimiento: Preparación: Cocción: Dificultad: Costo:	30 tamales de 60 g de masa c/u 40 min 1 h 15 min aprox. ▌▌ ▌▌	30 tamales de 60 g de masa c/u 45 min 1 h 20 min aprox. ▌▌ ▌▌
Envoltura		◆ 30 cuadros de 30 cm de hojas de plátano, asados
Masa	◆ ½ receta de masa cernida (ver Tamales de boda, pág. 289) ◆ ½ cucharadita de polvo para hornear disuelto en ½ cucharada de agua	◆ ½ receta de masa cernida (ver Tamales de boda, pág. 289)
Relleno	◆ 4 chiles anchos sin semillas ni venas, hidratados ◆ 3 jitomates ◆ 2 hojas santas ◆ 550 g de carne de cerdo cocida y deshebrada ◆ sal al gusto	◆ 5 chiles anchos sin semillas ni venas, hidratados ◆ 2 dientes de ajo ◆ ½ cebolla ◆ 4 pimientas negras ◆ 1 jitomate ◆ 2 cucharadas de manteca de cerdo ◆ 500 g de muslos de pollo cocidos y deshebrados ◆ 3 hojas de epazote ◆ sal al gusto
Procedimiento	Añada el polvo para hornear a la masa, después de la cocción. Para el relleno licue todos los ingredientes, excepto la carne. Hierva ligeramente la salsa e incorpórele la carne deshebrada. Precaliente el horno a 180 °C. Engrase una cazuela o refractario con un poco de manteca de cerdo y arme dentro el tamal, alternando capas de masa y de relleno, finalizando con una capa gruesa de masa. Coloque en la parte baja del horno un recipiente con agua y hornee el tamal durante 1 hora a 180 °C o hasta que al insertarle un palillo en el centro éste salga limpio.	Licue los chiles con el ajo, la cebolla, las pimientas y el jitomate. Ponga sobre el fuego un sartén con la manteca de cerdo; cuando esté caliente, añada la salsa y deje que hierva durante un par de minutos. Incorpore el pollo, añada un poco de caldo si fuera necesario, y agregue las hojas de epazote y sal al gusto. Cuando todo esté cocido, retire el relleno del fuego y verifique la cantidad de sal. Precaliente una vaporera con agua. Arme los tamales (ver pág. 403), acomódelos de forma horizontal dentro de la vaporera y déjelos cocer durante 1 hora o hasta que la masa se desprenda fácilmente de la hoja.

Tamal en hoja de plátano

	Tamales regios de Coahuila	Tamalitos de especia yucatecos
Rendimiento: **Preparación:** **Cocción:** **Dificultad:** **Costo:**	30 tamales de 60 g de masa c/u 40 min 1 h 20 min aprox. ▯ ▯	30 tamales de 60 g de masa c/u 40 min 1 h 25 min aprox. ▯ ▯
Envoltura	◆ 30 hojas de maíz grandes, hidratadas	◆ 30 hojas de maíz grandes, hidratadas
Masa	◆ ½ receta de masa cernida (ver Tamales de boda, pág. 289) ◆ ½ cucharadita de polvo para hornear disuelta en ½ cucharada de agua	◆ ½ receta de masa cernida (ver Tamales de boda, pág. 289)
Relleno	◆ 2 cucharadas de manteca de cerdo ◆ ½ cebolla picada ◆ 1 jitomate guaje picado ◆ 1 papa cortada en cubos pequeños, precocidos ◆ 2 zanahorias peladas y cortadas en cuadritos ◆ ¼ de taza de almendras peladas y fileteadas ◆ ⅓ de taza de pasitas ◆ ½ taza de rajas de chiles en vinagre ◆ 1 cucharada de azúcar ◆ ¼ de taza de aceitunas sin semilla, picadas ◆ 2 pechugas de pollo cocidas y deshebradas ◆ sal al gusto	◆ 300 g de carne de cerdo molida ◆ 3 dientes de ajo ◆ 1 cebolla ◆ 6 jitomates guajes, asados, pelados y sin semillas ◆ ¼ de taza de pasitas ◆ 1 cucharada de alcaparras ◆ ½ cucharadita de orégano seco ◆ 1 cucharada de manteca de cerdo ◆ sal y pimienta, al gusto ◆ 3 huevos duros cortados en rebanadas
Procedimiento	Precaliente una vaporera con agua. Agregue el polvo para hornear a la masa después de la cocción. Para el relleno, sofría en la manteca las verduras y añada el resto de los ingredientes. Deje que el relleno se cueza durante algunos minutos y verifique la cantidad de sal. Arme los tamales (ver pág. 403), acomódelos de forma vertical dentro de la vaporera y déjelos cocer durante 1 hora o hasta que la masa se desprenda fácilmente de la hoja.	Hierva en suficiente agua la carne molida con 2 dientes de ajo, ½ cebolla y 1 jitomate. Retírela del fuego cuando se haya consumido el agua. Añádale las pasitas, las alcaparras, el orégano y sal y pimienta al gusto. Sofría en la manteca, el ajo y la cebolla restantes; pique los jitomates restantes en cubos pequeños y añádalos al sofrito; deje que todo se cocine durante algunos minutos; licue todo, verifique la cantidad de sal y reserve esta salsa. Arme los tamales extendiendo sobre cada hoja un poco de la masa cernida, encima una porción del relleno de carne y de salsa y una rebanada de huevo cocido. Cierre los tamales (ver pág. 403) y ase los tamales por ambos lados, sobre una parrilla o un comal a fuego muy bajo, hasta que la masa esté cocida.

Corundas

Yucatán

Rendimiento: 18-20 personas
Preparación: 50 min
Cocción: 2 h 10 min aprox.
Dificultad: ▌▌
Costo: ▌

Mucbipollo

Ingredientes

Relleno

- 750 g de falda de cerdo
- 1 cabeza de dientes de ajo asados
- 1 cebolla asada
- 2 pechugas de pollo
- 4 juegos de pierna con muslo de pollo
- 1 taza de masa de maíz para tortillas
- 6 jitomates guajes asados, pelados, sin semillas y cortados en trozos pequeños
- 4 hojas de epazote
- sal al gusto

Recaudo

- ½ taza de pasta de achiote
- 1 taza de jugo de naranja agria o ¾ de taza de jugo de naranja dulce con ¼ de taza de jugo de limón
- 8 dientes de ajo asados
- ½ cucharadita de orégano seco asado
- 3 clavos de olor asados
- 6 pimientas gordas asadas
- ½ cucharadita de cominos asados
- 1 cucharada de una mezcla de chiles secos, asados
- 1 taza del caldo de cocción de las carnes del relleno
- sal al gusto
- 2 cucharadas de manteca de cerdo

Masa

- 500 g de manteca de cerdo
- 4 cucharadas de semillas de achiote
- 1 kg de masa de maíz
- sal al gusto

Armado

- cantidad suficiente de hojas de plátano asadas
- 4 jitomates guajes asados, pelados, sin semillas y cortados en trozos pequeños
- 12 hojas de epazote
- 2 cucharadas de manteca de cerdo derretida, fría

Procedimiento

Relleno

1. Hierva en una olla con suficiente agua la carne de cerdo con los dientes de ajo y la cebolla; a media cocción, añada las piezas de pollo. Cocinadas las carnes, retírelas y deshebralas toscamente; resérvelas. Cuele el caldo y elabore el recaudo.
2. Coloque el caldo en una cacerola sobre el fuego. Diluya la masa en un poco de agua, cuélela y añádala al caldo junto con el recaudo. Cueza la preparación a fuego medio, moviéndola constantemente, hasta que obtenga la consistencia de un atole espeso (*kol*). Añada al *kol* las carnes, el jitomate y las hojas de epazote. Deje que hierva durante un par de minutos, verifique la cantidad de sal y retire el relleno del fuego.

Recaudo

1. Disuelva la pasta de achiote en el jugo de naranja y lícuelo con el resto de los ingredientes, excepto la manteca de cerdo. Ponga sobre el fuego un sartén con la manteca; cuando esté caliente, añada el molido de achiote y deje que hierva durante un par de minutos. Verifique la cantidad de sal y retírelo del fuego.

Masa

1. Sofría en 4 cucharadas de manteca de cerdo las semillas de achiote hasta que suelten todo su color. Cuele, deje que se enfríe la manteca que obtuvo y mézclela con la manteca restante. Bata la manteca con 1 cucharada de sal hasta que se acreme y se blanquee.
2. Amase la masa de maíz con un poco de agua hasta que quede suave y tersa. Añádala poco a poco a la manteca batida hasta que obtenga una masa homogénea y agregue sal al gusto; su color final debe ser anaranjado pálido.

Armado

1. Precaliente el horno a 180 °C. Forre un refractario o una cazuela grande con papel aluminio y coloque encima de éste las hojas de plátano; cerciórese de que ambos sobresalgan del borde la cazuela, para al final cubrir con ellos la superficie del tamal.
2. Extienda dentro de la cazuela la mitad de la masa y distribuya encima el *kol*, así como los trozos de jitomate y las hojas de epazote. Cubra todo con la masa restante y unte la superficie con la manteca de cerdo derretida. Cubra el tamal con las hojas de plátano y el papel aluminio.
3. Coloque en la parte baja del horno un recipiente con agua y hornee el tamal a 180 °C durante 1 hora. Posteriormente, destape el tamal y hornéelo durante 30 minutos más, hasta que se dore ligeramente la superficie. Saque el tamal del horno, córtelo en rebanadas y sírvalo.

Si no sirve el tamal de inmediato, consérvelo a baña María para que la masa no se reseque.

Michoacán

Rendimiento: 25 corundas
Preparación: 40 min
Cocción: 1 h
Dificultad: ▌▌
Costo: ▌▌

Corundas
morelianas

Ingredientes

Masa

- 1 kg de masa de maíz
- 250 g de manteca de cerdo
- ½ taza de agua tibia
- 1 cucharadita de sal
- 1 pizca de bicarbonato de sodio
- 1½ tazas de harina de arroz
- 1½ tazas de queso fresco desmoronado
- 1 cucharadita de polvo para hornear

Envoltura

- 30 hojas de caña de maíz + cantidad suficiente para la olla tamalera

Procedimiento

Masa

1. Bata todos los ingredientes hasta obtener una masa tersa y homogénea.

Armado

1. Precaliente una olla tamalera con agua; cubra el fondo de la misma con hojas de caña de maíz. Coloque sobre una superficie plana, y de forma perpendicular a usted, una hoja de caña de maíz. Sobre ella acomode una porción de masa, dejando 7 centímetros libres en el extremo inferior. Doble el extremo inferior sobre la masa para formar un triángulo. Continúe doblando el triángulo de masa a todo lo largo de la hoja, sin perder la forma triangular. Al final, golpee ligeramente las puntas del triángulo contra la superficie de trabajo, de forma que obtenga un tamal de siete lados. Repita este paso con la masa y las hojas restantes.

2. Coloque dentro de la olla tamalera las corundas, cúbralas con más hojas de caña de maíz y cuézalas durante 1 hora o hasta que la masa se desprenda fácilmente de la hoja.

Sirva las corundas con crema o jocoque, como guarnición en platillos de carnes con salsa, o para acompañar los frijoles de la olla.

Corundas y uchepos son los tamales típicos del estado de Michoacán. En todas las plazas de sus pueblos pintorescos y en los mercados de la señorial Morelia, ciudad capital, se expenden todo el año las corundas (cuya característica exclusiva es que se envuelven en hojas de la planta del maíz y no en hojas de la mazorca) y, en la época de la cosecha del maíz tierno, los uchepos, una de las maneras más delicadas de emplear el maíz.

Adaptación de Guadalupe García de León inspirada en el Estado de México

Rendimiento: 25 tamales de 40 g de masa c/u
Preparación: 45 min
Cocción: 1 h 15 min aprox.
Dificultad: ▌▌
Costo: ▌▌

Tamales de
frijoles y quelites

Ingredientes

Masa

- ½ receta de masa de tamales con masa nixtamalizada (ver pág. 405)
- 1 cucharada de polvo para hornear

Relleno

- 2 cucharadas de manteca de cerdo
- 2 tazas de frijoles negros, cocidos y drenados
- cantidad suficiente de caldo de frijol
- ¼ de cebolla rebanada
- 250 g de hojas de quelites
- sal al gusto

Envoltura

- 25 hojas grandes de maíz, hidratadas

Procedimiento

Masa

1. Añada el polvo para hornear a la masa y bátala hasta incorporarlo bien.

Relleno

1. Sofría en 1 cucharada de la manteca los frijoles. Martájelos con un pasapuré, añádales un poco del caldo de cocción y deje que se cocinen durante un par de minutos; no deben quedar aguados. Añada sal al gusto y resérvelos.

2. Sofría en la manteca restante la cebolla con sal al gusto. Retírela del fuego y resérvela.

3. Trocee los quelites, espolvoréeles sal y resérvelos.

Armado

1. Precaliente una vaporera con agua. Coloque 2 cucharadas de la masa en el centro de una hoja de maíz; añada un poco de frijoles, de cebolla y de quelites. Forme el tamal cerrando la hoja sobre sí misma. Repita este paso con el resto de los ingredientes.

2. Acomode los tamales de manera vertical dentro de la vaporera y deje que se cocinen durante 1 hora o hasta que la masa se desprenda fácilmente de la hoja.

	Dzotobichay	Tamales de camarón de Nayarit	Tamales de frijoles del Estado de México
Rendimiento: Preparación: Cocción: Dificultad: Costo:	40 tamales de 20 g c/u 1 h 1 h ▮▮▮ ▮▮	30 tamales de 50 g c/u 45 min 1 h ▮▮ ▮▮▮	30 tamales de 50 g c/u 40 min 1 h ▮▮ ▮
Envoltura	• 40 hojas de chaya grandes o 40 cuadros de 10 cm de hoja de plátano asada + cantidad suficiente de hojas de plátano	• 30 hojas grandes de maíz, hidratadas	• 30 hojas grandes de maíz, hidratadas
Masa	• ½ receta de masa de tamales con masa de maíz nixtamalizada (ver pág. 405) • 10 hojas de chaya picadas finamente • 1 taza de pepitas de calabaza tostadas y molidas	• ½ receta de masa de tamales con masa de maíz nixtamalizada (ver pág. 405) • 3 chiles anchos sin semillas ni venas, hidratados • 500 g de camarones frescos, con cabeza	• ½ receta de masa de tamales con masa de maíz nixtamalizada (ver pág. 405) • 2 tazas de frijoles bayos cocidos • 2 chiles serranos sin semillas ni venas, picados • ¼ de taza de hojas de epazote, troceadas
Relleno / Guarniciones	• 4 huevos duros, cortados en cubos pequeños • 1 cucharada de manteca de cerdo • 1 cebolla picada finamente • 6 jitomates picados finamente • 1 chile habanero sin semillas ni venas, picado finamente • sal al gusto • 1 taza de pepitas de calabaza tostadas y molidas	• 3 chiles poblanos, asados, pelados y cortados en rajas • 3 chiles serranos sin semillas ni venas • 4 dientes de ajo picados finamente • 1 cebolla picada • 3 jitomates picados • ½ cucharadita de orégano • sal al gusto	
Procedimiento	Mezcle la masa con la chaya y la pepita. Divida la preparación en 40 porciones. Precaliente una vaporera con agua. Extienda una porción de masa sobre una hoja de chaya o un cuadro de hoja de plátano; añádale un poco de huevo duro y envuelva la hoja sobre sí misma, como un taco. Repita el mismo procedimiento con los ingredientes restantes. Coloque los tamales en la vaporera; cuando forme una primera capa con ellos, coloque una hoja de plátano que cubra todos los tamales y coloque encima la siguiente capa. Continúe de la misma forma hasta terminar con todos los tamales. Deje que se cuezan durante 45 minutos. Para la guarnición, sofría en la manteca la cebolla; añada el jitomate, el chile habanero y sal al gusto. Cuando todo esté cocido, licue y sirva con esta salsa los tamales. Espolvoréelos con la pepita.	Para la masa, licue los chiles y resérvelos. Escalfe en un caldo corto los camarones (ver pág. 386) y retíreles la cabeza, el caparazón y la cola. Licue la mitad de los camarones hasta formar una pasta; mézclela con 2 cucharadas de los chiles molidos y añada esta pasta a la masa ya preparada. Para el relleno, sofría el resto del molido de chiles anchos con todos los ingredientes. Al final, añada los camarones enteros. Verifique la cantidad de sal. Precaliente una vaporera con agua. Coloque en el centro de una hoja de maíz una porción de la masa, agregue un poco del relleno y forme el tamal cerrando las hojas sobre sí mismas. Acomode los tamales en forma vertical dentro de la vaporera y deje que se cocinen durante 1 hora o hasta que el tamal se despegue con facilidad de la hoja.	Incorpore a la masa los frijoles, el chile y las hojas de epazote. Precaliente una vaporera con agua. Arme los tamales (ver pág. 403), acomódelos de forma vertical dentro de la vaporera y déjelos cocer durante 1 hora o hasta que la masa se desprenda fácilmente de la hoja.

	Tamales norteños de chile colorado	Tamales oaxaqueños	Tamales tabasqueños de pejelagarto	Tamales yucatecos de crema de pepita
Rendimiento: *Preparación:* *Cocción:* *Dificultad:* *Costo:*	30 tamales de 50 g c/u 1 h 1 h	30 tamales de 50 g c/u 1 h 30 min 1 h	30 tamales de 50 g c/u 1 h 1 h	30 tamales de 50 g c/u 45 min 1 h
Envoltura	♦ 30 hojas grandes de maíz, hidratadas	♦ 30 cuadros de 30 cm de hojas de plátano, asados	♦ 30 cuadros de 30 cm de hojas de plátano, asados	♦ 30 cuadros de 30 cm de hojas de plátano, asados
Masa	♦ ½ receta de masa de tamales con masa de maíz nixtamalizada (ver pág. 405) ♦ ¼ taza de pinole	♦ ½ receta de masa de tamales con masa de maíz nixtamalizada (ver pág. 405)	♦ 1 taza de manteca ♦ 1 kg de masa de maíz para tortillas ♦ cantidad suficiente de agua o caldo de pescado ♦ sal al gusto	♦ ½ receta de masa de tamales con masa de maíz nixtamalizada (ver pág. 405)
Relleno / Guarniciones	♦ 500 g de carne de cerdo ♦ 1 cebolla ♦ 4 dientes de ajo ♦ 20 chiles anchos sin semillas ni venas, hidratados ♦ 2 cucharadas de vinagre ♦ 1 cucharada de azúcar ♦ 1 cucharada de harina ♦ ⅓ de taza de manteca de cerdo ♦ ¾ de taza de pasitas ♦ 1¼ tazas de aceitunas sin semilla, picadas ♦ sal al gusto	♦ 250 g de carne de cerdo cocida y deshebrada ♦ 500 g de muslos de pollo cocidos y deshebrados ♦ 250 g de mole negro (ver pág. 266)	♦ 1 pejelagarto de entre 1 y 1½ kg ♦ 1 jitomate cortado en cubos pequeños ♦ 1 cebolla picada finamente ♦ 1 chile güero sin semillas ni venas, asado y cortado en cubos pequeños ♦ 2 cucharadas de manteca de cerdo ♦ 2 ramas de epazote	♦ 1 taza de pepitas de calabaza tostadas y molidas ♦ 3 tazas de caldo de cerdo ♦ ¼ de taza de masa de maíz ♦ ⅔ de taza de manteca de cerdo ♦ 12 jitomates guajes, asados, pelados y sin semillas ♦ 24 hojas de epazote ♦ sal al gusto ♦ 3 tazas de carne de cerdo cocida y deshebrada
Procedimiento	Incorpore el pinole a la masa cuando añada el caldo. Para el relleno, hierva en suficiente agua la carne de cerdo con la cebolla, 2 dientes de ajo y sal al gusto hasta que esté cocida. Déjela enfriar y deshébrela. Licue los chiles con el vinagre y el azúcar. Sofría en la manteca los ajos, una vez dorados, retírelos y agregue la harina; incorpore bien. Añada el molido de chiles e incorpore la carne deshebrada, las pasitas y las aceitunas; deje que se cocine durante un par de minutos, verifique la sazón y retírelo el relleno del fuego. Arme los tamales (ver pág. 403), acomódelos de forma vertical dentro de la vaporera y déjelos cocer durante 1 hora o hasta que la masa se desprenda fácilmente de la hoja.	Mezcle las carnes con el mole. Arme los tamales (ver pág. 403), acomódelos de forma horizontal dentro de la vaporera y déjelos cocer durante 1 hora o hasta que la masa se desprenda fácilmente de la hoja.	Bata la manteca hasta que se esponje y blanquee; añada poco a poco la masa hasta integrarla toda; alterne con agua, de manera que al final obtenga una masa con la consistencia de un atole espeso. Cueza la masa en una cazuela sobre el fuego hasta que hierva y añada sal al gusto. La masa está lista cuando al poner un poco de ella en una hoja de plátano ésta se resbale sin separarse. Para el relleno, ase el pejelagarto hasta que esté cocido; extráigale la carne y desmenúcela. Sofría en la manteca la cebolla, el jitomate y el chile güero; añada la carne de pescado, el epazote y sal al gusto. Deje el relleno sobre el fuego hasta que todo esté cocido; verifique la cantidad de sal. Arme los tamales (ver pág. 403), acomódelos de forma horizontal dentro de la vaporera y déjelos cocer durante 1 hora o hasta que la masa se desprenda fácilmente de la hoja.	Licue las pepitas de calabaza con el resto de los ingredientes, excepto la carne de cerdo. Cueza la mezcla a fuego bajo, sin que hierva, hasta que adquiera una consistencia cremosa; incorpore la carne y verifique la cantidad de sal. Arme los tamales (ver pág. 403), acomódelos de forma horizontal dentro de la vaporera y déjelos cocer durante 1 hora o hasta que la masa se desprenda fácilmente de la hoja.

Michoacán

Rendimiento: 20 jahuácatas
Preparación: 30 min
Cocción: 1 h
Dificultad: ▌▌▌
Costo: ▌▌

Jahuácatas

Ingredientes

+ 1 kg de masa de maíz nixtamalizada, amasada con un poco de agua y sal al gusto
+ 2½ tazas de puré de frijoles molidos finamente, con consistencia apta para amasar
+ cantidad suficiente de hojas frescas de caña de maíz

Procedimiento

1. Forme con la masa tortitas del tamaño de la palma de su mano y del grosor de dos dedos. Haga lo mismo con el puré de frijol y acomode estas últimas tortitas encima de las de maíz.
2. Aplane entre sus manos cada porción de tortitas, de manera que ambas se unan formando un disco.
3. Corte en cuatro partes cada disco y apílelas en dos montones, de forma que cada uno consista de dos capas de masa alternadas con dos capas de frijol. Cada uno formará un tamal.
4. Precaliente una vaporera con agua. Envuelva cada tamal en una hoja de caña de maíz, comenzando a enrollarlo sobre sí mismo y comprimiéndolo ligeramente. Cuando finalice, meta las puntas de las hojas dentro de la misma envoltura, para sujetarla.
5. Acomode los tamales dentro de la vaporera y déjelos cocer durante 1 hora o hasta que la masa se desprenda fácilmente de la hoja.

La destreza con la que las cocineras purépechas envuelven cada tamal es de admirar. Si usted no consigue las hojas de la caña del maíz, sustitúyalas por hojas de elote y forme los tamales como comúnmente se hace.

San Luis Potosí

Rendimiento: 18-20 personas
Preparación: 50 min
Cocción: 1 h 20 min aprox.
Dificultad: ▌▌
Costo: ▌▌

Tamal perdido
de San Luis Potosí

Ingredientes

Masa

+ 1 receta de masa de tamales con masa de maíz nixtamalizada (ver pág. 405)

Relleno

+ 250 g de cecina
+ 5 chiles anchos sin semillas ni venas, hidratados
+ 1 pizca de comino molido
+ 1 diente de ajo
+ 1 cucharada de manteca de cerdo
+ sal y pimienta, al gusto

Armado

+ 2 cucharadas de manteca de cerdo

Procedimiento

Relleno

1. Ase sobre un sartén la cecina hasta que se dore. Remójela en un poco de agua durante 10 minutos para que se suavice. Escúrrala y píquela finamente.
2. Licue los chiles con el comino, el ajo y un poco del agua de remojo de la cecina.
3. Sofría en la manteca la cecina picada; añada el molido de chiles y deje la preparación sobre el fuego hasta que se reseque. Agregue pimienta al gusto y sal, en caso de ser necesario; deje que se enfríe.

Armado

1. Precaliente el horno a 180 °C. Engrase con la manteca el interior de un refractario o de una cazuela. Ponga dentro la mitad de la masa, distribuya el relleno y cúbralo con el resto de la masa. Presione firmemente las orillas con un tenedor y pique con éste toda la superficie.
2. Coloque en la parte baja del horno un recipiente con agua y hornee el tamal durante 1 hora o hasta que al insertarle un palillo en el centro éste salga limpio.

Bajío

Rendimiento: 30 tamales de
50 g de masa
aprox.

Preparación: 45 min

Cocción: 1 h

Dificultad:

Costo:

Tamales de
nuez

Ingredientes

Masa

* ½ receta de masa para tamales de masa con maíz nixtamalizada (ver pág. 405)
* 1 taza de nata
* ½ cucharada de polvo para hornear
* 1 taza de azúcar

* ¼ de taza de nueces molidas
* 1½ tazas de infusión de 1 cucharada de semillas de anís

Envoltura

* 30 hojas grandes de maíz, hidratadas

Procedimiento

1. Sustituya el caldo de ave por la infusión de anís en la preparación de la masa para tamales. Cuando esté esponjada la masa, añada la nata, el polvo para hornear y el azúcar. Cuando obtenga una mezcla homogénea, añada las nueces y, si fuera necesario, un poco más de infusión de anís.

2. Precaliente una vaporera con agua. Arme los tamales (ver pág. 403), acomódelos de forma vertical dentro de la vaporera y déjelos cocer durante 1 hora o hasta que la masa se desprenda fácilmente de la hoja.

	Tamales de chicharrón	Tamalitos de cacao
Rendimiento: *Preparación:* *Cocción:* *Dificultad:* *Costo:*	30 tamales de 50 g de masa c/u 40 min 1 h	30 tamales de 50 g de masa c/u 40 min 1 h 10 min aprox.
Envoltura	• 30 hojas grandes de maíz, hidratadas	• 30 hojas grandes de maíz, hidratadas
Masa	• ½ receta de masa de tamales con masa de maíz nixtamalizada (ver pág. 405) • 100 g de chicharrón de cerdo molido • 1½ tazas de piloncillo rallado • ¼ de taza de infusión de semillas de anís	• ½ receta de masa de tamales con masa de maíz nixtamalizada (ver pág. 405) • 175 g de semillas de cacao tostadas y molidas • ¾ de taza de azúcar • ¼ de taza de leche entera
Relleno		• 4 chiles pasillas sin semillas ni venas • ⅓ de taza de pasitas • ½ taza de ciruelas pasa sin semilla
Procedimiento	Precaliente una vaporera con agua. Añada a la masa el chicharrón, el piloncillo y la infusión; bata la masa hasta que se integren los ingredientes. Arme los tamales (ver pág. 403), acomódelos de forma vertical dentro de la vaporera y déjelos cocer durante 1 hora o hasta que la masa se desprenda fácilmente de la hoja.	Precaliente una vaporera con agua. Añada a la masa las semillas de cacao, el azúcar y la leche; bata la masa hasta que se integren. Para el relleno, hierva en 2 tazas de agua todos los ingredientes y licuelos hasta obtener la consistencia de una pasta. Arme los tamales (ver pág. 403), acomódelos de forma vertical dentro de la vaporera y déjelos cocer durante 1 hora o hasta que la masa se desprenda fácilmente de la hoja.

Morelos

Rendimiento: 30 tamales de
50 g de masa c/u
Preparación: 30 min
Cocción: 1 h
Dificultad: ▌▌
Costo: ▌

Tamales de
capulín

Ingredientes

- 1 kg de capulín
- 2¼ tazas de harina de maíz nixtamalizada para tamales
- 1¼ tazas de azúcar
- 1 raja de canela de 10 cm
- cantidad suficiente de hojas grandes de maíz, hidratadas

Procedimiento

1. Hierva los capulines en una cazuela con poco de agua hasta que comiencen a deshacerse. Si desea retirar los huesos de los capulines, páselos a través de un colador de orificios muy grandes.

2. Caliente los capulines o la pulpa de capulín nuevamente e incorpore la harina de maíz, revolviendo bien. Añada el azúcar y la raja de canela; mezcle y deje cocer la preparación a fuego bajo o hasta que al raspar el fondo de la cazuela éste se vea. Retire la raja de canela.

3. Precaliente una vaporera con agua. Arme los tamales (ver pág. 403), acomódelos de manera vertical dentro de la vaporera y deje que se cocinen durante 1 hora o hasta que la masa se desprenda fácilmente de la hoja.

Tamales de
bagre de Morelos

Morelos

Rendimiento: 6 personas
Preparación: 35 min
Cocción: 20-25 min
Dificultad:
Costo:

Ingredientes

- ¾ de taza de mantequilla fundida
- ½ taza de jugo de limón
- 1 bagre de 1.5 kg aprox., limpio y cortado en rebanadas regulares
- 2 chiles serranos sin semillas ni venas, picados finamente
- 1 cebolla picada finamente
- las hojas de 1 rama de epazote, picadas
- sal y pimienta, al gusto
- cantidad suficiente de cuadros de 30 cm de hojas de plátano
- cubos de papa cocidos, al gusto

Procedimiento

1. Precaliente el horno a 170 ºC.
2. Mezcle la mantequilla con el jugo de limón y sal al gusto. Bañe con esta mezcla las rebanadas de pescado y distribúyalas encima de los cuadros de hojas de plátano. Ponga encima de cada una un poco de chile, de cebolla y de epazote y salpimiente al gusto.
3. Cierre cada hoja de plátano en forma de tamal, colóquelos en un refractario y hornéelos entre 20 y 25 minutos.
4. Sirva el tamal y acompáñelo con los cubos de papa.

A pesar de que esta preparación y otras similares no llevan masa de maíz, por su tipo de envoltura se les conoce como tamales.

Tamales de
mojarra

Morelos

Rendimiento: 6 personas
Preparación: 40 min
Cocción: 20 min
Dificultad:
Costo:

Ingredientes

- 6 chiles moritas o costeños, sin semillas ni venas, asados
- 500 g de tomates verdes
- 1 cabeza de dientes de ajo, pelados
- cantidad suficiente de hojas grandes de maíz, hidratadas
- 6 mojarras evisceradas de 250 g c/u
- 1 taza de hojas de epazote
- sal al gusto

Procedimiento

1. Licue los chiles con los tomates, los dientes de ajo y sal al gusto.
2. Junte dos hojas de maíz y encima coloque unas hojas de epazote, un poco del molido de chiles, una mojarra, y finalice con más del molido de chiles. Cierre cada hoja de maíz sobre sí misma para formar los tamales y áselos directamente sobre un comal, a fuego medio, entre 15 y 20 minutos o hasta que se cuezan las mojarras, volteándolos a la mitad de la cocción.

Creación inspirada en
Tampico, Tamaulipas

Rendimiento: 6 personas
Preparación: 30 min
Cocción: 30-35 min
Dificultad:
Costo:

Tamales de
cazón

Ingredientes

- 2 cucharadas de aceite
- ⅓ de cebolla picada
- 2 dientes de ajo picados
- 8 nopales cocidos y cortados en cuadros
- 2 tazas de hongos rebanados
- 3 jitomates picados
- 10 hojas de epazote picadas
- 6 rebanadas de cazón, con piel y sin espinas de 250 g c/u
- 2 xoconostles asados con piel, pelados, sin semillas y rebanados
- salsa de mesa de su elección, al gusto
- sal y pimienta, al gusto

Envoltura

- 6 rectángulos de 30 cm de hojas de plátano, asados

Procedimiento

1. Ponga sobre el fuego un sartén con el aceite y sofría la cebolla y el ajo durante 3 minutos.
2. Añada los nopales, los hongos, el jitomate, las hojas de epazote y sal al gusto. Sofría durante 10 minutos.
3. Precaliente una vaporera con agua. Salpimiente las rebanadas de pescado. Coloque en un rectángulo de hoja de plátano un poco del sofrito de nopales; encima, una rebanada de pescado y las rebanadas de xoconostle. Envuelva el pescado con la hoja. Repita el mismo procedimiento con los ingredientes restantes.
4. Coloque los tamales de forma horizontal dentro de la vaporera y deje que se cuezan entre 15 y 20 minutos o hasta que el pescado esté cocido.
5. Sirva cada tamal en un plato para que cada comensal lo abra y acompáñelo con salsa de mesa.

Tamal de
pato relleno

Estado de México
Rendimiento: 4 personas
Preparación: 20 min
Cocción: 2 h 15 min aprox.
Dificultad: ▮▮▮
Costo: ▮▮

Ingredientes

- 1 pato de 1 kg aprox.
- 10 chiles pasillas
- 2 cucharadas de aceite
- ½ cebolla picada
- 2 dientes de ajo picados
- 1 taza de hojas de epazote picadas
- 15 xoconostles pelados y picados en cubos pequeños
- sal al gusto
- cantidad suficiente de hojas grandes de maíz, hidratadas

Procedimiento

1. Limpie cuidadosamente el pato, quitándole la cola y la grasa de la rabadilla; retírele la piel, pero déjelo entero.
2. Ase ligeramente los chiles, ábralos y retíreles las semillas y las venas. Hiérvalos en agua durante 3 minutos y lícuelos muy bien.
3. Sofría en un sartén con el aceite la cebolla y el ajo. Agregue el epazote, los xoconostles, el molido de chiles y sal al gusto. Deje que todo hierva a fuego medio durante un par de minutos.
4. Precaliente una vaporera con agua. Rellene el pato con la mezcla anterior. Envuélvalo en las hojas de maíz, colóquelo dentro de la vaporera y deje que se cocine durante 2 horas o hasta que la carne esté suave.

Tamales de
tortilla

Morelos
Rendimiento: 8-10 personas
Preparación: 30 min
Cocción: 1 h
Dificultad: ▮▮
Costo: ▮▮

Ingredientes

Masa

- 3 tazas de leche
- 15 tortillas frías
- 3 huevos (o 4 claras y 1 yema)
- ⅔ de taza de manteca de cerdo
- 1 cucharadita de sal
- 1 cucharadita de polvo para hornear

Armado

- cantidad suficiente de hojas grandes de maíz, hidratadas
- 750 g de carne de res, cerdo o pollo cocida y troceada
- salsa o mole de su elección, al gusto

Procedimiento

Masa

1. Caliente la leche y mézclela con las tortillas; deje que se hidraten hasta que se suavicen por completo. Escurra el exceso de leche y muela las tortillas en la licuadora o en el metate junto con los huevos. Reserve esta preparación.
2. Bata la manteca hasta que se esponje y se blanquee. Añádale poco a poco la preparación de tortilla, la sal y el polvo para hornear.

Armado

1. Precaliente una vaporera con agua. Arme los tamales (ver pág. 403), acomódelos de manera vertical dentro de la vaporera y deje que se cocinen durante 1 hora o hasta que la masa se desprenda fácilmente de la hoja.

Elabore tamales dulces añadiendo a la masa azúcar, pasitas o trocitos de piña.

Tamal de
yuca en cazuela

Veracruz
Rendimiento: 8-10 personas
Preparación: 1 h
Cocción: 2 h aprox.
Dificultad: ▌▌
Costo: ▌▌

Ingredientes

Relleno

- 5 chiles de árbol secos, sin semillas ni venas, asados e hidratados
- 6 chiles cascabel sin semillas ni venas, asados e hidratados
- 4 chiles guajillo sin semillas ni venas, asados e hidratados
- 1 kg de espinazo de cerdo cortado en trozos
- ½ cebolla
- 2 dientes de ajo pelados
- 4 cucharadas de pasta de achiote diluido en ½ taza de agua
- ½ cucharadita de cominos
- 5 hojas de hierba santa o acuyo, sin la vena central, cortadas en tiras finas
- sal al gusto

Masa

- 3 yucas grandes (1.5 kg aprox.)
- 1 taza de manteca de cerdo
- 1 cucharadita de sal

Envoltura

- cantidad suficiente de trozos de hojas de plátano asados
- 2 cucharadas de manteca de cerdo derretida

Procedimiento

Relleno

1. Escurra los chiles y licúelos hasta hacerlos puré; resérvelos.
2. Hierva los trozos de espinazo de cerdo con la cebolla, el ajo y sal al gusto. A media cocción, añada el puré de chiles, el achiote diluido, el comino y las hojas de hierba santa. Retire la carne del caldo de cocción, desprenda la carne del hueso y regrésela al caldo. Baje la intensidad del fuego y deje que la carne siga cocinándose hasta que todo el líquido se haya evaporado. Retírela del fuego y déjela entibiar.

Masa

1. Pele las yucas, trocéelas y de inmediato sumérjalas en un recipiente con agua fría. Ralle finamente cada trozo de yuca, recolectando la ralladura en la misma agua. Cuele la yuca rallada con una manta de cielo y exprímala bien.
2. Bata la manteca con la sal hasta que se esponje y se blanquee. Añada la yuca rallada y continúe batiendo hasta obtener una mezcla homogénea. Resérvela.

Armado

1. Precaliente el horno a 180 °C. Forre con papel aluminio un refractario o una charola honda para hornear y coloque encima las hojas de plátano, de forma que sobresalgan del recipiente tanto el papel aluminio como las hojas. Sobre éstas distribuya una tercera parte de la masa; extienda encima la mitad del relleno, después otra parte de masa, luego el resto del relleno y finalice con el resto de la masa. Presione con las palmas de las manos la superficie del tamal y barnícela con la manteca derretida.
2. Cubra el tamal con las hojas de plátano y el papel aluminio de los bordes y hornéelo durante 1 hora o hasta que al insertarle un palillo en el centro éste salga limpio.

La yuca cruda sin cáscara se ennegrece fácilmente debido al contacto con el oxígeno. El sumergirla en agua evita que adquiera este color.

Si va a recalentar el tamal, hágalo a baño María.

Yuca

Cacao
y vainilla

Los inventores de la imbatible combinación aromática cacao-vainilla endulzada con miel fueron los mayas y los aztecas, que conocían los complicados secretos de la producción de ambas plantas.

El gran aprecio por el cacao, de uso reservado a la clase dominante de la época prehispánica, se demuestra por su nombre científico, *Theobroma* (alimento de dioses). Por su extraordinaria y rápida difusión entre la aristocracia europea del siglo XVI, su popularidad, en el mundo actual, es como bebida gozosa, golosina suculenta e ingrediente indispensable en repostería.

La producción mexicana de cacao es de alta calidad y volumen comparativamente pequeño pero en rápido crecimiento, particularmente de cacao orgánico. El chocolate es la bebida preferida para la cena tradicional mexicana y acompaña los tamales en toda ocasión. Una antigua costumbre, ya perdida, es agregar al chocolate otro producto originario de la región semitropical de México, el polvo de achiote.

El fruto (mazorca) del árbol de cacao mide aproximadamente 25 centímetros

Las vainas de vainilla se secan al sol

Centro del país

Rendimiento: 1.7 kg

Preparación: 30 min

Cocción: 15 min

Dificultad: ▮▮

Costo: ▮▮

Alegrías

Ingredientes

- 500 g de piloncillo
- 1 taza de miel de abeja
- gotas de jugo de limón, al gusto
- 1 kg de semillas de amaranto tostadas
- pasitas y nueces partidas por la mitad, al gusto (opcional)

Procedimiento

1. Elabore un caramelo a punto de hebra con el piloncillo, la miel de abeja y las gotas de jugo de limón (ver pág. 395).
2. Mezcle el caramelo con el amaranto y las pasitas. Posteriormente, realice alguno de los siguientes pasos:
   - Coloque toda la pasta en uno o más moldes rectangulares. Cúbrala con papel siliconado o encerado y con un rodillo prénsela lo más que le sea posible, retire el papel y adórnela con las mitades de nueces. Divídala en porciones con un cuchillo afilado y déjelas enfriar antes de desmoldarlas.
   - Sobre una mesa de madera limpia y húmeda coloque pequeños moldes metálicos de la forma que prefiera y llénelos con la mezcla antes de que se enfríe. Prense cada alegría lo más que le sea posible, adórnelas con las mitades de nueces y déjelas enfriar antes de desmoldarlas.

Emplee las semillas de amaranto tostadas que se venden en tiendas naturistas, pues el tostado es un proceso complicado. Además, utilice miel de buena calidad para evitar que el dulce se desmorone.

Las semillas de amaranto (huautli, en náhuatl) tienen una larga historia. Durante la época prehispánica se comían cotidianamente y eran objeto de ceremonias y cultos. Con ellas se hacían pequeños ídolos que servían de amuletos para asegurar las buenas cosechas. Cada año los aztecas elaboraban con amaranto y miel de tuna roja una gran estatua del dios Huitzilopochtli que despedazaban y comían en ceremonia solemne. A los misioneros no les gustó esta práctica y prohibieron o limitaron el cultivo del huatli, cuyas semillas han perdido todo significado simbólico.

Jalisco

Rendimiento: 8-10 personas

Preparación: 45 min

Cocción: 20 min

Dificultad: ▮▮

Costo: ▮▮▮

Ante de
leche quemada

Ingredientes

- 1 taza de jerez dulce
- 1 taza de pasitas
- 1 taza de acitrón cortado en cubos pequeños
- 1 bizcocho partido en dos capas (ver Bizcocho, pág. 341)
- 2 tazas de leche
- 500 g de cajeta de leche quemada (ver Cajeta de leche quemada, pág. 313)
- 1 taza de nueces
- 1 taza de piñones

Procedimiento

1. Mezcle en un tazón la mitad del jerez con la mitad de las pasitas y del acitrón. Reserve.
2. Moje las dos capas del bizcocho con el resto del jerez. Resérvelas.
3. Hierva en un cazo la leche con la cajeta y deje que se reduzca hasta que obtenga una crema muy espesa. Divida esta mezcla en dos; a una de ellas añada las pasitas y el acitrón mezclados en el jerez y a la otra la mitad la mitad de las nueces y los piñones.
4. Distribuya una de las porciones de cajeta sobre un disco de bizcocho. Tape con el otro disco y cubra todo con la porción de cajeta restante.
5. Realice un cuadriculado encima del ante para marcar las porciones en que se dividirá. Decórelo con el resto de las pasitas, el acitrón, las nueces, los piñones y banderitas de papel picado. Sírvalo a temperatura ambiente.

Arequipa
de piña y almendras

Michoacán
Rendimiento: 6-8 personas
Preparación: 10 min
Cocción: 45 min
Dificultad:
Costo:

Ingredientes

- 1 taza de harina de arroz
- 1 ℓ de leche
- 1½ tazas de jugo de piña
- 2½ tazas de almendras molidas
- azúcar al gusto
- almendras tostadas y picadas, al gusto

Procedimiento

1. Mezcle en un cazo o en una cacerola la harina de arroz con la leche y colóquelo sobre el fuego. Añada el jugo de piña, y si este último es muy ácido, un poco de azúcar.
2. Deje que la preparación se cueza, sin dejarla de mover, hasta que se espese. Agregue las almendras molidas y continúe revolviendo hasta que obtenga una consistencia de crema bastante espesa, de manera que se pueda ver el fondo del cazo al rasparlo con una pala. Retire la preparación del fuego y déjela enfriar.
3. Sirva la arequipa en un platón adornada con las almendras tostadas y picadas.

Generalmente el jugo de piña es lo bastante dulce, por lo que resulta innecesario agregar azúcar.

Ate de
guayaba

Adaptación de Margarita
Carrillo inspirada
en la Ciudad de México
Rendimiento: 1.250 kg
Preparación: 10 min
Cocción: 2 h
Reposo: 24 h
Dificultad:
Costo:

Ingredientes

- 1 kg de guayabas maduras pero firmes
- las cáscaras y los corazones de 2 manzanas
- 750 g de azúcar
- 3 cucharadas de jugo de limón

Procedimiento

1. Hierva en agua las guayabas entre 3 y 5 minutos, hasta que las cáscaras comiencen a reventarse. Deje que se entibien, drénelas, lícuelas y cuele el puré que obtenga.
2. Hierva en 2 tazas de agua las cáscaras y los corazones de las manzanas hasta que el agua se reduzca a la mitad. Reserve.
3. Coloque sobre el fuego una cacerola con ½ taza de agua y disuelva en ella 3 cucharadas de azúcar. Cuando obtenga una consistencia de jarabe, agregue ½ taza del agua de cocimiento de las cáscaras y los corazones de manzana. Reserve.
4. Ponga sobre el fuego un cazo con el puré de guayaba. Añada el jarabe, mezclando continuamente; incorpore el resto del azúcar y deje que la preparación se cocine, sin dejarla de mover, durante 5 minutos.
5. Agregue el jugo de limón y, sin dejar de mezclar, deje que la preparación se reduzca hasta que al moverla se vean las paredes de la cacerola y obtenga una masa compacta.
6. Forre un molde rectangular con papel encerado y vierta dentro el ate. Déjelo reposar durante 24 horas antes de servirlo. Porciónelo, cortándolo con un cuchillo húmedo.

Como el nopal, varias frutas, entre ellas las manzanas, y especialmente sus cáscaras y semillas, contienen pectina, una sustancia con la capacidad de formar geles en los alimentos. La pectina tiene propiedades medicinales interesantes: beneficia a los diabéticos, es antidiarréica, disminuye el nivel de colesterol de la sangre, entre otras.

Creación inspirada
en la Ciudad de México
Rendimiento: 6-8 personas
Preparación: 20 min
Cocción: 50 min
Dificultad:
Costo:

Arroz con leche
y fruta

Ingredientes

* 1 taza de arroz
* 1 ℓ de leche
* 1 vaina de vainilla abierta por la mitad a lo largo
* ½ taza de azúcar
* 2 yemas
* ½ taza de crema para batir
* azúcar glass, al gusto
* 1½ tazas de fruta de su elección en almíbar, drenada

Procedimiento

1. Enjuague el arroz varias veces en agua hasta que ésta salga transparente.
2. Hierva 1 litro de agua con el arroz durante 3 minutos; drénelo.
3. Ponga sobre el fuego un cazo de fondo grueso con la leche y la vaina de vainilla. Cuando comience a hervir, incorpore el arroz, reduzca la intensidad del fuego y deje que se cocine durante 40 minutos o hasta que los granos estén suaves.
4. Retire el cazo del fuego y extraiga la vaina de vainilla. Revuelva la preparación cuidadosamente mientras añade el azúcar, y después las yemas. Deje que se enfríe el arroz con leche.
5. Bata la crema con el azúcar glass.
6. Sirva el arroz con leche en copas y decórelo con la crema batida y la fruta en almíbar.

Para una presentación más elaborada siga la siguiente receta, que rinde para 4 personas: fría 8 tortillas de harina de 6 centímetros de diámetro (o recortes de tortillas más grandes, o cuadros) en 2 cucharadas de aceite con 2 cucharadas de mantequilla. Espolvoréelas con una mezcla de 1 cucharada de azúcar y una pizca de canela en polvo. Ponga uno de estos buñuelos en cada plato y disponga encima 2 cucharadas de arroz con leche, luego otro buñuelo y siga con más arroz. Finalice con crema batida, capulines en almíbar, fresas o frambuesas.

Sonora
Rendimiento: 6-8 personas
Preparación: 5 min
Cocción: 15 min
Dificultad:
Costo:

Batarete yaqui

Ingredientes

* 500 g de piloncillo
* 2 tazas de pinole
* 1 taza de queso añejo rallado

Procedimiento

1. Hierva el piloncillo en 1 taza de agua. Cuando se forme una miel ligera, retírela del fuego y déjela enfriar.
2. Mezcle la miel con el pinole y el queso. Sirva el batarete en platos pequeños.

Bombín
de xoconostle

Creación inspirada en Hidalgo

Rendimiento: 8 personas
Preparación: 15 min
Cocción: 15 min
Congelación: 15 min
Dificultad: ▌▌
Costo: ▌▌▌

Ingredientes

- 2 ℓ de vino blanco seco
- 1 kg de azúcar
- 1 raja de canela de 10 cm
- 8 clavos de olor
- 3 kg de xoconostles, pelados y remojados durante 24 horas en agua fría (cambiando el agua tres veces), drenados
- 1 ℓ de helado de vainilla o de coco

Procedimiento

1. Hierva el vino con el azúcar, la canela y los clavos hasta que obtenga un almíbar ligero. Añada los xoconostles, baje la intensidad del fuego y deje que se cocinen hasta que estén transparentes. Retire los xoconostles del almíbar y reserve este último.
2. Parta los xoconostles a lo largo en cuartos y retíreles las semillas.
3. Forre con plástico autoadherible moldes individuales en forma de domo. Coloque los trozos de xoconostle al interior de los moldes, presionándolos hasta que no queden huecos entre ellos. Llene la cavidad central de cada bombín con helado y ciérrelos con más plástico autoadherible.
4. Congele los bombines durante 15 minutos, cerciorándose de que el xoconostle no se congele.
5. Sirva los bombines sin el molde ni el plástico, bañados con el almíbar.

Rendimiento: 8 personas
Preparación: 25 min
Cocción: 1 h 20 min
Reposo: 2 días
Dificultad:
Costo:

Cabellos de ángel

Ingredientes

- 1 chilacayote de 2 kg aprox., sin cáscara y cortado en trozos
- 2 cucharadas de cal
- 2 kg de azúcar
- 2 hojas de higuera o 2 limones partidos por la mitad
- 1½ tazas de piñones

Procedimiento

1. Coloque los trozos de chilacayote en una olla, cúbralos con agua, incorpore la cal y déjelos reposar durante una noche.
2. Al día siguiente, enjuague los trozos de chilacayote con abundante agua para eliminar la cal.
3. Ponga sobre el fuego una olla con los trozos de chilacayote; cúbralos con agua y deje que hiervan hasta que pueda deshebrarlos finamente. Retire las semillas.
4. Mezcle en un cazo la mitad del azúcar con 2 tazas de agua y el chilacayote. Colóquelo sobre fuego medio y deje que hierva durante 30 minutos, moviéndolo continuamente. Retírelo del fuego y déjelo reposar hasta el día siguiente.
5. Colóquelo de nuevo sobre fuego medio, añada el resto del azúcar y cocínelo, sin dejarlo de mover, hasta que adquiera un color dorado claro y quede un poco de miel en el fondo del cazo. Añada las hojas de higuera o los limones, retírelo del fuego y déjelo enfriar.
6. Sirva los cabellos de ángel decorados con los piñones.

Michoacán

Rendimiento: 6-8 personas
Preparación: 25 min
Cocción: 50 min
Dificultad: ▌▌
Costo: ▌

Capirotada

Ingredientes

Miel de piloncillo

* 400 g de piloncillo
* 1 cucharadita de semillas de anís
* 1 raja de canela de 5 cm
* la cáscara de 1 limón

Armado

* 4 teleras o bolillos, cortados en rebanadas y doradas en el horno
* 1 taza de queso adobera o cotija cortado en rebanadas
* 1 taza de pasitas

Procedimiento

Miel de piloncillo

1. Hierva todos los ingredientes en 3 tazas de agua hasta que esta última se reduzca a la mitad. Reserve.

Armado

1. Precaliente el horno a 150 °C.

2. Coloque en el fondo de un refractario previamente engrasado una cama de rebanadas de pan y encima una de queso, pasitas y miel de piloncillo. Continúe formando capas de la misma forma hasta terminar con los ingredientes.

3. Hornee la capirotada durante 25 minutos o hasta que se dore ligeramente.

Puede agregar a la miel de piloncillo clavos de olor e intercalar a su gusto, en el armado de la capirotada, rebanadas de plátano macho frito, cebolla y jitomate, como se acostumbra en algunas zonas de Nayarit.

Centro del país

Rendimiento: 1.250 kg
Preparación: 15 min
Cocción: 50 min
Dificultad: ▌
Costo: ▌▌

Cajeta
de guayabas y almendras

Ingredientes

* 6 guayabas
* 2 tazas de leche
* 1 taza de azúcar
* ½ taza de almendras sin cáscara, molidas + 2 cucharadas enteras
* 2 cucharadas de pasitas

Procedimiento

1. Hierva las guayabas en suficiente agua hasta que estén suaves. Licúelas y cuélelas.
2. Hierva a fuego bajo la leche con el azúcar y el molido de guayabas, sin dejar de mover, hasta que la preparación espese. Añada las almendras y deje que hierva durante 15 minutos más, moviendo la cajeta constantemente, o hasta que obtenga una consistencia espesa. Retírela del fuego.
3. Vierta la cajeta en un platón y sírvala a temperatura ambiente, adornada con las almendras y las pasitas.

Puebla

Rendimiento: 24 obleas
Preparación: 45 min
Cocción: 1 h
Dificultad: ▌
Costo: ▌

Cajeta
de leche quemada

Ingredientes

* 1.5 ℓ de leche hervida
* 1½ tazas de azúcar
* ½ cucharadita de bicarbonato de sodio
* 48 obleas chicas

Procedimiento

1. Hierva en un cazo de cobre 2 tazas de leche con el azúcar y el bicarbonato, moviéndola continuamente, hasta que la leche se reduzca a la mitad y adquiera un color marrón ligero.
2. Agregue el resto de la leche y continúe cocinando la preparación a fuego bajo, sin dejarla de mover, hasta que al raspar con una pala el fondo del cazo éste se vea. Retire la cajeta del fuego y déjela enfriar.
3. Distribuya en una oblea un poco de cajeta y coloque encima otra oblea. Repita este paso hasta terminar con todas las obleas y la cajeta.

Costas del Pacífico

Rendimiento: 10-12 cocadas
Preparación: 25 min
Cocción: 1 h aprox.
Dificultad: ▌▌
Costo: ▌▌▌

Cocada

Ingredientes

- 450 g de coco rallado
- 750 g de azúcar
- 1 ℓ de leche
- 1 vaina de vainilla o 1 cucharadita de canela en polvo
- 6 yemas
- 2 cucharadas de manteca vegetal
- 1½ tazas de almendras sin cáscara, partidas por la mitad y tostadas

En todas las costas de América donde crecen cocoteros se preparan cocadas. En ocasiones no se cocinan en horno, sino en cazuela. Hay interesantes combinaciones con piña. En Brasil hay famosas cocadas negras (elaboradas con azúcar morena). El resultado, en todo caso, es un postre especialmente dulce.

Procedimiento

1. Precaliente el horno a 200 °C.
2. Hierva a fuego medio 1½ tazas de agua con el coco rallado y 200 gramos de azúcar durante 10 minutos.
3. Hierva en un cazo la leche con el resto del azúcar y la vaina de vainilla o la canela, moviéndola continuamente durante 10 minutos o hasta que la leche se espese ligeramente. Añada la preparación de coco rallado y mézclela bien.
4. Bata las yemas y añádalas al cazo. Cocine la cocada, sin dejarla de mover, hasta que se espese.
5. Unte el interior de un refractario con la manteca, vierta la cocada y adórnela con las almendras. Hornéela durante 20 minutos o hasta que la superficie esté dorada.
6. Desmolde la cocada y córtela en círculos o en rectángulos. Deje que se enfríe y sírvala.

Guanajuato

Rendimiento: 6-8 personas
Preparación: 10 min
Cocción: 45 min
Reposo: 1 noche
Dificultad: ▌
Costo: ▌

Compota
de xoconostle

Ingredientes

- 13 xoconostles maduros
- 2 tazas de azúcar
- 1 cucharada de cal

Procedimiento

1. Pele los xoconostles, pártalos por la mitad y retíreles las semillas.
2. Disuelva la cal en 1.5 litros de agua y remoje en ella los xoconostles durante una noche. Al día siguiente, enjuáguelos muy bien para eliminar la cal.
3. Coloque sobre fuego medio una olla con los xoconostles y el azúcar; deje que se cuezan hasta que obtenga una consistencia de miel espesa.
4. Sirva la compota a temperatura ambiente o fría.

Yucatán

Rendimiento: 8-10 personas
Preparación: 10 min
Cocción: 20-30 min
Dificultad: ▌
Costo: ▌▌

Dulce de
higos verdes

Ingredientes

- 24 higos verdes
- ½ taza de jugo de limón diluido en ½ taza de agua
- 3 tazas de azúcar
- 2 hojas de higuera
- 2 tazas de crema batida ligeramente azucarada

Procedimiento

1. Hierva los higos en suficiente agua durante 10 minutos; escúrralos, deje que se enfríen y remójelos en el jugo de limón diluido con el agua.
2. Ponga sobre el fuego un cazo con el azúcar y 3 tazas de agua. Cuando adquiera consistencia de almíbar ligero, añada los higos y las hojas de higuera; deje que hiervan durante 6 minutos, hasta que obtenga un almíbar poco consistente.
3. Sirva el dulce de higos en platos individuales o en copas. Adorne con la crema batida.

Creación inspirada
en la Ciudad de México

Rendimiento: 6 personas
Preparación: 10 min
Cocción: no requiere
Dificultad: ▌
Costo: ▐▌

Sopa de
frutas

Ingredientes

- 1 taza de pulpa de papaya o de mamey
- ½ taza de yogur natural
- ½ taza de agua
- 3 cucharadas de miel de abeja
- 200 g de frutas rojas (fresa, zarzamora, frambuesa, etc.)
- hojas de hierbabuena, al gusto

Procedimiento

1. Licue la pulpa de papaya o de mamey con el yogur, el agua y la miel; deberá obtener una consistencia de crema líquida. Si es necesario, añada agua o leche.
2. Sirva la sopa en platos hondos y decore con las frutas rojas y las hojas de hierbabuena.

Esta sopa se puede elaborar con cualquier fruta de temporada o con pulpas concentradas.
En caso de prepararla con zapote negro, no agregue yogur y diluya con jugo de naranja. Adorne con rebanadas de mango o durazno.

Creación de Leticia Alexander inspirada en la Ciudad de México

Rendimiento: 8 personas
Preparación: 1 h
Cocción: 1 h 30 min
Refrigeración: 3 h
Dificultad: ▮▮▮
Costo: ▮▮▮

Flan de chocolate
de metate con buñuelitos de amaranto y miel de Jamaica

Ingredientes

Flan
- 1 taza de azúcar
- ¼ de taza de leche
- 1½ tazas de crema espesa
- 1 raja de canela de 10 cm
- 1 cucharada de licor de café
- 1 cucharadita de extracto de vainilla
- ⅓ de taza de chocolate de metate picado finamente
- ⅓ de taza de chocolate semiamargo picado finamente
- 1 huevo + 3 yemas, a temperatura ambiente

Buñuelitos
- 2 tazas de harina de trigo
- ½ taza de harina de amaranto
- 3 cucharadas de azúcar
- 1 pizca de sal
- 2 cucharaditas de semillas de anís molido
- ¼ de taza de manteca de cerdo a temperatura ambiente
- ¼ de taza de mantequilla a temperatura ambiente
- 1 huevo
- 1 taza de amaranto
- cantidad suficiente de aceite de maíz

Miel de flor de Jamaica
- 1 taza de flores de Jamaica
- 1 taza de azúcar
- 2 cucharadas de glucosa

Presentación
- obleas de colores, al gusto

Procedimiento

Flan

1. Hierva en una cacerola ½ taza de agua con el azúcar hasta que obtenga un caramelo de color claro. Vierta dentro de una flanera individual 1 cucharada de caramelo y gírela para que se cubran las paredes. Repita lo mismo con siete flaneras más.
2. Precaliente el horno a 165 °C.
3. Ponga sobre el fuego una cacerola con la leche, la crema y la raja de canela. Cuando hierva la mezcla, retírela del fuego, agregue el licor de café, el extracto de vainilla y los chocolates. Incorpore todos los ingredientes con un batidor globo hasta que la preparación quede homogénea. Retire la raja de canela y deje que se entibie la preparación.
4. Bata el huevo con las yemas hasta que se esponjen y blanqueen. Sin dejar de batir, añádalas en forma de hilo a la preparación de chocolate. Distribuya esta mezcla dentro de las flaneras, sin llegar completamente al borde.
5. Cubra las flaneras con papel aluminio y colóquelas dentro de un recipiente amplio con agua caliente. Hornee los flanes durante 30 minutos en el horno, hasta que cuajen, pero que el centro siga suave. Saque los flanes del recipiente y colóquelos sobre una rejilla para que se enfríen. Después, refrigérelos durante 3 horas antes de servir.

Buñuelitos

1. Mezcle la harina de trigo con la harina de amaranto, el azúcar, la sal, el anís, la manteca, la mantequilla y el huevo hasta obtener una masa uniforme. Incorpore el amaranto, cubra la masa con plástico autoadherible y refrigérela durante 30 minutos como mínimo.
2. Extienda la masa sobre una superficie ligeramente enharinada con ayuda de un rodillo hasta que obtenga 5 milímetros de grosor. Pique toda la masa con un tenedor y extraiga círculos con un cortador redondo para galletas de 3 centímetros de diámetro.
3. Fría los buñuelos en el aceite caliente hasta que se doren ligeramente; sáquelos del fuego y escúrralos sobre papel absorbente. Resérvelos.

Miel de flor de Jamaica

1. Hierva 3 tazas de agua con las flores de Jamaica durante 5 minutos. Cuele el agua, regrésela al fuego, añada el azúcar y déjela sobre el fuego hasta que adquiera una consistencia semiespesa. Retírela del fuego y pruebe el sabor; si lo desea, añada más azúcar o más agua. Finalmente, incorpore la glucosa y deje que la miel se enfríe.

Presentación

1. Coloque cada flan en el costado de un plato, y en dirección opuesta a éste, ponga algunos buñuelitos acompañados con la miel de Jamaica. Decore con obleas de colores.

Dulce de **calabaza**

Tabasco
Rendimiento: 3.250 kg
Preparación: 15 min
Cocción: 1 h
Dificultad: ▊
Costo: ▊▊

Ingredientes

• 3 kg de calabaza de Castilla, sin cáscara, cortada en trozos medianos
• 13 tejocotes
• 500 g de piloncillo, rallado
• 2 rajas de canela de 5 cm
• leche fría, al gusto

Procedimiento

1. Coloque sobre el fuego una cazuela con tapa con los trozos de calabaza, los tejocotes, el piloncillo y la canela. Tape la cazuela y, sin añadir agua, deje que la calabaza y los tejocotes se cuezan hasta que estén suaves. Remueva de vez en cuando, sin deshacerlos.
2. Sirva el dulce a temperatura ambiente acompañado con un vaso de leche.

Dulce de **frijol envinado**

Baja California
Rendimiento: 10-12 personas
Preparación: 10 min
Cocción: 30 min
Dificultad: ▊
Costo: ▊

Ingredientes

• 1 kg de frijol cocido con poca agua y molido
• 2 ℓ de leche
• 1 kg de azúcar
• 1 cucharada de extracto de vainilla
• 1 taza de jerez dulce

Procedimiento

1. Licue los frijoles con la leche y el azúcar. Cueza esta preparación a fuego bajo en un cazo hasta que al raspar el fondo con una pala se vea el fondo. Retire el dulce del fuego y añada la vainilla y el jerez.
2. Sirva el dulce en un platón.

Flan napolitano
con duraznos

Adaptación de Jorge Luis
Álvarez Vega inspirada
en la Ciudad de México

Rendimiento: 8-10 personas
Preparación: 20 min
Cocción: 1 h 50 min
Refrigeración: 2 h
Dificultad: ▌
Costo: ▌

Ingredientes

- 200 g de duraznos en almíbar
- 1½ tazas de azúcar
- 4 huevos
- 5 yemas
- 2 tazas de leche condensada
- 2 tazas de leche evaporada
- 120 g de queso crema
- 2 cucharadas de fécula de maíz
- 1 cucharada de extracto de vainilla

Procedimiento

1. Precaliente el horno a 200 °C.
2. Rebane los duraznos en medias lunas gruesas y acomódelos en el fondo de un molde para flan.
3. Elabore un caramelo oscuro con el azúcar (ver pág. 395). Vierta el caramelo sobre los duraznos, procurando que todos queden cubiertos. Deje que el caramelo se enfríe.
4. Licue los ingredientes restantes y vacíelos encima de los duraznos. Hornee el flan durante 1½ horas. Sáquelo del horno y déjelo enfriar.
5. Despegue el flan de los bordes del molde con ayuda de un cuchillo. Coloque un platón sobre el molde, voltee el flan y desmóldelo. Refrigérelo por 2 horas y sírvalo.

Dulce de platón de
maíz azul

Estado de México

Rendimiento: 6-8 personas
Preparación: 30 min
Cocción: 1 h 10 min
Reposo: 1 noche
Dificultad:
Costo:

Ingredientes

- 2 tazas de maíz azul
- ½ cucharadita de tequesquite, o de cal, o de cremor tártaro
- 1 ℓ de leche
- 1 raja de canela de 5 cm
- 1½ tazas de azúcar + 1 cucharadita
- 1 cucharada de agua de azahar
- 1 cucharadita de canela molida

Procedimiento

1. Lave el maíz y hiérvalo en 4 tazas de agua con el tequesquite, cal o crémor tártaro durante 5 minutos. Retírelo del fuego y déjelo reposar en un lugar fresco durante toda una noche.
2. Hierva la leche con la raja de canela y resérvela.
3. Lave bien el maíz, escúrralo y muélalo hasta obtener una masa muy fina. Disuelva la masa en 6 tazas de agua y cuélela dos veces.
4. Ponga una cazuela sobre el fuego con la masa colada. Cuando hierva, añádale la leche y 1½ tazas de azúcar; cueza el dulce a fuego bajo, sin dejarlo de mover durante 1 hora o hasta que al raspar con una pala el fondo de la cazuela éste se vea. Agregue el agua de azahar y retire el dulce del fuego.
5. Coloque el dulce en un platón. Mezcle la cucharadita de azúcar restante con la canela molida, espolvoree con ellas el dulce y sírvalo.

Flan de
queso con fruta

Adaptación de Margarita Carrillo inspirada en la Ciudad de México

Rendimiento: 6-8 personas
Preparación: 20 min
Cocción: 2 h 10 min
Refrigeración: 2 h
Dificultad:
Costo:

Ingredientes

- 1 taza de azúcar
- 1½ tazas de leche condensada
- 1⅔ tazas de leche evaporada
- 1⅔ tazas de leche fresca
- 6 huevos
- 3 claras
- 1¼ tazas de queso doble crema, troceado
- 1½ cucharadas de fécula de maíz cernida
- 300 g de rebanadas de fruta en almíbar, drenadas

Procedimiento

1. Precaliente el horno a 180 °C.
2. Elabore un caramelo con el azúcar (ver pág. 395) y viértalo en el fondo de un molde para flan de 25 centímetros de diámetro por 7 centímetros de alto.
3. Licue las tres leches y añádales los huevos y las claras. Sin dejar de licuar, agregue poco a poco los trozos de queso doble crema y después la fécula de maíz, hasta que obtenga una crema sin grumos.
4. Coloque las rebanadas de fruta en el molde, sobre el caramelo, y añádale la preparación anterior. Hornee el flan a baño María durante 2 horas. Retírelo del horno y déjelo enfriar.
5. Despegue el flan de los bordes del molde con ayuda de un cuchillo. Coloque un platón sobre el molde, voltee el flan y desmóldelo. Refrigere el flan durante 2 horas y sírvalo.

Este postre es muy apreciado en México, además de apto para elaborarlo con variantes de sabores, ingredientes y decoraciones.

Creación inspirada en

San Luis Potosí

Rendimiento: 8 personas

Preparación: 5 min

Cocción: 30 min

Dificultad:

Costo:

Flor de izote
en almíbar

Ingredientes

- 40 flores de izote (yuca) sin pistilos
- 1 cucharadita de cal
- 1 raja de canela de 10 cm
- 1 kg de azúcar
- 4 guayabas cortadas en rebanadas

Procedimiento

1. Lave las flores de izote en un recipiente con 5 tazas de agua y la cal. Déjelas reposar durante un par de minutos y escúrralas.
2. Hierva en 1 litro de agua la canela con el azúcar hasta que obtenga un almíbar ligero. Agregue las flores y deje que hiervan a fuego bajo durante 10 minutos; añada las rebanadas de guayaba, y después de 5 minutos de cocción, retire el dulce del fuego.
3. Déjelo enfriar y sírvalo.

Oaxaca

Rendimiento: 10-12 personas
Preparación: 10 min
Cocción: 40 min
Dificultad:
Costo:

Gollorías
de leche

Ingredientes

- 1 ℓ de leche
- 2½ tazas de azúcar
- 1 raja de canela de 5 cm
- 2 tazas de nueces

Procedimiento

1. Ponga sobre el fuego un cazo con la leche, el azúcar y la canela. Cuando hierva, reduzca la intensidad del fuego y cueza la preparación, sin dejarla de mover, hasta que al raspar con una pala el fondo del cazo éste se vea y la preparación haya espesado.
2. Añada las nueces, mezcle bien y coloque sobre un papel encerado cucharadas de la preparación en forma cónica. Deje enfriar las gollorías y sírvalas.

Creación inspirada en Colima

Rendimiento: 4 personas
Preparación: 40 min
Cocción: 30 min
Reposo: 2 h
Dificultad:
Costo:

Guayabas rellenas
de mousse de guanábana

Ingredientes

Guayabas
- ⅓ de taza de azúcar
- ½ taza de vino blanco
- 1 raja de canela de 5 cm de largo
- 6 guayabas grandes, poco maduras, partidas por la mitad

Mousse
- 1 taza de pulpa de guanábana limpia
- 1 yema
- 1 cucharadita de *kirsch* o de licor de cereza
- 1 taza de crema para batir, fría

- 3 cucharadas de azúcar glass
- 1 clara
- 1 cucharada de azúcar

Presentación
- ½ taza de salsa de mango (ver Salsas de frutas, pág. 338)
- ½ taza de salsa de zapote (ver Salsas de frutas, pág. 338)
- la pulpa de 1 mamey, cortada en rebanadas
- 60 g de fresones, zarzamoras o frambuesas
- 6 hojas de hierbabuena cortadas en tiras

Procedimiento

Guayabas
1. Ponga sobre el fuego un cazo con 2 tazas de agua, el azúcar, el vino y la canela. Cuando hierva, añada las guayabas, baje la intensidad del fuego y deje que se cocinen durante 20 minutos. Retire las guayabas del almíbar, deseche las semillas y resérvelas.

Mousse
1. Ponga un cazo sobre fuego bajo con la pulpa de guanábana, la yema y el *kirsch*; bata la preparación y deje que se cueza durante 15 minutos; déjela enfriar.
2. Bata la crema con el azúcar glass hasta que forme picos firmes y resérvela en refrigeración.
3. Bata la clara a punto de turrón con el azúcar.
4. Añada a la pulpa de guanábana fría la crema batida, y después la clara batida, con movimientos envolventes.
5. Introduzca en una manga con duya la preparación y resérvela en refrigeración durante 2 horas.

Presentación
1. Rellene con la mousse las guayabas. Ponga las salsas de frutas en forma de espejo en los platos donde servirá las guayabas y decore con las frutas y la hierbabuena.

Meta al refrigerador los utensilios que vaya a utilizar para batir la crema. Si están en un lugar caliente, haga el batido sobre un recipiente con hielos.

Creación inspirada en
Guanajuato

Rendimiento: 6 personas
Preparación: 20 min
Cocción: 30 min
Congelación: 8 h
Dificultad: ▌▌▌
Costo: ▌▌▌

Helado de **xoconostle**
con azafrán y pimienta gorda

Ingredientes

• 1 taza de leche
• 1 taza de crema para batir
• 1 cucharada de pimientas gordas, asadas ligeramente
• 1 g de azafrán, tostado ligeramente
• 3 yemas a temperatura ambiente
• 2 cucharaditas de fécula de maíz
• 5 cucharadas de azúcar
• 2 cucharaditas de extracto de vainilla
• 1 pizca de sal
• 1 taza de xoconostle cristalizado cortado en cubos pequeños

Procedimiento

1. Caliente a fuego medio la leche con la crema para batir, las pimientas gordas y el azafrán. Cuando hierva, retírela del fuego y resérvela.
2. Bata las yemas con la fécula de maíz, el azúcar, el extracto de vainilla y la sal hasta que la mezcla se blanquee.
3. Vacíe 1 taza de la leche batida en las yemas e intégrela bien. Añada esta mezcla al resto de la leche y cueza la preparación a fuego medio, moviéndola constantemente con una pala de madera, hasta que se espese. Retírela del fuego, pásela a través de un colador e incorpórele el xoconostle cristalizado. Vacíela en un tazón y enfríela sobre un recipiente con hielos.
4. Elabore el helado siguiendo alguno de los siguientes pasos:
   • Vacíe la preparación fría en un recipiente redondo de plástico con tapa, con suficiente espacio para poder mezclarla. Congélela durante 8 horas como mínimo, batiéndola cada 2 horas con una batidora eléctrica manual o con un batidor globo para romper los cristales que se forman durante la congelación; de esta forma obtendrá al final un helado cremoso.
   • Con máquina para hacer helados: mezcle bien la preparación cuando esté fría y viértala en el tazón de la máquina. Siga las instrucciones del instructivo de la máquina.

Creación de Cristina H. de Palacio inspirada en Veracruz

Rendimiento: 4 personas
Preparación: 20 min
Cocción: 30 min
Congelación: 8 h
Dificultad: ▌▌▌
Costo: ▌▌

Helado de
chocolate de metate

Ingredientes

Helado

• 2 tazas de leche
• 3 rajas de canela de 10 cm
• 1½ tazas de chocolate de metate, troceado
• 6 yemas a temperatura ambiente
• ½ taza de azúcar
• 5 cucharadas rasas de cocoa
• 2 cucharaditas de extracto de vainilla

Presentación

• 4 cochinitos de piloncillo (ver pág. 341)

Procedimiento

1. Caliente a fuego medio la leche con la canela y el chocolate hasta que éste último se derrita. Retírela del fuego, deseche las rajas de canela y resérvela.
2. Bata las yemas con el azúcar y la cocoa hasta que la mezcla se blanquee.
3. Vacíe 1 taza de la leche en las yemas con chocolate e intégrela bien. Añada esta mezcla al resto de la leche y cueza la preparación a fuego medio, moviéndola constantemente con una pala de madera, hasta que se espese. Retírela del fuego y añádale el extracto de vainilla. Vacíela en un tazón y enfríela sobre un recipiente con hielos.
4. Elabore el helado siguiendo alguno de los siguientes pasos:
   • Vacíe la preparación fría en un recipiente redondo de plástico con tapa, con suficiente espacio para poder mezclarla. Congélela durante 8 horas como mínimo, batiéndola cada 2 horas con una batidora eléctrica manual o con un batidor globo para romper los cristales que se forman durante la congelación; de esta forma obtendrá al final un helado cremoso.
   • Con máquina para hacer helados: mezcle bien la preparación cuando esté fría y viértala en el tazón de la máquina. Siga las instrucciones del instructivo de la máquina.
5. Sirva el helado con los cochinitos de piloncillo.

Creación inspirada en Guanajuato

Rendimiento: 2 personas
Preparación: 10 min
Cocción: no requiere
Dificultad:
Costo:

Fresones
con queso y miel

Ingredientes

- 200 g de queso fresco cortado en cubos grandes
- las hojas de 2 ramas de hinojo
- 10 fresas grandes cortadas en cuartos
- 1 taza de miel de abeja
- 4 cucharadas de amaranto

Procedimiento

1. Coloque los cuadros de queso sobre un plato y encima de ellos distribuya las hojas de hinojo y los cuartos de fresas. Bañe todo con la miel y espolvoree con el amaranto.

Puede modificar el tamaño sugerido de las fresas por uno pequeño, así podrá colocar sobre cada cubo de queso una fresa entera.

Creación inspirada en

Hidalgo

Rendimiento: 6 personas

Preparación: 20 min

Cocción: 5 min

Reposo: 4 h

Dificultad:

Costo:

Gelatina de pitaya
con yogur y cocada

Ingredientes

- 2½ cucharadas de grenetina en polvo
- 8 pitayas rojas
- 1 taza de azúcar
- ¾ de taza de yogur natural
- 1 cocada desbaratada

Procedimiento

1. Mezcle la grenetina con ½ taza de agua fría y deje que se esponje. Colóquela a fuego bajo en baño María hasta que se funda; consérvela en baño María.

2. Extraiga la pulpa de las pitayas y lícuela con el azúcar y 1 taza de agua. Incorpore la grenetina mezclándola muy bien, y vacíe esta preparación en un molde para gelatina. Refrigérela durante 4 horas.

3. Desmolde la gelatina en un platón. Disponga el yogur alrededor de la gelatina y espolvoréelo con la cocada.

Si no es temporada de pitaya, sustitúyala por tuna cardona, piña, jiotilla o guanábana.

Morelia, Michoacán
Rendimiento: 8 personas
Preparación: 10 min
Cocción: 25 min
Congelación: 8 h
Dificultad: ▌▌▌
Costo: ▌

Helado de pasta
de Morelia

Ingredientes

- 1.4 ℓ de leche evaporada
- 1 raja de canela de 5 cm
- 1 cucharadita de bicarbonato de sodio
- 1½ tazas de azúcar
- ½ taza de miel de abeja
- 4 tazas de almendras molidas
- 1 ℓ de crema batida ligeramente, fría

Procedimiento

1. Hierva en una cacerola la leche con la canela y el bicarbonato, moviéndola constantemente para evitar que se desborde, hasta que se reduzca una tercera parte.

2. Incorpore el azúcar y la miel y continúe con la cocción durante 5 minutos más.

3. Añada las almendras molidas y siga con la cocción hasta que la mezcla tenga una consistencia cremosa. Retírela del fuego y déjela enfriar.

4. Cuando la mezcla esté fría, guárdela en el congelador en un recipiente con tapa. Después de 1 hora, saque la preparación del congelador e integre con movimientos envolventes la crema batida. Regrésela al congelador.

5. Transcurrida una hora o dos, saque del congelador el helado. Si ya se han formado cristales, deshágalos con un tenedor o un batidor globo. Repita este procedimiento varias veces hasta que la mezcla tenga una consistencia homogénea y cremosa.

Además de una gran cocina local con antiguas bases indígenas, Michoacán y su capital, Morelia, son célebres por sus helados, el más conocido es el "de pasta", dulce y cremoso, que se encuentra no solamente en restaurantes, sino en carritos callejeros.

Gaznates

Oaxaca

Rendimiento: 8 personas
Preparación: 30 min
Cocción: 20 min
Reposo: 15 min
Dificultad: ▌
Costo: ▌

Ingredientes

- 2 cucharadas de mantequilla a temperatura ambiente
- 9 yemas
- ¼ de taza de aguardiente de su elección
- ½ cucharadita de semillas de anís molidas
- 1 taza de harina de trigo cernida
- cantidad suficiente de aceite para freír
- 2 tazas de arequipa de piña y almendras, o de cocada (ver págs. 341 y 346)

Procedimiento

1. Mezcle la mantequilla con las yemas, el aguardiente, el anís y la harina hasta obtener una pasta maleable, tersa y suave. Si fuera necesario, añada un poco de agua tibia. Deje reposar la pasta durante 15 minutos.
2. Extienda la pasta lo más delgada posible con la ayuda de un rodillo sobre una superficie enharinada. Córtela en cuadros de 10 centímetros por lado. De cada cuadro, tome dos de los extremos contrarios y péguelos con agua uno sobre otro para obtener cilindros.
3. Fría en el aceite los cilindros de pasta, abriéndolos con ayuda de unos palillos de madera largos para evitar que se cierren. Escurra los cilindros sobre papel absorbente, rellénelos con la arequipa de piña y almendras o con la cocada, y sírvalos.

Huevos reales

Oaxaca

Rendimiento: 6-8 personas
Preparación: 20 min
Cocción: 45 min
Dificultad: ▌
Costo: ▌

Ingredientes

- 12 yemas
- ¼ de taza de mantequilla a temperatura ambiente
- 1 taza de azúcar
- 1 raja de canela de 5 cm
- ½ taza de almendras fileteadas
- ½ taza de pasas
- ½ taza de jerez dulce

Procedimiento

1. Precaliente el horno a 160 °C. Bata las yemas a punto de listón.
2. Engrase un recipiente o refractario con la mantequilla y vierta en él las yemas batidas. Cúbralo con papel aluminio y hornee la preparación a baño María durante 30 minutos o hasta que al insertarle un palillo en el centro éste salga limpio. Deje enfriar las yemas horneadas sin retirarles el papel aluminio.
3. Hierva a fuego bajo 2 tazas de agua con el azúcar, la canela, las almendras y las pasas, moviendo la preparación constantemente, hasta que obtenga un almíbar ligero. Añádale el jerez y retírelo del fuego.
4. Corte las yemas horneadas en cubos regulares, colóquelos en un platón y báñelos con el almíbar. Sirva.

Creación inspirada en
Morelos

Rendimiento: 6 personas
Preparación: 5 min
Cocción: 15-20 min
Dificultad:
Costo:

Guayabas rosas
en almíbar

Ingredientes

- 1 kg de guayabas rosas
- 1 taza de miel de azahar
- 1 raja de canela de 5 cm
- 2 anises estrella

Procedimiento

1. Corte las guayabas en rebanadas gruesas.
2. Hierva 3 tazas de agua con la miel, la canela y el anís hasta que obtenga un almíbar ligero. Agregue las rebanadas de guayaba, deje que el almíbar hierva nuevamente y retire la preparación del fuego.
3. Sirva las guayabas tibias o frías.

Puede utilizar el mismo procedimiento con otras frutas, como plátanos, mangos, etcétera. Sólo retire las cáscaras cuando sea el caso.

Puebla

Puebla

Rendimiento: 10 personas
Preparación: 20 min
Cocción: 45 min
Dificultad: ▌▌
Costo: ▌▌▌

Jamoncillo
de piñones

Ingredientes

- 1 ℓ de leche
- 1 pizca de bicarbonato de sodio
- 1 raja de canela de 10 cm
- 2 tazas de azúcar
- 1 taza de piñones

Procedimiento

1. Ponga sobre el fuego la leche con el bicarbonato, la canela y el azúcar. Cuando hierva, mueva continuamente la preparación con una pala para que no se pegue. Deje reducir la preparación, sin dejar de moverla, hasta que adquiera una consistencia un poco más espesa que una cajeta.

2. Vacíe la preparación sobre una charola con papel siliconado o encerado. Cuando se entibie un poco, forme con ella esferas o cilindros del tamaño de un bocado. Revuelque los jamoncillos en los piñones para que se adhieran en toda la superficie. Déjelos que se enfríen por completo y sírvalos.

Para unos jamoncillos de nuez, sustituya los piñones por nueces picadas.

Sureste del país
Rendimiento: 8 personas
Preparación: 40 min
Cocción: 1 h aprox.
Dificultad:
Costo:

Ishuajes
de elote

Ingredientes

• los granos de 6 elotes grandes
• 3½ tazas de harina
• 1 cucharadita de sal
• ½ cucharadita de bicarbonato de sodio
• 1 taza de manteca de cerdo derretida, tibia + cantidad suficiente para la cocción

Procedimiento

1. Muela los granos de elote en un procesador de alimentos y mézclelos en un recipiente con la harina, la sal y el bicarbonato. Añada poco a poco la manteca derretida hasta que obtenga una masa homogénea que sea maleable y que no esté demasiado húmeda.
2. Forme con la masa 24 esferas y presione cada una entre dos trozos de papel siliconado o plástico, con una máquina tortilladora o con un rodillo, sin que queden demasiado delgadas.
3. Engrase un comal o un sartén con un poco de manteca y ase los ishuajes durante 5 minutos por cada lado o hasta que se doren. Sírvalos calientes o temperatura ambiente.

Si desea los ishuajes dulces, sustituya la sal por 2 cucharaditas de azúcar.
Estas galletas son símbolo de hospitalidad: se acostumbra prepararlas para el Día de Muertos y se ofrecen a las visitas.

Campeche
Rendimiento: 10 personas
Preparación: 30 min
Cocción: 1 h 25 min
Reposo: 2 h 20 min
Dificultad:
Costo:

Isla flotante
con salsa de vainilla

Ingredientes

Isla
• 2½ tazas de azúcar
• 3 tazas de claras
• ¾ de cucharada de fécula de maíz cernida
• 1 cucharadita de extracto de vainilla

Salsa de vainilla
• 2 tazas de leche
• 1 taza de azúcar
• 1 vaina de vainilla abierta por la mitad a lo largo, o 1 cucharadita de esencia de vainilla
• 8 yemas

Presentación
• fruta fresca de su elección, al gusto

Procedimiento

Isla
1. Precaliente el horno a 150 °C.
2. Prepare un caramelo oscuro con ½ taza de agua y 1 taza de azúcar (ver pág. 395); viértalo en el fondo de un molde para flan y resérvelo.
3. Bata las claras hasta que comiencen a esponjarse; añada entonces la fécula de maíz en forma de lluvia, así como el resto del azúcar, sin dejar de batir. Cuando las claras estén bien firmes, añada la vainilla, permita que se mezcle y detenga el batido.
4. Rellene el molde para flan con las claras batidas. Hornee la isla a baño María durante 1 hora. Apague el horno y deje reposar la isla dentro del horno, sin abrirlo, durante 20 minutos. Saque la isla del horno y déjela reposar durante 2 horas a temperatura ambiente.

Salsa de vainilla
1. Hierva la leche con la mitad del azúcar y la vainilla. Cuando hierva, retírela del fuego.
2. Bata las yemas con el azúcar restante hasta que se blanqueen. Añádales un poco de la leche, mezcle bien e incorpóreles el resto de la leche. Ponga la mezcla sobre fuego bajo y cuézala, sin dejarla de mover y sin permitir que hierva, hasta que comience a espesar. Retire la salsa del fuego y déjela enfriar.

Presentación
1. Desmolde la isla en un platón y porciónela cuidadosamente. Sirva en platones hondos la salsa de vainilla, ponga en medio de cada uno una porción de isla flotante, báñelas con el caramelo del molde y decórelas con la fruta fresca.

Jalisco

Rendimiento: 8 personas
Preparación: 25 min
Cocción: 40 min
Dificultad: ▮▮
Costo: ▮▮

Jericalla

Ingredientes

* 6 huevos
* 1 ℓ de leche
* 1¼ tazas de azúcar + cantidad suficiente para espolvorear
* 1 cucharada de esencia de vainilla
* ½ taza de almendras sin cáscara + ½ taza picadas

Procedimiento

1. Precaliente el horno a 170 °C.
2. Bata los huevos hasta que se esponjen. Añádales la leche, el azúcar y la vainilla; continúelos batiendo hasta que todos los ingredientes se integren bien. Agregue las almendras troceadas y bata durante 1 minuto más.
3. Vierta la preparación en moldes individuales y espolvoréeles encima el resto de las almendras y un poco de azúcar. Coloque los recipientes en una charola profunda con agua caliente y hornee las jericallas hasta que se cuajen y la superficie esté ligeramente dorada. Sírvalas a temperatura ambiente o frías.

Puebla

Rendimiento: 10 personas
Preparación: 15 min
Cocción: 3 h
Reposo: 45 min
Dificultad: ▮▮
Costo: ▮

Merengues

Ingredientes

* 7 claras
* ½ taza de azúcar
* la ralladura de 1 limón

Con los merengues se pueden hacer postres delicados que incluyan frutas, crema batida, chocolate, helados y más.

Procedimiento

1. Precaliente el horno a 110 °C.
2. Bata las claras hasta que se esponjen. Añádales el azúcar y la ralladura de limón, y continúelas batiendo hasta que alcancen punto de nieve.
3. Introduzca la preparación en una manga con duya en forma de estrella. Forre una charola con papel siliconado o encerado y coloque encima espirales de merengue de 5 centímetros de diámetro.
4. Hornee los merengues durante 3 horas o hasta que se sequen por completo. Apague el horno y déjelos reposar dentro, sin abrir la puerta, hasta que estén completamente fríos. Sírvalos.

Guanajuato

Rendimiento: 1.5 kg
Preparación: 10 min
Cocción: 45 min
Reposo: 45 min
Dificultad: ▮
Costo: ▮

Mermelada de xoconostle

Ingredientes

* 1 kg de xoconostles
* 3¾ tazas de azúcar

Procedimiento

1. Pele los xoconostles, pártalos por la mitad, retíreles las semillas y píquelos en cubos pequeños y regulares.
2. Hierva a fuego medio los xoconostles con 2 tazas de agua y el azúcar, moviendo la preparación ocasionalmente, hasta que obtenga una consistencia de mermelada.
3. Retire la mermelada del fuego, déjela entibiar un poco y distribúyala en uno o varios frascos previamente esterilizados, hasta el borde; ciérrelos de cabeza y deje enfriar la mermelada por completo antes de refrigerarla.

Adaptación de Gerardo Vázquez Lugo inspirada en Tlacotalpan, Veracruz

Rendimiento: 6 personas
Preparación: 1 h 30 min
Cocción: 40 min
Dificultad: ▌▌▌
Costo: ▌▌▌

Melones de **almendra**
rellenos de mamey

Ingredientes

Pasta de almendra

- 3½ tazas de almendras sin cáscara
- ½ taza de glucosa
- 4⅓ tazas de azúcar glass

Pasta de mamey

- 2⅓ tazas de pulpa de mamey
- 2 tazas de miel de abeja

Presentación

- 3 cucharadas de canela en polvo

Procedimiento

Pasta de almendra

1. Muela las almendras en un procesador de alimentos hasta obtener una masa muy fina.
2. Coloque en un tazón la pasta de almendras. Ponga en el centro de ella la glucosa e intégrela con la mano, añadiendo paulatinamente el azúcar, hasta que obtenga una pasta muy suave y tersa. Resérvela.

Pasta de mamey

1. Pase a través de un colador la pulpa de mamey. Colóquela en un cazo con la miel y póngala sobre fuego medio, mezclándola constantemente, hasta que se despegue del fondo del cazo y se endurezca ligeramente. Retírela del fuego y déjela enfriar.

Armado

1. Forme con la pasta de almendra esferas de 150 gramos. Haga lo mismo con la pasta de mamey, pero con un peso de 50 gramos cada esfera.
2. Presione una esfera de pasta de almendra entre dos trozos de papel siliconado o plástico, con una máquina tortilladora o con un rodillo, hasta que obtenga una tortilla gruesa. Colóquele en el centro una esfera de pasta de mamey y cúbrala con la pasta de almendra. Dele forma esférica nuevamente. Repita este paso con el resto de las esferas.
3. Ruede ligeramente cada esfera sobre un trozo de yute para simular la textura de un melón. Realice en cada esfera marcas transversales con la parte sin filo de un cuchillo.
4. Espolvoree con la canela los melones de almendra. Sírvalos cortando de cada uno un gajo pequeño para que se vea el interior de mamey.

Natilla con pétalos
de rosa y miel de agave

Creación inspirada en
Guanajuato
Rendimiento: 8 personas
Preparación: 10 min
Cocción: 15 min
Reposo: 1 noche + 1 h
Dificultad: ▍
Costo: ▍▍

Ingredientes

Pétalos de rosa cristalizados

- 2 claras
- ½ taza de azúcar
- 3 cucharadas de pétalos de rosa de Castilla

Natilla

- 3 tazas de leche
- 2 tazas de agua de rosas
- ¾ de taza de miel de agave o maguey
- 1 cucharadita de esencia de vainilla
- 8 yemas
- 2 cucharadas de fécula de maíz diluida en ¼ de taza de agua fría

Procedimiento

Pétalos de rosa cristalizados

1. Bata las claras ligeramente y con ellas barnice cada pétalo de rosa. Espolvoréeles el azúcar, sacuda el exceso de la misma de cada pétalo y déjelos reposar durante 1 noche sobre papel siliconado o encerado.

Natilla

1. Ponga sobre el fuego la leche con el agua de rosas. Cuando hierva, baje la intensidad del fuego e incorpore la miel de agave y la vainilla.
2. Bata las yemas, añadiéndoles poco a poco la fécula de maíz y la mitad de la mezcla de leche. Incorpóreles la leche restante y ponga la preparación sobre el fuego. Cuézala, sin dejarla de mover, hasta que obtenga una consistencia espesa. Vierta la natilla en un molde o en copas individuales, déjela enfriar y refrigérela durante 1 hora.
3. Sirva la natilla adornada con los pétalos de rosa cristalizados.

Tejas de pepita

Aguascalientes
Rendimiento: 8 tejas
Preparación: 10 min
Cocción: 5 min
Reposo: 1 h
Dificultad: ▍▍
Costo: ▍

Ingredientes

- 1¼ tazas de azúcar
- 4 cucharadas de mantequilla derretida
- ½ taza de claras de huevo
- 1⅓ tazas de pepitas de calabaza
- cantidad suficiente de mantequilla y harina para la charola

Procedimiento

1. Mezcle el azúcar con la mantequilla y las claras. Añada las pepitas y deje reposar la preparación en refrigeración durante 1 hora como mínimo.
2. Precaliente el horno a 200 °C.
3. Engrase y enharine una charola para hornear, o utilice un papel o tapete siliconado. Forme encima 8 montones de pasta y extienda cada uno con el reverso de una cuchara, hasta que tengan forma ovalada y plana.
4. Hornee las tejas a 200 °C por algunos minutos hasta que estén doradas. Al sacar la charola del horno, retire con cuidado las tejas y coloque cada una sobre un rodillo de pastelería, previamente forrado con papel aluminio, o sobre una botella de vidrio, para que las tejas adquieran la forma curva de éstos. No encime las tejas. Realice esta operación rápidamente, ya que la masa sólo se puede moldear cuando está todavía caliente.

Pastel de elote
con salsa de rompope

Adaptación inspirada
en la Ciudad de México
Rendimiento: 6-8 personas
Preparación: 15 min
Cocción: 30 min
Dificultad: ▌▌
Costo: ▌▌

Ingredientes

Salsa

• 3 tazas de crema ligera
• ½ taza de azúcar
• 1 taza de rompope

Pastel

• 5 huevos
• los granos de 7 elotes sazones (no muy tiernos)
• 1 taza de azúcar
• esencia de vainilla, al gusto
• 1 taza de mantequilla derretida + cantidad
  suficiente para engrasar
• cantidad suficiente de harina para el molde

Procedimiento

Salsa

1. Licue todos los ingredientes y reserve la salsa.

Pastel

1. Precaliente el horno a 180 °C.
2. Licue los huevos con los granos de elote, el azúcar y la vainilla. Incorpore con movimientos envolventes la mantequilla derretida.
3. Engrase y enharine un molde redondo para pastel y vacíe en él la mezcla. Hornee el pastel durante 30 minutos. Déjelo entibiar antes de desmoldarlo.
4. Corte el pastel en rebanadas individuales y sírvalas acompañadas con la salsa.

Si el pastel no está recién hecho, antes de servirlo caliente cada rebanada durante 30 segundos en el horno de microondas, a temperatura media.

También puede hornear el pastel en moldes individuales, reduciendo el tiempo de cocción entre 5 y 10 minutos.

Nicuatole

Adaptación inspirada en Guanajuato

Rendimiento: 8 personas
Preparación: 10 min
Cocción: 30 min
Dificultad:
Costo:

Ingredientes

- 2½ conos de piloncillo de 10 cm
- la cáscara de media lima o de un limón
- 3⅓ tazas de maíz prieto tostado

Procedimiento

1. Hierva 1 taza de agua con el piloncillo y la cáscara de lima o de limón hasta obtener un jarabe espeso. Cuele la miel y regrésela al fuego. Añádale los granos de maíz y deje que se cuezan hasta que se separen bien entre ellos y estén cubiertos de la miel espesa.

Nopalitos
en almíbar

Ciudad de México

Rendimiento: 6-8 personas
Preparación: 10 min
Cocción: 20 min
Dificultad:
Costo:

Ingredientes

- ½ taza de alguno de los siguientes endulzantes: azúcar, piloncillo, miel de maguey o miel de abeja
- 8 nopalitos tiernos cortados en bastones delagados
- 1 pizca de tequesquite o de bicarbonato de sodio
- 2 hojas de higuera

Procedimiento

1. Hierva el endulzante de su preferencia con ¼ de taza de agua hasta que obtenga una miel ligera. Añada los nopalitos junto con el tequesquite o bicarbonato y las hojas de higuera; deje que hiervan durante 15 minutos, retírelos del fuego y permita que se enfríen.
2. Sirva los nopalitos a temperatura ambiente.

Aparte de servirse como postre, estos nopalitos también se pueden degustar como ensalada, mezclados con otras verduras y poniendo un poco de la miel de los nopales en la vinagreta.

Pastelillos de
chocolate

Creación inspirada en la Ciudad de México

Rendimiento: 4 personas
Preparación: 30 min
Cocción: 15 min
Dificultad:
Costo:

Ingredientes

- ½ taza de harina de trigo + 8 cucharadas para enharinar
- ¼ de taza de fécula de maíz
- ¼ de taza de cocoa
- 1 cucharadita de polvo para hornear
- 4 claras
- ½ taza de azúcar + 2 cucharadas
- 1 cucharada de mantequilla derretida + 4 cucharadas para engrasar
- 1 cucharadita de extracto de vainilla
- 2 cucharadas de frambuesas

Procedimiento

1. Precaliente el horno a 180 °C.
2. Cierna juntos la harina, la fécula, la cocoa y el polvo para hornear. Repita el procedimiento 2 veces.
3. Bata las claras hasta que dupliquen su volumen. Incorpóreles la ½ taza de azúcar y continúelas batiendo hasta que adquieran punto de nieve. Incorpore con movimientos envolventes los ingredientes cernidos, y después integre la mantequilla derretida y la vainilla.
4. Engrase y enharine moldes para pastelillos. Distribuya en ellos la mezcla y hornee los pastelillos durante 15 minutos aproximadamente, o hasta que se encojan ligeramente. Sáquelos del horno y déjelos enfriar.
5. Elabore un caramelo con las 2 cucharadas de azúcar restantes. Incorpore la mitad de las frambuesas y cuézalas durante 2 minutos. Licue todo y añada el resto de la fruta.
6. Desmolde los pastelillos y sírvalos bañados con la salsa de frambuesa.

Nuevo León

Rendimiento: 8 personas
Preparación: 10 min
Cocción: 1 h 15 min-2 h 30 min
Dificultad: ▌
Costo: ▌

Postre de
frijol

Ingredientes

- 1 taza de frijoles bayos remojados en agua durante una noche, drenados
- 1 ℓ de leche
- 3 yemas
- 1½ tazas de azúcar
- 1 cucharadita de canela molida
- 4 cucharadas de jerez dulce
- 1½ cucharadas de pasitas
- ¾ de taza de almendras sin cáscara

Procedimiento

1. Cueza en una cazuela o en una olla exprés los frijoles con suficiente agua, hasta que estén muy suaves. Drene los frijoles y lícuelos con la leche.
2. Mezcle las yemas con el azúcar y la canela e intégrelas a la preparación de frijol. Póngala en un cazo de cobre sobre el fuego y cuézala, sin dejarla de mover, hasta que se espese y al raspar el fondo del cazo con una pala éste se vea. Retire el dulce del fuego, añada el jerez dulce y deje que se enfríe por completo.
3. Vierta el dulce en un platón o en moldes individuales. Adorne con las pasitas y las almendras y sírvalo.

Nayarit

Rendimiento: 6 personas
Preparación: 10 min
Cocción: 45 min
Dificultad: ▌
Costo: ▌

Postre de
jícama

Ingredientes

- 2 tazas de jícama rallada
- ⅔ de taza de coco rallado
- el jugo de 1 naranja
- 1¼ tazas de azúcar

Procedimiento

1. Mezcle todos los ingredientes en una cacerola y cuézalos sobre el fuego, sin dejarlos de mover, hasta que la preparación hierva y al raspar con una pala el fondo de la cacerola éste se vea. Retire el dulce del fuego, déjelo enfriar completamente.
2. Sirva el dulce en un platón o en recipientes individuales.

Tabasco

Rendimiento: 10-12 personas
Preparación: 15 min
Cocción: 2 h
Dificultad: ▌▌
Costo: ▌▌

Sisgua

Ingredientes

- los granos de 20 elotes tiernos
- 8 huevos
- 2½ tazas de azúcar
- 1 taza de manteca de cerdo + cantidad suficiente para engrasar
- ¾ de taza de mantequilla a temperatura ambiente
- 2 tazas de leche
- 1½ tazas de queso añejo o de bola

Procedimiento

1. Precaliente el horno a 180 °C.
2. Licue todos los ingredientes hasta obtener una preparación homogénea.
3. Forre un molde con papel siliconado o encerado y úntelo con un poco de manteca. Vierta el molido de elote en el molde y hornee durante por 2 horas, o hasta que la superficie se dore ligeramente.
4. Desmolde el sisgua y sírvalo en un platón.

Sotavento, Veracruz
Rendimiento: 6-8 personas
Preparación: 1 h 30 min
Cocción: 40 min
Dificultad: ▮▮▮
Costo: ▮▮▮

Sopa borracha

Ingredientes

Marquesote

- cantidad suficiente de harina y mantequilla para el molde
- ½ taza de pinole
- ¼ de cucharadita de polvo para hornear
- 3 huevos, separadas las claras de las yemas
- 2 cucharadas de azúcar
- 3 cucharadas de mantequilla derretida, a temperatura ambiente

Relleno

- ¾ de taza de almendras tostadas o de polvo de almendras
- 2 cucharadas de mantequilla a temperatura ambiente
- 1 cucharadita de azúcar glass

Almíbar

- ¾ de taza de azúcar
- 1 raja de canela de 5 cm
- 5 cucharadas de jerez seco o ron
- 2 cucharadas de pasitas

Merengue italiano

- ¾ de taza de azúcar
- 2 claras

Montaje

- 1 cucharada de piñones + cantidad suficiente para decorar
- 1 taza de coco rallado
- cantidad suficiente de almendras partidas por la mitad y tostadas para decorar

Procedimiento

Marquesote

1. Precaliente el horno a 180 °C.
2. Engrase y enharine un molde circular de 20 centímetros de diámetro por 5 centímetros de alto.
3. Mezcle el pinole con el polvo para hornear y reserve.
4. Bata las claras con el azúcar a punto de turrón. Sin dejar de batir, añada las yemas una a una, sin agregar la siguiente hasta que la anterior se haya incorporado a la mezcla. Después, agregue el pinole con el polvo para hornear. Finalmente, añada la mantequilla derretida y deje de mezclar cuando ésta se haya incorporado bien.
5. Vacíe la mezcla en el molde y hornee durante 25 minutos o hasta que esté cocido el marquesote. Apague el horno, entreabra la puerta y deje enfriar el marquesote dentro para que no se reduzca su altura.

Relleno

1. Si las almendras están enteras, muélalas hasta hacerlas polvo. Mezcle el polvo de almendras con la mantequilla y el azúcar glass; reserve.

Almíbar

1. Ponga en una olla pequeña ¾ de taza de agua con el azúcar y la canela; mezcle y ponga sobre el fuego. Deje hervir a fuego bajo hasta que el azúcar se disuelva. Retire el almíbar del fuego, añada el jerez seco o el ron y las pasitas; mezcle y reserve.

Merengue italiano

1. Hierva en un cazo de cobre el azúcar con 3 cucharadas de agua hasta que obtenga un jarabe con punto de hebra.
2. Bata las claras a punto de nieve. Sin dejar de batir incorpore el jarabe hirviendo en forma de hilo fino. Deje de batir cuando el merengue se haya enfriado por completo. Refrigere el merengue hasta el momento de usarlo.

Montaje

1. Corte por la mitad el marquesote con un cuchillo de sierra para obtener dos discos. Cuele el almíbar y reserve las pasitas. Empape una brocha en el almíbar y moje la cara interna del disco inferior con la mitad del almíbar; extienda encima el relleno de almendra y espolvoree los piñones.
2. Coloque encima el disco de marquesote restante y empápelo con un poco de almíbar; cerciórese de no empapar en exceso la superficie para evitar que se desmorone al extender el merengue.
3. Extienda el merengue por toda la superficie del marquesote, dejando un acabado rústico. Espolvoree por toda la superficie el coco rallado y decore con piñones, almendras y las pasas del almíbar.

**Creación inspirada
en la Ciudad de México**

Rendimiento: 6 personas
Preparación: 10 min
Cocción: 35-45 min
Dificultad:
Costo:

Revoltijo
tropical

Ingredientes

- 1½ tazas de papaya picada finamente
- 1 camote, cocido, pelado y picado finamente
- ⅔ de taza de coco rallado
- 1 taza de azúcar
- el jugo de 1 naranja
- ⅓ de taza de pasitas

Procedimiento

1. Hierva en un cazo todos los ingredientes, excepto las pasitas, moviendo la preparación constantemente con una pala, hasta que al raspar el fondo del cazo éste se vea. Retire el revoltijo del fuego y deje que se enfríe completamente.
2. Vacíe el revoltijo en un platón, adórnelo con las pasitas y sírvalo.

**Creación inspirada
en la Ciudad de México**

Rendimiento: 3 tazas aprox.
Preparación: 10 min
Cocción: no requiere
Dificultad:
Costo:

Salsas de
frutas

Ingredientes

- 2½ tazas de pulpa de fruta de su elección
- ½ taza de azúcar morena o de miel de abeja
- 3 cucharadas de jugo de limón
- ½ taza de agua

Procedimiento

1. Licue todos los ingredientes hasta obtener una salsa consistente y homogénea.
2. Pase la salsa por un colador fino.

Este tipo de salsas puede hacerse con toda clase de frutas. Para ello, debe lavar las frutas y desinfectarlas y, en su caso, pelarlas y retirar las semillas.

Para frutas especiales, como zapote o guanábana, debe pelarlas y quitar las pequeñas semillas pasando la pulpa por un colador grueso.

En lugar de agua se puede usar jugo de naranja o mandarina, sobre todo con el zapote negro. En todos los casos, se debe rectificar el azúcar pues, según la temporada, el dulzor de las frutas varía.

Las salsas de frutas se pueden hacer con fruta congelada y también con frutas en almíbar. En este caso, sólo se licuan con un poco de jugo de limón, sin añadirles azúcar.

Para obtener una salsa brillante, hiérvala por 3 o 4 segundos y enfríe.

Las salsas de frutas se pueden conservar por varios días en el refrigerador, dentro de recipientes herméticamente cerrados. Puede preparar las pulpas de frutas cuando estén en temporada y congelarlas.

Estas salsas son la base para las sopas de frutas y algunas aguas frescas.

Tarta de
tomatillo verde

Creación inspirada en
Chihuahua

Rendimiento: 6-8 personas
Preparación: 35 min
Cocción: 30 min
Reposo: 50 min
Dificultad: ▌▌
Costo: ▌▌

Ingredientes

Relleno

- 3 cucharadas de tapioca
- 3 tazas de tomatillos verdes, cortados en rebanadas delgadas
- 1½ tazas de azúcar
- ¼ de taza de nueces picadas
- ½ cucharadita de ralladura de naranja
- 1 pizca de sal

Masa y armado

- 1⅔ tazas de harina de trigo + cantidad suficiente para engrasar
- 1 pizca de sal
- ⅔ de tazas de mantequilla cortada en trozos, fría + cantidad suficiente para engrasar
- 1 cucharada de azúcar

Procedimiento

Relleno

1. Precaliente el horno a 200 °C.
2. Hidrate la tapioca en agua hirviendo durante 10 minutos. Mézclela con el resto de los ingredientes y reserve.

Masa y armado

1. Coloque sobre una superficie plana la harina en forma de volcán. Ponga en el centro la sal, el azúcar y los cubos de mantequilla. Con las yemas de los dedos incorpore poco a poco la harina con la mantequilla, desmenuzando la mezcla con las manos. Trate de trabajarla lo menos posible para que no se caliente en exceso, de lo contrario, será difícil extenderla.
2. Forme una bola con la masa. Con una espátula de plástico haga cortes en la masa para deshacer completamente la mantequilla. Vuelva a unir la masa sin amasarla, forme una bola, y refrigérela durante 30 minutos como mínimo.
3. Extienda la masa con un rodillo sobre una superficie ligeramente enharinada, hasta que obtenga un grosor de 2 centímetros. Acomode la masa sobre un molde para tarta o en varios moldes individuales, procurando que ésta salga ligeramente por los bordes del molde.
4. Pique la base de la tarta con la ayuda de un tenedor y déjela reposar en refrigeración durante 20 minutos.
5. Vierta el relleno dentro de la base de tarta y hornéela durante 20 minutos, o hasta que se doren las orillas. Retírela del horno y déjela enfriar completamente.
6. Sirva la tarta a temperatura ambiente.

Adaptación inspirada en
Querétaro

Buñuelos
de rodilla

Rendimiento: 10 buñuelos
Preparación: 40 min
Cocción: 30 min
Reposo: 15-30 min
Dificultad: ▌▌
Costo: ▌

Ingredientes

- 1½ tazas de harina de trigo
- 2 cucharadas de aceite + 2 tazas para freír
- ½ cucharadita de sal
- 1 cucharada de extracto de vainilla
- 2 cucharadas de azúcar

Procedimiento

1. Forme con la harina un volcán sobre una superficie plana y añádale en el centro 2 cucharadas de aceite, la sal y la vainilla. Comience a mezclar los ingredientes mientras añade paulatinamente 1 taza de agua. Amásela cuanto le sea posible hasta que obtenga una masa de consistencia y textura uniformes.

2. Coloque la masa en un recipiente y tápela con un plástico o con una tela húmeda. Déjela reposar a temperatura ambiente entre 15 y 30 minutos.

3. Humedezca la base externa de una olla de barro, voltéela y colóquela boca abajo sobre la mesa o entre sus rodillas. Humedezca un trapo limpio y forre con él la base de la olla, evitando que se formen arrugas.

4. Enharine ligeramente la masa y divídala en esferas de 50 gramos. Extienda cada una con un rodillo hasta que tengan un diámetro de 12 centímetros aproximadamente.

5. Coloque un disco de masa sobre la olla forrada con el trapo y comience a jalar los extremos con mucho cuidado, con el objetivo de estirarlo sin romperlo. Gire la olla conforme el disco se vaya haciendo más grande. Al final, los lados deberán quedar uniformes y el buñuelo deberá ser de forma circular, del grosor y tamaño que desee. Entre más delgado, mejor.

6. Fría el buñuelo en el aceite hasta que esté dorado. Dispóngalo sobre papel absorbente y espolvoréelo con un poco de azúcar. Repita este paso y el anterior con todos los discos de masa.

¡Atención! Este método antiguo de hacer buñuelos puede ser divertido. La calidad de los buñuelos depende de su diámetro y ligereza. También, puede disfrutar de los buñuelos preparados por las señoras que se especializan en este arte y son más numerosas que de costumbre en los mercados en época de Navidad o en las ferias populares. Los buñuelos son deliciosos también con miel o jarabe de piloncillo perfumado con guayaba.

Puebla
Rendimiento: 6-8 personas
Preparación: 25 min
Cocción: 35 min
Dificultad: ▮▮
Costo: ▮▮

Bizcocho

Ingredientes

- 12 huevos, separadas las yemas de las claras
- 1¼ tazas de azúcar
- canela molida, al gusto
- 3½ tazas de harina de trigo cernida + 2 cucharadas
- 2 cucharadas de mantequilla

Procedimiento

1. Precaliente el horno a 200 °C.
2. Bata las yemas hasta que se esponjen y se blanqueen. Resérvelas.
3. Bata las claras durante unos minutos y agrégueles el azúcar. Continúe batiéndolas hasta que adquieran punto de turrón.
4. Añada a las yemas canela molida al gusto y la harina con movimientos envolventes. Después, incorpore las claras batidas de la misma forma.
5. Engrase un molde para pastel de 25 centímetros de diámetro con la mantequilla y enharínelo con las 2 cucharadas de harina restantes. Vierta la preparación dentro del molde y hornéelo durante 35 minutos o hasta que la superficie del pan se dore. Deje que el bizcocho se entibie, desmóldelo y sirva.

> Puede comer este bizcocho solo o acompañado con chocolate caliente. También puede usarlo como una base para preparar algún pastel o ante.

Adaptación inspirada en
Hidalgo
Rendimiento: 30 cochinitos
Preparación: 35 min
Cocción: 20 min
Reposo: 12 h
Dificultad: ▮▮
Costo: ▮

Cochinitos de piloncillo

Ingredientes

- 1 taza de piloncillo rallado
- ½ taza de mantequilla
- ⅓ de taza de azúcar morena
- 4 cucharadas de melaza o de miel de maíz
- 2½ tazas de harina de trigo cernida
- 1 cucharada de polvo para hornear
- ½ cucharadita de semillas de anís en polvo
- ½ cucharadita de sal
- 1 huevo

Procedimiento

1. Hierva el piloncillo con ¼ de taza de agua hasta obtener ⅔ de taza de miel. Retire la miel del fuego y mézclala con la mantequilla, la azúcar morena y la melaza o miel de maíz hasta que se disuelvan. Agregue la harina, el polvo para hornear, el anís y la sal y mezcle hasta que se incorporen bien. Finalmente, añada el huevo y siga mezclando hasta que obtenga una masa. Envuélvala en plástico autoadherible y déjela reposar durante 12 horas.
2. Precaliente el horno a 200 °C.
3. Extienda la masa sobre una superficie enharinada, con ayuda de un rodillo, hasta que obtenga un grosor de 3 milímetros. Corte figuras de cochinito con un cortador para galletas que tenga dicha forma, de 9.5 centímetros de largo.
4. Forre una charola con papel siliconado, coloque sobre ella los cochinitos y hornéelos durante 10 minutos. Despréndalos con ayuda de una espátula, déjelos enfriar y sírvalos.

Centro del país
Rendimiento: 850 g
Preparación: 15 min
Cocción: no requiere
Reposo: 2 h
Dificultad:
Costo:

Masa madre
para bolillo y telera

Ingredientes

• 3½ tazas de harina de trigo
• 1½ cucharadas de levadura fresca, o de levadura seca
• 1 taza + 3 cucharadas de agua
• 2 cucharadas de aceite

Quienes se dedican a elaborar esta masa también la conocen como "polish", "pasta madre" o "masa fuerte".

Procedimiento

1. Forme con la harina un círculo sobre una superficie plana y añada en el centro la levadura y el agua. Disuelva la levadura en el agua e incorpórela paulatinamente a la harina.
2. Amase la preparación durante 5 minutos o hasta que se despegue de la mesa y de sus manos.
3. Engrase un recipiente amplio con el aceite, coloque dentro la masa, tápelo con plástico autoadherible y deje reposar la masa en un lugar tibio durante 2 horas o hasta que duplique su volumen.

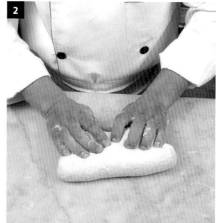

Masa fresca
para bolillo y telera

Centro del país

Rendimiento: 850 g
Preparación: 15 min
Cocción: no requiere
Dificultad: ▮▮
Costo: ▮

Ingredientes

- 3½ tazas de harina de trigo
- 1½ cucharadas de levadura fresca o de levadura seca
- 1 cucharada de sal
- 3 cucharadas de azúcar
- 1 taza + 3 cucharadas de agua

Procedimiento

1. Forme con la harina, sobre una superficie plana, un círculo con una línea que lo atraviese por el centro. Ponga dentro de una de las mitades del círculo la sal y el azúcar, y en la otra la levadura y el agua.
2. Disuelva la levadura en el agua y comiéncela a integrar con la harina del centro y de la cara interior del círculo. Mezcle paulatinamente todos los ingredientes hasta obtener una masa homogénea.
3. Amase la masa durante 5 minutos o hasta que se despegue de la mesa y esté elástica.

Centro del país

Rendimiento: 40 piezas aprox.

Preparación: 45 min

Cocción: 15 min

Reposo: 45 min

Dificultad: ▮▮

Costo: ▮

Bolillo

Ingredientes

• 850 g de masa madre (ver pág. 342)

• 1 kg de masa fresca (ver pág. 343)

• 2 cucharadas de manteca vegetal

Procedimiento

1. Junte las dos masas y amáselas durante 15 minutos o hasta que obtenga una masa dura y elástica que se despegue fácilmente de la mesa de trabajo. Divídala en porciones de 40 gramos aproximadamente y gire cada una con la mano sobre una superficie plana, mientras ejerce una ligera presión sobre ellas, hasta que queden lisas y uniformes en toda su superficie. (A este proceso se le llama "bolear".)

2. Aplane una esfera con las yemas de los dedos y doble la parte de arriba hacia el centro de sí misma, hasta la mitad. Presiones el doblez con las yemas de los dedos y doble de nuevo para cerrar la masa y obtener la forma de un bolillo. Repita este procedimiento con el resto de las esferas de masa.

3. Extienda cada bolillo hacia atrás y hacia adelante con la palma de sus manos, y presionando al mismo tiempo las orillas para que se formen las puntas.

4. Engrase una charola con la manteca y acomode los bolillos con una separación de 5 centímetros entre cada uno. Cubra la charola con plástico autoadherible y deje reposar los bolillos en un lugar tibio durante 45 minutos aproximadamente o hasta que dupliquen su volumen.

5. Precaliente el horno a 220 °C. Realice una incisión con una navaja de afeitar en la parte superior de cada bolillo para hacer la abertura tradicional y barnícelos con un poco de agua.

6. Hornee los bolillos durante 15 minutos o hasta que se doren.

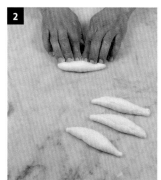

Centro del país

Rendimiento: 40 piezas aprox.
Preparación: 40 min
Cocción: 15 min
Reposo: 45 min
Dificultad: ▌▌
Costo: ▌

Telera

Ingredientes

- 850 g de masa madre (ver pág. 342)
- 1 kg de masa fresca (ver pág. 343)
- 2 cucharadas de manteca vegetal

Procedimiento

1. Junte las dos masas y amáselas durante 15 minutos o hasta que obtenga una masa dura y elástica que se despegue fácilmente de la mesa de trabajo. Divídala en porciones de 40 gramos aproximadamente y gire cada una con la mano sobre una superficie plana, mientras ejerce una ligera presión sobre ellas, hasta que queden lisas y uniformes en toda su superficie. (A este proceso se le llama "bolear".)

2. Aplane un poco cada esfera y dele forma ovalada; forme las puntas aplastándolas un poco de las orillas.

3. Realice dos incisiones a la telera presionando su superficie con un rodillo muy delgado o con una raspa.

4. Engrase una charola con la manteca y acomode encima las teleras con una separación de 5 centímetros entre cada una. Cubra la charola con plástico autoadherible y deje reposar las teleras en un lugar tibio durante 45 minutos aproximadamente o hasta que dupliquen su volumen.

5. Precaliente el horno a 220 °C. Hornee las teleras durante 15 minutos o hasta que se doren.

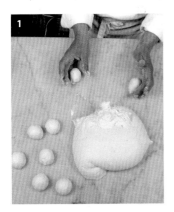

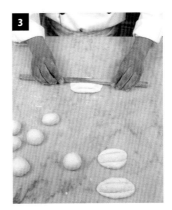

Conchas

Centro del país

Rendimiento: 14 conchas aprox.
Preparación: 45 min
Cocción: 30-40 min
Reposo: 2 h aprox.
Dificultad:
Costo:

Ingredientes

- 1½ tazas de harina de trigo
- ¼ de taza de leche tibia
- 1 cucharada de levadura fresca o seca
- 1 huevo

- 2 yemas
- 1 pizca de sal
- ⅓ de taza de mantequilla a temperatura ambiente + 2 cucharadas para engrasar

- ¼ de taza de azúcar
- cantidad suficiente de manteca vegetal
- 1 receta de cobertura para conchas (ver pág. 347)

Procedimiento

1. Forme con la harina un círculo sobre una superficie plana y añada dentro, en una de las orillas, la leche con la levadura, y del lado opuesto, el huevo, las yemas y la sal. Disuelva la levadura en la leche, y mezcle el huevo y las yemas con la sal.

2. Comience a integrar paulatinamente todos los ingredientes con ayuda de una espátula, hasta que la masa comience a despegarse de la mesa y tenga una consistencia suave.

3. Agregue ⅓ de taza de mantequilla y amase hasta integrarla; añada el azúcar y amase nuevamente hasta que se incorpore también. Debe obtener una masa con una consistencia y textura lisa y suave.

4. Engrase con la mantequilla restante un recipiente. Forme una bola con la masa, colóquela dentro del recipiente, tápelo con plástico autoadherible y déjela reposar en un lugar tibio durante 1½ horas o hasta que duplique su volumen.

5. Divida la masa en esferas de 5 centímetros aproximadamente y gire cada una con la mano sobre una superficie plana, mientras ejerce una ligera presión sobre ellas, hasta que queden lisas y uniformes en toda su superficie. (A este proceso se le llama "bolear".)

6. Engrase una charola con la manteca y acomode encima las esferas de masa con una separación de 5 centímetros entre cada una. Unte un poco de manteca en sus manos y aplaste ligeramente las esferas de masa.

7. Forme discos planos con la cobertura para conchas, no más grandes que las porciones de masa de la charola. Colóquelos encima de las porciones de masa, presionándolos ligeramente para que se adhieran.

8. Enharine un marcador metálico para conchas. Marque con este utensilio rápida y firmemente la superficie de cada concha. Deje reposar las conchas en un lugar tibio hasta que dupliquen su volumen.

9. Precaliente el horno a 180 °C. Hornee las conchas entre 30 y 40 minutos o hasta que se doren y estén cocidas.

Este tipo de masa, llamada masa de bizcocho, se utiliza para elaborar diversos panes mexicanos como las conchas, chilindrinas, pechugas, rollos de bizcocho, borrachos, chorreadas, mordidas, ojos, picones, soletas, entre otros.

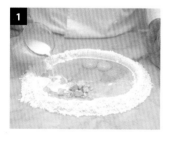

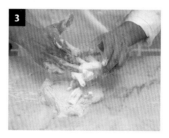

Centro del país
Rendimiento: 15 porciones
aprox.
Preparación: 15 min
Cocción: no requiere
Dificultad:
Costo:

Cobertura para
conchas

Ingredientes

- 1½ cucharadas de mantequilla
- 1½ cucharadas de margarina
- 5 cucharadas de azúcar glass
- 5 cucharadas de harina de trigo
- 1 cucharada de cocoa en polvo
- cantidad suficiente de harina de trigo para espolvorear

Procedimiento

1. Acreme la mantequilla con la margarina.
2. Extienda la mezcla sobre una superficie y agregue el azúcar glass. Mézclela hasta deshacer los grumos.
3. Agregue la harina de golpe e incorpórela por completo, procurando no amasar en exceso para evitar que la preparación se endurezca.
4. Divida la cobertura en dos. Mezcle la cocoa con una de las mitades hasta que la cobertura adquiera un color uniforme.

Sonora
Rendimiento: 10-12 coyotas
Preparación: 40 min
Cocción: 35 min
Reposo: 30 min
Dificultad:
Costo:

Coyotas

Ingredientes

- 1 kg de harina de trigo cernida
- 1 pizca de sal
- 3⅓ tazas de manteca de cerdo
- 2 cucharadas de levadura seca disuelta en ¼ de taza de agua tibia
- ½ cono de piloncillo de 10 cm, hervido en 1 taza de agua, frío
- 3 tazas de piloncillo rallado o molido mezclado con 1 cucharada de harina de trigo

Procedimiento

1. Forme con la harina un volcán sobre una superficie de trabajo. Coloque en el centro la sal y la manteca y mézclelas poco a poco con la harina hasta obtener una masa arenosa. Añada la levadura disuelta y el piloncillo hervido. Amase hasta que obtenga una masa suave y de textura lisa. Cúbrala con un trapo limpio y déjela reposar durante 30 minutos.
2. Divida la masa en esferas y extienda cada una entre dos plásticos, con un rodillo, para formar discos. Distribuya en la mitad del total de discos la mezcla de piloncillo con harina, dejando la orilla descubierta, y cúbralos con los discos restantes. Cierre la orilla de cada coyota presionándola con un tenedor, y perfore con un palillo el centro de cada una, para que por allí salga el vapor la cocción.
3. Precaliente el horno a 180 °C. Forre charolas con papel siliconado, distribuya en ellas las coyotas, y hornéelas durante 35 minutos o hasta que se doren.

Ciudad de México
Rendimiento: 12 cubiletes
Preparación: 20 min
Cocción: 15 min
Dificultad:
Costo:

Cubiletes

Ingredientes

- 6 huevos, separadas las yemas de las claras
- 1 taza de azúcar
- ¾ de taza de harina de trigo
- 1 taza de fécula de maíz
- cantidad suficiente de mantequilla
- cantidad suficiente de azúcar glass

Procedimiento

1. Precaliente el horno a 180 °C.
2. Bata las yemas con el azúcar hasta que obtenga punto de listón. Resérvelas.
3. Bata las claras a punto de nieve y añádalas con movimientos envolventes a las yemas.
4. Cierna la harina con la fécula de maíz e incorpórela a la preparación anterior, también con movimientos envolventes.
5. Engrase con mantequilla moldes para cubiletes y distribuya la mezcla hasta llenar dos terceras partes de su capacidad. Hornéelos durante 15 minutos.
6. Saque los cubiletes del horno, déjelos enfriar, desmóldelos y sírvalos espolvoreados con el azúcar glass.

Uno de los trucos para lograr la consistencia esponjosa de estos cubiletes es incorporar la mayor cantidad de aire a las yemas y a las claras, y después mezclarlas delicadamente con la harina y la fécula de maíz.

Empanadas de
calabaza de Castilla

Rendimiento: 8 empanadas
Preparación: 1 h
Refrigeración: 30 min
Cocción: 50 min
Dificultad:
Costo:

Ingredientes

Relleno
- 4 tazas de pulpa de calabaza de Castilla, sin cáscara, sin semillas ni venas y cortada en cubos pequeños
- 1 cucharadita de semillas de anís molidas
- 1 cucharadita de canela molida
- 1½ tazas de azúcar
- 1 taza de nueces picadas finamente

Masa
- 2½ tazas de harina de trigo
- 1 cucharadita de sal
- 1⅔ tazas de manteca de cerdo
- cantidad suficiente de agua fría

Armado
- 1 huevo batido
- cantidad suficiente de azúcar para decorar

Procedimiento

Relleno
1. Muela en un procesador de alimentos la calabaza con el anís y la canela hasta que obtenga un puré terso; si es necesario, añada un poco de agua. Póngalo sobre el fuego y muévalo continuamente hasta que todo el líquido se haya evaporado.
2. Retire el puré del fuego, déjelo enfriar y mézclelo con el azúcar y las nueces. Resérvelo.

Masa
1. Precaliente el horno a 180 °C.
2. Cierna la harina junto con la sal e incorpórele la manteca con las yemas de los dedos. Cuando obtenga una masa de textura arenosa, agréguele poco a poco agua fría, la suficiente para formar una masa suave. Procure no trabajar en exceso la masa para evitar que la grasa se funda. Refrigérela durante 30 minutos.

Armado
1. Extienda sobre una superficie plana ligeramente enharinada la masa, con ayuda de un rodillo, hasta que obtenga un grosor de ½ centímetro. Corte discos con un cortador para galletas de 10 centímetros de diámetro.
2. Distribuya en los discos de masa el relleno, dejando la orilla descubierta. Dóblelos por la mitad sobre sí mismos para formar las empanadas y presione las orillas con un tenedor para sellarlas. Barnícelas con el huevo batido.
3. Forre charolas con papel siliconado o encerado, distribuya en ellas las empanadas y hornéelas durante 30 minutos o hasta que se doren ligeramente. Saquelas del horno y revuélquelas en el azúcar.

Adaptación inspirada en Chihuahua

Galletas de
pinole

Rendimiento: 20 galletas de 10 cm de diámetro aprox.

Preparación: 30 min

Cocción: 15 min

Dificultad:

Costo:

Ingredientes

Galletas

- 1 kg de harina de trigo
- 4 cucharaditas de polvo para hornear
- 2 cucharaditas de bicarbonato de sodio
- 1½ tazas de azúcar
- 3 tazas de pinole sin azúcar
- 3 huevos
- 3 cucharadas de manteca vegetal
- 1 pizca de sal
- nueces picadas, al gusto
- 3 cucharadas de manteca de cerdo

Decoración

- 2 cucharadas de canela en polvo
- ½ taza de azúcar refinada

Procedimiento

Galletas

1. Cierna la harina junto con el polvo para hornear y el bicarbonato. Forme con esta mezcla un volcán en una superficie plana, coloque en el centro el resto de los ingredientes, excepto la manteca de cerdo, y mézclelos paulatinamente hasta que obtenga una pasta suave. Añada poco a poco la manteca de cerdo; debe obtener una masa que sea maleable.

2. Precaliente el horno a 175 °C. Forme con la masa esferas del tamaño que desee y aplánelas con la palma de las manos hasta que tengan 1 centímetro de grosor.

3. Forre charolas con papel siliconado o encerado, distribuya en ellas las galletas y hornéelas durante 15 minutos.

Decoración

1. Mezcle la canela con el azúcar y revuelque en esta mezcla las galletas cuando aún estén tibias.

Mantecadas

Ciudad de México

Rendimiento: 12 mantecadas
Preparación: 30 min
Cocción: 30 min
Reposo: 5 min
Dificultad:
Costo:

Ingredientes

- 1 cucharada de levadura fresca o seca
- 1 taza de harina de trigo
- 1 cucharada de polvo para hornear
- 4 huevos
- la ralladura de la cáscara de 1 naranja
- 1¼ tazas de azúcar
- ½ taza de aceite de maíz o 190 g de mantequilla derretida, fría
- ½ taza de leche

Procedimiento

1. Disuelva la levadura en 2 cucharadas de agua y cierna la harina junto con el polvo para hornear. Reserve ambas mezclas por separado.
2. Bata los huevos con la ralladura de naranja, agregando el azúcar en 3 tandas hasta que dupliquen su volumen. Agregue la harina en forma de lluvia, y después, el aceite o la mantequilla y la leche, sin dejar de batir, hasta que obtenga una masa tersa y sin grumos, y comiencen a formarse burbujas de aire.
3. Precaliente el horno a 180 °C. Cubra moldes para mantecadas con capacillos y llénelos con la mezcla a la mitad de su capacidad. Déjelos reposar durante 5 minutos.
4. Hornee las mantecadas durante 30 minutos o hasta que al introducirles en el centro un palillo éste salga limpio. Retírelas del horno, déjelas enfriar y sírvalas.

Gorditas
de nata

Estado de México

Rendimiento: 12 gorditas de 10 cm de diámetro
Preparación: 20 min
Cocción: 25 min
Dificultad:
Costo:

Ingredientes

- 1⅔ tazas de nata
- 2 tazas de azúcar
- 5 huevos
- 1 kg de harina de trigo
- 1 cucharada de manteca de cerdo derretida
- 1 cucharada de polvo para hornear
- 1 cucharadita de canela en polvo
- cantidad suficiente de leche

Preparación

1. Bata la nata con el azúcar hasta que esta última se disuelva. Agregue los huevos uno a uno, integrando perfectamente el anterior antes de añadir el siguiente.
2. Incorpore la harina, la manteca, el polvo para hornear y la canela; mezcle hasta obtener una masa homogénea. Debe obtener una masa que no sea muy seca; si es necesario, añada leche.
3. Estire la masa sobre una superficie enharinada, con ayuda de un rodillo, hasta que obtenga 1 centímetro de grosor. Corte círculos con un cortador para galletas de 10 centímetros de diámetro.
4. Cueza las gorditas en un comal a fuego medio, por ambos lados, hasta que estén doradas.

Estado de México

Rendimiento: 8-10 personas

Preparación: 30 min

Cocción: 30 min

Reposo: 50 min

Dificultad:

Costo:

Pan de
pulque

Ingredientes

- 8 huevos
- ½ taza de pulque blanco
- 1¼ tazas de azúcar
- 3½ tazas de harina de trigo cernida
- 2½ tazas de mantequilla derretida, a temperatura ambiente + cantidad suficiente para engrasar
- 1 cucharada de levadura seca disuelta en 2 cucharadas de agua
- 2 cucharadas de ajonjolí

Procedimiento

1. Precaliente el horno a 220 °C.
2. Rompa 7 huevos y separe las yemas de las claras. Mezcle el pulque con las claras y bátalas durante 10 minutos.
3. Agregue a las claras, sin dejar de batir, las yemas, el azúcar, la harina, la mantequilla y la levadura. Debe obtener una masa elástica. Déjela reposar durante 30 minutos.
4. Ponga papel siliconado o encerado sobre una charola para hornear. Forme una tira larga y gruesa con la masa y acomódela sobre la charola dándole la forma de zigzag. Barnice el pan con el huevo restante y decórelo con el ajonjolí. Hornéelo durante 30 minutos. Sáquelo del horno, déjelo enfriar y sírvalo.

Ciudad de México

Rendimiento: 20 gorditas
Preparación: 10 min
Cocción: 15 min
Dificultad:
Costo:

Gorditas
de La Villa

Ingredientes

- 2 cucharadas de manteca de cerdo
- 2 tazas de masa de maíz
- 1 taza de azúcar glass
- 1 pizca de bicarbonato de sodio
- 1 cucharadita de tequesquite
- 4 yemas

Procedimiento

1. Mezcle la manteca con la masa de maíz e incorpore el azúcar y el bicarbonato.
2. Disuelva el tequesquite en ½ taza de agua, cuélelo y viértalo lentamente sobre la masa, mezclando con la mano y añadiendo las yemas, una a una, hasta obtener una masa homogénea.
3. Forme con la masa gorditas de 5 centímetros de diámetro y de 1 centímetro de grosor como máximo. Cuézalas en un comal, a fuego alto, primero de un lado y luego del otro, hasta que estén completamente cocidas.
4. Cuando las gorditas estén frías, envuelva varias en pedazos de papel de china de colores variados. Sírvalas.

Pan **de caja**

Todo el país
Rendimiento: 1 pieza
Preparación: 30 min
Cocción: 30 min
Reposo: 3 h
Dificultad:
Costo:

Ingredientes

- 1 cucharada de levadura fresca
- 3 tazas de harina de trigo + cantidad suficiente para engrasar
- ½ cucharada de sal
- ¼ de taza de azúcar
- ⅓ de taza de manteca vegetal + cantidad suficiente para engrasar

Procedimiento

1. Mezcle en 1 taza de agua la levadura con la harina. Añada la sal, el azúcar y la manteca; amase la preparación hasta obtener una masa de consistencia firme y elástica. Cubra la masa con un trapo de cocina limpio y déjela reposar en un lugar tibio hasta que duplique su volumen.
2. Extienda la masa en una superficie enharinada, con la ayuda de un rodillo, hasta que obtenga un rectángulo de 1 centímetro de grosor. Enróllelo sobre sí mismo para obtener un cilindro apretado. Engrase y enharine un molde para pan de caja y coloque dentro el cilindro de masa. Deje reposar la masa durante 1 hora o hasta que se desborde del molde. Precaliente el horno a 210 °C.
3. Hornee el pan durante 30 minutos o hasta que se dore ligeramente. Deje enfriar el pan, desmóldelo y déjelo reposar durante 2 horas antes de rebanarlo.

Panecitos de elote

Estado de México
Rendimiento: 12 panecitos
Preparación: 30 min
Cocción: 20 min
Dificultad:
Costo:

Ingredientes

- 1½ tazas de harina de trigo + cantidad suficiente para engrasar
- 2 cucharadas de polvo para hornear
- 1 pizca de sal
- ½ taza de mantequilla + cantidad suficiente para engrasar
- 2 cucharadas de azúcar
- los granos de 6 elotes muy tiernos, molidos
- 4 huevos

Procedimiento

1. Precaliente el horno a 180 °C.
2. Cierna la harina con el polvo para hornear y la sal. Resérvela.
3. Acreme en una batidora eléctrica la mantequilla con el azúcar; vierta poco a poco los granos de elote molidos y la mezcla de harina. Agregue los huevos, uno a uno, y siga batiendo hasta obtener una mezcla homogénea y suave.
4. Engrase y enharine moldes para panqués, vierta en ellos la mezcla hasta llenar tres cuartas partes de su capacidad y hornéelos durante 20 minutos. Sáquelos del horno, déjelos enfriar, desmóldelos y sírvalos.

Polvorones de anís

Yucatán
Rendimiento: 20 polvorones
Preparación: 40 min
Cocción: 20 min
Dificultad:
Costo:

Ingredientes

- la yema cocida de un huevo duro
- 5½ tazas de fécula de maíz
- 3½ tazas de harina de trigo
- 1 cucharadita de polvo para hornear
- ⅔ de taza de azúcar glass
- 1 cucharadita de semillas de anís, asadas y molidas
- ½ cucharadita de extracto de vainilla
- 1⅔ tazas de manteca de cerdo, derretida

Procedimiento

1. Precaliente el horno a 200 °C.
2. Deshaga la yema y mézclela con la fécula de maíz, la harina, el polvo para hornear, el azúcar, el anís y la vainilla. Agregue poco a poco la manteca, mezclando hasta obtener una masa homogénea.
3. Divida la masa en porciones del tamaño de su puño y aplástelas con la palma de la mano, dándoles la forma que desee. Ponga sobre charolas papel siliconado o encerado, distribuya en ellas los polvorones y hornéelos durante 20 minutos o hasta que se doren.

Pan de chicharrón
prensado y chile guajillo

Creación inspirada en el Centro del país

Rendimiento: 8 personas
Preparación: 50 min
Cocción: 40 min
Reposo: 1 h 20 min
Dificultad: ▊▊
Costo: ▊

Ingredientes

Chicharrón prensado

- 4 chiles guajillos sin semillas ni venas
- 1 cucharada de aceite
- 150 g de chicharrón prensado, picado
- sal al gusto

Pan

- 3½ tazas de harina de trigo + cantidad suficiente para engrasar
- 1 cucharada de levadura fresca o de levadura seca
- 2 huevos
- 1 cucharada de azúcar
- 1 cucharada de sal
- cantidad suficiente de mantequilla para engrasar

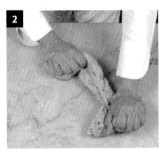

Procedimiento

Chicharrón prensado

1. Hierva los chiles en suficiente agua durante 10 minutos. Lícuelos y cuélelos.
2. Coloque sobre el fuego un sartén con el aceite; cuando esté caliente, vierta en él el molido de chiles y el chicharrón. Baje la intensidad del fuego y deje que la preparación se cocine, moviéndola ocasionalmente, hasta que se seque. Agregue sal al gusto y reserve.

Pan

1. Forme con la harina un círculo con una línea que lo atraviese por el centro. Vacíe en una de las mitades la levadura y 1 huevo, y en la otra el azúcar y la sal.
2. Mezcle todo paulatinamente hasta que obtenga una masa de consistencia uniforme. Añada el chicharrón prensado y amase durante 10 minutos; la consistencia final de la masa debe ser semidura y elástica. Deje reposar la masa durante 1 hora.
3. Extienda la masa sobre una superficie plana ligeramente enharinada, con ayuda de un rodillo, hasta que obtenga un rectángulo de 60 centímetros de largo por 15 de ancho. Divida la masa en cuatro rectángulos, y posteriormente corte cada rectángulo por la mitad, para que obtenga 8 porciones.
4. Forme 8 esferas con las porciones de masa y gire cada una con la mano sobre una superficie plana, mientras ejerce una ligera presión sobre ellas, hasta que queden lisas y uniformes en toda su superficie. (A este proceso se le llama "bolear"). Engrase y enharine un molde para pastel circular; coloque dentro las esferas de masa, siete en la orilla y una en el centro. Cubra el molde con plástico autoadherible y deje reposar el pan durante 20 minutos o hasta que duplique su volumen.
5. Precaliente el horno a 180 °C. Bata el huevo restante, barnice el pan con él y hornéelo durante 20 minutos o hasta que se dore y esté bien cocido. Deje enfriar el pan antes de desmoldarlo.

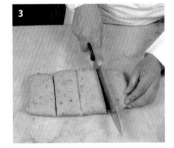

Centro del país
Rendimiento: 20 panes de muerto
Preparación: 1 h
Cocción: 30 min
Reposo: 1 h 30 min
Dificultad:
Costo:

Pan de muerto
con ajonjolí

Ingredientes

- 3½ tazas de harina de trigo
- 1⅓ cucharadas de levadura fresca
- 3 huevos
- ½ taza de margarina a temperatura ambiente
- ½ cucharada de sal
- ½ taza de azúcar
- ¾ de taza de leche
- 1 raja de canela, triturada
- 2½ tazas de ajonjolí

Procedimiento

1. Forme con la harina un círculo hueco sobre una mesa. Vacíe en el centro la levadura, 2 huevos, la margarina, la sal y el azúcar. Vierta un poco de leche e integre los ingredientes del centro. Deje reposar la mezcla durante 5 minutos.

2. Agregue la canela y mezcle todo con la harina.

3. Conforme integra los ingredientes, vierta poco a poco la leche según la necesite. Amase la preparación hasta que obtenga una masa que se despegue de la mesa y de sus manos. Engrase un recipiente, coloque en él la masa y déjela reposar hasta que duplique su volumen.

4. Divida la masa en 20 porciones de 200 gramos cada una, que serán los panes, y en 8 porciones de 25 gramos aproximadamente, que serán las canillas y las esferas del centro de los panes. Tome una de las porciones grandes de la masa y trabájela, jalándola hacia arriba para alisarla. Voltee la porción de masa y gírela con la mano sobre una superficie plana, mientras ejerce una ligera presión sobre ella, hasta que quede lisa y uniforme en toda su superficie. (A este proceso se le llama "bolear"). Realice lo mismo con las porciones grandes de masa restantes.

5. Engrase charolas para hornear con papel siliconado o encerado, distribuya en ellas las esferas de masa, espaciadas una de la otra, y aplaste ligeramente las orillas de cada una (quedarán con forma de montaña).

6. Aplaste ligeramente las esferas de masa, sin deformarlas.

7. Amase las porciones de masa de 25 gramos, y con cada una forme tres canillas y las esferas del centro de cada pan. Déjelas reposar durante 15 minutos o hasta que dupliquen su volumen.

8. Acomode las canillas sobre el pan de manera cruzada y pegue las bolitas centrales con un poco de agua.

10. Precaliente el horno a 180 °C. Barnice los panes con el huevo restante, espolvoréelos con el ajonjolí y déjelos reposar en un lugar tibio durante 30 minutos.

11. Hornee los panes durante 30 minutos o hasta que se doren.

También puede realizar este pan con forma ovalada y con una cruz pequeña entre cada canilla.

Si desea este pan de muerto con azúcar no lo barnice con huevo y omita el ajonjolí. Una vez horneado, déjelo enfriar durante 10 minutos y barnícelo con mantequilla fundida. Después de 5 minutos, espolvoréelo con azúcar al gusto.

Para realizar un pan de muerto cubierto con chocolate, omita el ajonjolí y báñelo con este ingrediente previamente fundido.

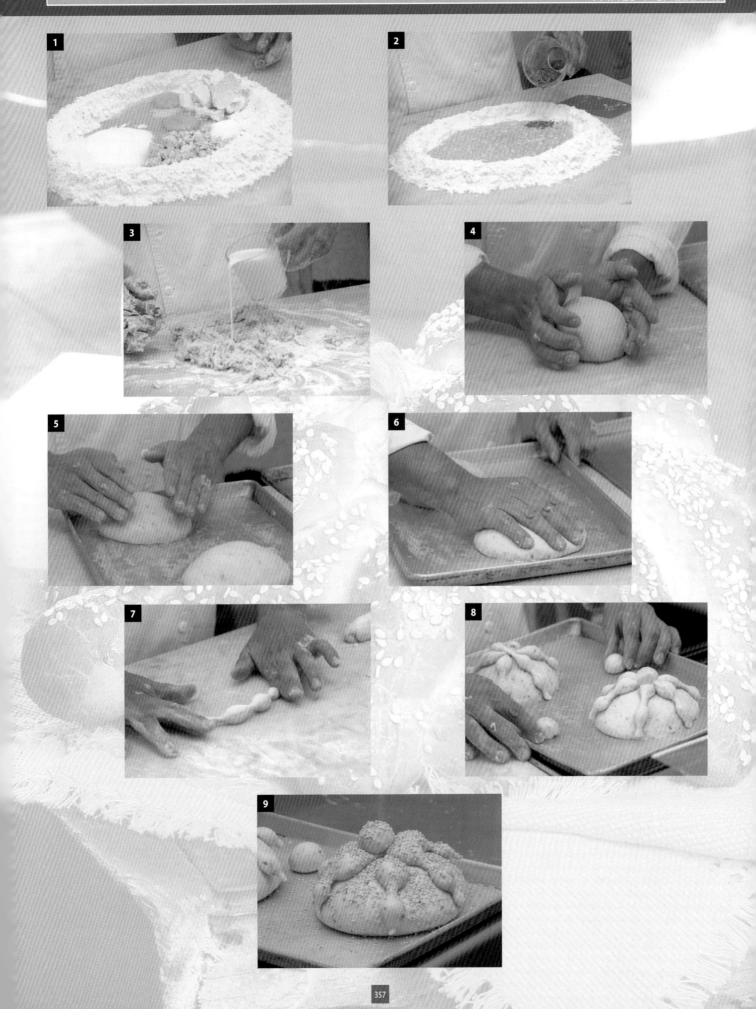

Centro del país

Rendimiento: 1 pan grande
Preparación: 1 h
Cocción: 30 min
Reposo: 1 h 30 min
Dificultad: ▮▮▮
Costo: ▮

Pan de muerto
masa fina

Ingredientes

- 3½ tazas de harina de trigo
- ¾ de azúcar + 1½ tazas para espolvorear
- 1 cucharadita de sal
- 1 pizca de conservador
- ½ cucharadita de esencia de azahar

- 1⅓ tazas de levadura fresca
- 1 gota de colorante vegetal amarillo
- 1 taza de margarina a temperatura ambiente
- 5 huevos

- 2 cucharadas de ralladura de naranja
- ½ taza de jugo de naranja
- 1 cucharadita de esencia de naranja
- ½ taza de mantequilla derretida

Procedimiento

1. Forme con la harina un círculo hueco sobre la mesa. Vacíe en el centro los ¾ de taza de azúcar, la sal, el conservador, la esencia de azahar, la levadura, el colorante, la margarina y los huevos. Mezcle bien estos ingredientes.

2. Añada en el centro del círculo la ralladura, el jugo y la esencia de naranja. Integre todos los ingredientes con la harina hasta que obtenga una masa uniforme.

3. Continúe amasando hasta que la masa se despegue de la mesa y de sus manos. Engrase un recipiente, coloque en él la masa y déjela reposar en un lugar tibio hasta que duplique su volumen.

4. Siga los pasos 4 a 8 de la receta para elaborar el pan de muerto con ajonjolí (ver pág. 356). En este caso, formará sólo 1 pieza de pan, y, si lo desea, haga las canillas en forma de cruz. Precaliente el horno a 180 °C. Hornee el pan durante 30 minutos o hasta que se dore. Retírelo del horno y déjelo enfriar.

5. Barnice el pan con la mantequilla y espolvoréelo con el azúcar restante hasta que quede bien cubierto.

Nuevo León

Rendimiento: 8 personas
Preparación: 40 min
Cocción: 25 min
Dificultad: ▌
Costo: ▌

Semitas
de anís

Ingredientes

- 2 cucharadas de semillas de anís hervidas en ½ taza de agua
- 1 kg de harina de trigo
- 3 tazas de manteca de cerdo
- 5 tazas de piloncillo rallado
- ½ cucharada de sal
- 3 cucharaditas de polvo para hornear
- 1 pizca de sal
- cantidad suficiente de azúcar

Procedimiento

1. Precaliente el horno a 180 °C.
2. Mezcle las semillas de anís junto con el agua donde las hirvió con el resto de los ingredientes, excepto el azúcar. Amase todo hasta que obtenga una masa de consistencia y textura uniformes.
3. Divida la masa en porciones del tamaño de una nuez y extiéndalas con un rodillo sobre una superficie plana, dándoles forma redonda. Corte las orillas en forma ondulada con un cuchillo.
4. Ponga sobre charolas para hornear papel siliconado o encerado, espolvoree las semitas con el azúcar y distribúyalas en las charolas. Hornéelas durante 25 minutos.

Puebla

Rendimiento: 70 galletas aprox.
Preparación: 25 min
Cocción: 20 min
Dificultad: ▌▌
Costo: ▌

Rosquitas
de naranja

Ingredientes

- 5 tazas de harina de trigo
- 1 pizca de sal
- 2 cucharaditas de polvo para hornear
- ½ taza de jugo de naranja
- ¾ de taza de mantequilla a temperatura ambiente
- ¾ de taza de azúcar
- 2 cucharadas de ajonjolí

Procedimiento

1. Cierna la harina junto con la sal y el polvo para hornear. Mézclela con el jugo de naranja, la mantequilla y el azúcar hasta formar una pasta suave.
2. Precaliente el horno a 200 °C. Divida la pasta en porciones del tamaño de una nuez. Forme con cada una cilindros de 15 centímetros de largo y una las puntas de cada uno, para formar las rosquitas.
3. Ponga sobre charolas para hornear papel siliconado o encerado, distribuya en ellas las rosquitas y hornéelas durante 20 minutos o hasta que estén doradas. Retire las rosquitas del horno, espolvoréelas con el ajonjolí mientras sigan calientes, déjelas enfriar y sírvalas.

Sonora

Rendimiento: 12 personas
Preparación: 45 min
Cocción: 50 min
Dificultad: ▌▌▌
Costo: ▌▌

Rosca
de las abuelas

Ingredientes

- 500 g de uvas peladas + 1 racimo de 500 g
- 1 taza de jerez dulce
- 12 yemas
- 1¼ tazas de azúcar
- 1¼ tazas de nueces molidas
- 1¼ tazas de avellanas molidas
- ¼ de taza de coñac o brandy
- ⅓ de taza de harina de trigo cernida + cantidad suficiente para enharinar
- 6 claras
- cantidad suficiente de mantequilla para enharinar
- 5 tazas de crema batida, ligeramente endulzada

Procedimiento

1. Sumerja las uvas peladas en el jerez y resérvelas en refrigeración.
2. Precaliente el horno a 200 °C. Bata las yemas con el azúcar hasta que se blanqueen y se esponjen. Sin dejar de batir, agregue las nueces, las avellanas, el coñac o brandy y la harina. Bata las claras a punto de turrón e incorpórelas con movimientos envolventes a la mezcla de yemas.
3. Engrase y enharine un molde de rosca y vacíe dentro la preparación. Hornéela durante 50 minutos o hasta que se dore y que al insertarle en el centro un palillo, éste salga limpio. Saque la rosca del horno, déjela enfriar y desmóldela.
4. Coloque la rosca sobre un platón y báñela con el jerez donde se remojaron las uvas. Cúbrala con la crema batida, dejando espacios para que se aprecie el pan, y adórnela con las uvas. Coloque en el hueco central de la rosca el racimo de uvas y sírvala.

Creación inspirada en
Chihuahua
Rendimiento: 4-6 personas
Preparación: 20 min
Cocción: 1 h
Dificultad: ▮▮
Costo: ▮▮

Rosca de
miel y especias

Ingredientes

- 1 taza de miel de abeja
- 1 taza de mantequilla + cantidad suficiente para engrasar
- 2 huevos
- ⅓ de taza de harina integral de trigo
- 1 taza de harina de trigo cernida + cantidad suficiente para engrasar
- ½ cucharadita de polvo para hornear
- ½ taza de linaza en polvo
- ½ cucharadita de jengibre en polvo
- ½ cucharadita de una mezcla de pimienta gorda, canela y comino, en polvo
- 1 pizca de sal

Procedimiento

1. Precaliente el horno a 180 °C.
2. Ponga sobre el fuego la miel hasta que se derrita; retírela del fuego, añádale la mantequilla y mézclela hasta que se funda. Bata esta preparación hasta que se enfríe. Añada entonces los huevos, uno a uno, hasta que todos los ingredientes estén bien incorporados.
3. Mezcle las harinas con el polvo para hornear, la linaza, las especias y la sal. Integre poco a poco estos ingredientes a la preparación anterior, hasta que obtenga una masa de consistencia y textura homogéneas.
4. Engrase y enharine un molde de rosca y vierta dentro la masa. Hornee durante 50 minutos o hasta que la rosca se dore, y que al introducirle un palillo en el centro, éste salga limpio. Saque la rosca del horno, déjela enfriar, desmóldela y sírvala.

Prepare esta sencilla rosca con diferentes mieles orgánicas; le encantarán los resultados por las sutiles diferencias de aroma. La miel de azahares de naranja es clásica como, a su manera, lo es la de maguey. Las mieles de girasol silvestre y de acahual (planta parecida al girasol) son muy delicadas. A las de manzanilla y sábila se les atribuyen virtudes curativas. Igualmente puede experimentar con el perfume de la miel de dzildzilché, producida sólo por abejas de Yucatán.

Centro del país

Rendimiento: 8 personas

Preparación: 45 min

Cocción: 50 min

Reposo: 1 h 45 min

Dificultad: ▌▌▌

Costo: ▌▌

Rosca de Reyes
trenzada

Ingredientes

Masa

- 3½ tazas de harina
- 1½ cucharadas de levadura fresca
- 1 taza de azúcar
- ½ taza de mantequilla a temperatura ambiente
- 4 huevos
- ½ taza de leche tibia

Armado

- ¼ de taza de mantequilla derretida
- 1½ cucharadas de azúcar
- 10 cerezas rojas, picadas
- 10 cerezas verdes, picadas
- ½ taza de cáscara de naranja confitada, picada
- 4 higos confitados, picados
- 1 huevo batido

Procedimiento

Masa

1. Forme con la harina un círculo hueco sobre una mesa y vacíe en el centro los ingredientes restantes.
2. Mezcle todos los ingredientes hasta que obtenga una masa que se despegue de la mesa y de sus manos. Engrase un recipiente, coloque dentro de él la masa, cúbralo con plástico autoadherible y déjela reposar en un lugar tibio hasta que duplique su volumen.

Armado

1. Forme con la masa un cilindro largo sobre una superficie enharinada; aplánelo con un rodillo hasta formar un rectángulo de 10 centímetros de ancho y barnícelo con la mantequilla.
2. Distribuya sobre la masa el azúcar y las frutas, y enróllela sobre sí misma.
3. Corte el rollo por la mitad, a lo largo, para obtener dos tiras.
4. Trence ambas tiras, cuidando que el relleno quede arriba. Ponga sobre una charola para hornear papel siliconado o encerado, coloque en ella la rosca y barnícela con el huevo. Déjela reposar en un lugar tibio durante 45 minutos o hasta que duplique su volumen.
5. Precaliente el horno a 180 °C. Hornee la rosca durante 50 minutos o hasta que se dore.

Agua de
limón, chaya y chía

Creación inspirada en Guanajuato
Rendimiento: 1.3 ℓ
Preparación: 15 min
Cocción: no requiere
Reposo: 2 horas
Dificultad:
Costo:

Ingredientes

- 1 taza de semillas de chía
- 1.25 ℓ de agua
- 10 hojas de chaya, sin tallo
- ⅓ de taza de jugo de limón
- 1 taza de azúcar

Procedimiento

1. Remoje las semillas de chía en 1 taza de agua durante 2 horas como mínimo.
2. Pique la mitad de las hojas de chaya y mézclelas con 2 tazas de agua, el jugo de limón y el azúcar.
3. Licue el resto de las hojas de chaya con el agua restante y mézclelas con la preparación anterior y el agua con chía. Refrigere el agua y sírvala.

Mixteca poblana, Puebla
Rendimiento: 4 ℓ
Preparación: 25 min
Cocción: no requiere
Dificultad:
Costo:

Agua fresca con
almendra de mamey

Ingredientes

- 2 huesos de mamey
- 4 ℓ de agua
- azúcar al gusto
- cubos de hielo, al gusto

Procedimiento

1. Rompa los huesos del mamey para obtener las almendras. Rállelas con un rallador fino sobre un recipiente con 1 taza del agua.
2. Cuele con manta de cielo la ralladura y exprímala bien para extraer la mayor cantidad de sabor posible. Mezcle lo obtenido con el resto del agua y azúcar al gusto. Añada los hielos y sirva.

Atole de
chaya

Sureste del país
Rendimiento: 2 ℓ
Preparación: 5 min
Cocción: 10 min
Dificultad: ▪
Costo: ▪

Ingredientes

• 2 ℓ de leche
• ¾ de taza de fécula de maíz
• 40 hojas de chaya
• ½ taza de azúcar morena

Procedimiento

1. Licue la leche con la fécula de maíz y las hojas de chaya. Coloque esta mezcla en una olla sobre el fuego. Añada el azúcar y cuézala, sin dejarla de mover, durante 10 minutos, o hasta que obtenga la consistencia deseada.
2. Sirva el atole caliente.

Atole de
frijol

Sinaloa
Rendimiento: 1.5 ℓ
Preparación: 25 min
Cocción: 45 min
Dificultad: ▪
Costo: ▪

Ingredientes

Puré de guayaba

• 3 tazas de agua
• 1½ tazas de azúcar
• 1 raja de canela de 10 cm
• 3 pimientas gordas
• 3 clavos de olor
• ½ cucharadita de semillas de anís
• 1 kg de guayabas limpias

Atole

• ½ taza de masa de maíz nixtamalizada
• 1 ℓ de agua purificada
• 1 taza de frijoles negros cocidos sin sal, drenados
• azúcar al gusto

Procedimiento

Puré de guayaba

1. Ponga sobre el fuego una olla con el agua, el azúcar, la canela, la pimienta, los clavos de olor y el anís; cuando hierva, añada las guayabas. Deje que las guayabas se cuezan hasta que estén muy suaves.
2. Drene las guayabas, cuele el líquido de cocción y resérvelo. Pase las guayabas a través de un colador y reserve este puré.

Atole

1. Disuelva la masa en 2 tazas de agua, cuélela y resérvela.
2. Licue los frijoles con el agua restante, cuélelos y resérvelos.
3. Ponga sobre el fuego en una olla el agua de cocción de las guayabas; añada la masa disuelta y deje que la preparación hierva a fuego bajo, moviéndola constantemente, hasta que esté cocida.
4. Agregue a la olla el frijol licuado y el puré de guayaba. Endulce al gusto y sirva el atole caliente.

Si el atole queda muy espeso al final, añada más agua, deje que hierva y sirva.

Champurrado

Centro del país

Rendimiento: 1 ℓ
Preparación: 5 min
Cocción: 25 min
Dificultad: ▌▌
Costo: ▌

Ingredientes

- 1.25 ℓ de agua
- 1 raja de canela grande de 15 cm
- 1 cono de piloncillo de 10 cm
- 1 tableta de chocolate de metate o de mesa
- 1 taza de masa de maíz nixtamalizado

Procedimiento

1. Hierva en la mitad del agua la canela, el piloncillo y el chocolate durante 10 minutos o hasta que se disuelvan.
2. Disuelva la masa en el resto del agua fría y cuélela. Incorpórela al agua con el piloncillo y el chocolate. Ponga sobre el fuego la preparación y deje que hierva a fuego bajo, sin dejarla de mover, hasta obtener una consistencia semiespesa. Sirva caliente.

Tome este champurrado en el desayuno acompañado con unas gorditas de nata.

Todo el país
Rendimiento: 2 ℓ
Preparación: 10 min
Cocción: 30 min
Reposo: 20 min
Dificultad:
Costo:

Atole de
avena

Ingredientes
• 2 tazas de avena
• 2 ℓ de agua
• 2 rajas de canela de 10 cm
• 1 ℓ de leche
• 1¾ tazas de azúcar

Procedimiento
1. Hidrate la avena en 4 tazas de agua durante 20 minutos.
2. Hierva el agua restante con la canela durante 5 minutos. Deseche las rajas de canela y añada la avena hidratada. Mantenga la preparación a fuego bajo hasta que se entibie. Agregue la leche y el azúcar y licue todo.
3. Cocine el atole a fuego bajo, sin dejarlo de mover, hasta que hierva. Retírelo del fuego y sírvalo caliente.

Centro del país
Rendimiento: 2 ℓ
Preparación: 5 min
Cocción: 20 min
Dificultad:
Costo:

Atole de elote
con mantequilla

Ingredientes
• 2 ℓ de leche
• 1 taza de azúcar morena o 2 tazas de piloncillo rallado
• 2 tazas de granos de elote tierno
• 3 cucharadas de mantequilla sin sal

Procedimiento
1. Hierva en la mitad de la leche el azúcar o el piloncillo durante 5 minutos o hasta que se disuelva. Reserve.
2. Licue los granos de elote con la leche restante y cuélelos. Vierta lo obtenido a la leche hirviendo y añada la mantequilla. Baje la intensidad del fuego y deje que el atole hierva durante 15 minutos o hasta que espese ligeramente.

Sinaloa
Rendimiento: 1 ℓ
Preparación: 10 min
Cocción: 25 min
Dificultad:
Costo:

Atole de
guamúchil

Ingredientes:
• 500 g de guamúchiles, sin vaina ni semillas
• 1 ℓ de agua
• 1 raja de canela de 10 cm
• 1 pizca de sal
• piloncillo rallado, al gusto
• ¼ de taza de harina de trigo diluida en ½ taza de agua

Procedimiento
1. Licue la pulpa de guamúchil con 2 tazas de agua.
2. Ponga sobre el fuego el agua restante con la canela, la sal y piloncillo al gusto. Cuando se disuelva el piloncillo, añada la harina diluida y el guamúchil molido. Baje la intensidad del fuego y deje que el atole hierva, moviéndolo continuamente entre 10 y 15 minutos o hasta que se espese ligeramente. Deseche la raja de canela, rectifique la cantidad de piloncillo y sirva el atole caliente.

Zongolica, Veracruz
Rendimiento: 1.5 ℓ
Preparación: 10 min
Cocción: 1 h
Dificultad: ▌
Costo: ▌

Atole de
papa extranjera

Ingredientes

- 1 kg de papas extranjeras peladas
- 2 ℓ de agua
- 2 rajas de canela de 10 cm
- ¾ de taza de azúcar o 1½ tazas de piloncillo rallado

Procedimiento

1. Hierva las papas extranjeras en 4 tazas de agua hasta que estén cocidas. Licuelas con un poco del líquido de cocción y reserve este puré.

2. Hierva el agua restante con la canela durante 5 minutos. Retire las rajas y añada el puré de papa extranjera. Baje la intensidad del fuego y deje que el atole hierva, sin dejarlo de mover, durante 10 minutos o hasta que adquiera una consistencia ligeramente espesa. Añada el azúcar o piloncillo, mezcle bien y sirva el atole.

La papa extranjera es también conocida como papa voladora. Es un tubérculo del género Oxalis, que se caracteriza por su sabor a ácido oxálico. Este elemento también lo tienen otros vegetales como los xocoyoles o el ruibarbo.

Atole
negro purépecha

Michoacán
Rendimiento: 4.5 ℓ
Preparación: 20 min
Cocción: 45 min
Dificultad: ▓▓
Costo: ▓

Ingredientes

- 200 g de pelos de elote
- 4.5 ℓ de agua
- 3 tazas de piloncillo rallado
- 2 rajas de canela de 10 cm
- 2 tazas de masa de maíz nixtamalizada

Procedimiento

1. Ponga sobre el fuego un comal con los pelos de elote y deles vuelta constantemente hasta que se tatemen.
2. Prenda fuego a los pelos de elote y voltéelos varias veces, con las manos mojadas o con unas pinzas, hasta que estén totalmente quemados y el fuego se apague.
3. Muela en un metate los pelos de elote con un poco del agua.
4. Corrobore que quede una especie de atole espeso; cuélelo y resérvelo.
5. Ponga sobre el fuego una olla de barro con 3 litros de agua, el piloncillo y la canela. Deje que hierva.
6. Disuelva la masa de maíz en el agua restante.
7. Cuele la masa e incorpórela al agua hirviendo en la olla.
8. Vacíe también a la olla el molido de pelos de elote. Deje que el atole hierva a fuego medio, sin dejarlo de mover, hasta que espese ligeramente. Retire las rajas de canela y sirva.

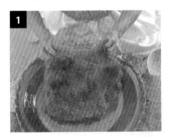
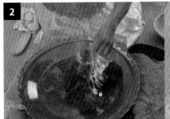
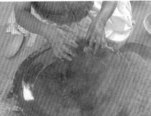

Café de olla
con chocolate de metate

Creación inspirada en
Chiapas

Rendimiento: 1 ℓ
Preparación: 5 min
Cocción: 15 min
Reposo: 5 min
Dificultad:
Costo:

Ingredientes

- 1 ℓ de agua
- 1 raja de canela de 10 cm
- 1 clavo de olor
- ½ taza de piloncillo rallado
- ⅓ de taza de chocolate de metate troceado
- 1 taza de café molido

Procedimiento

1. Ponga sobre el fuego una olla con el agua; cuando hierva agregue la canela, el clavo de olor, el piloncillo y el chocolate. Deje que hierva durante 10 minutos o hasta que el piloncillo y el chocolate se disuelvan.
2. Reduzca el fuego al mínimo y deje que siga hirviendo durante 5 minutos; retire la espuma de la superficie conforme ésta se vaya acumulando.
3. Agregue el café al agua hirviendo y retire la olla del fuego. Deje reposar el café durante 5 minutos y sirva, colando el café antes de servirlo en las tazas.

Taxcalate

Chiapas

Rendimiento: 2 ℓ
Preparación: 1 h
Cocción: 10 min
Dificultad:
Costo:

Ingredientes

- 3⅔ tazas de maíz seco
- ½ taza de cacao con cáscara
- 1¼ tazas de azúcar
- 1 pizca de semillas de achiote trituradas y mezcladas con 2 cucharadas de agua
- 1 raja de canela de 10 cm
- 1 tortilla de maíz frita y cortada en trozos pequeños
- 2 ℓ de agua

Procedimiento

1. Lave el maíz y déjelo secar. Dórelo en un comal y resérvelo. Tueste las semillas de cacao; retíreles la cascarilla y reserve las semillas.
2. Licue el maíz y las semillas de cacao con el resto de los ingredientes, excepto el agua, de la cual sólo utilizará 2 tazas. Cuele el molido.
3. Añada al molido las 6 tazas de agua restantes y bata la preparación hasta que se le forme espuma. Sirva el taxcalate frío.

Jugo de apio,
lechuga, hierbabuena y chayote

Creación inspirada en
Colima

Rendimiento: 1 ℓ
Preparación: 10 min
Cocción: no requiere
Dificultad:
Costo:

Ingredientes

- 2 tallos de apio
- 4 hojas de lechuga
- 3 ramas pequeñas de hierbabuena
- 1 chayote pelado y sin semilla
- 3 tazas de agua

Procedimiento

1. Licue todos los ingredientes hasta obtener una preparación homogénea. Refrigere el jugo y sírvalo.

Si a este jugo le añade más agua y cubos de hielo, obtendrá una deliciosa agua fresca.

Pulques curados

Hidalgo
Rendimiento: 1.5 ℓ de cada pulque
Preparación: 10 min
Cocción: no requiere
Dificultad: ▌
Costo: ▌

Ingredientes

Licue 1 litro de pulque blanco con alguna de las siguientes opciones:

* 20 tunas peladas
* 1 taza de jugo de naranja
* azúcar al gusto

* 2 tazas de almendras sin cáscara y molidas
* ¼ de taza de jugo de naranja
* azúcar al gusto

* la pulpa de 1 piña pequeña
* canela, pimienta y clavo de olor, al gusto
* 1 cucharadita de cáscara de naranja
* azúcar al gusto

Procedimiento

☐ Cualquiera de las tres opciones sugeridas deben ser licuadas con el pulque y pasadas por un colador o manta de cielo, exprimiendo bien el bagazo para obtener la mayor cantidad de sabor. El curado de almendra se sirve con canela espolvoreada. Antes de servir cualquier curado, es necesario refrigere para tomarlo bien frío.

El pulque era una bebida ritual entre los mexicas. Después de la Conquista su consumo se volvió sumamente popular y su producción fue una de las industrias importantes de la época colonial y muy floreciente hasta comienzos del siglo xx. El pulque se obtiene del aguamiel, un líquido dulce que fluye de las pencas de los magueyes de diez o más años y se vierte en tinajas para su fermentación. El pulque tiene baja graduación alcohólica, y en las tradicionales pulquerías se toma en jícaras, mas recientemente sustituidas por grandes vasos de vidrio. En buena parte se consume solo, o sea natural o blanco, pero es muy común "curarlo"; es decir, enriquecer su sabor y color con el agregado de alguna fruta o semilla.

Glosario y **técnicas**

Utensilios de la
cocina mexicana

L a mayoría de los utensilios creados en la época prehispánica permanecen y continúan en uso en la actualidad, sobre todo cuando se trata de elaborar la típica cocina mexicana. Con los conquistadores llegaron no sólo nuevos productos, sino también materiales, artefactos y técnicas de elaboración novedosos. En los barcos procedentes de Europa venían platos, tazones, jarras de cerámica y porcelana destinados al comercio. Así, los utensilios de bronce, hierro y cobre compartieron el espacio culinario con ollas y jarros de barro, que se siguen fabricando y utilizando en nuestros días.

En las cocinas urbanas modernas los utensilios para cocinar al estilo tradicional han entrado en desuso parcial y algunos son simplemente objetos de ornato. Sin embargo, vale la pena mencionarlos. (En letra cursiva se destacan sus nombres del náhuatl.)

- **Anafre**. Hornillo portátil que se alimenta de carbón o leña. Sobre él se coloca una parrilla o un comal plano u hondo. En la actualidad el más común está hecho de lámina y en varias localidades todavía persisten los de barro.
- **Bateas**. Cuencos de madera casi planos u hondos en los que se prepara, en muchas ocasiones, el proceso de nixtamalización, o sirven también para almacenar y contener alimentos.

- **Cajetes** (*caxitl*). Son cuencos o escudillas de calabaza, guaje, barro o madera, en los que se sirven bebidas, caldos o sopas. Estos utensilios están presentes principalmente en comunidades indígenas.
- **Comal de barro** (*comalli*). El comal tradicional es un disco de barro cocido, vidriado o sin vidriar, de hasta 50 cm de diámetro; puede colocarse directamente sobre el fuego o al calor de las brasas, pero sin tocarlas, sostenido por tres piedras (*tlecuilli*), entre las cuales se mantiene un fuego de carbón o leña.

Su uso no se limita a la elaboración de tortillas; también sobre él se tuestan y asan granos, semillas, jitomates, chiles, entre otros. Se colocan también recipientes donde se cuecen al vapor alimentos que no requieren un tiempo prolongado de cocción. Antes de usar un comal sin vidriar se debe "curar". Para ello frote por ambos lados una mezcla de agua y cal varias veces y deje secar al sol. Este proceso cierra los poros del barro, evita filtraciones y que los alimentos se peguen.

- **Comal metálico**. El más práctico comal de metal llega a las cocinas mestizas en el siglo XVI. Es más ligero que el de barro, no es frágil, se calienta con mayor rapidez y la temperatura es susceptible de ser graduada; se limpia con agua y jabón. Sin embargo, se oxida fácilmente. Se cura con unas gotas de grasa comestible y después se calienta. Para freír antojitos, existen comales metálicos cóncavos en la parte central, que en ocasiones se sustituyen por sartenes.
- **Cucharas y palas**. Existen de distintas formas y tamaños, las más comunes son de madera y de metal.

- **Chocolatera.** Jarra o vasija estrecha y de poca capacidad, donde se bate el chocolate caliente para obtener espuma. En Oaxaca suelen ser de barro natural o de color verde; en Tabasco se hacen de madera tallada de una sola pieza de 20 cm de alto por 11 cm de diámetro.
- **Jícaras.** Vasijas hechas de calabazas secas o de guajes; se acostumbra servir en ellas bebidas típicas del sureste de la República, como pozol o taxcalate. Debido a lo redondo de su base se utilizan unos anillos tejidos de palma llamados rodete o yagual para poder asentarlas.

- **Metate** (*metlatl*). Utensilio de cocina hecho de una sola pieza en piedra volcánica porosa, rectangular, de superficie plana y ligeramente cóncava o curva, sobre tres conos invertidos en que se apoya a modo de patas. Generalmente tiene una posición inclinada, lo cual facilita la molienda.

  Para usarlo, es necesario arrodillarse y con las manos usar una piedra irregular del mismo material, que es más gruesa en el centro que en los extremos. Este complemento o accesorio del metate sirve para estrujar los productos en la superficie del mismo. Se le llama metlapil, del náhuatl *metlatl*, y *pilli*, hijo, es decir, "hijo del metate".

  Hoy ha sido reemplazado por el molino manual de metal, la licuadora o el procesador de alimentos. Además, en la actualidad la industria alimentaria ofrece una gran variedad de productos molidos, desde martajados hasta polvos.

- **Molcajete** (*mulli caxitl*). (*mulli*, salsa, y *caxitl*, cajete o escudilla). Mortero hecho de piedra volcánica de textura granulosa que facilita triturar y combinar diferentes ingredientes con ayuda de otro artefacto llamado "mano", también de piedra, de forma cónica. A esta mano se le llama tejolote, temolchín o temachin. Un nuevo molcajete debe "curarse" moliendo sal y después maíz quebrado. Lave y frote sal de grano con una escobeta y agua. La licuadora ha sustituido en muchas ocasiones al molcajete.

- **Molinillo de chocolate**. Entre los grandes placeres de la comida indígena de ayer y hoy, está el poder saborear una jícara de chocolate espumoso, símbolo entre nuestros ancestros de hospitalidad y riqueza. Antes de la llegada de los españoles, espumaban el cacao con ayuda de dos jícaras, vaciándolo desde lo alto de una a otra, repitiendo este proceso hasta obtener la espuma deseada. Método necesario hasta entonces, dado que el molinillo para espumar el chocolate surgió hasta el siglo xvi.

  Diferentes culturas han encontrado sustitutos para lograr la espuma de esta bebida, como la raíz llamada tepejilote, utilizada en la región del Tajín (Veracruz). En Oaxaca se ha utilizado desde tiempos inmemoriales un utensilio llamado *amaxocoatl*, precursor del molinillo.

  El molinillo está compuesto de una sola pieza de madera, de aproximadamente 35 cm de largo, trabajado en torno. El extremo inferior del palillo se ensancha en forma de esfera estriada, cuyo diámetro no deja salir los dos o tres anillos que están tallados de la misma pieza. Se rueda entre las palmas de las manos extendidas para batir chocolate y atoles, provocando con el movimiento una ligera espuma en la superficie, que los hace más atractivos. La función del molinillo también puede realizarse con un batidor de globo.

- **Ollas y cazuelas de barro**. Las ollas se utilizan para contener atoles, caldos, pozoles, ponches o café. En cambio, en las cazuelas se elaboran moles, guisos poco caldosos y arroz. Ollas, cacerolas y sartenes metálicos las sustituyen.

- **Prensa para tortillas**. Es un sencillo instrumento que sustituye la acción de tortear o hacer las tortillas a mano. Las prensas de madera se usan con menor frecuencia que las de metal, debido a su fragilidad, mientras que las de metal (hierro fundido) son más prácticas, eficientes y durables. En algunas regiones de nuestro país las tortillas se prensan con la palma de la mano sobre un pedazo de hoja de plátano. En la actualidad se fabrican tortillas a escala industrial.

- **Soplador o aventador**. Especie de abanico que sirve para avivar el fuego. Se elabora con palma o tule y en ocasiones se tiñe. Por su belleza artesanal se utilizan como objetos de decoración en las cocinas y en las mesas.

- **Tenates o chiquihuites**. Son recipientes tejidos de palma o tule, con o sin tapadera, los cuales sirven especialmente para mantener calientes las tortillas y guardarlas. Algunas jícaras se emplean con el mismo fin. También se utilizan para almacenar chiles secos, hierbas o condimentos.

- **Vaporera u olla de los tamales** (*comitl*). Olla de barro, en cuyo fondo se colocaba una especie de rejilla llamada *tepechtli*, hecha de carrizo, olotes u hojas de maíz. Posteriormente sustituida por una rejilla de barro, sobre ella se disponían en tandas o capas los tamales envueltos en hojas de maíz o elote. Debajo de la rejilla se ponía un poco de agua que producía el vapor necesario para la cocción. Hoy se fabrican ollas de aluminio con rejilla y tapa. Ingeniosas y baratas tamaleras se improvisan con botes metálicos vacíos de aceite o de pintura.

Un poco más de
autenticidad

Una cocina generosamente mestiza como la mexicana utiliza una gran variedad de ingredientes, muchos de ellos autóctonos, pero en su mayoría comunes a otras cocinas europeas y orientales. Indicamos aquí algunos que, por su empleo frecuente en México y ocasional en otras partes,

o por su uso original o en ocasiones exclusivo, en su conjunto dan a esta cocina algunas de sus características más apreciables. Quien desee conservar la autenticidad de los sabores mexicanos deberá tenerlos en su alacena.

Xoconostle

Acidificantes

- Jamaica
- Limón
- Lima
- Mango verde
- Naranja agria
- Tamarindo
- Tomate verde (tomatillo)
- Vinagre de caña
- Vinagre de piña
- Xoconostle

Achiote

Amargos

- Cáscaras de cítricos
- Cacao

Colorantes

- Achiote
- Azafrancillo
- Cempasúchil
- Cilantro
- Chiles frescos
- Chiles secos
- Epazote
- Grana cochinilla
- Hoja santa (acuyo, momo, mumu)
- Cuitlacoche
- Tomate verde (tomatillo)

Hoja santa

Endulzantes

- Aguamiel
- Azúcar mascabado
- Caña de azúcar
- Jarabe de maíz

Chile fresco

- Jugo de caña
- Melaza
- Piloncillo (panela)

Envolturas

- Cutícula de maguey
- Hoja de acelga
- Hoja de aguacate
- Hoja fresca de elote
- Hoja seca de elote (totomoxtle)
- Hojas de epazote
- Hoja de espinaca
- Hoja de la planta de maíz
- Hoja de plátano
- Hoja santa (acuyo, momo, mumu)

Espesantes

- Ajonjolí
- Amaranto
- Cacahuate
- Camote
- Frijol
- Galletas de animalitos
- Granos de elote fresco
- Harina de maíz nixtamalizada
- Masa nixtamalizada
- Plátano macho
- Semillas de calabaza (pepitas)
- Semillas de chiles secos
- Semillas de girasol
- Tortillas de maíz

Tequesquite

Grasas

- Aceite de maíz
- Asiento del chicharrón
- Manteca de cerdo
- Manteca de res
- Manteca vegetal

Levaduras

- Pulque
- Tequesquite y hojas de tomate

Picantes

- Chiles frescos
- Chiles secos
- Semillas de chiles frescos
- Semillas de chiles secos

Salado

- Tequesquite

Texturizantes

- Cal
- Ceniza

Términos y técnicas de origen
prehispánico

Gran parte de estos términos y técnicas no sólo prevalecen en la actualidad, sino que son elementos comunes en las cocinas más modernamente equipadas.

- **Ahumaban** al fuego que provenía de la madera, dando apariencia y sabor característico a varios productos.
- **Cocinaban** a ras de piso, sobre un comal o una cazuela, con un fuego formado por tres piedras (*tlecuilli*).
- **Cortaban** con piedras talladas y labradas (por lo general obsidiana, hueso, pedernal, carey o dientes de animales) en forma de hachas y cuchillos (*tlateconi*).
- **Deshidrataban** alimentos para conservarlos por medio del secado al Sol y exposición al aire libre, método aplicado en Mesoamérica desde tiempos remotos para carnes, chiles, semillas y pescados.
- **Envolvían** y **empacaban** alimentos para protegerlos, conservarlos, cocinarlos (principalmente al vapor), porcionarlos e incluso servirlos y presentarlos con diferentes hojas, como las frescas y secas del elote o maíz, pencas de maguey y hoja santa, entre otras.
- **Fermentaban** jugos de frutas, mieles, cacao, maíz y chiles. La más importante era la fermentación del aguamiel para obtener pulque y otras bebidas de bajo grado alcohólico, como los tepaches.
- **Filtraban**, **colaban** y **separaban** los líquidos de los sólidos mediante jícaras agujeradas, cestos tejidos de palma o de ixtle, bateas de barro con agujeros, cáscaras de frutas perforadas a modo de coladeras, popotes (*popotl*), cañas y calabazas largas (*acocotes*).
- **Maceraban**, es decir, desgarraban, golpeaban o machucaban, con una especie de macana (*maquahuitl*), para suavizar carnes. Este término también indica el remojo de alimentos en sustancias líquidas con el fin de suavizarlos y añadirles sabor y aroma.
- **Mezclaban** con espátulas, cucharas y palitas de madera, hueso, cerámica y carey. El término *iztetl* se aplicaba a cucharas afiladas que además de mezclar, cortaban. También tenían batidores para disolver elementos sólidos en un líquido produciendo espuma, como en el *tejate*, bebida oaxaqueña preparada con maíz y cacao.
- **Molían** con molcajetes y metates de piedra que con sus "manos" y "brazos" friccionaban, despedazaban, golpea-

ban, quebraban, desmenuzaban o pulverizaban los ingredientes.
- **Salaban** carnes y pescados con el tequesquite (mineral con alto contenido de carbonato, cloruro de sodio, calcio y fosfatos) que se usaba como sal, y como neutralizador de ácidos y levadura.

Materiales de los
utensilios

A continuación se mencionan los principales materiales de los que están hechos los utensilios comunes para la preparación de la comida mexicana.

- **Acero inoxidable**. Es el material preferido por los profesionales, debido a su resistencia a la oxidación. Con él se elaboran cuchillos y una gran cantidad de utensilios. Lave con agua caliente, jabón y un estropajo suave. Para ayudar a eliminar las manchas persistentes, aplique un limpiador para acero inoxidable.
- **Aluminio**. Material ligero, inoxidable y buen conductor del calor. Se usa para toda clase de ollas, cacerolas y sartenes. Es relativamente blando y se maltrata con facilidad. Es económico, de fácil mantenimiento, e ideal para cocciones por ebullición. Al contacto con alimentos que contienen ácidos, reacciona químicamente y puede dar un ligero sabor metálico al guiso. Por esta razón, a menudo el aluminio tiene aleación o revestimiento de materiales especiales.

  Para limpiarlo, frote con esponjas y fibras suaves. Si el interior de cualquier recipiente llega a oscurecerse, llénelo con agua y vinagre o con gotas de limón. Hierva la mezcla durante 15 minutos y lave. Cuando compre baterías de aluminio, verifique que las asas y mangos estén soldados y no atornillados. Los mangos de baquelita corren el riesgo de quemarse.
- **Barro**. Material frágil utilizado desde tiempos prehispánicos, criticado por el plomo que se utilizaba en su fabricación. Hoy la mayoría de los utensilios de barro no lo contienen. Con él se elaboran desde ollas, cazuelas y sartenes, hasta comales, salseras y cucharas.

  Después de cocinar con un recipiente o utensilio de barro, déjelo enfriar por completo antes de lavarlo, para evitar que se agriete. Frote con un estropajo suave, enjuague y deje secar al aire.
- **Cobre**. Es el mejor conductor del calor e ideal para preparaciones que requieran altas temperaturas, como mermeladas, caramelos o jarabes de azúcar y, entre otras, carnitas de cerdo. Los utensilios de calidad están revestidos con otro metal en su interior, que por lo general es estaño y evita la reacción del cobre con ácidos, que da origen a sustancias tóxicas. Estos utensilios deben restañarse de vez en cuando. Lave con agua caliente y jabón y seque de inmediato. Use un limpiador especial para darle brillo, o espolvoree sal con unas gotas de limón y frote con un trozo de papel.
- **Estaño**. Metal que se utiliza en el recubrimiento de utensilios de cobre, latón o fierro; es resistente a la corrosión y no es tóxico. No sirve para hornear.
- **Hierro colado**. Material resistente que se utiliza para fabricar cuchillos y otros utensilios, hoy reemplazado la mayoría de las veces por aleaciones inoxidables. Se usa para fabricar parrillas, planchas y sartenes, porque provee una buena expansión de calor.
- **Hierro fundido**. Es excelente conductor de calor; este material es pesado y durable. Después de usarlo se recomienda que no se lave, sólo límpielo con papel, ya que es propenso a oxidarse con facilidad. En caso de lavarse, debe secarlo con cuidado y engrasar ligeramente después de usarlo.
- **Hierro fundido esmaltado**. Material de alto costo, pero el más recomendable. Muy pesado, conductor uniforme del calor y fácil de limpiar.
- **Materiales antiadherentes** (teflón y similares). Son ideales para cocinar con un mínimo de grasa, además de que son fáciles de limpiar; sin embargo, son tóxicos cuando se descascara el material antiadherente. Lave con una esponja y agua caliente jabonosa. Evite los abrasivos.
- **Metal esmaltado** (peltre). Material económico y de poco peso, con el inconveniente de que se despostilla con facilidad. Es mal conductor del calor y se recomienda usarlo de preferencia para hervir líquidos. Cuando se descascara debe desecharse.
- **Plástico**. Material ligero, relativamente resistente a los ácidos, pero inflamable. No es recomendable para contener alimentos demasiado calientes. Algunos se deforman con el calor.
- **Plata y alpaca** (aleaciones). Son materiales que generalmente no se utilizan para cocinar, sino sólo para servir y presentar los alimentos. Sensibles al contacto con el azufre y sus derivados, se ennegrecen rápidamente al contacto con ciertos productos, como el huevo. El mantenimiento requiere de mucho cuidado y es caro.
- **Vidrio, cristal y porcelana**. Son materiales que resultan al mismo tiempo duros y frágiles, con la ventaja de que los olores no se impregnan. Para su limpieza se debe remojar el recipiente en agua caliente y jabón.

Utensilios de
preparación

La siguiente es una lista de utensilios básicos con los que debe contar para realizar las preparaciones esenciales de la cocina.

- **Abrelatas**. Los más comunes son los manuales, hechos de aluminio o acero inoxidable. Los hay también de plástico e incluso eléctricos.
- **Báscula**. Para pesar ingredientes con mucha precisión, imprescindible para la repostería y pastelería.
- **Batidora**. Se recomienda la de tipo casero si no se usa con frecuencia, o la de uso profesional si es que se utiliza de manera cotidiana. Este equipo es útil para la preparación de masas batidas, como la de los tamales o bizcochos, o para ahorrar tiempo en la preparación de capeados con claras de huevo (ver Técnicas).

- **Batidor de globo**. Batidor de varillas de alambre, necesario para preparar salsas y mezclar claras de huevo.
- **Coladeras**. Se recomienda un juego de tres de diferentes tamaños, ya sea de plástico o de metal.
- **Cucharas de cocina**. Hay de dos tipos: plásticas y de acero inoxidable, en diferentes tamaños.
- **Cucharas medidoras**. Miden cantidades que van desde 1 cucharada hasta ¼ de cucharadita. Generalmente se venden en juegos que incluyen diferentes medidas.
- **Cucharones metálicos**. Necesarios para retirar líquido de las preparaciones, servir sopas o espumar caldos. De preferencia que sean de acero inoxidable en dos tamaños diferentes.
- **Cuchillo de chef**. Cuchillo de hoja larga, indicado para cortar ingredientes en rebanadas finas o trinchar aves y piezas grandes de carne.

- **Cuchillo de sierra**. Ideal para rebanar pan o carnes rellenas.
- **Cuchillo para verduras**. Cuchillo pequeño, puntiagudo y de hoja delgada, que sirve para rebanar y cortar verduras.
- **Cuencos**. Existen de vidrio, aluminio, acero inoxidable y plástico, deben ser hondos y cónicos para poder emulsionar, amasar o reposar alguna preparación.
- **Chino**. Pequeño colador cónico de malla muy fina con mango, imprescindible para filtrar salsas de todo tipo.
- **Embudo**. Puede ser de plástico o de acero inoxidable. Útil para verter en recipientes pequeños polvos y líquidos, como harina, azúcar, cocoa, aceite, agua o miel.

- **Escurridor**. Sirve para escurrir cualquier tipo de producto. Es recomendable que disponga de patas o base, ya que resulta más estable.
- **Espátulas**. Útiles para alisar mezclas o rellenos, y para trabajar en repostería. Se recomienda tener una de metal y otra de plástico.
- **Espumadera**. Se emplea esencialmente para espumar los caldos, pero también para retirar alimentos sólidos del líquido de cocción.
- **Exprimidor de jugos**. Útil para la extracción de jugos de cítricos, como naranjas o toronjas. Existen manuales y eléctricos, siendo estos últimos los más prácticos en las labores cotidianas del hogar.

- **Licuadora**. Herramienta básica e indispensable en la cocina. Sirve para moler fino, triturar, martajar, hacer puré y tareas similares. Cabe aclarar que aunque realiza las mismas funciones de un molcajete o un metate, siempre será notable la diferencia en textura y sabor que existe entre una preparación hecha en licuadora y la preparada en un molcajete o metate.
- **Manga**. Hecha de plástico, tela ahulada o loneta, su forma triangular facilita la dosificación de masas, batidos y rellenos, así como la decoración en repostería. Es indispensable contar con distintos tamaños y formas de duyas para diversos usos.
- **Miserables o espátulas plásticas flexibles**. Se utilizan para raspar, limpiar o recuperar productos de consistencia pastosa o cremosa de las paredes y del fondo de un recipiente, evitando merma o desperdicio.

- **Pasapurés**. Provisto de manivela y varias rejillas, permite triturar las verduras y legumbres cocidas para convertirlas en puré.
- **Pelador**. Artefacto pequeño de doble hoja, que sirve para pelar verduras y frutas.
- **Pinceles o brochas de cocina**. Para untar o para engrasar, utilice uno para engrasar y otro para preparaciones en general.
- **Rallador multiuso**. Se recomienda el de forma piramidal con cuatro lados, que al rallar permite la obtención de distintas texturas y grosores de verduras, quesos y otros productos.
- **Recipientes de plástico herméticos**. De distintos tamaños y capacidades, permiten almacenar productos y preparaciones. Se recomiendan los transparentes, pues facilitan la visualización de los contenidos con rapidez.

- **Rejilla de metal**. Útil para enfriar pasteles o panes y escurrir frituras. Se recomienda con patas para que el aire circule por debajo.
- **Rollos de papel, aluminio, encerado, adherente y absorbente**. En general sirven para tareas cotidianas, como hornear, tapar, secar, entre otras.
- **Sacabocados**. Utensilio similar a una cuchara, con forma de media esfera; la mayoría de las veces es de metal. Útil para retirar la pulpa de frutas y verduras con las que se decoran platillos. También se llama cuchara *parisienne*.

- **Tablas de madera o plástico**. Son útiles para picar, cortar, rebanar y trinchar. Tenga más de una y de varios tamaños para evitar la mezcla de olores y sabores. Utilice diferentes tablas para alimentos crudos y otras para alimentos cocidos.
- **Tazas medidoras**. Tenga una con capacidad de 1 taza (250 ml) y otra de 4 tazas (1 ℓ), de plástico duro o de cristal. Permiten medir líquidos y otros productos.
- **Tijeras**. Sirven para cortar chiles secos, ramas, hierbas o para trocear carnes. Se recomienda tener unas grandes y otras pequeñas.

Utensilios de
cocción

- **Cacerolas con tapa.** Necesarias para llevar a cabo cocciones lentas sin pérdida de líquidos. Es preferible que sean de hierro fundido esmaltado o de acero inoxidable, porque son buenos materiales conductores de calor.
- **Cazo con tapa.** Para preparaciones no muy abundantes que contengan líquidos. Se recomienda uno de acero inoxidable o de hierro colado.
- **Charolas de hornear.** De diferentes tamaños, use las de aluminio para hornear preparaciones que no contengan ácidos o corrosivos, como galletas y panes. Se recomiendan las de acero inoxidable para otros tipos de preparaciones, pues son más durables y resistentes a los ácidos.

- **Fuente de horno.** De forma rectangular u ovalada, de vidrio refractario, de acero inoxidable o de aluminio, permite cocer en el horno o rostizar. Debe ser lo bastante grande y profunda para contener toda la grasa y los jugos que se produzcan durante la cocción.
- **Fuente para gratinar.** Rectangular, ovalada o cuadrada, con o sin asas, sirve para cocer en el horno preparaciones saladas o dulces. Para llevarla a la mesa es preferible que sea de barro, vidrio refractario o porcelana termorresistente.

- **Moldes para pasteles.** Los principales son el de tarta, el de pastel (de paredes más altas y ligeramente cónicas), el rectangular para pan o panqué y el de corona para pastel o flan. En la actualidad hay de muchos tipos, formas y características, entre las cuales destacan los desmontables, con teflón y los de acero inoxidable.
- **Olla a presión.** Olla de cierre hermético que permite cocer los alimentos en menor tiempo. Está hecha de hierro y hay de diferentes capacidades.

- **Ollas con tapa.** Principalmente se emplean para preparar platillos que requieren una gran cantidad de líquido para su cocción. Se recomiendan dos de diferente tamaño.
- **Olla para cocinar al vapor.** Provista de una tapa y de una o dos cestas u ollas perforadas en el fondo para dejar circular el vapor. El agua o líquido de cocción se pone en la parte inferior y las cestas se colocan encima con el producto a cocinar.
- **Sartenes.** Es recomendable que sean antiadherentes y de hierro fundido, ya que son indispensables para sellar y freír. Se recomienda tener dos, uno pequeño y uno grande.

- **Sartén de paredes altas con tapa para saltear.** Es más ancho que la cacerola grande. Sirve para saltear determinados alimentos.

Métodos y técnicas
con calor

El calor que cocina nuestros alimentos, en lenguaje técnico, llega de diversas formas, entre ellas se encuentran *conducción*, *convección*, *radiación* y las *mixtas*. Por *conducción*, el calor se transmite por contacto directo de un elemento sólido (una parrilla, un comal o un sartén) al alimento. Por *convección*, el calor de un fluido (como aire, vapor, agua o grasa) envuelve todo el alimento. Por *radiación*, no hay contacto entre el alimento y la fuente de calor que emana la energía. Y de manera *mixta*, la cocción se realiza con dos o más de las formas anteriores. Los resultados que se obtienen de estos métodos varían notablemente. A continuación se enlistan algunos de los métodos y técnicas más representativos en la cocina.

Cocción por conducción

- **Acitronar**. Ver sofreír y sudar.
- **Al rescoldo**. Método que consiste en calentar o cocinar algún alimento entre las cenizas o las brasas.
- **Asar**. Las brasas de un asador o grill al aire libre, el asador de un horno, una parrilla de hierro fundido, un comal de barro o de metal, un sartén o un asador eléctrico son los instrumentos de este tipo de cocción, perfecto para cocinar sobre el calor directo aprovechando los líquidos o grasas propios del alimento. En el caso de las carnes, este tipo de cocción permite la formación de una costra que aporta sabores nuevos gracias a la reacción de Maillard. En las parrilladas y asado de carnes y brochetas puede barnizarse ocasionalmente el producto para evitar que se reseque. No pinche o perfore durante su cocción para que no pierda parte de sus jugos y añada la sal al final. En caso de ser enteros, es preferible que los pescados se conserven con escamas, pues éstas protegen la carne. Este método también es recomendable para verduras, como elotes, pimientos, chiles poblanos, calabacitas, berenjenas y hongos, entre otros.

- **Sofreír**. Método que consiste en cocer sobre un sartén o una cacerola con poca grasa un alimento hasta eliminar parte o toda el agua que contiene. El resultado es que se logra concentrar los jugos en la preparación. Dependiendo del alimento, se regula el calor para propiciar que se dore o evitarlo .
- **Sudar**. Es el método de sofreír, sin que el producto se dore.

Cocción por convección

- *Al dente*. Término que se aplica a la cocción de pasta y arroz. Indica que el producto está cocido en su punto, sin ser demasiado duro ni suave, y caracterizado por ser firme pero completamente cocido.
- **Al vapor**. Método que era usado antes de la llegada de los europeos, que consistía en cocinar con "calor húmedo" en ollas de barro con tapa o sin ella, actualmente sustituidas por vaporeras o tamaleras. En la cocción al vapor el alimento no está sumergido en agua u otro líquido, sino que el vapor y el calor circundantes lo cocinan. El tiempo de cocción resulta más prolongado que otros, pero los alimentos conservan todos sus nutrientes y sabor.

- **Baño María**. Se usa para preparaciones delicadas, para diluir o fundir y para mantener los alimentos calientes. La preparación se pone dentro de un recipiente que a su vez se coloca sobre otro recipiente mayor que contiene agua hirviendo. Hay que evitar que el agua hierva con excesiva fuerza, ya que sólo debe tener contacto con el vapor.

- **Blanquear**. Consiste en hervir brevemente en líquido un alimento que se retira y se coloca inmediatamente en agua fría. Esta técnica se utiliza en productos que necesitan un mínimo cocimiento, o en aquellos donde el método posterior al que serán sometidos completará su cocción. Generalmente se realiza en agua o caldo.

- **Carnitas**. Es la misma técnica que en Francia se llama *confit* (confitar) y se practica especialmente al pato. En México, se aplica comúnmente al cerdo: la carne (generalmente varias piezas) se cocina lentamente en grasa.

- **Escalfar o rehogar**. Técnica que consiste en sumergir en líquido casi hirviendo un alimento para su cocción total, como en el caso de los huevos duros; para su cocción parcial, como en el caso de verduras que posteriormente se someterán a otro tipo de cocción, o para su procesamiento, como en el pelado de jitomates. El agua debe estar por debajo del punto de ebullición para que el líquido no hierva a borbotones. Esta misma técnica también se puede utilizar con aceite, por ejemplo, en el pelado de chiles frescos.

- **Freír**. Es un método de cocción rápido y efectivo: rápido porque se realiza a alta temperatura (no menos de 180 °C) y efectivo porque da aspecto dorado y textura crujiente a los alimentos. Ciertos alimentos pueden freírse sin revestimiento o empanizado previo; los más húmedos sí requieren previo empanizado. Algunos otros se pueden capear, método utilizado para chiles rellenos, tortitas de carne, pollo o pescado. Existe la fritura profunda en la cual el alimento es sumergido por completo en la grasa o aceite y la fritura semiprofunda para alimentos que únicamente son sumergidos parcialmente; la utilización de una u otra depende del producto a freír.

- **Hervir**. Existen dos tipos básicos de este método. El primero se realiza a partir de líquido caliente, donde el elemento importante a cocinar es el producto y no el caldo que se obtiene. El segundo es realizado a partir de agua fría, en donde importa el caldo, que resulta más sustancioso debido a la extracción prolongada del jugo y sabor del alimento. No es recomendable una ebullición rápida con burbujas abundantes. Este método es ideal para cocinar vegetales, mariscos, sopas, salsas, moles, carnes y guisos diversos. El tiempo de cocción se calcula siempre a partir del momento en que el agua o líquido hierve. En el caso de los tubérculos, como papas y camotes, siempre debe comenzarse a partir de agua fría.

- **Pochar**. Ver escalfar.

- **Reducir**. Es sinónimo de condensar o concentrar un líquido hirviéndolo lentamente a fuego bajo.

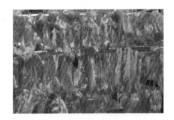

Cocción por radiación

- **Deshidratar**. Método de conservación donde los rayos del sol deshidratan los alimentos. Este método se realiza más comúnmente en hornos eléctricos, de microondas o de gas.

- **Hornear**. Método donde el alimento es introducido en un horno y se cocina a través del aire caliente y la energía circundante, ya sea descubierto, envuelto o tapado. Los hornos actuales permiten un control exacto de las temperaturas y se prestan para rostizar grandes piezas de carnes, inclusive atravesadas por una varilla giratoria (*espetón*), logrando apetitosas costras doradas uniformes. El horno de microondas es indudablemente un medio práctico para calentar y descongelar alimentos rápidamente, pero son limitadas sus funciones porque no puede dorarlos.

- **Rostizar**. Consiste en hornear piezas de carne o vegetales con una cantidad de grasa necesaria para que adquieran un color dorado intenso.

Otros métodos y técnicas

- **Barbacoa o *pib*.** Método de cocción donde piedras calientes irradian calor a los alimentos colocados dentro de un hoyo. Existen variaciones sobre este método antiguo y primitivo. El hoyo en la tierra se calienta con carbón o leña encendidos, o piedras muy calientes; los alimentos se envuelven en hojas y se colocan dentro, se tapa el hoyo y se enciende fuego encima. Otra versión conocida del mismo método consiste en enterrar en arena los alimentos y encender fuego en la superficie.

- **Brasear.** Método de cocción a fuego lento que se hace en el horno en un recipiente tapado, sobre todo en piezas de carne voluminosas y verduras, duras y fibrosas; o en pescados y aves de carne firme. Para hacerlo, primero se sella el alimento con grasa para darle color y después se le agrega una guarnición aromática y líquido más o menos abundante (agua, vino o caldo).

- **Cocción a la sal.** Método donde un alimento se envuelve en una costra de sal y se hornea, lo que permite se cocine en sus propios jugos y preserve su sabor al no existir evaporación externa. Este método se emplea para aves, piezas grandes de carne y pescados grandes con escamas.

- **Cocción en horno de microondas.** Permite cocinar los alimentos con gran rapidez, exponiéndolos a ondas de muy alta frecuencia. La mayor ventaja de estos aparatos es reducir en gran medida el tiempo de cocción; por lo general, no pueden sustituir al horno tradicional pues ni dora la carne ni aumenta el volumen de las masas. En cambio, es perfecto para recalentar alimentos, descongelarlos o mantenerlos calientes.

- **Cocción en olla de presión.** Permite alcanzar temperaturas cercanas a los 120 °C. Este procedimiento es ideal para cocer y preparar un alimento en poco tiempo, ya sea con agua, al vapor o estofado. Resulta ideal para cocinar frijoles. Calcule el tiempo de cocción a partir del momento en que la válvula central empieza a vibrar. No abra la olla hasta que haya bajado la pequeña válvula de seguridad; sólo entonces podrá quitar la válvula central.

- **Estofar.** Método de cocción parecido al braseado pero generalmente aplicado a piezas más pequeñas de carne y con un tiempo de cocción más corto. Puede hacerse en el horno o directamente sobre el fuego. Las piezas de carne pueden o no estar previamente selladas.

- **Flamear.** Es incendiar un producto alcohólico previamente calentado, como un destilado, vino o licor con el objetivo de que se evapore el exceso de alcohol que contiene.

- **Freír en sartén.** Técnica indicada para cortes individuales. En ella el alimento se fríe con una cantidad mínima de grasa para evitar que se pegue al sartén. Los sartenes antiadherentes permiten reducir la cantidad de grasa necesaria. Para las carnes rojas debe aplicarse fuego alto y para las blancas fuego medio. Por lo general, hay que darle la vuelta a las piezas una sola vez.

- **Saltear.** Se emplea para piezas de carne muy pequeñas y verduras o frutas troceadas. Consiste en dorar el producto a fuego alto en un sartén, regularmente con alguna grasa. El término saltear proviene de la acción de mover bruscamente el sartén por el mango para hacer que los alimentos "salten" para que su cocción sea uniforme.

- **Sellar.** Es una técnica que no cocina por completo el alimento y que se puede aplicar a cualquier tipo de carnes, principalmente las rojas y aves. A fuego alto sobre un sartén con poco aceite se dora la carne en toda su superficie. De esta forma, la carne obtiene un color dorado gracias a la reacción de Maillard, desarollando nuevos sabores. Posteriormente se puede aplicar a la pieza de carne algún método de cocción, como horneado, estofado, entre otros.

- **Tatemar.** Método de cocción donde el producto sometido es cocinado hasta quemarse o carbonizarse parcial o totalmente. Se puede realizar por conducción (sobre un comal, como en el caso de algunos tamales de pescados o verduras), o en horno (como en las preparaciones de carnes adobadas y horneadas hasta ennegrecerse ligeramente).

Métodos y técnicas
sin calor

- **A punto de listón**. Técnica que designa a las yemas batidas hasta que adquieren volumen y una consistencia espesa y opaca.
- **A punto de turrón**. Aplicado específicamente a la clara de huevo, se designa con este nombre a las claras batidas hasta el punto en que son blancas, firmes y consistentes. Muy similar es el término punto de nieve.
- **Acremar**. Mezclar o batir un ingrediente, como mantequilla, hasta obtener una mezcla suave y cremosa.
- **Cernir**. Pasar por un colador un producto, generalmente polvos, como harina, fécula de maíz o cocoa, con el objetivo de separar piezas grandes o airearlo.
- **Envolver (o en forma envolvente)**. Técnica aplicada principalmente a los batidos que contienen aire en su interior y que al integrarlos a otra preparación se desea que no lo pierdan. Para realizarla, se añade en porciones pequeñas el batido con la mayor cantidad de aire al que menos tiene, y con una espátula plástica se revuelve la mezcla con movimientos suaves y "envolviéndola"; es decir, tomándola desde el fondo y llevándola a la superficie repetidas veces hasta su completa integración.
- **Marinar**. Técnica que consiste en sumergir o cubrir un alimento en un preparado durante un tiempo variable para aumentar sabor, para cambiar las propiedades de dicho alimento o para conservarlos por un tiempo mayor. La marinada puede ser líquida con productos como jugo de limón, vinagre o leche, o semilíquida como en el caso de alguna pasta o adobo. Con frecuencia, se incluyen elementos aromáticos y con alto sabor en estas preparaciones. Puede marinarse cualquier tipo de carnes y verduras. Otros nombres son macerar y adobar.
- **Trinchar**. Cortar carnes, aves o pescados crudos para su preparación o cocidos para servir.

Técnicas para
productos vegetales

Limpiar una alcachofa

1. Corte el tallo de la alcachofa. Limpie la base y frótela con jugo de limón.

2. Corte las hojas a dos tercios de su altura y recorte el borde exterior.

3. Retire los pistilos o "pelusa" con una cuchara. Sumerja los corazones de alcachofas en agua fría con gotas de jugo de limón para evitar su oxidación.

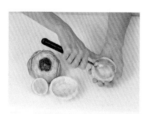

Sofreir verduras

1. Ponga sobre fuego medio una cacerola con mantequilla. Cuando esté caliente, acitrone cebolla picada al gusto.

2. Agregue la verdura, en este caso tallos de acelgas, y mézclela continuamente. Cuando la verdura se haya cocido, retírela del fuego.

Ésta es una técnica básica para saltear cualquier ingrediente. Dependiendo del producto, se sustituye la mantequilla por aceite y en algunos casos no se incluye cebolla. Utilice de preferencia un sartén amplio.

Técnicas para
pescados, mariscos y crustáceos

Abrir un cangrejo

1. Deslice un cuchillo entre el caparazón y la parte inferior del cangrejo.

2. Sepárelo en dos partes. Ponga el cangrejo de espaldas y retírele las pinzas y las patas.

3. Extraiga toda la carne del caparazón, patas y pinzas.

Siga este mismo procedimiento para crustáceos similares, como jaibas, bueyes de mar, etc. En caso de utilizar las tenazas del cangrejo, como en el caso del cangrejo moro, no retire la carne de las articulaciones y cocine según la receta elegida.

Abrir y limpiar moluscos bivalvos

1. Deslice la hoja de un cuchillo entre las dos conchas o valvas para cortar el músculo interno.

2. Separe las valvas en su punto de unión y desprenda la carne. Limpie el molusco de impurezas (barbas, residuos oscuros, tierra, etcétera).

Cocer pulpitos y rizado de tentáculos

1. Introduzca y saque varias veces cada pulpo en un recipiente con agua hirviendo hasta que los tentáculos queden completamente rizados.

2. Proceda de la misma manera con los pulpitos restantes y después cuézalos en agua con un poco de sal hasta que estén suaves.

Escalfar pescados y mariscos en caldo corto

1. Ponga el caldo corto en una cacerola sobre el fuego. Cuando hierva, introduzca el producto a escalfar y déjelo el tiempo necesario para su cocción.

2. Retire el ingrediente cocinado.

Limpiar una langosta

1. Corte la langosta por la mitad a lo largo. Rompa las pinzas y deseche las bolsas de arena (agallas) que hay entre los ojos.

2. Desprenda las patas. Extraiga la carne del caparazón y la cola.

Quitar la piel a un pescado plano

1. Corte las aletas laterales del pescado (en este caso, lenguado) con unas tijeras de cocina.

2. Haga una incisión en la piel a la altura de la cola con la punta de un cuchillo.

3. Tome la esquina de la piel despegada con un trapo y jálela hacia la cabeza.

Filetear un pescado redondo

1. Coloque el pescado con la cola hacia usted y hágale una incisión a lo largo de la espina dorsal.

2. Corte el filete superior detrás de las branquias, deslizando el cuchillo lo más pegado posible a la espina dorsal.

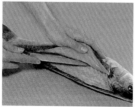

3. Desprenda el filete. Deslice la hoja del cuchillo bajo la espina dorsal, lo más pegada a ella, para desprender el filete inferior.

Rellenar un pescado

1. Haga una incisión profunda en el pescado a lo largo de la espina dorsal, de la cabeza a la cola.

2. Desprenda y retire la espina de ambos lados cortándola al nivel de la cabeza y la cola.

3. Vacíe el pescado, retírele las escamas y lávelo. Enjuáguelo y espolvoréelo con sal al gusto.

4. Introduzca el relleno en el pescado apretándolo bien. Cosa con un poco de hilo la abertura del pescado.

Retirar las vísceras a un pescado

Eviscerar por las agallas

1. Si el pescado es pequeño, vacíelo por los opérculos para evitar destriparlo. Jale las vísceras firmemente y saldrán completas.

Eviscerar por el vientre

1. Haga una incisión de 3 cm en el vientre del pescado. Deslice el dedo índice en el interior y retire delicadamente las vísceras.

Técnicas para
aves y carnes blancas

Atar una ave

1. Ponga el ave de espaldas, doble los alones y rompa la parte inferior del esternón con la palma de la mano.

2. Una las patas con la parte trasera del ave con un hilo o cordel.

3. Pase el hilo entre la pechuga y los muslos, rodeándolos con el hilo.

4. Sujete las alas con el hilo, doble la piel del cuello y haga un nudo para sujetarlos.

2. Ponga sobre el sartén el pollo previamente salpimentado y deje que se dore un poco.

3. Dé vuelta al pollo para que se dore de manera uniforme por ambos lados.

4. Tape el sartén para terminar la cocción.

5. Pollo frito terminado.

Freír pollo

1. Ponga sobre el fuego un sartén con un poco de mantequilla y caliéntela.

Rellenar una ave

1. Prepare el relleno de su elección.

2. Desprenda la piel del orificio del pescuezo del pollo. Dóblela con cuidado y cósala con hilo y aguja en la parte posterior.

3. Introduzca el relleno por la rabadilla, dejando un poco de espacio para permitir que el relleno se expanda durante la cocción.

4. Cosa la rabadilla para que el relleno no se salga. Una las piernas, crúcelas y átelas con hilo. Ate también con hilo las alas por detrás y hornee el pollo de acuerdo con la receta.

Con esta técnica puede rellenar todo tipo de aves, como guajolote, pavo, gallina, entre otras.

Sellado y estofado de pollo

1. Ponga sobre el fuego un sartén con un poco de aceite. Cuando esté caliente, agregue el pollo, previamente salpimentado, con la piel hacia abajo. Deje que se dore durante unos minutos.

2. Voltee el pollo para que se dore también por el otro lado.

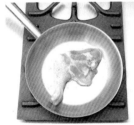

3. Retire del sartén el exceso de grasa. Agregue uno por uno los elementos del estofado para cocerlos, comenzando por los más duros hasta terminar con los más suaves.

4. Tape el sartén si lo desea, y deje que todos los ingredientes del estofado se cuezan hasta que estén suaves.

Trocear una ave cruda

1. Desprenda del ave los muslos, las piernas y la rabadilla. Separe los muslos de las piernas.

2. Desprenda los alones, así como la parte dorsal (huacal) del pollo.

3. Realice dos cortes a la pechuga, uno a cada lado del esternón, para obtener dos mitades. Separe las alas de la pechuga.

4. Obtendrá ocho piezas del ave. Puede dejar juntas la pechuga y el ala o el muslo y la pierna para obtener porciones más grandes.

Esta técnica sirve para trocear cualquier tipo de ave, como pato, guajolote, gallina, entre otras.

Trocear un pato asado

1. Desprenda el muslo entero del cuerpo del pato y sepárelo de la pata.

2. Desprenda las alas y córtelas en dos con unas tijeras para ave.

3. Retire del ave las pechugas y córtelas en láminas regulares.

4. Disponga los trozos en un platón de servicio y vierta el jugo de la cocción en una salsera.

3. Corte las alas con una parte de la pechuga pegada a ellas.

4. Corte la pechuga de cada lado en rebanadas largas y finas.

Trocear un pollo cocido

1. Haga una incisión entre el muslo y la pechuga y corte la articulación para desprender el muslo.

2. Separe la parte superior del muslo de la pierna seccionando la articulación.

3. Desprenda la pechuga a lo largo de la parte central y luego corte la articulación del ala.

4. Corte la pechuga en dos. De esta forma, obtendrá 8 piezas.

A esta técnica también se le llama trinchar.

Trocear un pavo asado

1. Ponga el pavo de espaldas. Rebane los muslos por la articulación.

2. Separe la parte superior del muslo. Corte rebanadas a lo largo de la pierna.

Trocear un conejo crudo

1. Abra el conejo por el vientre hasta las costillas y vacíelo. Retire el hígado.

2. Seccione el pecho en dos. Corte la cabeza y deséchela y separe las patas traseras, arriba del muslo.

3. Corte la articulación del hombro y desprenda las patas delanteras.

4. Corte el cuerpo a lo ancho en 2 o 3 pedazos.

Técnicas para
carnes rojas

Limpieza de lengua de res cocida

1. Corte, con la ayuda de un cuchillo chico, un lado de la membrana de la lengua.

2. Jale la membrana externa poco a poco para desprenderla.

3. Continúe hasta desprender la membrana externa completamente.

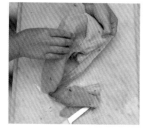

4. Limpie la lengua de grasa y de adherencias.

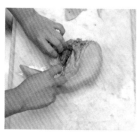

5. Lengua limpia.

Trocear una chuleta de res

1. Desprenda la carne del hueso, comenzando por el lado de la vértebra.

2. Separe toda la carne del hueso, cortándola según el contorno de la chuleta.

3. Corte el pedazo de carne en rebanadas regulares y gruesas.

Trocear una pierna cocida

1. Incline la pierna tomándola por el hueso y corte la carne por el lado más ancho.

2. Corte la parte redonda en rebanadas delgadas, de arriba abajo.

3. Voltee la pierna y proceda con los cortes en la carne de la misma forma.

Recetas de
cocina internacional

Blanquear

1. Ponga sobre el fuego una cacerola con agua suficiente para sumergir el producto a blanquear, en este caso acelgas, y agregue un poco de sal.

2. Cuando el agua hierva introduzca las acelgas y déjelas sumergidas durante unos segundos.

3. Retire las acelgas del agua y trasládelas a un recipiente con agua y cubos de hielo para detener su cocción.

Si es necesario, repita esta operación en varias tandas con porciones pequeñas para que el resultado sea uniforme.

Esta es la técnica básica para blanquear cualquier tipo de hojas verdes y verduras en trozos pequeños. En cada caso controle el tiempo de blanqueado para evitar una sobrecocción.

Empanizar

Ingredientes (producto a empanizar, en este caso bistec de res)
- ½ taza de leche
- 150 g de harina de trigo
- 2 huevos
- sal y pimienta, al gusto
- 2 cucharadas de hierbas mixtas
- 250 g de pan molido
- cantidad suficiente de aceite para freír

Preparación
1. Sumerja la carne en la leche.

2. Enharine la carne sacudiéndola al final para retirarle el exceso de harina.

3. Bata los huevos ligeramente y añádales sal y pimienta. Sumerja la carne en el huevo.

4. Mezcle las hierbas con el pan molido. Empanice la carne con el pan, presionándolo ligeramente para que quede bien cubierta por todos lados.

5. Caliente el aceite en un sartén y fría a fuego medio la carne hasta que esté bien cocida y dorada.

Receta de caldo corto

Rendimiento: 1 ℓ

Ingredientes

- 2 ℓ de agua
- 1 zanahoria cortada en rebanadas gruesas
- 2 cebollas rebanadas
- ½ taza de poro rebanado
- ½ taza de tallos de apio rebanados
- 2 echalotes o 1 cebolla de rabo
- 2 dientes de ajo
- la cáscara de 1 limón
- 2 tazas de vino blanco seco
- 1 cucharada de tomillo fresco
- 1 ramito de hierbas de olor envuelto en manta de cielo
- 1 cucharadita de sal
- 1 cucharadita de semillas de anís o 2 anís estrella

Preparación

1. Hierva a fuego medio todos los ingredientes durante 30 minutos o hasta que el agua se haya reducido a la mitad de su volumen original. Cuele el caldo, déjelo enfriar y guárdelo en refrigeración.

Receta de caldo de pescado

Rendimiento: 1 ℓ

Ingredientes

- 2 kg de restos, espinas y cabezas de pescado blanco
- 100 g de poro
- hierbas de olor, arbusto
- 3 pimientas negras
- 2 ℓ de agua
- ½ cebolla claveteada con 3 clavos de olor
- 100 g de apio cortado en trozos
- 1 zanahoria cortada en seis a lo largo
- sal al gusto

Preparación

1. Lave los huesos de pescado

2. Retire una capa del poro y ponga dentro de ella las hierbas aromáticas y las pimientas. Amárrela con un hilo e introdúzcala a una olla con los demás ingredientes. Deje que el caldo hierva a fuego medio, retirando la espuma de la superficie constantemente, hasta que el agua se haya reducido a la mitad del volumen original. Cuele el caldo, resérvelo y guárdelo en refrigeración.

Puede utilizar este caldo para escalfar pescados o mariscos, o como base para guisos con estos productos.

Receta de caldo de pollo

Rendimiento: 1 ℓ

Ingredientes

- ¼ de poro
- 1 rama de epazote
- 2 ramas de perejil
- 4 pimientas gordas
- 6 pimientas negras
- 3 dientes de ajo
- 2 kg de retazo de pollo limpio
- ½ cebolla claveteada con 3 clavos de olor
- 100 g de apio cortado en trozos
- 1 zanahoria cortada en seis a lo largo
- 2 ℓ de agua
- sal al gusto

Preparación

1. Retire una capa del poro y ponga dentro de ella las hierbas aromáticas y las especias. Amárrela con hilo e introdúzcala en una olla con los demás ingredientes. Deje que el caldo hierva a fuego medio, retirando la espuma de la superficie constantemente, hasta que el agua se haya reducido a la mitad del volumen original. Cuele el caldo, resérvelo y guárdelo en refrigeración.

Receta de caramelo

1. Coloque sobre el fuego un cazo de cobre o de acero inoxidable con 1 kg de azúcar o de piloncillo y ½ taza de agua.

2. Cuando se disuelva el azúcar o piloncillo, baje el fuego y deje que se cueza el caramelo. Incline ocasionalmente el recipiente para uniformar el calor y el color de la mezcla. El tiempo de cocción de azúcar dependerá del resultado que desee obtener.

El color y el grado de impurezas del almíbar o el caramelo dependerá del tipo de endulzante que utilice. Así, para obtener almíbares o caramelos claros con pocas impurezas, utilice azúcar refinada o en cubitos. Utilice piloncillo en caso de querer caramelos o almíbares oscuros y pesados.

Para que el caramelo se mantenga líquido por más tiempo sin cristalizarse, añada unas gotas de jugo de limón.

Nombre	Prueba casera	Temperatura	Usos
Jarabe	Forma una película en una espumadera	100 °C	Humedecer postres
Hebra	Al introducir un poco en un recipiente con agua, entre los dedos forma hebras delgadas	103 °C	Conservas de frutas
Perla	Al introducir un poco en un recipiente con agua, entre los dedos forma hebras sólidas	105 a 110 °C	Glaseados
Bola blanda	Al introducir un poco en un recipiente con agua, entre los dedos forma una bola blanda	110 a 115 °C	Fondants y caramelos blandos
Bola dura	Al introducir un poco en un recipiente con agua, entre los dedos forma una bola dura	116 a 119 °C	Caramelos duros
Espejo o lámina	Al introducir un poco en un recipiente con agua, al morderlo se pega en los dientes	129 a 132 °C	Chiclosos
Quebradizo	Al introducir un poco en un recipiente con agua, al morderlo no se pega en los dientes	143 a 168 °C	Caramelos duros, azúcar hilada
Caramelo	Una gota sobre el mármol queda dura	150 a 180 °C	Fruta escarchada, salsas

Receta de masa para crepas

Rendimiento: 24 crepas de 22 cm de diámetro

Ingredientes

- 250 g de harina de trigo
- ½ cucharadita de sal
- 2 cucharaditas de azúcar (sólo para crepas dulces)
- 2 tazas de leche (para crepas saladas, 250 ml de agua o cerveza y 250 ml de leche)
- 3 huevos batidos ligeramente
- 2 cucharadas de mantequilla derretida + cantidad suficiente

Preparación

1. Mezcle los productos secos con la leche hasta obtener una preparación sin grumos.

2. Incorpore los huevos y la mantequilla. La masa debe quedar fluida pero no líquida. Deje reposar la mezcla durante 1 hora.

3. Ponga sobre el fuego un sartén con mantequilla. Cuando esté caliente, vierta un cucharón de la masa para crepas, tratando de que quede lo más delgada posible. Después de unos segundos, los bordes de la crepa se levantarán por sí solos.

4. Voltee la crepa con una espátula y deje que se dore por el otro lado. Retírela del fuego y resérvela, separándolas entre ellas con plástico autoadherible o con papel siliconado o encerado, dentro de un recipiente cubierto o bajo un paño húmedo.

Receta de omelet básico

Rendimiento: 4 personas

Ingredientes

- 8 huevos
- sal y pimienta, al gusto
- 2 cucharadas de aceite
- 40 g de mantequilla

Preparación

1. Rompa los huevos, añádales sal y pimienta al gusto y bátalos enérgicamente con un tenedor hasta que queden espumosos.

2. Ponga sobre el fuego un sartén antiadherente con el aceite. Cuando esté caliente, vierta los huevos de golpe al sartén.

3. Sujete el sartén por el mango y agítelo con movimientos rápidos hacia adelante y hacia atrás mientras remueve los huevos en forma de "8" con una pala de madera. Los huevos deben cocerse de manera homogénea y deben adquirir una consistencia similar a la de los huevos revueltos. Procure que la tortilla no se cueza demasiado.

4. Mantenga el sartén en el fuego sin moverlo durante unos segundos para que se forme una capa crujiente en la base del omelet. Después, doble los bordes del omelet hacia el centro para recubrir la parte más esponjosa.

5. Unte un plato con mantequilla y ponga el omelet encima. Ponga un trozo de mantequilla por encima y sírvalo.

Esta es la técnica básica para preparar un omelet. Puede agregar ingredientes diversos a los huevos cuando los revuelva, como jamón, champiñones, queso, o ponerlos como relleno de éste.

Receta de pescado enharinado

Ingredientes

- 2 filetes de pescado
- el jugo de 1 limón
- sal y pimienta, al gusto
- 150 g de harina de trigo
- ¼ de taza de aceite
- 2 cucharadas de mantequilla

Preparación

1. Unte a los filetes de pescado el jugo de limón y espolvoréelos con sal y pimienta al gusto.

2. Enharine el pescado y sacúdalo bien para eliminar el exceso de harina.

3. Ponga sobre el fuego un sartén con el aceite y la mantequilla. Cuando estén calientes, añada los filetes de pescado y deje que se doren.

4. Voltee los filetes y déjelos en el fuego el tiempo necesario para que se terminen de cocer.

Técnicas para
chiles frescos y secos

Asar chiles frescos

1. Coloque sobre fuego medio un comal o sartén con los chiles. Voltéelos frecuentemente para lograr un asado uniforme. Según el tamaño y tipo del chile elegido, el asado será de entre 5 y 10 minutos. El chile está listo cuando la piel se torne de color oscuro sin quemarse.

2. Retire los chiles del fuego, introdúzcalos en una bolsa de plástico y déjelos sudar durante 10 minutos. Termine su preparación de acuerdo con la receta elegida.

Asar chiles secos

1. Limpie con trapo húmedo los chiles. De acuerdo con su elección, los chiles para rellenar podrán ser asados enteros, con o sin rabo, y según el tipo de preparación, con o sin semillas y venas.

2. Ponga sobre fuego medio un comal o un sartén con los chiles. Voltéelos frecuentemente hasta obtener un asado uniforme, sin que se quemen para evitar un sabor amargo. Prepare los chiles de acuerdo con la receta elegida.

El asado de los chiles aumenta su aroma y sabor.

Lo ideal es que los chiles secos asados adquieran un tono que vaya del café claro al rojizo. Sólo en ciertas recetas los chiles son quemados para dar a la salsa un sabor más intenso, como en el caso del recaudo negro o el mole negro oaxaqueño.

Puede freírlos pero, al igual que en el asado, evite quemarlos para no obtener sabor amargo.

Varias preparaciones requieren que los chiles, después de asados, sean remojados, ya sea para rellenarlos o para molerlos. Este proceso puede elaborarse en agua caliente con o sin vinagre, en el jugo de algún cítrico o en caldo durante 10 o 15 minutos. Este proceso suaviza la piel de los chiles.

Otra forma de aprovechar los chiles secos asados es como condimento. Después de asarlos o freírlos, desmorónelos con los dedos o tritúrelos en el molcajete, en un procesador o en un molino de café.

Limpiar chiles secos

1. Limpie los chiles con un trapo humedecido en agua y desinfectante.

2. Abra el chile a lo largo con ayuda de unas tijeras.

3. Corte abajo del rabo para extraer la placenta.

4. Deseche las venas y las semillas con las tijeras.

Puede guardar las semillas de los chiles para posteriores usos en moles, salsas o pipianes. Esta técnica, básica en la cocina mexicana, sirve para la preparación de chiles secos en las recetas de distintos tipos de salsas, moles, adobos, pipianes, entre otros guisos.

Limpiar chiles secos para rellenar

1. Limpie los chiles con un trapo humedecido en agua y desinfectante. Ábralo a lo largo con ayuda de unas tijeras.

2. Retire con cuidado las semillas y las venas, procurando no romper demasiado el chile.

Pelar y desvenar un chile poblano mediante aceite

1. Sumerja los chiles poblanos en aceite caliente, de dos en dos; después de 15 segundos, aproximadamente, voltee los chiles. Déjelos durante 15 segundos más y retírelos del aceite.

2. Introduzca los chiles dentro de una bolsa de plástico, espolvoréelos con sal gruesa y déjelos sudar durante 5 minutos aproximadamente.

Limpiar chiles jalapeños para rellenar

1. Sujete el chile por el extremo inferior y con ayuda de un cuchillo pequeño haga una incisión en sentido horizontal por debajo del rabito.

3. Saque los chiles de la bolsa y retíreles la piel.

2. Haga otra incisión en sentido vertical para obtener un corte en forma de "T".

4. Abra cada chile y retírele la placenta, las venas y las semillas del interior.

3. Desprenda con una cucharita las venas y las semillas.

5. De esta forma, el chile está listo para rellenar.

4. Con la cucharita separe la placenta adherida a la parte superior.

6. Si desea obtener rajas, retire el rabo de cada chile, ábralo y córtelo en tiras por la parte interna.

5. Retire con cuidado la placenta, semillas y venas para no romper el chile.

Puede cocer estos chiles ya rellenos en el horno, capearlos y freírlos, o prepararlos en escabeche.

Siempre debe mantener el aceite caliente, de forma que cuando introduzca cada chile se formen burbujas. Esta técnica se puede aplicar para el pelado y desvenado de cualquier chile fresco.

Técnicas de
cocina mexicana

Adobar 1

Ingredientes

* adobo preparado
* producto a adobar, en este caso carne

Preparación

1. Cubra totalmente las piezas de carne con el adobo y déjelas reposar durante 3 horas.

2. Frías las piezas de carne en un sartén grueso con poca grasa, volteándolas ocasionalmente para que se doren por todos lados.

3. Ponga sobre el fuego el resto del adobo, añadiendo suficiente líquido, de preferencia caldo, hasta obtener la consistencia de una salsa ligera. Agregue las piezas de carne.

4. Tape el recipiente y cocine el adobo a fuego bajo en la estufa, o dentro del horno a 180 °C, hasta que la carne esté suave.

Si es necesario, agregue más líquido caliente durante la cocción.

Adobar 2

Ingredientes

* 1 kg de costillitas de cerdo
* adobo preparado
* 1 ℓ de caldo de ave
* ¼ de taza de vinagre
* ¼ de taza de miel de maguey

Preparación

1. Ponga sobre el fuego una cacerola con las costillas y agua suficiente para cubrirlas. Cuando hierva el agua, retire la cacerola del fuego, saque las costillas del agua y enjuáguelas. Deseche el agua de cocción.

2. Mezcle en una cacerola el caldo de ave con el adobo, el vinagre, la miel y las costillas. Cueza el adobo a fuego medio hasta que se reduzca.

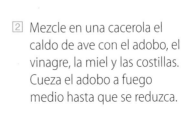

③ Retire las costillas del adobo y áselas sobre una plancha o dentro del horno.

Capear y freír chiles rellenos

① Mezcle harina de trigo con un poco de sal y enharine en ella los chiles rellenos, sacudiéndolos al final para retirarles el exceso de harina.

Capear

Ingredientes

* huevos
* harina de trigo cernida
* sal al gusto
* producto a capear

② Sujete cada chile por el rabo y sumérjalos en el capeado.

Preparación

① Separe las claras de las yemas. Bata las claras con un batidor globo o en la batidora.

③ Fría los chiles capeados en un sartén o en un cazo con suficiente aceite para, durante el proceso, aventar aceite sobre la superficie del capeado.

② Incorpore a las claras batidas las yemas y un poco de harina y sal.

④ Gire el chile para completar la fritura.

⑤ Retire el chile del aceite y elimine el exceso de grasa dejándolo escurrir sobre papel absorbente.

③ Mezcle los ingredientes con movimientos envolventes hasta obtener una mezcla homogénea.

Los productos que usualmente se capean son chiles rellenos, así como tortitas de carne de res, de pollo o de quelites, como los huauzontles capeados.

Esta técnica es la empleada para freír cualquier producto capeado.

Empepitar

Ingredientes

- 1 huevo
- sal y pimienta, al gusto
- 150 g de harina de trigo
- 200 g de pepitas tostadas
- producto a empepitar, en este caso atún
- cantidad suficiente de aceite para freír

Preparación

1. Mezcle el huevo con sal y pimienta al gusto y bátalo ligeramente.

2. Enharine el atún, retirándole al final el exceso de harina sacudiéndolo un poco.

3. Cubra toda la superficie del atún con el huevo, ayudándose con unas pinzas.

4. Cubra toda la superficie del atún con las pepitas, presionándolas para que se adhieran bien.

5. Fría el atún por ambos lados en un sartén hondo con aceite. Escúrralo sobre papel absorbente para eliminar el exceso de grasa.

Técnicas para
tamales

Envolver un tamal en hoja de maíz seca o *totomoxtle*

1. Ponga un tanto de masa sobre una hoja de maíz hidratada, dejando espacio suficiente en el borde superior. Coloque encima de la masa un poco de relleno.

2. Cierre la hoja sosteniendo los bordes laterales y uniéndolos bien, colocando uno sobre otro.

3. Sostenga con una mano el tamal por la punta más angosta y con la otra empuje el contenido hacia arriba, procurando que la masa no llegue al otro extremo.

4. Cierre el tamal juntando los dos extremos. Amarre la punta con una tira de hoja de maíz. Cueza el tamal de acuerdo con la receta.

Envolver un tamal en hoja de plátano

1. Coloque sobre un cuadro de hoja de plátano asada una porción de masa y encima el relleno de su elección.

2. Cubra la masa y el relleno uniendo los extremos de la hoja.

3. Haga un pequeño doblez hacia adentro en el extremo opuesto a la masa.

4. Doble y jale ese mismo extremo hacia el centro, de manera que esta orilla llegue a la mitad del tamal.

5. Doble los extremos por debajo del tamal. Cocine el tamal de acuerdo con la receta.

Puede envolver cualquier tipo de tamal con esta técnica.

6 | Tamal terminado.

7 | Variantes de envolturas con hoja de plátano.

Puede envolver cualquier tipo de tamal con esta técnica.

Envolver un tamal en hoja santa

1 | Coloque una hoja santa con las venas hacia arriba. Ponga encima una porción de masa preparada para tamal y después el relleno. Doble los bordes laterales hacia el centro. Posteriormente, comenzando por la parte inferior, doble hacia el centro y vuelva a doblar el tamal (doblez de cartera).

2 | Junte las dos orillas inferiores de la hoja y cocine el tamal de acuerdo con la receta.

Cualquier hoja ancha y gruesa, como la hoja santa, es apta para ser envoltura de tamal, como espinaca, acelga, entre otras.

Masa de tamales con harina de maíz nixtamalizada

Ingredientes
- 450 g de manteca de cerdo
- 1 cucharadita de sal
- 1 cucharada de agua fría
- 1 kg de harina de maíz nixtamalizada para tamales
- 1 receta de tequesquite y cáscaras de tomate para esponjar tamales (ver pág. 405)
- 2 tazas de caldo de ave, colado y tibio
- sal al gusto

Preparación
1 | Bata la manteca con la sal y el agua fría, hasta que la manteca se blanquee y se esponje.

2 | Agregue la harina de maíz en pequeñas porciones, así como el agua de cocimiento de tequesquite.

3 | Añada sal al gusto y el caldo necesario para formar una mezcla homogénea.

4 | La masa está lista si al levantarla con una cuchara o pala, ésta cae de golpe.

Masa de tamales con masa de maíz nixtamalizada

Ingredientes

- 450 g de manteca de cerdo
- 1 cucharadita de sal
- 1 cucharada de agua fría
- 1 kg de masa de maíz nixtamalizada
- 1 receta de tequesquite y cáscaras de tomate para esponjar tamales (ver pág. 405)
- 1 a 2 tazas de caldo de ave colado y tibio
- sal al gusto

Preparación

1. Bata la manteca con la sal y el agua fría, hasta que la manteca se blanquee y se esponje.

2. Agregue la masa en pequeñas porciones, así como el agua de cocimiento del tequesquite.

3. Añada sal al gusto y el caldo necesario para formar una mezcla homogénea.

4. La masa está lista si al levantarla con una cuchara o pala, ésta cae de golpe.

Tequesquite y cáscaras de tomate para esponjar tamales

Ingredientes

- ½ taza de agua
- 6 a 8 cáscaras de tomate verde limpias
- 1 cucharadita de tequesquite
- ¼ de cucharadita de anís (opcional)

Preparación

1. Ponga sobre el fuego el agua. Cuando hierva, agregue las cáscaras de tomate y el tequesquite. Mueva la mezcla hasta lograr que el tequesquite se deshaga por completo. Retire el agua del fuego, cuélela y déjela enfriar.

Esta agua rinde para 1 kilogramo de masa para tamales.

En la actualidad, un número considerable de recetas agiliza este proceso disolviendo en la misma cantidad de agua 1 cucharada de polvo para hornear por cada kilogramo de harina o masa nixtamalizada.

Técnicas para
antojitos

Masa para preparar tortillas y antojitos

Harina de maíz comercial
Ingredientes
- 500 g de harina de maíz comercial
- 1½ tazas de agua
- sal al gusto

Preparación
1. Mezcle la harina de maíz con el agua y sal al gusto. Amase hasta que obtenga una pasta suave y manejable que no se desmorone.

Masa de maíz nixtamalizada y harina de trigo
Ingredientes
- 300 g de masa de maíz nixtamalizada
- ½ taza de harina de trigo
- ¼ de taza de agua
- sal al gusto

Preparación
1. Mezcle la masa de maíz con la harina de trigo, el agua y sal al gusto. Amase hasta que obtenga una pasta suave y manejable que no se desmorone.

2. Voltee la tortilla y déjela cocer durante 30 segundos más.

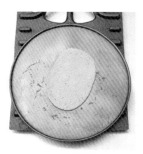

3. Distribuya encima de la tortilla el relleno y ciérrela para formar la quesadilla. Déjela sobre el fuego hasta que la masa y el relleno estén cocidos.

Quesadilla frita con masa

1. Forme tortillas de 3 milímetros de grosor aproximadamente.

2. Ponga un poco de relleno en el centro de cada tortilla.

Quesadilla asada en el comal

1. Con la prensa de tortillas forme una tortilla ovalada y colóquela sobre un comal caliente durante 30 segundos aproximadamente.

3. Cierre la tortilla por la mitad para formar la quesadilla, juntando los bordes con las palmas de las manos.

4 Presione ligeramente los bordes para sellarla.

5 Fría la quesadilla en aceite caliente hasta que adquiera un color dorado y uniforme, volteándola una sola vez a media cocción.

Quesadilla frita con tortilla de maíz

1 Distribuya en el centro de una tortilla un poco de relleno.

2 Cierre la quesadilla juntando los bordes.

3 Sujete la quesadilla con dos palillos.

4 Fría la quesadilla en aceite caliente hasta que adquiera un color dorado y uniforme, volteándola una sola vez a media cocción.

Sopes y pellizcadas

Ingredientes
- masa preparada para tortillas
- rellenos diversos

Preparación

1 Forme discos de masa de ½ centímetro de grosor y 8 centímetros de diámetro aproximadamente. Póngalos sobre un comal caliente durante 3 minutos o hasta que la masa esté opaca. Voltéelos y deje que se cuezan durante 3 minutos más.

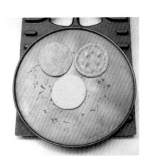

2 Forme un borde en cada disco de masa presionando la orilla del mismo con los dedos. Debe quedar una pared alrededor, que es la que evitará que el relleno se salga. Ponga encima del disco de masa el relleno de su preferencia y sirva.

3 Para preparar pellizcadas, haga los discos de masa más grandes y más delgados. Asimismo, el borde debe ser de menor altura, además de ir pellizcadas en la parte central.

Tacos rellenos fritos

1 Coloque sobre la orilla de una tortilla un poco del relleno de su elección.

2 Enrolle la tortilla sobre sí misma con firmeza, pero sin apretarla demasiado, procurando que el relleno no sobresalga de las orillas.

③ Sujete el taco con dos palillos. Repita los pasos 1 a 3 para formar más tacos.

④ Fría los tacos en aceite caliente. Cuando la parte inferior haya dorado, voltéelos hasta que se doren completamente.

⑤ Retírelos del aceite y escúrralos sobre papel absorbente.

② Empareje cada esfera de masa presionándola suavemente contra la mesa mientras realiza con ella movimientos circulares.

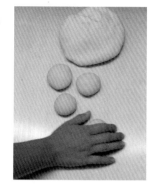

③ Estire cada esfera con un rodillo enharinado, deslizándolo de la mitad hacia arriba y de la mitad para debajo de la esfera, y así sucesivamente. Continúe estirándola hasta que obtenga una tortilla delgada.

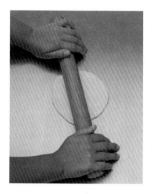

④ Cueza la tortilla en un comal o en un sartén durante medio minuto por cada lado aproximadamente.

Tortillas de harina

Ingredientes

- 500 g de harina de trigo
- 125 g de manteca de cerdo
- 1 taza de agua aproximadamente
- sal al gusto

Preparación

① Mezcle los ingredientes para obtener una masa suave y divídala en porciones esféricas.

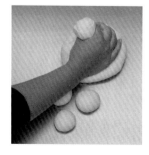

⑤ Voltee la tortilla dos veces y presione al final su superficie, para que se infle. Debe quedar con pequeñas manchas doradas sobre la superficie. Ponga las tortillas dentro de una servilleta para conservarlas calientes.

Consuma las tortillas enseguida o guárdelas en el refrigerador varios días, o en el congelador durante 4 meses como máximo.

Tortillas de maíz

Ingredientes

* 500 g de masa de maíz nixtamalizada
* cantidad suficiente de agua
* sal al gusto

Preparación

1. Mezcle la masa de maíz con un poco de agua y sal al gusto, amasándola hasta obtener una pasta suave y manejable que no se desmorone.

2. Forme con la masa pequeñas esferas. Coloque un plástico en una prensa de metal o de madera y ponga encima una esfera de masa; cúbrala con otro plástico igual.

3. Para hacer una tortilla, oprima la esfera de masa de manera firme pero no demasiado fuerte, para evitar que la tortilla se quede adherida al plástico.

4. Abra la prensa y despegue con cuidado el plástico superior.

5. Levante la tortilla junto con el plástico de abajo; con una mano ponga la tortilla sobre los dedos de la otra mano y retire el plástico.

6. Extienda la tortilla sobre un comal de metal o de barro sobre el fuego y previamente calentado.

7. Deje que la tortilla se ase sobre el comal durante 15 segundos aproximadamente. Voltee la tortilla y déjela 30 segundos más. Voltéela nuevamente y cueza 15 segundos más.

8. Espere a que la tortilla se infle (debido a la salida de la humedad restante en la masa). En caso de que no suceda en los siguientes segundos después de haberla volteado por última vez, dele un ligero golpe en la superficie con los dedos.

Con esta misma receta puede elaborar las tortillas a mano. En lugar de usar una prensa para aplanarlas, hágalo con sus manos "torteando" las esferas de masa hasta obtener el grosor deseado.

Tablas de
equivalencias

Las cantidades están expresadas en la medida que se indica en el título de cada tabla, exepto cuando de forma individual se indique otro dato.

Frutas, verduras, tubérculos (en g)										
	1 pieza	**1** taza	**¾** de taza	**⅔** de taza	**½** taza	**⅓** de taza	**¼** de taza	**1** cucharada	**½** cucharada	**1** cucharadita
Aguacate mediano	200	—	—	—	—	—	—	—	—	—
sin cáscara ni semilla	180	—	—	—	—	—	—	—	—	—
cortado en cubos de 1 cm	—	140	105	93	70	47	35	10	5	3
Ajo, cabeza	60	—	—	—	—	—	—	—	—	—
diente	3	32 dientes	24 dientes	20 dientes	16 dientes	10 dientes	8 dientes	—	—	—
machacado	—	120	90	80	60	40	30	8	4	3
picado	—	120	90	80	60	40	30	8	4	3
Apio, rama	50	—	—	—	—	—	—	—	—	—
picado o fileteado	—	80	60	53	40	27	20	4	2	1
Betabel	300	—	—	—	—	—	—	—	—	—
cortado en cubos de 1 cm	—	120	90	80	60	40	30	8	4	3
Calabacita criolla (pieza)	chica 90 grande 230	—	—	—	—	—	—	—	—	—
Calabacita italiana	chica 140 grande 280	—	—	—	—	—	—	—	—	—
cortada en cubos de 1 cm	—	110	83	73	55	37	28	6	3	2
picada	—	120	90	80	60	40	30	8	4	3
rebanada	—	110	83	73	55	37	28	—	—	—
cortada en cuartos o trozos	—	130	98	87	65	43	33	—	—	—
Calabaza de Castilla mediana, con cáscara	3 000	—	—	—	—	—	—	—	—	—
cortada en cubos de 1 cm	—	130	98	87	65	43	33	6	3	2
pulpa	—	100	75	67	50	33	25	—	—	—
Camote mediano	400	—	—	—	—	—	—	—	—	—
cortado en cubos de 1 cm	—	120	90	80	60	40	30	6	3	2
Capulín	—	115	86	77	57.5	38	29	8	4	3
Cebolla blanca o morada, mediana	300	—	—	—	—	—	—	—	—	—
picada o fileteada	—	140	105	93	70	47	35	6	3	2
cortada en trozos	—	150	113	100	75	50	38	—	—	—
Cebolla cambray o de rabo	30	—	—	—	—	—	—	—	—	—
picada o filetea	—	110	83	73	55	37	28	6	3	2
cortada en trozos	—	120	90	80	60	40	30	—	—	—
Cereza roja, fresca	6	165	124	110	82.5	55	41	10	5	3
Chabacano	25	140	105	93	70	47	35	0	0	0
Chayote	300	—	—	—	—	—	—	—	—	—
cortado en cubos de 1 cm	—	140	105	93	70	47	35	5	2.5	2
cortado en cubos de 1 cm, cocidos	—	160	120	107	80	53	40	10	5	3
Chícharo en vaina	5.5	100	75	67	50	33	—	—	—	—
sin vaina, crudo y cocido	—	140	105	93	70	47	35	8	4	3
Coco rallado	—	80	60	53	40	27	20	5	2.5	2
Col rebanada	—	50	38	33	25	17	13	3	1.5	—
Coliflor (floretes)	—	100	75	67	50	33	25	—	—	—
Durazno (con semilla)	150	—	—	—	—	—	—	—	—	—
picado	—	130	98	87	65	43	33	10	5	3
Echalote	5	—	—	—	—	—	—	—	—	—
Frambuesa	8	125	94	83	62.5	42	31	15	7.5	5
Fresa	20	100	75	67	50	33	25	8	4	3
cortada en cuartos	—	125	94	83	62.5	42	31	10	5	5

Frutas, verduras, tubérculos (en g)									
	1 pieza	1 taza	¾ de taza	⅔ de taza	½ taza	⅓ de taza	¼ de taza	1 cucharada	½ cucharada	1 cucharadita
Frutas rojas, mezcla	—	250	188	167	125	83	63	10	5	3
Granada roja	250	—	—	—	—	—	—	—	—	—
granos de granada	—	150	113	100	75	50	38	10	5	3
Guaje, con vaina	4	1 kg = 1 taza de semillas		—	—	—	—	—	—	—
semillas	—	120	90	80	60	40	30	8	4	3
Gualumbos	—	70	53	47	35	23	18	6	3	2
Guanábana, chica	540	—	—	—	—	—	—	—	—	—
pulpa	—	200	150	133	100	67	50	15	7.5	5
Guayaba	60	120	90	80	60	40	30	—	—	—
Higo	25	150	113	100	75	50	38			
Jícama mediana	600	—	—	—	—	—	—	—	—	—
cortada en cubos de 1 cm	—	120	90	80	60	40	30	6	3	2
rallada	—	140	105	93	70	47	35	8	4	3
Jitomate guaje mediano	150	—	—	—	—	—	—	—	—	—
cortado en cubos de 1 cm	—	140	105	93	70	47	35	15	7.5	5
picado	—	140	105	93	70	47	35	15	7.5	5
rebanado	—	120	90	80	60	40	30	—	—	—
molido	—	200	150	133	100	67	50	16	8	5
Jitomate bola mediano	220	—	—	—	—	—	—			
Jitomate cherry	7	160	120	107	80	53	40	—	—	—
Lima	50	—	—	—	—	—	—	—	—	—
Limón	30	—	—	—	—	—	—	—	—	—
Mamey, con semilla	300	—	—	—	—	—	—	—	—	—
pulpa	—	200	150	133	100	67	50	15	7.5	5
Mandarina mediana	75	—	—	—	—	—	—	—	—	—
supremas	15	100	75	67	50	33	25	—	—	—
Mango Manila, con semilla	300	—	—	—	—	—	—	—	—	—
pulpa	145	220	165	147	110	73	55	15	7.5	5
Manzana mediana	200	—	—	—	—	—	—	—	—	—
descorazonada y pelada	170	—	—	—	—	—	—	—	—	—
picada	—	120	90	80	60	40	30	8	4	3
en cubos	—	100	75	67	50	33	25	6	3	2
Melón, con cáscara	2000	—	—	—	—	—	—	—	—	—
rebanada delgada sin cáscara	45	—	—	—	—	—	—	—	—	—
Miltomate	4	130	98	87	65	43	33	8	4	3
Naranja mediana	250	—	—	—	—	—	—	—	—	—
supremas	15	100	75 g = 1 naranja	67	50	33	25	—	—	—
Nopal	80	—	—	—	—	—	—	—	—	—
picado	—	100	75	67	50	33	25	6	3	2
cortado en cubos de 1 cm	—	120	90	80	60	40	30	8	4	3
cortado en tiras de 1 cm de grosor	—	120	90	80	60	40	30	—	—	—
Nopal cambray	40	—	—	—	—	—	—	—	—	—
Papa mediana	225	—	—	—	—	—	—	—	—	—
picada	—	140	105	93	70	47	35	10	5	3
cortada en cubos de 1 cm	—	160	120	107	80	53	40	10	5	3
cortada en tiras delgadas	—	110	83	73	55	37	28			
Papa mediana, cocida	150	—	—	—	—	—	—	—	—	—
picada	—	120	90	80	60	40	30	8	4	3
cortada en cubos de 1 cm	—	120	90	80	60	40	30	8	4	3
cortada en tiras delgadas	—	100	75	67	50	33	25			
Papa cambray	25	140	105	93	70	47	35	—	—	—
Papaya (pulpa)	—	140	105	93	70	47	35	12	6	4
Pepino	300	—	—	—	—	—	—	—	—	—
picado	—	140	105	93	70	47	35	1	0.5	—
cortado en cubos de 1 cm	—	140	105	93	70	47	35	10	5	3
Pera mediana	230	—	—	—	—	—	—	—	—	—
Perón	150	—	—	—	—	—	—	—	—	—
picado	—	120	90	80	60	40	30	8	4	3

Frutas, verduras, tubérculos (en g)									
	1 pieza	1 taza	¾ de taza	⅔ de taza	½ taza	⅓ de taza	¼ de taza	1 cucharada	½ cucharada	1 cucharadita
Piña, rodaja gruesa	100	—	—	—	—	—	—	—	—	—
cortada en cubos de 1 cm		120	90	80	60	40	30	8	4	3
Pitaya roja	80	—	—	—	—	—	—	—	—	—
Plátano macho con cáscara	350	—	—	—	—	—	—	—	—	—
Plátano Tabasco, con cáscara	190	—	—	—	—	—	—	—	—	—
cortado en cubos de 1 cm	—	140	105	93	70	47	35	10	5	3
cortado en rodajas	—	130	98	87	65	43	33	—	—	—
en cubos y rodajas, fritos	—	120	90	80	60	40	30	8	4	3
Poro entero, grande	400	—	—	—	—	—	—	—	—	—
¼ de pieza	90	—	—	—	—	—	—	—	—	—
picado o rebanado	—	90	68	60	45	30	23	6	3	2
Rábano mediano	50	—	—	—	—	—	—	—	—	—
picado o rebanado	—	110	83	73	55	37	28	6	3	2
Sandía picada	—	120	90	80	60	40	30	6	3	2
Tamarindo, con cáscara	25	—	—	—	—	—	—	—	—	—
Tomate	40	—	—	—	—	—	—	—	—	—
cortado en cuartos	—	160	120	107	80	53	40	—	—	—
cortado en cubos de 1 cm	—	140	105	93	70	47	35	6	3	2
picado	—	140	105	93	70	47	35	6	3	2
rebanado	—	120	90	80	60	40	30	6	3	2
Toronja, supremas	20	160	120	107	80	53	40	—	—	—
Tuna roja	130	—	—	—	—	—	—	—	—	—
pulpa	—	200	150	133	100	67	50	15	7.5	5
Uva	6	130	98	87	65	43	33	—	—	—
Xoconostle	60	—	—	—	—	—	—	—	—	—
picado	—	160	120	107	80	53	40	8	4	3
Yuca	400	—	—	—	—	—	—	—	—	—
Zanahoria	110	—	—	—	—	—	—	—	—	—
picada	—	140	105	93	70	47	35	8	4	3
rebanada	—	140	105	93	70	47	35	—	—	—
rallada	—	80	60	53	40	27	20	5	2.5	2
cortada en cubos de 1 cm	—	150	113	100	75	50	38	8	4	3

Hierbas de olor y flores comestibles (en g)	1 pieza	1 taza	¾ de taza	⅔ de taza	½ taza	⅓ de taza	¼ de taza	1 cucharada	½ cucharada	1 cucharadita
Acelga	1 manojo = 200 g / 1 hoja = 35 g	—	—	—	—	—	—	—	—	—
rebanada	—	20	15	13	10	7	5	—	—	—
picada	—	30	23	20	15	10	8	1	0.5	—
Acuyo (ver hoja santa)	—	—	—	—	—	—	—	—	—	—
Aguacate, hoja seca	4 hojas = 1 g	16	12	10	8	5	4	—	—	—
hoja seca, troceada	—	30	23	20	15	10	8	2	1	0.5
Albahaca fresca	1 manojo = 100 g / 1 rama = 8 g	—	—	—	—	—	—	—	—	—
hojas	—	20	15	13	10	7	5	—	—	—
picada	—	30	23	20	15	10	8	2	1	0.5
Berros, limpios	—	12	9	8	6	4	3	—	—	—
Cebollín fresco, picado	—	32	24	21	16	11	8	2	1	5
Chaya, hoja	6	—	—	—	—	—	—	—	—	—
rebanada	—	16	12	11	8	5	4	1	0.5	—
picada	—	16	12	11	8	5	4	1	0.5	—
Cilantro fresco	1 manojo = 180 g / 1 rama = 4 g	—	—	—	—	—	—	—	—	—
hojas	—	15	11	10	8	5	4	las hojas de 6 ramas = 2 g		
picado	—	30	23	20	15	10	8	2	1	0.5
Elote, hoja fresca	10	—	—	—	—	—	—	—	—	—
Epazote fresco	1 manojo = 100 g / 1 rama = 8 g	—	—	—	—	—	—	—	—	—
hojas	—	20	15	13	10	7	5	—	—	—
picado	—	30	23	20	15	10	8	2	1	0.5
Flor de calabaza, sin tallo ni pistilo	5	40	30	27	20	13	10	—	—	—
Hierbabuena fresca	1 manojo = 130 g / 1 rama = 8 g	—	—	—	—	—	—	—	—	—
hojas	—	20	15	13	10	7	5	—	—	—
picado	—	30	23	20	15	10	8	2	1	0.5
Hierbas secas, troceadas		24	18	16	12	8	6	1	0.5	—
Higuera, hoja	6	—	—	—	—	—	—	—	—	—
Hinojo	1 manojo = 130 g / 1 rama = 1 g	—	—	—	—	—	—	—	—	—
hojas	—	10	8	7	5	3	3	—	—	—
Hoja santa, grande	6	—	—	—	—	—	—	—	—	—
rebanada	—	16	12	11	8	5	4	1	0.5	—
picada	—	16	12	11	8	5	4	1	0.5	—
Huauzontle, rama	1 manojo = 200 g / 1 rama = 35 g	—	—	—	—	—	—	—	—	—
hojas	—	30	23	20	15	10	8	1	0.5	—
Jamaica, flor	3	50	38	33	25	17	13	3	—	—
Laurel, hoja	20 hojas = 1 g	2	2	1	1	1	—	—	—	—
troceada	—	30	23	20	15	10	8	2	1	0.5
Mejorana fresca	—	—	—	—	—	—	—	—	—	—
hojas	—	15	11	10	8	5	4	las hojas de 6 ramas = 2 g		
picado	—	30	23	20	15	10	8	2	1	0.5
Naranjo (hoja de)	—	16	12	10	30 hojas = 8 g	5	15 hojas = 4 g	—	—	—
Orégano fresco	—	—	—	—	—	—	—	—	—	—
hojas	—	15	11	10	8	5	4	las hojas de 6 ramas = 2 g		
picado	—	30	23	20	15	10	8	2	1	0.5
Perejil	1 manojo = 180 g / 1 rama = 4 g	—	—	—	—	—	—	—	—	—
hojas	—	15	11	10	8	5	4	las hojas de 6 ramas = 2 g		
picado	—	30	23	20	15	10	8	2	1	0.5
Quelites	—	12	9	8	6	4	3	—	—	—
Quintonil	—	12	9	8	6	4	3	—	—	—
Romeritos, limpios	—	45	34	30	23	15	11	3	1.5	1
Romero	—	24	18	16	12	8	6	1	0.5	—
Tomillo					10 ramitas = 2 g					
Verdolagas	1 manojo = 300 g / 1 manojo limpio = 150 g	—	—	—	—	—	—	—	—	—
hojas		25	19	17	13	8	4	—	—	—

Especias (en g)

	1 pieza	1 taza	¾ de taza	⅔ de taza	½ taza	⅓ de taza	¼ de taza	1 cucharada	½ cucharada	1 cucharadita
Achiote, semillas	–	60	45	40	30	20	15	4	2	1.3
Anís, semillas	–	60	45	40	30	20	15	4	2	1.3
molido	–	80	60	53	40	27	20	6	3	2.0
Anís estrella	1	50	38	33	25	17	13	–	–	–
Canela, raja de 10 cm	6	–	–	–	–	–	–	–	–	–
molida	–	65	49	43	33	22	16	4	2	1.3
Cilantro, semillas	–	60	45	40	30	20	15	4	2	1.3
Clavo de olor	40 clavos = 1 g	80	60	53	40	27	20	6	3	2.0
molido	–	65	49	43	33	22	16	4	2	1.3
Comino, semillas	–	80	60	53	40	27	20	6	3	2.0
molido	–	90	68	60	45	30	23	6	3	2.0
Cúrcuma (entera)	22	–	–	–	–	–	–	–	–	–
Hinojo, semillas	–	60	45	40	30	20	15	4	2	1.3
Jengibre fresco	1 trozo de 5 cm = 10 g	–	–	–	–	–	–	–	–	–
rallado	–	160	120	107	80	53	40	10	5	3.3
seco, molido	–	65	49	43	33	22	16	4	2	1.3
Nuez moscada	6	140	105	93	70	47	35	–	–	–
molida	–	90	68	60	45	30	23	6	3	2.0
Pimentón o páprika	–	90	68	60	45	30	23	6	3	2.0
Pimienta gorda	–	65	49	43	33	22	16	4	2	1.3
Pimienta molida	–	100	75	67	50	33	25	6	3	2.0
Sal	–	250	188	167	125	83	63	15	7.5	5.0
Sal de grano o gruesa	–	280	210	187	140	93	70	18	9	6.0
Vainilla (vaina)	1	–	–	–	–	–	–	–	–	–

Abarrotes, conservas y condimentos (en g)

	1 pieza	1 taza	¾ de taza	⅔ de taza	½ taza	⅓ de taza	¼ de taza	1 cucharada	½ cucharada	1 cucharadita
Aceitunas	4	100	75	67	50	33	25	6	–	–
picadas	–	110	83	73	55	37	28	8	4	2.7
Achiote (pasta)	–	180	135	120	90	60	45	10	5	3.3
Ácido cítrico	–	160	120	107	80	53	40	12	6	4
Alcaparras	–	200	150	133	100	67	50	12	6	4
Azúcar	–	200	150	133	100	67	50	15	7.5	5
Azúcar glass	–	120	90	80	60	40	30	10	5	3.3
Azúcar morena o mascabado	–	200	150	133	100	67	50	15	7.5	5
Bicarbonato de sodio	–	160	120	107	80	53	40	12	6	4

Abarrotes, conservas y condimentos (en g)									
	1 pieza	1 taza	¾ de taza	⅔ de taza	½ taza	⅓ de taza	¼ de taza	1 cucharada	½ cucharada	1 cucharadita
Café instantáneo	—	65	49	43	33	22	16	4	2	1.3
Café en grano, molido	—	100	75	67	50	33	25	5	2.5	1.7
Cajeta	—	340	255	227	170	113	85	20	10	6.7
Cal	—	120	90	80	60	40	30	6	3	2
Cáscara de naranja confitada	75	—	—	—	—	—	—	—	—	—
cortada en tiras	—	100	75	67	50	33	25	—	—	—
picada	—	140	105	93	70	47	35	8	4	2.7
Ceniza	—	120	90	80	60	40	30	6	3	2
Cerezas en marrasquino	4	120	90	80	60	40	30	12		—
Chapulín	—	36	27	24	18	12	9	2	1	0.5
Chile chipotle adobado	25	200	150	133	100	67	50	—	—	—
picado	—	160	120	107	80	53	40	15	7.5	5
molido	—	200	150	133	100	67	50	15	7.5	5
adobo	—	200	150	133	100	67	50	15	7.5	5
Chile en polvo		180	135	120	90	60	45	12	6	4
Chile jalapeño en escabeche	20	120	90	80	60	40	30	—	—	—
picado	—	140	105	93	70	47	35	10	5	3.3
cortado en rajas	—	120	90	80	60	40	30	—	—	—
Chocolate, tablilla	100	—	—	—	—	—	—	—	—	—
troceado	—	160	120	107	80	53	40	10	5	3.3
picado	—	180	135	120	90	60	45	10	5	3.3
Cocoa en polvo	—	100	75	67	50	33	25	5	2.5	1.7
Durazno en almíbar, mitad	50	200	150	133	100	67	50	—	—	—
picado	—	210	158	140	105	70	53	12	6	4
cortado en cubos de 1 cm	—	220	165	147	110	73	55	12	6	4
Glucosa	—	340	255	227	170	113	85	20	10	6.7
Grenetina en polvo	—	130	98	87	65	43	33	8	4	2.7
Higo en almíbar	50	100	75	67	50	33	25	—	—	—
Higo confitado	50	100	75	67	50	33	25	—	—	—
Leche condensada	—	270	203	180	135	90	68	15	7.5	5
Levadura (fresca, en pasta)	—	250	188	167	125	83	63	15	7.5	5
Levadura (seca, en polvo, instantánea)	—	160	120	107	80	53	40	10	5	3.3
Miel de abeja	—	160	120	107	80	53	40	18	9	6
Miel de maguey	—	140	105	93	70	47	35	15	7.5	5
Miel de maíz	—	340	255	227	170	113	85	20	10	6.7
Pasas	—	120	90	80	60	40	30	8	4	2.7
Pepinillo en vinagre, 1 pieza de 6 cm de largo	1 g	140	105	93	70	47	35	—		—
picado	—	120	90	80	60	40	30	8	4	2.7
Piloncillo, cono de 10 cm	200	—	—	—	—	—	—	—	—	—
picado	—	140	105	93	70	47	35	10	5	3.3
rallado	—	100	75	67	50	33	25	8	4	2.7
Piña en almíbar, rebanada	50	—	—	—	—	—	—	—	—	—
picada	—	210	158	140	105	70	53	12	6	4
Polvo para hornear	—	160	120	107	80	53	40	10	5	3.3
Tapioca, cruda	—	140	105	93	70	47	35	8	4	2.7
Tequesquite	—	110	83	73	55	37	28	8	4	2.7
Xoconostle cristalizado	60	120	90	80	60	40	30	—	—	—
picado	—	180	135	120	90	60	45	12	6	4

Cereales, semillas, leguminosas y frutos secos (en g)									
	1 pieza	1 taza	¾ de taza	⅔ de taza	½ taza	⅓ de taza	¼ de taza	1 cucharada	½ cucharada	1 cucharadita
Ajonjolí	—	120	90	80	60	40	30	8	4	2.7
Almendra	—	140	105	93	70	47	35	8	4	2.7
picada o fileteada	—	100	75	67	50	33	25	6	3	2
molida	—	100	75	67	50	33	25	6	3	2
Amaranto	—	30	23	20	15	10	8	2	1	0.7
Arroz crudo	—	150	113	100	75	50	38	18	9	6
cocido	—	100	75	67	50	33	25	12	6	4
Avellana	—	140	105	93	70	47	35	8	4	2.7
picada	—	160	120	107	80	53	40	10	5	3.3
molida	—	100	75	67	50	33	25	6	3	2
Avena	—	80	60	53	40	27	20	10	5	3.3
Cacahuate pelado	—	160	120	107	80	53	40	10	5	3.3
picado	—	180	135	120	90	60	45	12	6	4
Cacao	—	130	98	87	65	43	33	6	3	2
Chía	—	160	120	107	80	53	40	10	5	3.3
Ciruela pasa	10	160	120	107	80	53	40	10	5	3.3
Coco seco rallado	—	80	60	53	40	27	20	5	2.5	1.7
Ejote	8	—	—	—	—	—	—	—	—	—
troceado		100	75	67	50	33	25	—	—	—
Elote	210	—	—	—	—	—	—	—	—	—
granos		150	113	100	75	50	38	8	4	2.7
Elote gordo	560	—	—	—	—	—	—	—	—	—
granos		160	120	107	80	53	40	—	—	—
Elotito cambray	16	140	105	93	70	47	35	—	—	—
Frijol	—	200	150	133	100	67	50	12	6	4
cocido, sin caldo	—	160	120	107	80	53	40	10	5	3.3
cocido, con caldo	—	220	165	147	110	73	55	15	7.5	5
refrito	—	280	210	187	140	93	70	18	9	6
Garbanzo	—	180	135	120	90	60	45	12	6	4
cocido, sin caldo	—	150	113	100	75	50	38	10	5	3.3
cocido, con caldo	—	190	143	127	95	63	48	12	6	4
Germen de trigo	—	160	120	107	80	53	40	10	5	3.3
Haba verde sin vaina	—	120	90	80	60	40	30	6	3	2
cocida	—	140	105	93	70	47	35	8	4	2.7
Habas secas peladas	—	160	120	107	80	53	40	10	5	3.3
Ibes	—	200	150	133	100	67	50	12	6	4
Linaza en polvo		100	75	67	50	33	25	8	4	2.7
Maíz, granos	—	150	113	100	75	50	38	10	5	3.3
Maíz cacahuacintle, granos	—	160	120	107	80	53	40	10	5	3.3
Nuez	8	90	68	60	45	30	23	5	2.5	1.7
picada	—	120	90	80	60	40	30	6	3	2
molida	—	100	75	67	50	33	25	6	3	2
Nuez de Castilla, con cáscara	10	100	75	67	50	33	25		0	0
troceada	—	100	75	67	50	33	25	6	3	2
Pepita de calabaza, sin cáscara	—	120	90	80	60	40	30	8	4	2.7
molida	—	80	60	53	40	27	20	6	3	2
Pepitas de melón	40 g = las semillas de 1 melón	160	120	107	80	53	40	10	5	3.3
Pinole	—	110	83	73	55	37	28	6	3	2
Piñón	—	150	113	100	75	50	38	10	5	3.3

Harinas y panes (en g)									
	1 pieza	1 taza	¾ de taza	⅔ de taza	½ taza	⅓ de taza	¼ de taza	1 cucharada	½ cucharada	1 cucharadita
Fécula de maíz	—	110	83	73	55	37	28	8	4	2.7
Galletas saladas	4	—	—	—	—	—	—	—	—	—
Harina de amaranto	—	65	49	43	33	22	16	4	2	1.3
Harina de arroz	—	160	120	107	80	53	40	10	5	3.3
Harina de maíz nixtamalizada para tamales o tortillas	—	110	83	73	55	37	28	6	3	2
Harina de trigo	—	140	105	93	70	47	35	10	5	3.3
Harina de trigo integral	—	140	105	93	70	47	35	10	5	3.3
Masa de maíz nixtamalizada	—	250	188	167	125	83	63	15	7.5	5
Masa fresca	—	250	188	167	125	83	63	15	7.5	5
Pan blanco, bolillo o telera	60	—	—	—	—	—	—	—	—	—
rebanado	—	25	19	17	13	8	6	—	—	—
tostado	—	20	15	13	10	7	5	—	—	—
Pan de caja, rebanada	25	—	—	—	—	—	—	—	—	—
Pan dulce seco	60	—	—	—	—	—	—	—	—	—
Pan molido o rallado	—	90	68	60	45	30	23	6	3	2
Pan yema	150	—	—	—	—	—	—	—	—	—
Pinole	—	110	83	73	55	37	28	6	3	2
Tortilla de harina de trigo	25	—	—	—	—	—	—	—	—	—
Tortilla de maíz	30	—	—	—	—	—	—	—	—	—
Tortilla taquera	20	—	—	—	—	—	—	—	—	—

Lácteos y grasas (en g)									
	1 pieza	1 taza	¾ de taza	⅔ de taza	½ taza	⅓ de taza	¼ de taza	1 cucharada	½ cucharada	1 cucharadita
Huevo	60 g (con cascarón) 50 g (sin cascarón)		—	—	—	—	—	—	—	—
clara	30	270	203	180	135	90	68	—	—	—
yema	20	260	195	173	130	87	65	—	—	—
Mantequilla fría	1 barrita = 90 g	160	120	107	80	53	40	15	7.5	5
a temperatura ambiente o derretida		200	150	133	100	67	50	15	7.5	5
Media crema	—	150	113	100	75	50	38	15	7.5	5
Natas	—	150	113	100	75	50	38	10	5	3.3
Queso blanco rallado	—	120	90	80	60	40	30	6	3	2
Queso manchego o Chihuahua	—	—	—	—	—	—	—	—	—	—
rebanada	30	—	—	—	—	—	—	—	—	—
cortado en cubos de 1 cm	—	140	105	93	70	47	35	8	4	2.7
rallado	—	100	75	67	50	33	25	4	2	1.3
Queso panela o fresco	—	—	—	—	—	—	—	—	—	—
cortado en cubos de 1 cm	—	160	120	107	80	53	40	12	6	4
desmoronado	—	160	120	107	80	53	40	12	6	4
Queso crema	—	190	143	127	95	63	48	15	7.5	5
Queso doble crema, desmoronado	—	160	120	107	80	53	40	12	6	4
Queso Oaxaca, de hebra o quesillo, deshebrado	—	120	90	80	60	40	30	10	5	3.3
Queso parmesano o cotija rallado	—	150	113	100	75	50	38	12	6	4
Requesón	—	200	150	133	100	67	50	15	7.5	5
Grasa de pato	—	150	113	100	75	50	38	12	6	4
Manteca vegetal	—	200	150	133	100	67	50	15	7.5	5
Manteca de cerdo	—	150	113	100	75	50	38	12	6	4

Chiles (en g)									
	1 pieza	**1** taza	**¾** de taza	**⅔** de taza	**½** taza	**⅓** de taza	**¼** de taza	**1** cucharada	**½** cucharada	**1** cucharadita
Chilaca	50	—	—	—	—	—	—	—	—	
sin semillas ni venas	40	—	—	—	—	—	—	—	—	
picada	—	120	90	80	60	40	30	8	4	2.5
Chile ancho	15	—	—	—	—	—	—	—	—	
Chile cascabel	2	24	18	16	12	8	6	—	—	
Chile cascabelillo o trompo verde	40	80	60	53	40	27	20	—	—	
Chile chilcostle	8	—	—	—	—	—	—	—	—	
Chile chilhuacle	10	—	—	—	—	—	—	—	—	
Chile chiltepín o piquín	—	60	45	40	30	20	15	4	2	10 chiles
Chile chipotle	2	30	23	20	15	10	8	—	—	
Chile colorado	15	—	—	—	—	—	—	—	—	
Chile comapeño	—	50	38	33	25	17	13	3	1.5	8 chiles
Chile cora	2	24	18	16	12	8	6	—	—	
Chile de árbol seco	3 chiles = 1 g	12	9	8	6	4	3	—	—	
Chile de árbol fresco	8	120	90	80	60	40	30	—	—	
Chile guajillo	4	—	—	—	—	—	—	—	—	
Chile güero	50	100	75	67	50	33	25	—	—	
Chile güero xcatic	50	100	75	67	50	33	25	—	—	
Chile habanero	25	100	75	67	50	33	25	—	—	
Chile jalapeño o cuaresmeño	35	90	68	60	45	30	23	—	—	
sin semillas ni venas	28	—	—	—	—	—	—	—	—	
picado	—	120	90	80	60	40	30	8	4	2.5
Chile manzano	40	80	60	53	40	27	20	—	—	
Chile morita	3 chiles = 2 g	20	15	13	10	7	5	—	—	
Chile mulato	15	—	—	—	—	—	—	—	—	
Chile negro	10	—	—	—	—	—	—	—	—	
Chile pasilla	10	—	—	—	—	—	—	—	—	
Chile pasilla oaxaqueño	12	—	—	—	—	—	—	—	—	
Chile poblano	125	—	—	—	—	—	—	—	—	
Chile seco, semillas y hojuelas	—	75	56	50	38	25	19	4	2	1.3
Chile serrano	10	100	75	67	50	33	25	—	—	
sin semillas ni venas	8	—	—	—	—	—	—	—	—	
picado	—	120	90	80	60	40	30	8	4	2.5
Chile verde	10	100	75	67	50	33	25	—	—	
Chilito de Simojovel	—	60	45	40	30	20	15	4	2	10 chiles
Pimiento morrón	190	—	—	—	—	—	—	—	—	
sin semillas ni venas	150	—	—	—	—	—	—	—	—	
picado	—	120	90	80	60	40	30	8	4	2.5

Mariscos, cerdo, res y aves (en g)

	1 pieza	1 taza	¾ de taza	⅔ de taza	½ taza	⅓ de taza	¼ de taza	1 cucharada	½ cucharada	1 cucharadita
Camarones pacotilla crudos	0.3	120	90	20	60	40	30	6	3	—
cocidos	0.5	160	120	27	80	53	40	10	5	2.5
Ostión en frasco, con caldo	—	210	158	140	105	70	53	—	—	—
drenados	—	230	173	153	115	77	58	—	—	—
Pata de cerdo	600	—	—	—	—	—	—	—	—	—
Pata de res	—	—	—	—	—	—	—	—	—	—
Pollo crudo, completo y sin menudencias	1400	—	—	—	—	—	—	—	—	—
muslo con pierna con piel	260	—	—	—	—	—	—	—	—	—
muslo con pierna sin piel	220	—	—	—	—	—	—	—	—	—
ala	90	—	—	—	—	—	—	—	—	—
pechuga con piel	570	—	—	—	—	—	—	—	—	—
pechuga sin piel	480	—	—	—	—	—	—	—	—	—
½ pechuga sin piel	265	—	—	—	—	—	—	—	—	—
pierna con piel	114	—	—	—	—	—	—	—	—	—
pierna sin piel	108	—	—	—	—	—	—	—	—	—
muslo con piel	140	—	—	—	—	—	—	—	—	—
muslo sin piel	110	—	—	—	—	—	—	—	—	—
hígado	15	—	—	—	—	—	—	—	—	—
Pollo cocido	—	—	—	—	—	—	—	—	—	—
muslo sin piel	68	—	—	—	—	—	—	—	—	—
pierna sin piel	75	—	—	—	—	—	—	—	—	—
pechuga sin piel	330	—	—	—	—	—	—	—	—	—
pechuga deshebrada	275	80	60	53	40	27	20	5	2.5	1.7
muslo con pierna, sin piel	145	—	—	—	—	—	—	—	—	—
ala	60	—	—	—	—	—	—	—	—	—
Tocino picado	1 rebanada = 16 g	65	49	43	33	22	16	4	2	1.3

Líquidos (en ml)

	1 pieza	1 taza	¾ de taza	⅔ de taza	½ taza	⅓ de taza	¼ de taza	1 cucharada	½ cucharada	1 cucharadita
Aceites vegetales	4 tazas = 1 l	250	188	167	125	83	63	15	7.5	5.0
Agua	4 tazas = 1 l	250	188	167	125	83	63	15	7.5	5.0
Agua o miel de azahar	4 tazas = 1 l	250	188	167	125	83	63	15	7.5	5.0
Aguardientes, licores, destilados y vinos	4 tazas = 1 l	250	188	167	125	83	63	15	7.5	5.0
Caldo	4 tazas = 1 l	250	188	167	125	83	63	15	7.5	5.0
Colorante artificial líquido	4 tazas = 1 l	250	188	167	125	83	63	15	7.5	5.0
Concentrados de fruta	4 tazas = 1 l	250	188	167	125	83	63	15	7.5	5.0
Crema ácida	4 tazas = 1 l	250	188	167	125	83	63	15	7.5	5.0
Crema para batir	4 tazas = 1 l	250	188	167	125	83	63	15	7.5	5.0
Extractos o esencias	4 tazas = 1 l	250	188	167	125	83	63	15	7.5	5.0
Jocoque líquido	4 tazas = 1 l	250	188	167	125	83	63	15	7.5	5.0
Jugos de frutas	4 tazas = 1 l	250	188	167	125	83	63	15	7.5	5.0
Leche de vaca	4 tazas = 1 l	250	188	167	125	83	63	15	7.5	5.0
Leche evaporada	4 tazas = 1 l	250	188	167	125	83	63	15	7.5	5.0
Moles (salsa)	4 tazas = 1 l	250	188	167	125	83	63	15	7.5	5.0
Saborizantes artificiales	4 tazas = 1 l	250	188	167	125	83	63	15	7.5	5.0
Salsas	4 tazas = 1 l	250	188	167	125	83	63	15	7.5	5.0
Vinagres	4 tazas = 1 l	250	188	167	125	83	63	15	7.5	5.0
Vinagretas	4 tazas = 1 l	250	188	167	125	83	63	15	7.5	5.0
Yogur	4 tazas = 1 l	250	188	167	125	83	63	15	7.5	5.0

Índice de recetas por
nombre

Índice de recetas por
ingredientes

Índice de recetas por
región

Bibliografía

A

Almazán, María Teresa de la Rosa de, *Gastronomía Mexiquense*, México, Gobierno del Estado de México, 1987.

Almonte, Juan Nepomuceno, *Guía de forasteros de la ciudad de México*, México, Ruf Mexicana, 1977 (repr. facs.).

Altamirano, Ignacio Manuel, *El Zarco (Episodios de la vida mexicana en 1861-63)*, México, Edit. Nacional, 1965.

Alvarado Tezozomoc, Hernando, *Crónica Mexicana*, México, Leyenda, 1944.

Amerlink de Corsi, María Concepción, Ramos Medina, Manuel, *Conventos de Monjas*, México, Ediciones del Equilibrista S.A., 995.

Andrews, Jean, Peppers, *The Domesticated Capsicum*, Austin, University of Texas, 1984.

Anónimo, *El cocinero mexicano*, II ed., México, 1834.

Anónimo, *El mar en cacerola*, México, Secretaría de Pesca, 1984.

Anónimo, *La cocinera poblana y el libro de las familias*, Puebla, 1881.

Anónimo, *Nuevo Cocinero Mexicano en forma de Diccionario*, México, Porrúa, 1986.

Anónimo, *Nuevo Manual de cocina yucateca*, Mérida, A. Piña (editor), 1926.

Artes de México, n. 46 ("La cocina mexicana", 1963), n. 107 ("La cocina mexicana II", I parte, 1968), n. 108 ("La cocina mexicana II", II parte, 1968), n. 121 ("El dulce en México", 1969).

Aspe, Virginia Armella de, "La comida en la historia de México", *Club de Gourmets*, na. 13, 14 y 15 (México, abril, julio y agosto de 1982).

Atlas Cultural de México, Gastronomía, México, SEP/Planeta, 1988.

Ávila Hernández, Dolores y otros, *Atlas Cultural de México Gastronomía*, México, SEP-INAH-Editorial Planeta, 1988.

Ayala, Roberto Arturo, *El ABZ del buen comer. Aventuras gastronómicas*, México, 1988.

B

Ballesteros García, Víctor M., *Recetario de cocina típica hidalguense*, México, Gobierno del Estado de Hidalgo. Consejo Estatal para la Cultura y las Artes, 1996.

Barco, Miguel de, *Historia natural y crónica de la antigua California*, México, UNAM, 1973.

Bayless, Rick, with Bayless, Deann Groen, *Authentic Mexican*, New York, W. Morrow & Co., 1987.

Benavides-Barajas, L., *La cocina del aguacate*, León, Everest, 1989.

C

Calderón de la Barca, Madame, *La vida en México durante una residencia de dos años en este país*, Porrúa, México, 1974.

Camou Healy, Ernesto (coordinador), *Cocina sonorense*, México, Instituto Sonorense de Cultura, 1996.

Carletti Francesco, *Razonamientos de mi vida alrededor del mundo (1594-1606)*, México, UNAM, 1976.

Castelló Yturbide, Teresa, *Presencia de la comida prehispánica*, México, Banamex, 1986.

Castillo León, Luis, *El chocolate*, Dirección General de Bellas Artes, México, 1917.

Clavijero, Francisco Xavier, *Historia antigua de México*, México, Porrúa, 1974.

_____, *Historia de la antigua o Baja California*. México, Porrúa, 1970.

Club de Gourmets, Revista de cocina y turismo, México, 1981-1986.

Cobo Pérez, María Isabel, *Estudio y actualización de postres y dulces mexicanos del siglo XIX*, México, 1990. (Tesis para licenciatura en Administración Pública de la Universidad Iberoamericana.)

Coe, Sophie D., "Azteca Cuisine", *Petits Propos Culinaires*, n. 19, 20 y 21, London, Prospect Books, 1985.

_____, *Las primeras cocinas de América*, México, FCE, 2004.

Colección Atlas Cultural de México. GASTRONOMÍA, México, INAH. Grupo Editorial Planeta, 1988.

Corcuera, Sonia, *Entre gula y templanza*, México, UNAM, 1981.

Cordón, Faustino, *Cocinar hizo al hombre*, Barcelona, Tusquets, 1980.

Cortés, Hernán, *Cartas de relación*, México, Porrúa, 1971.

Cruces Carvajal, Ramón, *Lo que México aportó al mundo*, México, Panorama, 1986.

Cruz, Francisco Santiago, *La nao de la China*, México, Jus, 1962.

Curiel Monteagudo, José Luis, *Ciencia y Cocina Prehispánica y su Mestizaje*, México, Porrúa, 2004.

_____, *Virreyes y virreinas golosos de la Nueva España*, México, Porrúa, 2004.

D

Dávalos Hurtado, Eusebio, *Alimentos básicos e inventiva culinaria del mexicano*, México, Secretaría de Educación Pública, 1966.

De'Angeli, Jorge, *Guía gastronómica de México*, México, Instituto de Cultura Gastronómica, 1983.

De'Angeli, Jorge y Alicia. *De manteles largos*, México, Manteles, S.A., 1987.

_____, *Gran Larousse de la Cocina Mexicana*, México, Ediciones Larousse, 1993.

_____, *Larousse de la cocina mexicana*, México, Ediciones Larousse, 2007.

Díaz del Castillo, Bernal, *Historia de la conquista de la Nueva España*, México, Porrúa, 1976.

Diccionario Porrúa de historia, biografía y geografía de México, México, Porrúa, 1976.

Domingo, Xavier, *De la olla al mole*, Madrid, Cultura Hispánica, 1984.

E

Enciclopedia de México, México, 1977.

Esteva, Gustavo, Marielle, Catherine, *Sin maíz no hay país*, México, CONACULTA, 2003.

F

Farga, Amando, *Historia de la comida en México*, México, 1980.

Fernández, Adela, *La tradicional cocina mexicana y sus mejores recetas*, México, Panorama Editorial, 1989.

G

Gage, Thomas, *Viajes en la Nueva España*, La Habana, Casa de las Américas, 1980.

Gamelli, Carreri, Juan Francisco, *Le Mexique à la fin du XVII siècle, vu par un voyageur italien*, París, Calman-Lévy, 1968.

García Acosta, Virginia, *Los señores del maíz*, México, Pangea Editores, CONACULTA, 2000.

García Icazbalceta, Joaquín (editor), *Cartas de religiosos de Nueva España*, 1539-1594, Guatemala, Bibl. Goathemala, 1964.

García Rivas, Heriberto, *Cocina Prehispánica Mexicana*, México, Panorama Editorial, 1988.

Garibay K., Ángel María, *Panorama literario de los pueblos Nahuas*, México, Porrúa, 1971.

Garza Rapport de Santos, Sonia, *Cocina de bárbaras*, Monterrey, Universidad Autónoma de Nuevo León, 2012.

Gerbi, Antonello, *La naturaleza de las Indias Nuevas*, México, FCE, 1978.

Gironella De'Angeli, Alicia, *Cocinando en México*, México, Instituto de Cultura Gastronómica, 1986.

Gispert, Montserrat, Álvarez De Zayas, Alberto, *Del jardín de América al mundo*, México, Porrúa, 1998.

Guerrero, Raúl, *El pulque*, México, Joaquín Mortiz, 1985.

H

Hernández, Francisco, *Historia de las plantas de Nueva España*, México, Imprenta Universitaria, 1946.

Humboldt, Alejandro von, *Ensayo político sobre el Reino de la Nueva España*, México, Porrúa, 1966.

I

Iglesias, Sonia, *El Pan popular*, México, Fonart, 1982.

_____, *Los nombres del pan en la Ciudad de México*, México, Museo Nacional de Culturas Populares, 1983.

Inés de la Cruz, Sor Juana, *Libro de Cocina. Convento de San Jerónimo*, México, Instituto Mexiquense de Cultura, 1996.

Iturriaga, José N., *De tacos, tamales y tortas*, México, Diana, 1987.

_____, *Las cocinas de México I y II*, México, FCE, 1998.

K

Kennedy, Diana, *The Art of Mexican Cooking*, New York, Bantam, 1989.

_____, *The Cuisines of Mexico*, New York, Harper & Row, 1972.

_____, *The Tortilla Book*, New York, Harper & Row, 1975.

_____, *Recipes from the Regional Cooks of Mexico*, New York, Harper & Row, 1978.

_____, *The Art of Mexican Cooking*, New York, Bantam Books, 1989.

L

Landa, Diego de, *Relación de las cosas de Yucatán*, México, Porrúa, 1973.

Las Casas, Bartolomé de, *Apologética historia sumaria*, México, UNAM, 1967.

_____, *Los indios de México y Nueva España*, México, Porrúa, 1966.

Lévi-Strauss, Claude, *El origen de las maneras de mesa*, México, Siglo XXI, 1976.

Limburg, P.R., *The Story of Corn*, New York, Julian Messner, 1971.

Linares, Edelmira, Aguirre, Judith, *Los quelites, un Tesoro Culinario*, México, UNAM, INN., 1992.

Lomelí, Arturo, *El chile y otros picantes*, México, Prometeo Libre, 1986.

Long-Solís, Janet, *Capsicum y cultura, La historia del Chilli*, México, FCE, 1986.

_____, *Conquista y comida*, México, UNAM, 1996.

López de Gómara, Francisco, *Historia general de las Indias*, Barcelona, Iberia, 1954.

López, Mariano, *Antiguas representaciones del maíz*, México, AGNM, 1982.

Losaya, Xavier, *Los señores de las plantas*, México, Pangea Editores, CONACULTA, 1999.

M

Martínez, Maximino, *Catálogo de nombres vulgares y científicos de PLANTAS MEXICANAS*, México, FCE, 1994.

Martínez Llopis, Manuel, *Historia de la gastronomía española*, Madrid, Editora Nacional, 1981.

Matus de Sumohano, Edith V., *Libro de cocina de la mujer Tabasqueña*, Villahermosa, 1982.

Mena de Castro, Adela, *Cocina campechana*, Campeche, 1928.

Molinar, Rita, *Antojitos y cocina mexicana*, México, Editorial PAX MÉXICO, 1975.

_____, *Dulces mexicanos*, México, Editorial PAX MÉXICO, 1981.

Motolinia (Fray Toribio de Benavente), *Historia de los indios de la Nueva España*, México, Porrúa, 1969.

Munguía M., *Manual del cocinero dedicado a las señoritas mexicanas*, México, 1856.

Muñoz Zurita, Ricardo, *Diccionario Enciclopédico de Gastronomía Mexicana*, México, Clío, Fundación Herdez, 2000.

_____, *Diccionario Enciclopédico de Gastronomía Mexicana*, México, Ediciones Larousse, 2012.

Muriel, Josefina, *Conventos de Monjas en la Nueva España*, México, UNAM, 1966.

N

Novo, Salvador, *Comida mexicana, o historia gastronómica de la ciudad de México*, México, Porrúa, 1972.

O

Ortiz, Elizabeth Lamberth, "Mole Poblano and Turkey", en *Petits Propos Culinaires* no. 3 (Noviembre 1979), London, Prospect Books.

P

Pineda Sánchez, Luz Olivia, *Sabores de Chiapas*, México, Gobierno del Estado de Chiapas, 1994.

Prescott, William H., *Historia de la conquista de México*, México, Porrúa, 1970.

Prieto, Guillermo, *Memorias de mis tiempos (1828 a 1853)*, Puebla, Ed. J. Cajica, 1970.

Q

Quintana, Patricia, *The Taste of Mexico*, New York, Stewart, Tabori & Chang, 1986.

R

Ramos Elorduy, Julieta, Pino Moreno, José Manuel, *Los insectos comestibles en el México antiguo*, México, A. G. T. Editor S. A., 1989.

Ramos Galicia, Yolanda, *Así se come en Tlaxcala*, México, Gobierno del Estado de Tlaxcala. INAH, 1993.

Revel, Jean François, *Un festín en palabras*, Barcelona, Tusquets, 1980.

Reyes, Alfonso, *Memorias de cocina y bodega*, México, 1953.

Romero Reyes, Alfonso y Mendoza Gallego, Eder, *La comida mexicana*, México, Fonart, 1982.

Root, Waverley, *Food*, New York, Simon Schuster, 1980.

S

Sahagún, Bernardino de, *Historia general de las cosas de la Nueva España*, México, Porrúa, 1969.

Saldívar, Jaime (editor), *México en la cocina del Club de Industriales*, México, Club de Industriales, 1972.

Sánchez García, Alfonso, *Toluca del chorizo, Apuntes gastronómicos*, Toluca, Gobierno del Estado de México, 1976.

Santamaría, Francisco J., *Diccionario de Mejicanismos*, México, Porrúa, 1978.

Schurz, William, *The Manila Galeon*, New York, Dutton & Co., 1939.

Sociedad Mexicana de Micología A. C., *Los Hongos en la Cocina Mexicana*, México, 1995.

Solís y Rivandeneira, Antonio de, *Historia de la conquista de México*, México, Porrúa, 1968.

Solís Vieyra, Mónica y otros, *Guanajuato. Sabor e historia*, México, Gobierno del Estado de Guanajuato-Grupo Emyco S.A. de C.V., 2003.

Soustelles, Jacques, *La vida cotidiana de los aztecas*, México, FCE, 1976.

Super, John R., *Food, Conquest, and colonization in Sixteenth Century Spanish America*, Albuquerque, University of New Mexico Press, 1988.

T

Taibo I, Paco Ignacio, *Breviario del mole poblano*, México, Terra Nova, 1981.

Tarjetero de recetas presentadas en la Feria de la Cocina Tradicional de Guanajuato. Secretaría de Desarrollo Turístico del Estado de Guanajuato. 7 y 8 de junio de 2013.

V

Varios, *Cocina de cuentos*, México, 1987.

Varios, *Cocina Indígena y Popular*, México, CONACULTA, 2000.

Varios, *El maís, fundamento de la cultura popular mexicana*, México, Museo Nacional de Culturas Populares, 1984.

Varios, *La Cocina Mexicana A Través De Los Siglos*, México, Clío, Fundación Herdez, 1997.

Varios, *Recetario mexicano del maíz*, México, Museo Nacional de Culturas Populares, 1982.

Varios, *Recetarios Antiguos*, México, CONACULTA, 2000.

Varios, *Nuestro maíz*, México, Museo Nacional de Culturas Populares, 1982.

Varios, *La cosa está del cocol y otros panes mexicanos*, México, Museo Nacional de Culturas Populares, 1983.

Varios, *Pescados y mariscos de las aguas mexicanas*, México, Secretaría de Pesca, 1985.

Valadez Azúa, Raúl, *La domesticación animal*, México, UNAM, 2003.

Vázquez Colmenares, Ana María Guzmán de, *Tradiciones gastronómicas oaxaqueñas*, Oaxaca, 1982.

_____, *La cocina de Colima*, DIF, México, 1987.

Velázquez de León, Josefina, "Tamales y atoles" en *Colección Selecciones Culinarias*, México, Ed. Josefina Velázquez de León.

_____, "Platillos de vigilia" en *Colección Selecciones Culinarias*, México, Ed. Josefina Velázquez de León.

_____, "Cocina veracruzana" en *Colección Selecciones Culinarias*, México, Ed. Josefina Velázquez de León.

_____, "Los mejores antojitos" en *Colección Selecciones Culinarias*, México, Ed. Josefina Velázquez de León.

Vidal, Francisco, *La cocina tradicional de Chilapa*, Chilpancingo, Instituto Guerrerense de la Cultura, 1984.

Viera, Juan de, *Compendiosa narración de la ciudad de México (1777)*, México, Guaranía, 1952.

Z

Zavaleta, Carmen Arriaga de, *Cocina michoacana*, México, 1965.

Zolla, Carlos, *Elogio del Dulce*, México, FCE, 1995.

Este libro se terminó de imprimir en Junio de 2020

en los talleres de Impresora y Editora Infagón, S.A. de C.V.,

Escobillería No. 3 Col. Paseos de Churubusco C.P. 09030

Ciudad de México, México.